미국의 베트남 전쟁

미국은 어떻게 베트남에서 패배했는가

미국의 베트남 전쟁

미국은 어떻게 베트남에서 패배했는가

조너선 닐 지음 · 정병선 옮김

책갈피

미국의 베트남 전쟁 : 미국은 어떻게 베트남에서 패배했는가

지은이   조너선 닐
옮긴이   정병선
펴낸이   최수진
펴낸곳   도서출판 책갈피
등록   1992년 2월 14일(제18-29호)
주소   서울시 성동구 무학봉 15길 12 2층(133-020)
전화   (02) 2265-6354
팩스   (02) 2265-6395

이메일   bookmarx@naver.com
홈페이지 http://chaekgalpi.com
페이스북 http://facebook.com/chaekgalpi

첫 번째 찍은 날   2004년 5월 15일
세 번째 찍은 날   2019년 6월 10일

값 12,000원

ISBN 89-7966-033-2 03300
잘못된 책은 바꿔 드립니다.

애정을 담아,
낸시 린디스판에게

● 차례 ●

일러두기

1. 베트남어 고유명사와 지명·인명 등은 베트남어 원음에 가깝게 표기하는 것을 원칙으로 했다. 단, 베트남·베트민·베트콩은 비엣 남·비엣 민·비엣 꽁이라 하지 않고 관례를 따랐다.
2. 베트남어의 모든 음절은 띄어쓰기를 원칙으로 했다. 단, 사이 곤·하 노이·호 찌 민은 관례대로 사이공·하노이·호찌민으로 썼다.
3. 베트남어를 제외한 나머지 외래어는 최대한 외래어 표기법에 맞춰 표기했다.
4. 단행본과 잡지는 ≪ ≫로, 신문과 노래, 영화는 < >로 구분했다.
5. 본문의 ( )는 저자의 설명이고 인용문에서 [ ] 표시도 저자가 덧붙인 말이다. 그리고 옮긴이가 우리말로 옮기는 과정에서 독자들의 이해를 돕고 문맥을 매끄럽게 하기 위해 덧붙일 경우에는 [—옮긴이]라고 명시해 두었다.
6. 저자의 원주(原注)는 책 뒤에 미주로 처리했다.

한국어판에 부치는 저자 머리말

내 책의 한국어판에 붙이는 서문을 써 달라고 요청받은 것은 커다란 영광이 아닐 수 없다. 몇 가지 이유에서 그러한데 그것들을 생각하면 나는 매우 기쁘다.

그 첫째 이유는 내 책이 아시아의 언어로 번역됐다는 것이다. 이 책을 쓰기 시작했을 때부터 나는 다음의 사실을 늘 명심하고 염두에 두었다. 내 목표는 미국인들뿐 아니라 아시아인들도 자신의 역사를 제대로 이해할 수 있도록 도와야 한다는 것이었다.

여기에서 또 다른 연관성도 생각해 볼 수 있다. 현재까지 한국 전쟁사는 한국은 물론이고 더 전반적으로도 대부분 가려져 있다. 그러나 한국 전쟁은 여러 가지로 베트남 전쟁과 비슷한 측면이 많다. 두 전쟁에서 미국인 사망자 수가 대체로 같았고, 아시아인 사망자 수도 300만 명으로 비슷했다. 베트남에서처럼, 한국인 사망자 대다수가 민간인이었으며 그들 대부분이 미군의 폭격으로 사망했다.

게다가 한국 좌파 정치는 북한의 잔인한 독재 체제와, 기업의 지배를 받으며 미 제국에 충성하는 남한의 부패한 국가 사이에서 선택을 강요받았고 이 때문에 오랫동안 무능력했다. 이것은 결코 선택의 문제가 아니다. 나는 이 책에서 베트남의 스탈린주의를 정확히 이해하기 위해 노력했다. 그것은 양립할 수 없는 동전의 양면을 살펴보는 작업이었다. 한편으로, 40년 전에 베트남 공산당을 지도한 사람들은 진지하고 용감한 민족주의자였다. 수백만 명이 그들의 지도를 받으며 싸웠다. 그들은 더 좋은 세상, 더 평등한 세상을 위해 자신들이 투쟁하고 있다고 믿었다. 수십만 명이 그러한 신념 속에서 죽어갔다. 그러나 오늘날 베트남의 독재 정권은, 그 민중이 목표로 하며 기꺼이 목숨을 바친 그런 정부가 아니다. 한국인들도 자신의 역사에서 똑같은 모순을 경험했다. 이런 이유로 나는 베트남 공산주의에 대한 나의 분석이 한국의 독자들에게 유용하기를 바란다.

나는 미국이나 베트남의 정치인들과 장성들의 관점이 아니라 직접 전쟁에 참여한 베트남 농민과 미군 사병의 관점에서 이 책을 썼다. 여기서 또 다른 연관성을 찾을 수 있는데, 그것은 미국과의 동맹 관계에서 많은 한국군 병사들이 베트남의 전장을 누볐다는 사실이다. 미군 사병들처럼, 그리고 베트남 농민들처럼 한국군 병사들도 전쟁의 희생자였다. 미군 참전군인들이 이 책을 통해 자신들이 경험한 지옥을 올바르게 이해하고 평가할 수 있었다고 말했을 때 나는 정말로 기뻤다. 나는 이 책을 손에 든 한국의 독자들이 주변의 한국군 참전군인들이나 그들의 장성한 자녀들과 손자·손녀들에게 이 책을 권해 주기를 바란다.

내가 거론하고 싶은 마지막 연관성은, 미국이 다시 세계 전쟁에 나섰고 동시에 세계적 반전 운동에도 직면했다는 점이다. 한국인과 미국인은 모두 이 새로운 운동의 일부다. 정말이지 여러분이 너무나도 잘 아는 것처럼, 전쟁이 언제라도 동아시아를 삼켜버릴 수 있으며, 한국군은 다시 미국의 더러운 임무에 소집됐다. 나는 40년 전에 시작된 그 위대한 반전 운동의 일원이었다. 나는 새 세대 활동가들이 우리의 풍요로웠던 운동에서 영감을 얻고, 더 나아가 우리의 실수에서도 많은 것을 배울 수 있기를 바라면서 이 책을 썼다.

2004년 4월

조너선 닐(Jonathan Neale)

감사의 말

우선 매릴린 영(Marilyn Young), 크리스천 애피(Christian Appy), 제임스 깁슨(James Gibson)의 저작에 빚을 졌음을 밝혀야겠다. 그들의 탁월한 시각에 많은 도움을 받았다. 그들의 저서를 자주 참조했는데, 나 자신이 그들이 선택한 것과 같은 인용구를 사용하고 있음에 스스로 놀랐다.

샤론 스미스(Sharon Smith)와 존 리즈(John Rees)는 내게 이 책을 쓸 수 있는 용기를 주었다. 조을 가이어(Joel Geier)는 매우 유용한 조언을 해 주었다. 필 헌(Fil Hearn)의 도움으로 나는 1998년에 직접 베트남을 방문할 기회를 얻었다. 이언 버챌(Ian Birchall), 마틴 스미스(Martin Smith), 다르마 타파(Dharma Thapa), 나이젤 데이비(Nigel Davey), 찰리 호어(Charlie Hore), 브루스 셀프(Bruce Self), 주디스 오어(Judith Orr)는 원고를 읽고 논평해 줬다. 특히 낸시 린디스판(Nancy Lindisfarne)과 앤서니 아노브(Anthony Arnove)는 뛰어난 편집자의 시각으로 원고를 읽고 많은 것을 지적해 주었다. 나는 이들의 지적을 대부분 수용했다. 정말 감사드린다.

북막스 출판사(Bookmarks)의 롭 호브먼(Rob Hoveman)이 나와 함께 이 프로젝트를 진행했다. 그는 언제나 친절했으며 내게 용기를 북돋워주었다. 에마 버캠(Emma Bircham)은 교열을 담당했고 출판의 전 과정을 통괄했다. 그와 함께 일한 경험은 큰 기쁨이었다. 에마와 마이크 마커시(Mike Marqusee)는 이 책을 출판할 미국 출판사를 찾는 데 도움을 주었다. 뉴프레스 출판사

(New Press)의 마르크 파브로(Marc Favreau)와 앤드류 흐시아오(Andrew Hsiao)는 주의 깊고 노련한 편집자였으며, 그들의 조언을 바탕으로 이 책은 더 나아졌다.

개인적으로 진 빚도 두 가지 언급하고 싶다. 리즈 드 부아젤린(Liz de Boisgelin)은 1970년의 힘겨웠던 시절에 내 곁에 있어주었다. 결코 잊지 못할 것이다. 낸시 린디스판은 사랑과 용기로 내게 이 책을 쓸 수 있는 힘을 주었다.

마지막으로, 내가 ISO[미국의 국제 사회주의자 조직 — 옮긴이]의 애머스트 지부에서 활동하는 동지들과 함께 코소보 전쟁 반대 운동에 참여하지 않았더라면 나는 결코 이 책을 쓰지 못했을 것이다. 그들의 격려, 특히 더그 머레이(Doug Murray)에게 감사드린다.

머리말

베트남인들은 이 전쟁을 미국 전쟁이라고 부른다. 반면 미국에서는 똑같은 전쟁이 베트남 전쟁으로 통한다. 아무튼 이 책은 이 전쟁에 관한 이야기다. 이 책은 이 전쟁을 베트남 농민과 미군 사병들의 관점에서 다룬다.

제2차세계대전이 끝난 1945년에 베트남은 프랑스의 식민지였다. 베트남 공산당은 프랑스에 맞서 9년 동안 농민 게릴라전을 벌였다. 1954년의 평화협정으로 베트남은 둘로 나뉘었다. 북베트남에는 '공산당' 독재가 수립돼 러시아 · 중국과 동맹을 맺었고, 남베트남에는 사적 자본주의 독재 국가가 수립돼 미국과 동맹했다. 일부 공산당원이 남베트남에서 몰래 활동하고 있었다. 남측 정부는 그들을 박해했고, 이에 반발해 그들은 1959년에 농민 게릴라전을 개시했다. 베트콩, 다시 말해 민족해방전선이 탄생한 것이다. 1965년 무렵이 되자 공산당이 남베트남에서 조만간 권력을 장악할 것처럼 보였다. 이에 놀란 미국이 대규모로 군대를 파견하기 시작했다.

하지만 베트남 전쟁에 관해 왜 새로운 책을 쓰는 것인가?

많은 책들이 나왔고 다양한 관점에서 이 전쟁을 분석하고 있다. 그리고 그 가운데는 훌륭한 책들도 아주 많다. 이 책은 기존의 성과들을 종합해 [베트남 전쟁을—옮긴이] 간명한 역사로 제시하려 한다. 이 책은 사실을 전달할 뿐 아니라 그 사실의 역사적 의미도 전달하려 한다. 특히 이 책은, 전쟁 시기에 어린이였거나 태어나지도 않았던 새로운 세대의 활동가들을 위해 쓴 것이기도 하다.

그러나 내게 특별히 중요한 의미를 갖는 두 부류의 청중이 존재한다. 하나는 미국의 베트남 세대다. 전쟁에 참여했던 사람들, 전쟁에 반대했던 사람들, 그리고 이 두 활동에 모두 참여했던 수십만 명이 여기에 해당한다. 나는 그들의 경험에 부합하는 책을 쓰려고 노력했다. 또 다른 청중은 베트남에 있다. 다수의 베트남 젊은이들이 게릴라 투쟁에 크게 공감하고 있다. 그러나 그들은 동시에, 이 전쟁을 승리로 이끌어 권력을 장악한 부패한 정부가 자신들을 억압하고 있다고 느낀다. 나는 이 책이 그들에게도 호소력을 갖기를 희망한다.

이것은 아래로부터의 역사다. 이 책은 베트남 농민, 미국인 병사, 미국 저항 세력이 무엇을 했고 어떻게 느꼈는지를 기술할 것이다. 이것은 동시에 위로부터의 역사이기도 하다. 나는 양측 정치인들과 장군들이 무엇을 했는지도 다룰 것이다. 물론 그들이 무슨 생각을 했는지에 대한 내 관심이 부차적인 것은 사실이다. 그러나 역사에서 가장 매혹적이면서도 중요한 것은 위와 아래의 상호 작용이다. 보통 사람들과 권력자들이 만나는 곳에서 벌어지는 투쟁 말이다. 따라서 이 책은 베트남 농민과 지주, 게릴라 전사와 공산당 간부, 미군 사병과 장성들 사이의 갈등 관계에 주목할 것이다. 이 책은 미국 본토에서 벌어진 보통의 노동 대중의 이해관계와 정부·기업 집단의 정책 사이의 갈등도 다룰 것이다. 전통적인 용어를 사용해 간단히 말하자면, 이 책은 '계급 투쟁'을 다룬다.

대부분의 역사가들이 계급 투쟁과 국제 관계를 분리한다. 하나는 국내 정책이고 다른 하나는 대외 정책이다. 대부분의 기사(記事)에서 이 두 가지는 따로 존재한다. 이 책은 계급 투쟁이 국제·국내 관계에 어떤 영향을 미쳤는지 일관되게 살펴볼 것이다.

그리하여 베트남인들이 왜 싸웠는지를 다루는 1장은, 남베트남의 계급 투쟁에 관한 설명으로 시작한다. 지주들과 기업가들이 지원하는 정부를 한편으로 하고, 빈민과 무토지 농민으로 구성된 게릴라 부대를 다른 한편으로 하는 투쟁 말이다. 양편 모두에게 이 전쟁은 단순한 민족 독립을 뛰어넘는 토지 전쟁이었다.

그러나 이 문제가 그렇게 간단하지만은 않았다. 공산당 지도자들 자신이 지주·기업가·정부 관리의 자제들이었기 때문이다. 그들은 강력하고 독립적이며 정의로운 베트남을 원했다. 그러나 동시에 그들은 자신이 그 베트남의 지배 계급이 되고자 했다. 소련과 중국을 지배하는 자들이 이들의 반면교사였다. 그리하여 그들은 때로는 지주에 맞서 농민들의 투쟁을 이끌었고, 때로는 농민들을 자제시켰으며, 때로는 농민들을 착취했고, 때로는 농민들의 압력에 못 이겨 투쟁에 나서기도 했다. 1장은 이 모순된 투쟁의 우여곡절을 자세히 소개한다.

2장은 미국 정부가 개입한 이유를 다룬다. 명시된 이유는 공산주의를 저지하는 것이었다. 그러나 1945년 이후 미국의 공식적인 반공주의 정책은 세 가지 임무를 수행했다. 첫째, '공산주의 저지'는 누가 이 세계의 패권을 차지할 것인지를 놓고 소련과 벌인 냉전적 경쟁의 이론적 근거였다. 둘째, 이 정책은 아래로부터의 운동을 탄압하는 가난한 나라의 부자들에 대한 지원을 정당화하는 논리로 사용됐다. 셋째, 실제로 미국 내에서 반공주의 정책은 급진적인 조합원과 노조 대표를 탄압하는 구실이 됐다.

그리하여 공산당이 이끄는 게릴라가 베트남을 장악할 듯하자 미국 정부는 두려움을 느꼈다. 러시아가 더 강력해지고 다른 나라들에서도 아래로부터 봉기가 고무되며 미국에서마저 공민권 운동과 노동조합의 급진적 경향이 대두하는 상황은 미국에게 악몽이었던 것이다. 미국은 이를 차단하기 위해 베트남에 군대를 파견했다.

3장은 전쟁의 경과를 다룬다. 미국 정부는 사상 초유의 폭격과 포격을 해댔다. 나는 그 이유가 베트콩이 정치적 전쟁에서 승리를 거두었기 때문이라고 주장할 것이다. 베트남 국민 절대 다수가 베트콩을 지지했다. 미국의 전투원들이 수적으로 압도당할 수밖에 없는 상황이 전개됐다. 간단히 말해, 미군 사병보다 게릴라가 더 많았던 것이다. 펜타곤의 전략이 베트남인들을 몰살할 때까지 대량 살상을 저지르는 소모전이었던 이유가 바로 여기에 있었다.

미국 병사들이 이 전략을 수행했다. 그러나 그들에게 이 전쟁은 노동 계급의 전쟁이었다.[1] 베트남으로 가게 된 병사들은 부자와 권력자의 자식들이 아니었다. 베트남에 파병된 병사들에게 베트남 주둔은 국내에서 당하던 억압의 완결이었고, 아마도 그 억압들 중 최악이었을 것이다. 그들은 자신들이 자행하는 살육과 잔혹한 행위가 자신들이 받고 있는 억압의 일부라고 생각했다.

4장에서는 베트남 게릴라를 다룬다. 그들은 영웅적으로 싸웠는데, 그 영웅적 행위의 주된 형태는 그저 폭격을 견뎌내는 것이었다. 그러나 그들에게 작열했던 화력이 너무나 막강했기 때문에, 1969년이 되면 지역의 게릴라들은 군사적으로 거의 초토화되고 만다. 그러나 그들은 여전히 대다수 농민의 지지를 받고 있었다. 미군이 떠난다면 게릴라들이 승리할 수도 있었다.

5장의 주제는 미국의 저항 운동이다. 이 장에서 내가 가장 강조하고 싶은 내용은, 미국의 부자들과 권력자들이 1968년부터 베트남 철군을 원했다는 사실이다. 저항 운동이 그들의 국내 지배권을 위협하기 시작했던 것이다. 압력이 커지자 미국의 지배자들에게는 베트남 내의 권력보다 미국 내의 권력이 훨씬 더 중요한 문제로 떠올랐다. 그러나 맥없이 베트남을 떠났다가는 전 세계에서는 물론이고 국내에서도 그들의 지위와 통제력이 약화될 것이었다. 그래서 그들은 어중간한 길을 선택했다. 철군은 없다고 선전하면서 개입의 규모를 서서히 축소했던 것이다. 항의는 계속됐고, 양측 모두 더욱더 많은 사람들이 죽어갔다.

6장은 미군 내부에서 발생한 반전 폭동을 다룬다. 1968년부터 미군 병사들은 자신들의 상관을 다수 살해했다. 1971년이 되면 대다수 사병이 교전을 거부하거나 회피한다. 1973년 초에 미국은 완전히 철수하지 않을 수 없었다. 미군의 지원이 끊어지자 남베트남 정부는 1975년에 몰락했다. 나는 사병들의 반란을 상세히 다룰 것이다. 왜냐하면 이 이야기는 좀처럼 얘기된 적이 없는, 이 전쟁의 일부이기 때문이다. 내가 앞서 언급한 베트남 세대도 당연히 이 이야기를 알아야 한다. 군대 내 사병 반란은 미국 바깥, 특히 베트남 사람들은 거의 모르는 내용이기도 하다.

7장은 베트남전 이후의 캄보디아와 베트남을 다룬다. 다시 말하지만 해당 국가들에서 벌어지는 계급 투쟁이 내 관심사다. 캄보디아의 킬링필드는 부분적으로 미국이 자행한 폭격의 결과였다. 캄보디아인들은 미군의 폭격을 견뎌냈지만, 이 참상은 새롭게 부상한 소규모의 공산당 지배 계급과 그들에 맞섰던 농민 사이에서 벌어진 투쟁의 관점에서 이해해야 한다.

베트남은 1975년 이후 미국이 주도하는 봉쇄, 소련의 착취, 중국과의 반목에 시달렸다. 그러나 이 장에서 나는 새로 부상한 공산당 지배 계급이 농민에게 과중한 세금을 지우고 노동자들을 강제 노역에 동원함으로써 현대적 경제를 건설하려 했던 것을 주로 살펴볼 것이다. 아울러 그러한 착취에 저항한 노동자와 농민의 투쟁도 검토할 것이다.

8장은 전쟁이 미국과 세계에 끼친 영향을 살펴본다. '베트남 증후군'이 이 장의 주제다. 지난 30년 동안 미국의 노동 대중 사이에서는 부모 세대에서 자식 세대로 다음과 같은 확고한 인식이 전달됐다. 즉, 그들은 정부의 대외 정책이 반드시 옳은 것만은 아니며 워싱턴[미국 정부 — 옮긴이]을 위해 자식들을 다시 사지(死地)로 보내지는 않겠다고 생각했다.

'베트남 증후군'으로 미국 정부는 지상군을 동원하기가 매우 어려워졌다. 그리하여 미국은 이상한 종류의 제국주의 국가가 됐다. 사실상 지상군 없는 최강대국이 된 것이다. 나는 이 장에서 미국 노동자들이 미국이라는 제국에 부과한 한계가 지난 25년 동안 국제 관계의 성격을 어떻게 바꾸어왔는지를 추적할 것이다. 아울러 1960년대에 벌어진 운동을 반대하면서 등장한 미국의 반동적 조류들도 살펴볼 것이다. 나는 이 반동이 베트남의 기억에 대한 공격이며 동시에 아프리카계 미국인·페미니즘·게이와 레즈비언·노동조합·

미국 노동 대중의 소득과 삶에 대한 공격이었다고 주장할 것이다. 이 반동은 국내 계급 투쟁의 일부이며, 동시에 미국의 노동자들을 다시금 해외로 내보내 죽이려는 노력이다.

이 책은 9·11 이후 미국의 패권이 전 세계에서 부활하고, 동시에 새로운 반전 운동이 전 세계적으로 부상하는 상황을 서술하면서 끝난다.

나는 이해하기 쉬운 문체로 명확하게 이 책을 쓰려고 노력했다. 이렇게 쓰기 위해서 나는 더 주의 깊게 사고해야만 했다. 남김없이 토론되는 철저한 논쟁에서 제반 상황을 이해하게 되면 그 간극도 알아차릴 수 있는 법이며 당연히 독자도 그럴 수 있다. 영국의 사회주의자 토니 클리프는, 토론을 복합적으로 만들고 싶다면 더 간명한 언어를 구사해야 한다고 말했다.

세 가지 점에서 이 책은 복합적이다. 첫째, 이 전쟁은 복잡하게 뒤얽힌 전쟁이었다. 12개국 병사가 네 나라를 무대로 싸웠다. 역행과 반전이 잇따랐고, 전쟁의 발단과 결과도 모두 복잡했다. 둘째, 계급과 전쟁에 관한 복잡한 논의가 이 책에서 전개된다. 셋째, 이 책에서 적용된 관점은 주류에서 벗어나 있다. 미국의 아나키스트 노엄 촘스키는 라디오나 텔레비전에 출현해 미국의 대외 정책에 관해 1분 이내로 답변하는 것이 얼마나 싫은지를 자주 토로한다. 그의 말에 따르면, 비주류 사상은 전에 들어본 적이 없기 때문에 이해하기가 쉽지 않은 경우가 다반사라는 것이다. 주류 사상도 복잡하기는 마찬가지다. 그러나 그것은 사람들이 이전부터 여러 번 들어왔기 때문에 거부감 없이 설명할 수 있다.

사소하지만 두 가지 점을 명확히 해야겠다. 첫째는 '아메리카(America)'다. 이 책은 반미(anti-American)를 설교하는 책이 아니다. 미국 정부에 반대하고 있을 뿐이다. 나는 미국 정부가 대다수 미국 민중의 희망을 거슬러 행동하고 있다고 생각한다. 그래서 나는 '미국 정부(the American government)', '미국(the US)', 또는 '워싱턴(Washington)'이 이것 또는 저것을 했다고 썼다. 정부 정책과 국민의 소망이 동일하다고 가정하고 싶지 않기 때문이다. 한편으로 나는, 북아메리카와 남아메리카에 살고 있는 모든 주민이 아메리칸(American)이라는 사실을 잘 알고 있다. 내가 '아메리칸'이라고 쓴 경우의 대부분은 '북아메리칸'을 가리킨다. 모욕할 의사는 추호도 없으며 이에 대한 이해를 구한다.

둘째, 나는 미국인으로서, 열여덟 살이었던 1966년에 내 조국이 베트남에서 스스로 맡은 역할을 지지했었다. 당시에 징집됐더라면 나는 기꺼이 베트남으로 갔을 것이다. 부모가 중간 계급 출신의 교사였기 때문에 나는 징집을 피할 수 있었고 대학에 갔다. 1969년에 나는 전쟁에 반대해 행진하고 있었다. 1970년에 나는 양심적 병역 거부자의 지위를 인정받지 못했고, 그래서 군대에 가느니 차라리 교도소에 가기로 결심했다. 감옥은 두려웠다. 그러나 결국 감옥에 간 사람들이 베트남에 갔다가 살아 돌아온 사람들보다 더 편한 시간을 보냈음이 명백해졌다. 징집위원회는 탄원을 받아들여 나를 양심적 병역 거부자로 분류했고, 나는 감옥에 가지 않았다.

내게 다시 한 번 그런 일이 닥친다면 이번에는 군대에 가서 전쟁 반대를 선동하고 싶다. 내가 이 책을 쓴 이유는 당시의 반전 운동에 관한 생각이 복잡했기 때문이다. 나는 우리가 취한 행동과 그 행동으로 이룩한 성과가 정말 자랑스럽다. 그러나 우리는 많은 것을 무시했다. 미국의 계급 제도에 관해서는 특히 그랬다. 우리의 열정은 전쟁을 종식하는 데 어느 정도 기여했다. 하지만 우리의 실수로 1960년대의 급진 운동은 결국 한계에 봉착하고 말았다. 나는 이 책을 [낭만적으로 — 옮긴이] 회고하는 식으로 쓰지 않았다. 새로운 세대가 우리의 경험에서 배우고 더 현명하게 행동할 수 있도록 돕겠다는 희망으로 나는 이 책을 썼다.

1883년 프랑스, 베트남 정복 완료.

1924년 베트남 최초의 공산주의 조직 창립.

1935년 미 투이 퐁에서 다섯 명이 모임을 결성.

1939년 프랑스, 민족주의자와 공산주의자 일제 검거.

1940년 프랑스, 독일에 항복. 프랑스 식민주의자들은 일본의 감독 아래 베트남을 지배한다.

1941년 호찌민(胡志明), 베트남 귀환.

1945년 4월, 일본, 프랑스로부터 베트남을 공식으로 접수. 봄·여름에 기아 때문에 북베트남에서 100만 명 사망. 8월, 일본 항복, 베트민이 이끄는 민중이 사이공과 하노이를 비롯해 전국에서 권력 장악. 9월, 호찌민, 하노이에서 독립 선포, 사이공에서는 영국군이 봉기를 진압하고 프랑스 세력을 복권시키려고 시도.

1946~54년 프랑스-베트민 전쟁.

1949년 마오쩌둥이 이끄는 공산당이 중국에서 권력 장악.

1954년 디엔 비엔 푸 전투에서 프랑스 패배. 제네바 평화협상으로 베트남은 공산당이 주도하는 북베트남과 미국과 동맹한 남베트남으로 분열되다. 많은 수의 공산당 군대와 정치 투사들이 남부에서 북부로 옮겨간다.

1954~59년 지엠 대통령이 이끄는 남베트남 정부는 잔류한 공산당원들을 체포해 처형한다. 북부의 공산당 지도부는 이에 대해 비폭력 대응을 호소한다.

1959년 남부의 공산당원들이 북부 지도부에 압력을 가해 남부의 봉기를 지원하게 한다.

1960~65년 공산당이 주도하는 민족해방전선(베트콩)이 남부 농촌에서 게릴라 전쟁을 승리로 이끌다.

1961년 미국 대통령 케네디, 베트남에 최초로 미군을 파병하다. 연말에는 그 규모가 3200명에 이른다.

1963년 남베트남의 도시에서 불교 신자들이 소요와 시위를 주도하다. 미국이 지원한 쿠데타로 지엠이 암살당하다. 케네디가 암살되고, 존슨이 후임에 오르다. 이 당시 1만 8000명의 미군이 베트남에 주둔했다.

1965년 미국, 남북을 가리지 않고 베트남 전역에 무차별 폭격을 개시하다. 미군이 대규모로 증파되다. 연말에 18만 명 규모였던 미군은 향후 50만 명 이상으로 늘어난다.

1967년 미국에서 최초로 대규모 반전 시위가 벌어지다. 여론이 전쟁 반대쪽으로 기울다.

1968년 1월 구정 공세를 통해 베트콩이 대중적 지지를 받고 있음이 여실히 드러나다. 당황한 존슨은 재선을 포기한다. 미 라이 대학살이 자행되다. 파리에서 평화협상이 시작되다. 이 협상은 이후 5년을 끈다. 시카고 민주당 전당대회장 앞에서 격렬한 반전 시위가 벌어지다. 닉슨이 베트남 문제를 해결하겠다고 공약하며 대통령에 당선되다.

1969년 닉슨, 아무것도 하지 않다. 미군은 계속 베트남에 주둔한다. 10월과 11월에 미국에서 대규모 시위가 벌어지다.

1970년 미국, 캄보디아를 침략하다. 이에 반발해 미국에서 학생들의 동맹휴업과 시위가 거대하게 펼쳐지다. 이 과정에서 학생 네 명이 주 방위군의 총격으로 사망하다. 미국은 캄보디아에서 철수하고 베트남에서도 가시적인 부대 철수를 시작한다. 베트남 전선에서 미군 병사들의 전투 행위 거부와 장교 살해가 확산되다.

1972년 북베트남군, 남베트남으로 봄 공세를 개시하다. 미국, 북베트남을 무차별 폭격하다. 닉슨이 중국을 방문하다. 하극상으로 혼란에 빠진 미군은 허겁지겁 퇴각한다. 연말쯤 베트남에 남아 있던 미군은 2만 4200명에 불과했다.

1973년 미국과 북베트남이 파리 평화협정을 조인하다. 미국은 부대 철수와 50억 달러의 보상금 지급을 약속한다. 최후 부대가 철군하다. 보상금 지급 약속은 지켜지지 않다. 남베트남의 티에우 대통령, 평화협정을 거부하다. 전쟁이 계속된다. 그러나 공산당은 권력을 장악하려고 시도하지 않는다.

1974년 닉슨, 워터게이트 추문으로 사임하다.

1975년 크메르루주, 캄보디아에서 권력을 장악하다. 남베트남 군대가 붕괴하다. 공산당이 사이공을 접수하고 새로 남베트남 정부를 세운다.

1975~78년 폴 포트와 크메르루주 치하에서 캄보디아가 킬링필드가 되고 만다.

1976년 남·북 베트남이 하나의 베트남으로 통일하다. 중국, 베트남에 대한 원조를 중단하다.

1978년 난민들—주로 중국인을 조상으로 둔—이 베트남을 버리고 탈출하다. 12월, 베트남, 캄보디아를 침공하다.

1978~79년 베트남, 캄보디아를 점령하고 크메르루주와 전투를 벌이다. 미국·중국·타이 정부가 크메르루주를 지원하다.

1979년 1월, 베트남이 프놈펜을 접수하고 새로운 정부를 수립하다. 2월, 중국이 베트남을 침략하나 뜻밖의 저항에 직면해 철수하다.

1985년 베트남 공산당 지도부가 부분적인 시장 경제로 전환하는 것을 공식 지지하다.

1989년 러시아와 동유럽에서 공산주의를 표방하던 정부들이 몰락하다. 베트남은 캄보디아에서 철수하기 시작한다.

1990년 베트남, 캄보디아 철군을 완료하다. 유엔이 캄보디아에 투입되다.

1장

베트남 전사

베트남 전사

이 장에서는 베트남인들이 왜 싸웠는지를 탐구한다. 이 점을 제대로 이해하려면 프랑스의 식민 통치가 쌀을 재배하던 베트남 농민의 삶을 어떻게 바꿔놓았는지 먼저 살펴봐야 한다.

프랑스의 인도차이나 정복은 1859년에 시작돼 1888년쯤에 완료됐다. 프랑스령 인도차이나는 이웃하는 세 나라, 곧 베트남·라오스·캄보디아로 구성됐다. 세 나라 가운데서도 인구가 가장 많았던 베트남이 가장 중요했다. 베트남은 900년 동안 중국으로부터 독립을 유지해 왔지만, 중국의 문화적 영향력은 막강했다. 프랑스 점령 이전에 베트남은 중국과 마찬가지로 과거 시험을 통해 선발된 관리들이 황제를 섬기는 체제였다.

1888년에 베트남 국민의 대다수는 쌀을 재배하는 농민이었다. 중요한 곡창 지역이 두 곳 있었다. 인구가 조밀한 북부의 홍강 유역은 고대부터 전해 내려오는 수로와 운하를 통해 관개하고 있었다. 남부의 메콩 삼각주는 베트남 쌀 생산의 중심지로서 수천 개의 작은 수로가 거미줄처럼 연결된 저지대의 비옥한 곡창이었다. 북부와 남부는 중부의 길고 좁게 형성된 해안 지역으로 연결됐다.

프랑스는 통치하기 편하게 베트남을 세 지역으로 분할했다. 북부의 수도는 하노이, 중부의 수도는 후에, 남부의 수도는 사이공이었다. 국민의 85퍼센트가 베트남어를 사용했다. 중국어와 캄보디아어 사용자가 소수 있었고, 다양한 고산족 언어가 있었다.

대다수 주민이 살았던, 관개 수로가 정비된 마을에서는 소수의 지주 가문이 대부분의 토지를 차지하고 있었다. 그럭저럭 버틸 만큼 토지를 가진 자영농이 더 큰 규모로 존재했고, 마을 사람들 대다수는 소작농이었다. 그러나 황제와 지주 계급은 농민을 쥐어짤 줄만 알았다. 사실상 베트남의 역사는 지속적인 농민 반란의 역사였다. 가난한 농민의 보호책으로 제시된 것이 '마을 공유지' 제도였다. 모든 마을에서 마을 사람들 전체 명의로 일부 토지를 소유했다. 마을위원회는 이 토지를 더 가난한 농민에게 합리적인 가격으로 임대했다. 공유지의 면적은 전체의 4분의 1에서 3분의 2까지 다양했다. 1888년 대부분의 베트남 마을에서 부자는 여전히 부유했지만 가난한 농민도 어느 정도 먹고 살 정도는 됐다.

프랑스 식민 세력도 처음에는 이런 상황을 크게 바꾸지 않았다. 그러나 1900년을 기점으로 식민 정부가 마을 경제를 세계 자본주의 체제의 일부로 편입하기 시작했다. 네 가지 차원에서 이 사업이 진행됐다. 첫째, 정부가 토지의 상당 부분을 수용해 프랑스 기업가들에게 불하고 그들이 농장과 광산을 운영하도록 했다. 둘째, 정부는 농업 소득세를 수확량의 약 5분의 1로 인상해 이 자금으로 강력한 근대 국가를 건설했다.

셋째, 광산과 농장, 도시에서 일할 새로운 노동자들이 필요했다. 그러나 먹고살기에 충분한 양의 쌀을 재배할 수만 있다면 베트남 농민들은 굳이 낮은 임금을 받으면서 일하려고 하지 않았다. 이런 난관은 사실상 이 시기 세계 각지의 식민 정부가 흔히 부딪히던 골칫거리였다. 대개는 현금으로 납부해야만 하는 인두세—특히 프랑스령·영국령 아프리카에서—가 이 문제의 해결책으로 제시됐다. 결국 사람들은 먹고사는 데 지장이 없을 만큼 충분한 식량을 생산하면서도 돈을 벌기 위해 자식을 도시로 보내지 않으면 안 됐다. 베트남 전통 사회에도 이미 인두세는 있었다. 그러나 그것은 쌀로 납부하면 되는 것이었고, 흉년이 들면 황제가 탕감해 주기도 했다. 프랑스 식민 정부는 흉작에도 세금을 감면해 주기는커녕 두 배로 올리고 그것도 돈으로 내게 했다.

넷째—이것이 가장 중요한데—식민 정부는 마을에서 지주의 권한을 강화했다. 이 조치는 식민 당국에게 정치적·경제적으로 많은 이점을 주었다. 정치적인 면에서 볼 때, 프랑스도 다른 모든 식민 정부와 마찬가지로 한 가지 취약점에 끊임없이 노출돼 있었는데, 그것은 다름 아니라 베트남 현지에 프랑스인은 적고 베트남 사람은 많다는 사실이었다. 식민 당국이 지주들을 격려하자 그들이 프랑스를 지지하고 나섰다. 식민주의자들은 이를 통해 마을에서 사회적 지지 기반을 확보할 수 있었다.

경제적인 면에서 볼 때, 지주의 권한이 강화되면서 더 많은 쌀이 도시로 흘러들어갔다. 지주들의 권한이 막강해지면서 지주가 마을에서 생산된 쌀을 점점 더 많이 차지하게 됐다. 이러한 사태는 점점 더 많은 농민들이 '근대적' 경제 분야로 진출해 노동자가 돼야만 한다는 것을 의미했다. 그러나 지주들 역시 그 모든 쌀을 먹을 수 없었고, 결국 도시로 가져가 현지나 프랑스에서 생산된 공업 제품과 교환해야 했다.

이렇게 마을의 불평등을 바탕으로 식민 정부는 세력을 강화했고, 노동자와 쌀은 도시로 흘러들었다. 그러나 동시에 마을에서는 쓰디쓴 고통이 자라났고, 결국 반란이 터졌다. 제임스 트럴린저의 저서 ≪교전중인 마을≫은 베트남 중부의 후에 남쪽에 위치한 미 투이 퐁 마을의 변천 과정을 상세히 추적하고 있다.[1] 베트남 전쟁 기간에 트럴린저는 미국의 한 구호단체에서 일하면서 후에의 구두닦이 소년들을 도왔다. 전쟁이 막바지로 치닫던 1974~75년, 그러니까 미군이 마지막으로 철수하고 남베트남 정부가 붕괴하기 전에 트럴린저는 대학원생이 돼 베트남으로 돌아왔고 미 투이 퐁에서 6개월 동안 현지 조사를 수행했다. 그의 책이 놀라운 이유는 그가 용기를 발휘해 양편 모두와 대화를 나누었고 그 결과를 충실히 기록했기 때문이다. 그는 그 지역 남베트남군 사령관한테서 연구를 수행해도 좋다는 허가를 받았다. 다른 미국인 연구자들과 달리 그는 한 걸음 더 나아가 민족해방전선 측에도 조사를 허가해 달라고 공식으로 요청했다. 남베트남 정부를 지지하는 사람들은 마을에서 그와 대화했고, 공산주의자들은 후에나 마을 인근의 비밀 회합에서 그와 이야기를 나눴다.

트럴린저가 노인들에게 공산주의가 처음 마을에 어떻게 들어왔느냐고 묻자 그들은 프랑스가 무슨 짓을 했는지 설명하면서 얘기를 시작했다.

프랑스인이 미 투이 퐁에 들어오기 전에는 토지의 3분의 2가 마을 공동 소유였는데, 이것은 예외적으로 높은 비율이었다. 베트남의 다른 지역과 마찬가지로 언제나 더 부유한 지주들이, 가난한 주민들에게 토지를 임대해 주던 마을위원회를 지배했다. 그러나 마을 사람들의 증언에 따르면, 마을위원회는 "그래도 공정하게 운영됐고, 시종일관 예측이 가능한 위계제의 범위 안에 있었다. …… 위원회는 사람들 — 아마도 수동적인 복종 상태에 있었을 텐데 — 이 수용할 수 있는 선을 넘어서는 세금을 결코 요구하지 않았다."[2]

1900년 이후 프랑스 지배 하에서, 특히 1920년 이후부터는 마을 위원들이 마을 공유지에 더 많은 세금을 부과하고, 자신들에게 더 유리한 임대 계약을 체결하고, 토지 분배 과정에서 더 많은 뇌물을 챙기기 시작했다. 일부 마을 위원들이 이런 새로운 부패상을 못마땅하게 여기기는 했지만, 위원회를 그만 두고 덜 양심적인 지주들에게 책임을 떠넘겨 버리는 식으로 대응했다.

1940년이 되면 대여섯 개 가문이 미 투이 퐁 전체 토지의 30~40퍼센트를 장악하게 된다. 하위 90퍼센트의 사람들은 전체 토지의 약 3분의 1을 차지했다. 그 90퍼센트는 이제 지주한테 토지를 빌리거나 임금 노동을 구해야만 했다. 평균 토지 임대료는, 베트남 전체와 마찬가지로, 풍년이 들었을 때 수확량의 절반에 해당하는 금액이었다. 따라서 흉년이 들면 수확물 전체를 임대료로 빼앗길 수도 있었다.

이런 상황이 인간적·물리적 측면에서 어떤 의미를 갖는지 이해하는 것이 중요하다. 농민과 토지의 관계는 신비한 그 무엇이 아니다. 베트남의 풍광은

놀랍도록 아름답다. 끝없이 빛나는 초록의 대지를 베트남 농민이라면 누구나 다 알고 즐긴다. 당연한 얘기지만 베트남 사람들은 자신이 자란 고향의 풍경과 느낌과 냄새를 사랑한다. 그러나 다른 어떤 지역과 마찬가지로 베트남 농민에게도 토지 문제는 노동·고통·식량과 관련된 문제다. 추상적 문제가 아닌 것이다.

그들은 지주가 쌀의 절반을 가져가고 이 과정의 정점에서 정부가 자기 몫을 챙긴다는 것도 안다. 그러한 착취는 신비한 그 무엇이 아니며 이해하기 어려운 문제도 아니다. 그들이 쌀을 재배하면 누군가 다른 사람이 와서 그것을 가져가서 먹어 버린다. 그들은 나날의 삶에서 몸으로 직접 자신들의 노동과 굶주림을 느낀다. 그들은 자기 자식들은 여위어가는 반면, 지주들의 자식들은 피둥피둥 살이 찌는 것을 본다.

이 모습이 모든 농촌에서 토지 보유 문제 이면에 도사리고 있는 실상이었다. 그리고 미 투이 퐁에서 수확물의 절반이나 그 이상을 가져갔던 지주들 뒤에는 식민 경찰이 버티고 있었다. 과거의 베트남 왕조는 마을의 지주들이 마음대로 농민을 통제하도록 방임하는 편이었다. 프랑스 식민 통치 하에서는 경찰이 마을로 들이닥쳤다. 한 사람은 트럴린저에게 이렇게 말했다.

경찰이 지주를 싸고돌며 우리에게 임대료를 내라고 강요했어요. 한번은 최악의 홍수로 수확을 망쳤습니다. 그러나 경찰은 아무 상관없다는 듯이 나타났습니다. 그는, 우리가 임대료를 내지 않으면 체포하겠다고 협박하며, 땅도 빼앗아 다른 사람에게 줘 버리겠다고 으름장을 놓았죠.[3]

임대료를 감당할 수 없었던 또 다른 농부는 체포됐다.

나는 (마을) 주재소에 일주일 동안 갇혀 있었어요. 그들은 나를 구석에 앉혀놓았죠. 집안 식구들이 내게 감자를 가져다 줬습니다. 결국 아들 녀석이 친구들한테서 돈을 빌려 가져왔고, 그때서야 나는 석방됐습니다. 그런데 임대료를 지급하고도 그 경찰관에게 따로 돈을 찔러줘야 했죠.[4]

1944년에 발생한 한 사건이 그 전 수십 년 동안의 상황을 상징적으로 보여 주었다. 그 해에 몇몇 지주들은 자신들의 땅이 가난한 농민들의 땅을 에워싸고 있다는 사실을 새삼 깨달았다. 그들은 가난한 농민이 자신들의 땅을 가로질러 가는 전통적 권리를 인정하지 않으려 했다. 가난한 농민들은 농사를 지을 수 없었고, 그래서 마을위원회에 이 사실을 탄원했다. 마을위원회는 지주들 편이었고, 경찰은 마을위원회 편이었다. 소농들은 지주들에게 자신의 농지를 헐값에 파는 수밖에 다른 도리가 없었다.

경찰 뒤에는 식민지 법정이 버티고 있었는데, 그들은 항상 지주에게 유리한 판결을 내렸다. 임대료를 감당할 수 없었던 가난한 농민들은 도시의 고리대금업자에게 연 50퍼센트 이상의 고금리로 돈을 빌려야 했다. 농민들은 부채의 덫에 걸리고 말았고, 결국 점점 더 많은 농민이 토지를 잃었다.

똑같은 일이 베트남 전역에서 일어나고 있었다. 남부에서는 1930년대 후반이 되면 6200명의 지주가 논의 45퍼센트를 소유했다. 북베트남의 홍강 유역에서는 2퍼센트의 가구가 전체 토지의 40퍼센트를 차지했다.[5]

또한 프랑스의 식민 통치가 봉건 지주와 왕국 관리 등 낡은 지배 계급을 자본주의적 지주와 식민 관리라는 새로운 지배 계급으로 탈바꿈시키고 있었다. 이 계급의 자녀들은 정부 관리나 군대와 경찰의 하급 장교가 됐다. 그들은 정부가 새로 세운 학교—대개는 3년 내외의 과정이었는데, 프랑스어와 프랑스 문화를 가르쳤다—에 들어갔다. 그들은 자신들의 증대한 부가 프랑스의 힘 덕분이라는 점을 잘 알고 있었다.

1935년쯤 미 투이 퐁 마을에서 다섯 남자가 모여 토론하기 시작했다. 쉰살쯤 되는 한 사람은 마을에서 작은 가게를 하고 있었다. 또 다른 사람은 인근 후에의 식민 정부에서 일하는 하급 사무관이었다. 30대였던 그는 자전거

한 대와 약간의 땅뙈기, 초라한 오두막집을 갖고 있었다. 그는 가난했지만 교육을 받았고, 그래서 "모든 일에 항상 자신의 의견이 있었다."

셋째 남자 쯔엉은 마흔 살쯤 된 중농이었다. 그는 문맹이었지만 "오랜 시간 종잡을 수 없는 대화를 즐기면서 무언가를 모색하던, 마을의 유력 인사였다. 많은 사람들이 쯔엉을 호기심과 기지가 넘쳤던 사람으로 기억했다."[6]

넷째 남자는 가난한 농부로 시간이 남으면 마을의 사당과 탑을 보수하던 기술자였다.

다섯째 사람인 민은 서른 살쯤 된 대지주의 아들이었다. 트릴린저는 이렇게 적고 있다.

민은 아버지와는 다소 달랐다. 어떤 이유인지 그는, 자신이 고분고분한 아들로서 대토지 소유 계급에 충성하기를 바라는 아버지의 소망을 외면했다. 민은 학교 교육, 아마도 후에의 어느 사립학교에서 정규 교육을 받은 듯했다. 그는 유머 감각이 있었고, 그를 회상하는 한 농부의 말에 따르면 "놀라울 만큼 총명했다"고 한다. …… 나이든 농부 한 사람은 이렇게 말했다. "그의 아버지는 전형적인 부자였고, 농민들의 비참한 삶은 아랑곳하지 않았죠. 하지만 그 아들은 완전히 달랐어요. 그는 가난한 이들의 삶에 관심이 많은 듯했어요. 그는 항상 가난한 사람들이 더 잘 살 수 있는 방법을 모색했으니까요."[7]

민은 20대에 아버지 곁을 떠나 상인이 됐다. 다섯 사람은 여러 해에 걸쳐 계속 만났다.

다섯 사람의 모임은 일과가 끝나는 저녁 이후에나 가능했다. 식민지 보안 책임자의 번득이는 눈초리로 보더라도 모임의 성격은 불분명했다. 그들은 모여서 쌀로 빚은 술이나 맥주, 차를 마시는 것처럼 가장했다. 모두 가능한 한 자주 모이려고 했지만 겨우 두세 명만 참석하기 일쑤였다. 참석한 사람들이 불참자들에게 의견과 반응을 전달했다. 한 농부는 다섯 사람의 회합을 이렇게 묘사한다. "그들은 먼저 삶의 곤궁함과 제반 문제들을 언급했지요. 세금, 토지 문제, 지방 행정 당국의 부패상 따위 말이에요. 그들은 개인적 어려움과 가족 문제도 토의했습니다. 하지만 그게 다가 아니었어요! 잠시 마을 현안을 논의한 뒤에는 우리 고장 밖의 문제도 토론했습니다. 그들은 많은 얘기를 나누었어요. 이렇게 토론을 거치면서 그들은 서방 세력에 관해 분명하게 이해했을 겁니다. 그들은 프랑스가 우리 조국에서 무슨 짓을 하고 있는지 명확히 인식했지요. 그들은 서구의 식민 세력이 왜 베트남에 왔는지 알았던 겁니다."[8]

몇 년 동안 모임을 계속한 후 마침내 1939년에 이 다섯 명은 마을을 떠나 인근 후에로 가서 프랑스와 지주 세력에 맞서 싸울 수 있는 사상을 찾기로 결심했다. 이런 결의 속에서 그들이 찾은 세력이 바로 공산당이었다.

베트남 공산주의

베트남 공산당은 관리 아들 출신인 호찌민이 창건했다. 관리와 지주 가문의 대다수가 프랑스 식민 정부를 지지했지만 소수는 계속 이에 반대했다. 이런 양상은 이 계급의 모순적 상태를 그대로 드러내는 것이다. 프랑스 식민 정부는 농민과의 관계에서는 지주 세력을 편들었지만 자신들과 관련해서는 지주 세력을 약화시켰다. 관리와 지주 가문의 상당수가 식민주의를 지지하는 쪽과 반대하는 쪽으로 분열했고, 많은 관리들도 서로 분열해 있었다.

예를 들어보자. 프랑스가 처음 들이닥쳤을 때 호찌민의 아버지는 전도유망한 젊은이였다. 1885년에 관리들이 주동해 프랑스 지배에 저항하는 근왕운동(勤王運動)을 일으켰다. 호찌민의 아버지도 운동에 가담했다. 운동은 실패로 끝났고 프랑스는 남베트남과 북베트남을 직접 통치하기 시작했다. 그러나 그들은 꼭두각시 황제를 후에에 남겨 베트남 중부를 다스리도록 했다. 호찌민의 아버지는 결국 프랑스가 지배하는 꼭두각시 황제의 조정에서 관직을 얻었다. 이런 현실을 증오한 호찌민의 아버지는 자주 이렇게 말했다. "관리가 되는 것은 노예와 다름없는 삶이다."[9] 그는 결국 관직을 잃고 만다. 그 후 호찌민의 아버지는 가족을 등지고 베트남 각지와 프랑스 식민지였던 이웃 라오스와 캄보디아를 방랑하면서 이야기꾼으로, 접골사(接骨師)로, 편지 대필자로 살아갔다.

호찌민 자신도 1911년 스물한 살의 나이에 선박의 식당 보조원으로 취직해 베트남을 떠났다. 그는 미국과 유럽에서 다양한 직업, 대개는 요리와 관련된 일자리를 전전했다. 1919년 그는 파리에 도착했다. 미국 대통령 우드로 윌슨이 민족 자결권을 주창하자 한껏 고무된 그는 베트남의 독립을 주장하기 위해 베르사유 강화조약 회의장으로 찾아갔지만, 문전박대당했다. 윌슨이 주창한 자유는 식민지에는 해당되지 않았던 것이다.

호찌민은 이미 프랑스 사회당의 당원이었다. 다음 해인 1920년 그는 새로 결성된 프랑스 공산당에 입당한다.

그가 가입한 정당은, 3년 전에 일어난 러시아 혁명으로 한껏 고무된 혁명가들의 조직이었다. 1917년에 러시아의 병사들은 제1차세계대전을 계속하기를 거부했다. 노동자들은 공장을 장악했고, 농민들은 지주들의 대저택을 불태우고 토지를 몰수했다. 러시아 공산당인 볼셰비키가 이 모든 변화를 지지했다. 그들의 슬로건은 "토지, 평화, 빵"이었다. 러시아의 노동자들은 작업장에서 소비에트라는 위원회를 선출했다. 사병들도 병영에서 마찬가지로 소비에트를 결성했다. 볼셰비키만이 이 모든 투쟁을 지지한 유일한 정당이었기때문에 노동자들과 농민들은 볼셰비키를 소비에트 대표로 선출했다. 1917년 10월 소비에트 전국대회는 공산당이 이끄는 정부를 선출했다.

이 정부는 세계대전에서 러시아를 철수시켰고, 여성들의 완전한 권리를 선언했고, 동성애자들을 합법화했고, 여성 장관 임명을 단행했는데, 이런 일들은 당시로서는 이례적인 사건들이었다. 반유대주의가 인종 차별의 주종을 이루던 나라에서 다수의 공산당 지도자가 유대인이었다. 새로 탄생한 정부는 러시아 제국의 모든 영토가 분리 독립의 권리가 있다고 선언했다. 그들은 세계 각지에서 전개되는 모든 반(反)식민주의 운동을 지지한다고 공표했다.

러시아 혁명은 유럽과 식민지 민중의 잠든 영혼에 불을 밝혔다. 러시아 혁명을 일종의 쿠데타로 얘기하는 것이 요즘의 세태다. 그러나 당시에는 좌우를 막론하고 누구나 다 노동 계급이 러시아에서 권력을 장악했다고 생각했다.

그리고 그것이 호찌민이 프랑스 공산당에 입당한 이유였다. 1923년쯤 그는 모스크바로 가서 공산주의 인터내셔널을 위해 일하면서 아시아로 혁명을 확산시키려고 노력했다.

그러나 1923년부터 러시아 공산당은 변질되기 시작했다. 당시 러시아에서 무슨 일이 일어났는지를 다루는 논의는 많다.[10] 그러나 요점만 말하면, 1923년쯤에 노동자 국가는 국가 관료의 독재 체제로 바뀌고 있었다. 참혹한 내전으로 경제는 몰락했고, 관료들이 공장 노동자보다 더 많아졌다. 공산당은 러시아가 후진국이고 따라서 서방 선진국의 혁명이라는 원조를 받지 않으면 사회주의를 건설할 수 없다고 항상 주장해 왔다. 이제 내전은 끝났고, 적대적인 자본주의 열강에 에워싸인 그들에게는 국제 혁명이 사활적이었다. 국제 혁명이 일어나지 않는다면 그들은 끝장날 수밖에 없었다. 그러나 혁명은 헝가리에서, 독일에서, 중국에서 차례로 분쇄되고 말았다.[11] 러시아는 고립됐다.

새로 부상한 관료 계층은 자신들의 생존을 위해 무엇이든 해야 한다는 것을 직감했다. 그들의 대변인 요시프 스탈린은 조만간 자본주의 열강들이 러시아를 침략할 것이라고 주장했다. 이에 대응하려면 러시아 역시 근대적 군대가 필요할 것이고 당연히 그 기초인 근대적 산업을 일으켜야만 했다. 그들은 급속한 산업화를 추진해야만 했다. 소련 정부는 노동자와 농민을 쥐어짜고, 이윤을 뽑아내고, 그 이윤을 투자하고, 다시 노동자와 농민을 더욱더 가혹하게 쥐어짜고, 더욱더 많은 이윤을 뽑아내고, 그 이윤을 다시 투자해야 했다. 100년 동안의 영국 산업혁명기에 이런 일이 일어났었다. 소련은 이 과정을 10년 만에 따라잡아야 했고 국민을 극한 상황으로 내몰았다.

결국 소련은 국가자본주의 체제로 변질되고 말았다. 체제의 동학이 이윤을 창출하고 다른 국가들과 경쟁하기 위해 재투자하는 것이었으므로 소련은 자본주의 사회였다. 사적 자본주의 체제의 동학이 이윤을 창출하는 회사가 다른 기업과 경쟁하기 위해 재투자하는 것과 마찬가지이듯 말이다. 그러나 소련 사회는 사적 소유에 기반한 것이 아니라 '국가' 자본주의였다.

스탈린 정부는 파업을 분쇄했고 독립 노조를 불허했다. 1926년이 되면 소련의 한 공장에서 노동하는 것이 다른 경찰 국가의 공장에서 노동하는 것과 다를 바가 없어진다. 1929년에 정부는 혁명으로 농민이 쟁취했던 토지에 대한 권리를 회수해 버린다. 이 과업을 완수하기 위해 그들은 농민 수백만 명을 체포하고 수십만 명을 살해해야 했다. 이 폐허 위에서 농민이 생산한 식량이 근대적 산업에 투입된 노동자들을 먹여 살렸다.

스탈린의 국가자본주의는 생존에 성공했다. 1941년 나치 독일이 침략했을 때 소련은 근대적 산업 기반을 바탕으로 저항할 수 있었다. 하지만 그 소련은 잔혹한 노동과 테러 위에서 건설된 국가였다.

1920년대와 1930년대 초반에 걸쳐 고참 볼셰비키 대부분이 스탈린이 장악한 국가에서 축출됐다. 어느 순간 그들은 자신들의 꿈이 악몽으로 바뀌고 말았음을 깨달았고, 그들은 더는 협력할 수 없었다. 이의를 제기했던 사람들은 1920년대에 체포됐다. 그들은 1930년대에 총살당했고, 침묵을 지켰던 사람들도 대부분 마찬가지였다. 왜냐하면 스탈린과 새로 부상한 관료들은 그들에게서 혁명의 기억을 볼 수 있었기 때문이었다.

이 시기에 호찌민은 공산주의 인터내셔널에서 일했다. 공산주의 인터내셔널은 모순된 조직이었다. 공산당에 가입한 사람들은 혁명을 원했고, 코민테른도 공개적으로는 자신들도 그렇다고 말했다. 그러나 1926년 이후 스탈린주의 기구는 세계 어느 곳에서도 민주적인 노동자 혁명을 허용하려 하지 않았다. 그러한 일은 소련 체제에 커다란 도전이 될 것이기 때문이었다.

스탈린은 해외의 공산당들을 희생시켜 가며 그 나라 지배자들과 거래했다. 예를 들어보자. 중국에서는 1926년에 공산당과 민족주의 정당인 국민당의 연합군이 북으로 진군해 베이징과 상하이를 접수했다. 상하이에서는 총파업이 일어났고 무장한 노동자들이 권력을 장악했다. 그러나 국민당은 전 세계에서 몇 안 되는 스탈린의 동맹 세력 가운데 하나였다. 코민테른은 공산당과 노동자들에게, 군대가 상하이에 진주하면 총을 내려놓고 국민당에 투항하라고 지령을 보냈다. 그들은 시키는 대로 했다. 국민당은 노동자와 공산당원 수만 명을 살해했고, 살아남은 소수의 공산당원들은 시골로 도주하고 말았다.[12]

많은 나라에서 이와 비슷한 일들이 벌어졌다. 그러나 해당 국가의 공산당들은 조직을 정비하고 파업과 농민 운동을 지도했다. 무엇보다도 사람들이 공산주의자가 된 것은 세상을 바꾸고 싶었기 때문이다. 따라서 스탈린이 운동을 지도하지 않았더라면 국제 정치 무대에서 그에게는 거래할 것이 아무것도 없었을 것이다.

호찌민은 1920년대에 오랫동안 중국에 머무르면서 코민테른을 위해 일했다. 1924년에 그는, 중국에 머무르던 베트남 망명자들의 회합을 바탕으로 인도차이나 공산당을 설립했다. 1930년대 호찌민의 활동에 대해서는 주장들이 엇갈린다. 대부분의 기간 동안 그는 러시아에 머물렀고, 베트남인들을 가르치며 근근이 생활을 이어가면서 자중했던 듯하다. 또한 그는 어느 시기에는 코민테른의 임무를 띠고 중국에 잠입하기도 했다. 그는 계속 스탈린주의 기구에 봉사하고 있었던 것이다. 그러다가 1939년에 그는 러시아를 떠나 중국으로 갔는데, 그 자신의 설명에 따르면, 베트남에서 반식민주의 혁명을 건설하기 위해서라고 한다. 그리고 마침내 30년 동안 해외를 전전한 후인 1941년 2월에 고국으로 돌아왔다. 그는 정글에 있는 소규모 캠프에서 숨어 지내고 있는 공산당원들을 발견했다. 그들은 그를 환영했다. 호찌민을 만난 적이 있는 사람은 거의 모두 그가 겸손하고 조용한 성품에 친절한 사람이었다고 회고한다.

호찌민의 목표는 베트남에서 스탈린의 소련과 같은 국가자본주의 체제를 건설하는 것이었다. 그는 근대적 산업을 기반으로 자랑스럽고 독립적인 국가를 세우고 싶었다. 그가 꿈꾼 국가는 공산당이 지배하고 노동자와 농민은 노동하는 체제로서, 만약 그들이 이의를 제기한다면 체포될 것이다. 간단히 말해서, 호찌민은 현재 상태의 베트남을 원했던 것이다.

그가 복귀한 베트남 공산당은 사회주의적 기원을 가진 민족주의 정당이었다. 당원의 대부분이 호찌민처럼 지주와 정부 관리의 교육받은 자녀들이었다. 그러나 이 가운데에도 소수의 진지한 투사들이 있었다. 프랑스령 베트남에서는 부자들만 교육받을 수 있었는데, 물론 그들이 충분한 교육을 받을 수 있었던 것은 아니다. 1930년대에 베트남인 1000명 가운데 8명만이 3년제 교육을 받을 수 있었다. 이들 남녀가 공산당의 주축이었고, 당 지도부의 압도다수도 이들 가운데서 나왔다.

그래서 미 투이 퐁 출신의 다섯 명이 1939년 후에(Hue)의 공산당원들과 접촉했을 때 당은 급진적 지주의 아들인 민을 먼저 영입했다. 그가 당원 교양을 마친 뒤에야 비로소 나머지 네 사람도 마을에서 당 세포로 활동할 수 있는 허가를 받았다. "몇 년 후 다섯 사람 가운데 한 명은 두 친구에게, 다섯 명이 소조 내에서 모두 평등하다고 생각했지만 지구·지역 (당) 조직 연락책 같은 주요 임무는 민이 맡았다고 증언했다."[13] 이것이 공산당이 활동하는 방식이었다. 그들은 먼저 민과 같이 교육받은 사람들을 받아들였다. 그 다음에 그러한 사람들이 자신이 알고 있는 마을 주민을 가입시키고 지도했다.

이렇게 해서 공산당은 민과 같은 사람들이 이끄는 당이라는 이미지가 굳어졌다. 그들은 지주 계급 가운데서도 괜찮은 소수였다. 그들은 자기 계급의 부패와 잔혹함을 증오했다. 그들은 낡은 질서를 일소하고 근대적 산업 국가를 세우고자 했다. 그들은 그런 국가를 민주주의의 관점에서가 아니라 자신들이 지도하는 더 나은 세상이라는 관점에서 봤다. 그들은 가난한 마을 사람들과 일상으로 긴밀하게 접촉하면서 스스로 피억압자들의 보호자로 자처했다. 그들은 정직했고 존경받을 만했다. 삶의 과정을 속속들이 아는 사람들의 신뢰를 받지 않고서는 마을에서 지하 혁명 조직을 건설할 수 없다. 그러나 민과 같은 사람들 자신이 피억압자는 아니었다.

이 때문에 공산당은 언제나 토지 개혁에 대해 매우 부정적이었다. 새로운 사회를 건설하는 것은 옛 지주들을 분쇄하는 것을 의미했다. 마을의 평당원들, 미 투이 퐁 소조의 다른 네 사람은 지주에게서 토지를 몰수하고 필요하다면 그들을 처단하는 데 어떠한 어려움이나 문제도 느끼지 않았을 것이다. 그러나 민과 같은 사람들은 항상 갈팡질팡할 것이다. 그들 자신은 혁명을 통해 도시의 지배자로 부상할 테지만, 그들의 가문은 몰락할 것이고 일가족이 살해될 수도 있기 때문이다. 그리하여 공산당은 지도부와 기층 사이에서 항상 분열했고, 지도부 역시 가문과 미래에 대한 전망 사이에서 오락가락했다.

일부 인사에게는 이런 고통이 그들의 결심을 강화하는 계기가 되기도 했다. 예를 들어, 보 응우엔 지압은 공산당원이자 관리의 아들이었다. 프랑스 식민 정부는 1939년의 일제 검거로 그의 아내와 딸, 아버지와 누이들, 매제, 처제를 투옥했다. 1941년과 1943년 사이에 이들 모두 감옥에서 죽었다.[14] 지압은 탈출했고 평생 동안 혁명가로 살았다. 그는 프랑스, 이후로는 미국에 맞서는 저항군의 지도자가 됐다.

베트민

1941년 베트남으로 돌아 온 호찌민에게는 한 가지 계획이 있었다. 그는 공산당 지도부에 자신의 계획을 설명했다. 그들은 독립을 목표로 싸우는 대중 조직, 곧 베트민(越盟)을 건설하는 데 착수했다. 이 조직에는 노동자·자본가·농민·지주 등 프랑스에 맞서 싸우기를 원하는 사람이라면 누구나 가입할 수 있었다. 공산당은 이 동맹의 조직자이자 정치적 지도부를 구성하게 될 것이었다. 이것은 속임수가 아니었다. 공산당이 베트민을 지도한다는 사실을 모든 사람이 알고 있었다. 그러나 베트민의 구조 때문에 사람들은 스스로 이렇게 말할 수 있었다. "공산당과 함께 싸우든지 프랑스 편에 붙든지 선택은 둘 중 하나다. 나는 공산주의자가 아니지만 식민 정부에 맞서 싸우고 싶다. 나는 베트민에 들어갈 것이다."

또한 베트민의 구조 때문에 공산당은 새로 당원을 충원하지 않고서도 대중 운동을 건설할 수 있었다. 공산당은 자신들이 신뢰할 수 있는 사람을 선발했고 그들은 당의 규율을 따라야 했다.

베트민은 제2차세계대전 중에 복잡한 정치적 상황에 직면한다. 베트남은 프랑스 식민지였는데, 독일이 1940년에 프랑스를 점령한 것이다. 독일군은 프랑스를 장악하고 비시 정부라는 꼭두각시 파시스트 정권을 수립했다. 베트남의 프랑스 식민 정부는 비시 정부에 충성할 것이라고 선언했다. 1940년 후반에 일본군이 베트남을 침공한다. 비시 정부에 복종하던 프랑스 식민 정부는 일본군의 지원을 받으며 권좌를 유지했다.

1941년에 베트남 공산당은 일본군에 맞서 전면적인 투쟁을 벌일 만한 처지에 있지 못했다. 그들은 1939년 식민 정부의 일제 검거로 와해 직전 상황까지 몰렸다. 그들에게는 무기도 하나 없었고, 당원도 극소수에 불과했다.(꽤 성장한 4년 뒤에도 그들은 겨우 5000명 정도에 불과했다.) 당시 그들은 중국 국경 인근의 북쪽 산악지대에 있는 소규모 게릴라 캠프에서 버티고 있었지만, 게릴라전은 수행할 수 없었다. 그들은 활동이 가능했던 지역에서 인민과 토론하고 지하 조직을 건설하는 데 집중했다.

그런데 연합군이 독일군을 프랑스에서 쫓아내 버렸다. 샤를르 드골 장군이 이끄는 '자유프랑스'가 프랑스 공산당과 연합해 권력을 장악했다. 드골은 식민지를 계속 보유하고 싶어했다. 베트남의 식민 정부는 연합군이 승리하고 있음을 알았다. 그들은 승자의 편에 가담해 베트남을 계속 프랑스령으로 남겨두고 싶었다. 그들은 드골의 새 정부와 비밀 회담을 열기 시작했다. 일본군은 프랑스 식민 당국을 더는 신뢰할 수 없게 됐고, 그리하여 결국 1945년 3월

9일 식민 정부를 직접 접수하고 프랑스인을 전부 억류해 버린다.

이제 호찌민은 베트민이 미국·소련·프랑스·국민당의 중국 등 연합군의 일원으로서 독일·일본과 싸우고 있다고 선전할 수 있게 됐다. 미국의 전략사무국(OSS : CIA의 전신)이 산악지대에 있는 호찌민의 캠프로 요원을 파견했다.

미 투이 퐁의 한 사람은 이렇게 회고한다.

우리는 전쟁이 막바지에 이르렀음을 알았다. 우리는 일본이 미국에 패망할 것이라는 사실도 알고 있었다. 우리는 미국이 프랑스가 베트남에 다시 진주하도록 내버려두지 않으리라고 확신했다. 우리는 모두 베트남이 머지않아 독립을 쟁취하게 될 것이라며 희망에 부풀어 있었다.[15]

미 투이 퐁의 한 여성은 이렇게 말한다.

그때 나는 어렸다. 하지만 모두 베트민을 얼마나 좋아했는지 또렷이 기억한다. 엄마와 언니들, 그리고 나는 밤늦게까지 자그마한 베트민 깃발을 만들었다. 우리는 함께 일했다. 우리는 깃발마다 노란 별을 꿰매어 붙였다. 왜냐하면 우리는 사람들이 깃발을 들고 베트민의 승리를 축하하고 싶어하는 것을 알았기 때문이다. 그리고 우리는 베트민이 이 나라를 장악할 것이라고 확신했다.[16]

그런데 1945년 봄에 북부에서 기근이 발생했다. 남부의 메콩 삼각주는 언제나 베트남의 주요 쌀 생산지였다. 북부에 기근이 닥쳐오고 있음이 1944년 가을부터 분명해졌다. 그러나 메콩 삼각주에서 북쪽으로 쌀을 운반하는 통로는 2차선 고속도로 한 개와 느려터진 철로 하나가 고작이었다. 일본군은 쌀과 전쟁 물자를 보급하기 위해 모든 보급선을 확보했다. 쌀은 북베트남 사람들에게 가지 못 했다. 북부 지역 인구 1000만 명 중 100만 명이 굶어죽었다.

언제나 기근은 식량이 있는 상황에서 발생한다. 예를 들어, 1943년에 영국의 인도 총독부는 벵골에서 발생한 유사한 기근 사태를 방치했고, 그 결과 200~300만 명이 목숨을 잃었다. 일본과 마찬가지로 영국에게도 우선 순위는 전선 지원이었다. 그리고 모든 기근 사태와 마찬가지로 벵골과 북베트남에서도 부자·군인·경찰은 충분한 식량을 확보했다. 북베트남에서 프랑스 식민 경찰과 일본군은 굶주린 약탈자들로부터 쌀 저장고를 지켰다. 정부는 계속 마을로 군대를 파견해 세금 징수 명목으로 쌀을 징발해 갔다.

공산당과 베트민은 민중에게 쌀 저장고를 공격하고 세금 납부를 거부하라고 선동했다. 그들에게는 변변한 무기 하나 없었고, 그래서 그들은 농민들에게 세금을 거두지 말도록 지방 관리들에게 탄원할 것도 장려했다. 역사가 데이빗 마르에 따르면, 무정한 관리들은

자신들이 죽창과 칼, 단도를 든 성난 동포들에 둘러싸여 있음을 알았다. 그들은 마을 공동의 사당으로 끌려가 권력을 남용하고 베트민을 비난한 것에 대해 공개 사과할 것을 강요받았다. 만약 마을에 약간이라도 '구호 식량'이 있었다면 관리들은 그것을 나눠주도록 설득당했다. 곡물은 이미 취합돼 사적으로 결탁한 세금 징수인에게 넘겨질 찰나였다. …… 때때로 징발한 쌀을 되돌려주기도 했다. …… 지방 관리가 푸 닌 마을에 도착해 일본군의 호위를 받으며 세금을 징수할라치면 경보를 알리는 북소리가 울려퍼졌고 마을 사람 수백 명이 그 무리를 에워쌌다. 옥신각신하는 승강이가 하루 종일 계속되다가 일본군이 일제히 사격을 가해 두 명이 사망했고, 그들은 철수했다. …… 지방 관리인 (흥 옌 지방의) 안 티는, 대다수 마을 관리들이 세금을 걷어오라는 상관의 반복적 지시에 불응하는 것보다 [마을 사람들에게—옮긴이] 살해당하는 것을 이제 더 두려워한다고 보고했다. ……

주민들은 정부나 대지주 소유의 곡물 창고를 약탈하기도 했다. 창과 칼만으로 무장한 소수의 젊은이들이 한밤중에 경비병 두세 명을 제압한 다음 자물쇠를 부수고 마을 사람들을 불러모아 쌀자루를 챙겨 신속히 해산하도록 하는 방식이 가장 흔한 형태였다. 많은 군중이 한꺼번에 달려들어 경비원을 한쪽으로 몰아세

운 후 창고의 쌀을 다른 곳으로 옮겨 버리는 경우도 있었다. 가끔은 쌀과 벼를 대량으로 확보하기 위해 연합군의 공습을 이용하는 일도 있었다. 창고 경비원들이 은신처를 찾아 자리를 비웠던 것이다.[17]

수백 건의 납세 거부가 있었고, 75~100개의 창고가 약탈당했다. 이러한 일들이 사람들의 생명을 구했다는 것은 명백하다. 아마도 10만 명, 어쩌면 그 이상일지도 모른다. 그러나 무기 없이 기아를 중단시킬 수는 없었다.

기아는 사회 전체를 바꿔놓는다. 가난한 사람들은 부자한테 구걸하고 부자는 이를 거절한다. 사람들은 이웃은 물론 친족과도 함께 나눠먹기를 거부한다. 그들은 자신의 토지를, 또 딸들을 헐값에 팔고 만다. 누가 먹을지에 관한 결정이 가족 안에서 이루어진다. 어린이와 노인은 굶주리게 되고, 결국 죽고 만다. 이런 일이 일상으로 벌어지고, 입 밖으로 얘기되지는 않지만, 식사 때마다 이런 일이 노골적으로 반복된다. 사람들은 자신의 소행을 부끄러워하고 이후로도 이런 얘기를 꺼내는 것을 꺼려한다. 그러나 그들은 이런 일들을 잊지 않을 뿐더러 용서하지도 않는다. 베트민은 기아에 맞서 싸우는 투사로 자신들을 내세웠다. 기아가 끝난 후 공산당과 베트민은 북부에서 가장 강력한 세력으로 떠올랐다.

1945년 여름에 새로운 수확이 시작됐다. 미국은 히로시마와 나가사키에 원자폭탄을 떨어뜨렸고 일본 정부는 항복했다. 베트남에서 전쟁이 그렇게 빨리 끝나리라고 전망한 사람은 아무도 없었다. 그래서 갑작스럽게 권력 공백 상태가 형성됐다. 일본은 패배했고 프랑스인들은 여전히 억류돼 있었다. 북부에서는 베트민의 부대가 대낮에 의기양양하게 하노이를 향해 행진했다. 그들은 거의 무장을 하고 있지 않았다. 하노이에 주둔한 베트민의 주력 부대는 겨우 800명의 전투원과 90정의 소화기를 보유한 것이 전부였다. 그러나 그들은 민중의 지지를 받고 있었다. 일본군은 병영에 남아 연합군에게 항복하려고 기다리고 있었다. 베트민이 공격하지 않으면 그들도 싸우지 않으려 했다.

8월 16일 하노이 오페라하우스 맞은편 광장에서 2만 명이 집회를 열었다. 베트민의 깃발이 펄럭였고 군중은 환호했으며, 경찰은 감히 발포할 생각을 못했다. 사흘 후, 베트민은 20만 명의 군중을 이끌고 왕궁·시청·군병영을 접수하고 권력을 장악했다.[18]

1945년 9월 2일 호찌민은 하노이에서 50만 명의 군중을 모아놓고 베트남 독립을 선언했다.

[그는 시작했다.] "모든 인간은 평등하게 태어났습니다. 조물주는 우리에게 양도할 수 없는 권리를 주었습니다. 생존권, 자유권, 행복 추구권." 여기까지 읽고 그는 고개를 들어 군중을 쳐다봤다. 그리고 부드러운 목소리로 이렇게 물었다. "동포 여러분, 제 말이 또렷하게 들립니까?" 군중은 화답했다.[19]

호찌민은 미국 독립선언문의 구절을 사용하고 있었다. 이것은 프랑스 식민주의에 맞서 미국의 지지를 직접 호소하는 제스처였다. [그러나 — 옮긴이] 그는 미국의 지지를 얻지 못했다.

강대국들

세계 열강의 지도자들은 베트남을 어떻게 처리할지 이미 합의한 상태였다. 제2차세계대전 막바지에 소련·미국·영국의 지도자들이 얄타와 포츠담에서 정상회담을 열었다. 거기서 그들은 전후 세계를 어떻게 분할해 세력권 안으로 편입시킬지에 합의했다. 소련은 동유럽을 차지하고, 미국과 영국은 서유럽을 장악하며, 독일은 분할해서 지배하기로 했다. 물론 미국은 아메리카를 지배하고, 중동 지역은 미국과 영국이 함께 관리하기로 했다.

영국 총리 윈스턴 처칠은 프랑스가 인도차이나의 식민지 세 곳, 베트남·라오스·캄보디아를 계속 점령해야 한다고 주장했다. 처칠은 대영제국을 유지하고 복원하는 데 열중했고, 따라서 인도차이나가 프랑스에서 독립하면 인도와 아프리카의 여러 나라가 영국에서 독립하겠다는 주장에 힘이 실릴까 봐 두려워한 것이다.

1945년에 미국에게는 베트남보다 프랑스가 더 골칫거리였다. 3월에 드골이 미국 대사를 파리로 불러들였다. 드골 장군은 우익 민족주의자로서 프랑스 공산당과 함께 구성한 새 연립정부를 이끌고 있었다. 공산당원들은 나치 점령기에 프랑스 저항 세력의 핵심이었고, 당시에 그들이 프랑스나 전 유럽에서 권력을 장악할지의 여부가 불분명한 상황이었다. 그래서 드골은 미국 대사를 위협했다.

당신들의 목표가 무엇인가? 우리가 소련의 보호를 받는 연방 국가의 하나로 전락해도 좋겠는가? 당신들도 잘 알다시피, 소련은 빠르게 전진하고 있다. 독일이 함락되면 그 다음 목표는 우리다. 미국이 인도차이나에서 우리의 입장을 지지하지 않는다는 것을 프랑스 대중이 알게 되면 실망감이 극에 달할 것이고 이후 사태가 어떻게 전개될지는 아무도 모른다. 우리는 프랑스가 공산 국가가 되도록 내버려두지는 않을 것이다. 우리는 소련의 위성 국가로 전락하지 않을 것이다. 당신들이 우리를 그쪽으로 몰아가지 않기를 바란다.[20]

드골이 엄포를 놓았지만 미국 대사는 어쨌든 요점을 이해했다. 소련·미국·영국 정부는 베트남·라오스·캄보디아를 프랑스의 식민지로 계속 내버려두기로 합의했다.

그러나 1945년 당시 프랑스 정부에게는 인도차이나를 다시 접수할 만한 병력도, 총포도, 선박도 없다는 것을 그들 모두 알고 있었다. 그리하여 소련·영국·미국의 합의 아래 영국군이 남베트남으로 진주해 일본군의 항복을 받아내기로 했다. 영국군이 질서를 회복한 뒤에 이 나라를 프랑스에 넘겨주는 수순이었던 셈이다. 북부에서 같은 임무를 떠맡은 세력은 중국의 국민당 군대였다.

대프랑스 항쟁

베트민은 1945년 8월 19일 하노이에서 권력을 잡았다. 이틀 후 남부 도시 사이공에서 베트민이 주도하는 대규모 시위가 발생했다. 여기에 응오 반 쑤옛이 있었다.

응오는 트로츠키주의자였다. 러시아 혁명의 지도자 가운데 한 사람인 레온 트로츠키는 스탈린이 지배하는 소련 정부에 맞서 공산당 반대파를 이끌었다. 트로츠키는 체포돼 추방당했는데, 그는 추방당한 곳에서 1930년대를 보내면서 서방 자본주의는 물론 스탈린 독재에도 반대하는 사회주의자들의 국제 운동을 건설하기 위해 노력했다. 트로츠키가 1940년 멕시코에서 스탈린이 보낸 자객에게 살해당했을 때 많은 나라에 그를 따르는 소규모 단체가 결성돼 있었다.

베트남의 트로츠키주의자들은 수백 명 규모로 남부에서 활동했는데, 그들 대부분은 플랜테이션에서 일하는 노동자, 사이공의 공업 노동자와 지식인이었다. 1930년대에 그들은 사이공 지방의회 선거에서 승리를 거두었고, 1938년에는 총파업에서 주도적 역할을 했다. 그러나 1939년의 일제 검거로 공산당처럼 조직이 와해되고 만다. 응오 반 쑤옛과 다른 생존자들이 1944년에 석방되기 시작했다.

1945년 8월에 응오는 그 시위에 대해 걱정했다. 왜냐하면 그 시위는 베트민이 이끌고 있었는데, 그들이 프랑스와 독립 문제를 협상하면서 사실상 민중에게는 잠자코 있으라고 당부했기 때문이다. 그는 프랑스가 피를 뿌리며 복귀할 것으로 확신했다. 그러나 그는 그 시위에서 깊은 영향을 받았다.

이 나라의 정치적 삶에서 처음으로, 아침부터 계속 진짜 대중이 개미처럼 모여들었고 노로돔 대로(大路)를, 이어서 총독부 인근의 식물원까지 가득 채웠다. 그들은 구호를 외치며 간선도로를 행진했다. ……

점령군에 봉사하던 베트남 경찰은 어디에서 명령을 받아야 할지 몰라 우왕좌

왕했다. 그들은 도시를 행진하는 시위대를 수수방관했다. …… 베트민이 주도해 벌어진 이 시위는 권력 장악을 준비하기 위한 고전적 전술이었다. 누구나 그렇게 생각했다. 그러나 가두를 메웠던 사람들의 열망은 제각각이었다. 유일하게 공통되고 압도적이었던 감정은 "프랑스 세력이 재집권하는 것을 보지 않겠다"는 것뿐이었다. ……

줄곧 '사슬'에 묶여 있던 대중이 처음으로 각성하면서 보기 드문 고요함 속에서 강렬한 긴장 상태가 야기됐다. 그것은 폭풍 전야의 고요함 같은 것이었다. 모든 속박이 사라졌고, 모든 사람이 완벽한 자유의 순간을 만끽하는 듯했다. ……

[그러나] 루스벨트·처칠·스탈린이 얄타와 포츠담에서 이미 우리의 운명을 결정해 버렸다. 우리는 내일이 없는 미래로 우리의 육체와 영혼을 내던지고 싶지 않았다. 곧 영국군이 들이닥칠 예정이었다. 그리고 다시 식민 세력이 복귀할 것이다.('새로운 프랑스'의 특사 세딜 장군이 벌써 사이공의 총독부 건물에 와 있었다.) 모든 사람이 무기를 들기로 마음먹었다. 모두 똑같이 강렬한 감정에 휩싸여 있었다.[21]

9월에 영국군 ─ 영국인 장교 휘하에 네팔의 구르카족 병사로 편성된 ─ 이 사이공에 진주했다. 이제 노동당이 영국 정부를 장악했고 처칠은 더는 총리가 아니었지만, 제국의 정책은 하나도 바뀌지 않았다. 영국은 독자적으로 베트남을 공격할 만한 부대를 갖고 있지 못했다. 그래서 그들은 일본군과 수감됐던 프랑스 식민 세력들을 석방하고 무장시켰다. 9월 22일 밤에 네팔·프랑스·일본 합동부대가 영국의 지휘 아래 사이공의 주요 건물을 접수했다.

베트민은 자제를 호소하며 그들과 협상하는 데 매달렸다. 그러나 사이공은 봉기했다. 트로츠키주의자들, 불교 신자들, 종교 분파, 당 노선을 맹종할 수 없었던 다수의 공산당원들, 그리고 무엇보다도 노동자들이 봉기했다. 봉기는 자발적이었다. 프랑스 민간인 150명이 살해됐다. 반란군은 노동 계급이 거주하는 교외를 며칠 동안 장악했다. 그러나 베트민은 사이공에서 철수했고, 봉기는 진압되고 말았다.[22]

이윽고 프랑스 군대가 진주했고 그들은 느리지만 남부에서 권력을 다시 공고화했다. 나중에 그들이 전부 퇴각했을 때 공산당은 거의 모든 트로츠키 주의자들을 색출해서 살해했다. 당시의 프랑스는 베트남 전역을 장악할 만큼 강력하지 못했다. 이것이 베트민이 중부와 북부에서 계속 세력을 유지할 수 있었던 이유다.

미 투이 퐁에서 이 당시는 좋은 시절이었다. 지역 베트민 조직이 18개월 동안 권력을 유지했다. 그들은 적을 응징하지 않았고, 지주의 토지를 몰수하지도 않았다. 그들은 임대료를 대폭 낮추고 마을 공유지를 가난한 농민들에게 돌려 주었다. 그들은 자작농의 토지세와 인두세를 폐지했다. 그들은 이자율의 상한선을 30퍼센트로 못박았다. 그들은 줄기찬 노력으로 하부 조직원의 부패를 제지했다.[23]

이런 조치는 공산당이 약속한 사항이었고, 민과 같은 사람들이 일생을 바쳤던 목표이기도 했다. 이런 노력은 지주와 도시 기업가들의 지지를 잃지 않으면서 동시에 가난한 농민들을 만족시키려는 시도였다. 동시에 호찌민은 프랑스와 협상하는 데 필사적으로 매달리고 있었다. 베트남에서 최초이자 마지막이었던 공정 선거가 1946년 1월 중부와 북부에서 치러졌다. 베트민이 압도적으로 승리했다. 그러나 그들에게는 전투를 수행할 무기가 없었다. 북으로는 중국에서 국공 내전이 벌어지고 있었다. 베트민은 중국에서 어떤 무기도 들여올 수가 없었다. 거기다 베트남 공산당은 여전히 모스크바의 지령을 받고 있었다. 그리고 모스크바의 노선은 프랑스와 협상하라는 것이었다.

그리하여 호찌민이 1946년 3월 프랑스군의 하노이 진주에 동의했던 것이다. 11월에 프랑스는 베트민을 하노이에서 축출했다. 미 투이 퐁에서 공산당원들은 다시 암약해야 했지만, 베트민은 그 마을 사람들 대다수의 지지를 받고 있었다. 프랑스군에 저항하는 게릴라 전쟁은 이후로도 8년 동안 계속됐다.

베트남의 주요 고속도로가 미 투이 퐁의 논밭을 관통했다. 마을의 베트민 조직원들은 은신처에서 프랑스 호송대를 저격하고 도주했다. 프랑스군은 총과 마르크스주의 팸플릿, 땅굴 입구를 찾기 위해 여러 차례 마을을 소탕했다. 수색 과정에서 그들은 쌀독을 총검으로 깨뜨렸다. 그래도 마을 사람들은 말 없이 잠자코 서 있었다. 그들은 프랑스인이 잔인하고 예측할 수 없는 존재라 고 생각했다. 검거 선풍 속에서 투옥자가 생겨났고, 그들 중 일부는 영영 돌 아오지 못했다. 전쟁이 계속되면서 베트민은 미 투이 퐁에서 세력을 강화할 수 있었다. 밤이 되면 소규모 부대가 야음을 틈타 프랑스군을 공격했다.

그러나 미 투이 퐁 사람들 전체가 베트민을 지지했던 것은 아니며, 또 모 든 프랑스인이 식민주의를 지지했던 것도 아니다. 프랑스 공산당은 정부에 참여하는 동안 식민주의를 지지했지만, 1947년 드골과의 연합을 마감한 후 전쟁 반대 캠페인을 조직하기 시작했다. 사실상 그 전에도 프랑스 정부는 인 도차이나로 프랑스인 징집병을 파견하는 것이 정치적으로 불가능할 것이라 고 판단했다. 그리하여 그들은 프랑스 직업군인 8만 명, 프랑스 소속 외인부 대 2만 명(이들 가운데 절반이 나치 부역자들이다), 그리고 식민지에서 군인 으로 4만 8000명을 차출했다. 충분한 규모는 아니었지만, 그들에게는 인도차 이나인으로 구성된 30만 명 규모의 군대도 있었다.[24]

인도차이나 주둔군의 하사관들과 장교들은 주로 지주·정부 관료·고리 대금업자·도시 기업가의 자식들이었다. 경찰도 마찬가지였다. 공산당은 그 계급과 동맹을 맺기 위해 노력하고 있었다. 그러나 압도 다수의 지주는 프랑 스 쪽에 붙어야만 자신들의 미래가 보장된다고 생각했다. 마찬가지로 미 투 이 퐁에서도 1930년대에 토지를 장악했던 소수의 가문이 프랑스 지지로 기울 어 있었다.

산악 지역, 특히 북부에서 베트민은 정글에 근거지를 둔 대규모 부대를 만 들고 있었다. 전쟁이 인도차이나 전역으로 확산됐다. 베트남 공산당은 자신 들을 인도차이나 공산당으로 지칭해 왔었다. 이제 그들은 캄보디아와 라오스 에 지부를 건설했고, 이렇게 해서 형성된 각 당은 베트민을 모방해 대중적인 게릴라 조직을 구성했다. 라오스의 파테트라오[Pathet Lao, 라오스어로는 '라오스의 나라'라는 뜻이며 라오스의 혁명 군대이자 좌파연합전선이다. 베트남 전쟁 기간에 베트남의 저항 세력과 협력해 미국과 싸웠다 ― 옮긴이]와 캄보디아의 크메르 세라이(Khmer Serai)가 그것들이다. 이런 운동 때문에 프랑스의 대응과 자원이 분산됐다. 그러나 결정적 투쟁은 베트남에서 벌어졌다.

1949년 중국 공산당이 내전에서 승리한다. 베트민은 마침내 국경 너머에서 무기를 들여올 수 있었다. 공산당 세력이 대중적으로 확산됐다. 그들은 부유한 배경을 가진 사람들을 은근히 장려했고, 신입당원을 충원하면서 외연을 확대해 갔다.

교육 수준이 높았던 공산당원들에게는 이 과정이 지극히 자연스럽고 정당한 것으로 보였다. 예를 들어, 레 반 띠엠은 1948년 북부의 쏜 즈엉 마을에서 당서기가 됐다.

나처럼 [초등학교를 마친] 근대적 인텔리겐챠 세 명은 모두 당원이 됐다. 우리의 권위 덕분에 마을 사람들이 우리의 충고를 잘 따랐기 때문이다. 비슷한 이유로 다수의 교사들이 당에 영입됐다. 교사라는 직업이 갖는 권위와 언변, 교육 수준이 작용한 탓이다. 당 가입을 권유받지 못한 교사들은 겨우 몇 사람뿐이었다. 한 사람은 따지기 좋아하는 성격 때문이었고, 다른 두 명은 마을 사람들과 소원하다는 것이 그 이유였다.[25]

그러나 전쟁 때문에 토지 없는 농민들이 당에서는 더욱 중요해졌다. 쏜 즈엉 마을의 그 당서기는 교사 출신이었다. 그러나 마을 게릴라의 지휘자 떼(Te)는 토지 없는 노동자였다. 어린 시절 떼의 아버지가 죽어갈 때 그 노인의 임종을 지켜보러 와 준 사람은 거의 없었다. 그가 가난한 데다가 하찮은 가문이었기 때문이다. 그의 아버지가 결핵에 걸렸다는 소문까지 돌았다. 심지어 그렇게 가난한 가문에서조차도 떼는 제일 밑바닥이었다. 왜냐하면 그의 어머니는 아버지가 총애하는 아내가 아니었기 때문이다. 다섯 살 때부터 그는 임금 노동을 했다. 십대 때 그는 인근 마을 촌장의 논을 부쳤다.

첫날 일을 하려고 하는데 그가 대나무 막대기를 들고 논으로 쫓아와 나를 구타했다. 다음 날 아침 나는 울면서 쟁기를 쥐고서는 기술을 배워야겠다고 다짐했다. 그리고 드디어 성공했다. …… 나는 일을 하면서도 항상 배가 고팠다. 가족 행사가 있을 때도 나는 논에서 돌아와 남은 음식을 먹어야 했다.

떼는 6년 동안 촌장 밑에서 일했다. "그동안 [미망인이 된] 내 어머니는 여전히 쏜 즈엉에서 일손을 놓지 못하셨다."[26] 대프랑스 항쟁이 시작되자 떼는 게릴라 부대에 지원했다. 1952년 그는 그의 아버지와 어머니가 멸시당했던 그 마을에서 게릴라 부대 지휘관이 됐다. 전쟁이 발발하자 누가 무엇을 했는지가 그가 어떤 사람인지[신분―옮긴이] 만큼 중요해졌던 것이다.

1950년 이후 베트민은 쏜 즈엉과 미 투이 퐁을 포함해 베트남 전역에서 계급적 차이와 토지 개혁을 강조하는 선전을 시작했다. 전쟁으로 공산당은 무자비해져 가고 있었다. 그들은 지주들이 늑장을 부리며 프랑스의 지원을 애타게 기다린다는 것을 느꼈다. 베트남 공산당은 혁명가들이 세운 정당이었다. 그들은 계급의 정치학을 이해했고, 피억압자의 에너지와 열정을 어떻게 결집해야 하는지도 알고 있었다. 전쟁 개시 8년 후인 1953년 그들은 자신들이 장악하고 있던 북부 지역에서 철저한 토지 개혁을 단행했다.(그러나 중부와 남부에서는 토지 개혁을 수행하지 못했다.) 북부에서 무토지 농민들은 당의 선동과 비호를 받으며 옛 지주들을 마을 회의에 소환해 창피를 주고 사과를 종용했으며 토지를 몰수하고 어떤 때는 죽이기까지 했다. 토지 개혁과 관련해 우리가 입수할 수 있는 정보는 대부분 적대적인 내용 일색이다.[27] 하층 중에서도 최하층 계급이 토지 개혁을 주도했고 그들이 앙갚음을 해야 할 만큼 쓰라린 삶을 살아왔다고 대부분의 기록은 적고 있다.

일단 시동이 걸리자 무토지 농민들은 프랑스를 지지했던 '봉건' 지주들은 물론 베트민을 지지하는 '진보적' 지주들까지 공격하기 시작했다. 이미 살펴 봤던 것처럼 다수의 공산당 지도자들이 지주 가문 출신이었다. 이제 토지 개혁과 함께 공산당 내의 계급 갈등이 적나라하게 드러났다. 지주 출신의 공산 당원들은 그들의 부모가 공개적으로 모욕당하고 가족이 평범한 가문으로 전락해 버리는 것을 지켜봤다. 그들이 집에 가면 어머니들이 밥그릇 너머로 언짢은 표정을 지으며 눈을 흘겼다. 무토지 농민들은 그저 착취를 증오하고 공정한 자기 몫을 원했을 것이다. 공산당의 간부들은 분열하고 말았다.

당은 이 사태를 두 가지 방식으로 수습했다. 우선, 격렬하게 저항하는 지주 출신은 축출해 버렸다. 그러나 1955년에 호찌민 자신이 토지 개혁에 많은 실수와 잘못이 있었다고 인정했다. 조사위원회가 구성돼 마을마다 실사를 통해 사과를 했고, 일부는 땅을 돌려받았다.

그러나 사태를 돌이킬 수는 없었다. 마을에서 확고히 자리잡았던 구질서의 힘은 북부에서 완전히 분쇄됐다. 이를 바탕으로 무토지 농민의 맹렬한 에너지가 분출했다. 물론 호찌민과 다른 지도자들도 사태의 전개를 예상했다. 1954년에 프랑스군은 라오스와의 국경 인근 산악지대인 디엔 비엔 푸 계곡에 진지를 구축했다. 그들이 계곡에 진지를 구축한 이유는 산악 지역의 베트민이 위쪽에 중화기 포대를 설치하지 않은 것으로 파악했기 때문이었다. 그러나 베트민은 25만 명 규모의 민간인 수송 부대를 조직하고 있었다. 이들의 대부분은 무토지 농민으로 그들이 정글과 산악의 오솔길을 따라 조각으로 분해한 중국산 중화기를 등에 지고 날랐던 것이다. 프랑스는 디엔 비엔 푸에서 대패했다. 포병대에게 완전히 분쇄됐던 것이다. 그들은 항복했다.

베트민은 대프랑스 항쟁을 승리로 장식했다. 그러나 아직도 평화는 요원했다.

제네바

디엔 비엔 푸 이후, 프랑스와 베트민은 제네바의 협상장에 마주 앉았다.

베트민이 잔존 프랑스 부대를 패퇴시키고 1년 이내에 베트남 전역을 장악할 수 있으리라는 것을 모두 알고 있었다. 베트남이 독립을 쟁취할 것이라는 데에는 의문의 여지가 없었다. 문제는 독립 베트남의 공산주의를 허용하느냐 마느냐였다.

제네바 협상은 미국·소련·중국이 한국 전쟁 종전을 놓고 벌이던 더 큰 협상의 일부로 진행됐다. 이들 열강에게 베트남은 부수적 사건에 불과했지만 어쨌든 사태는 그들이 원하는 대로 결정됐다. 열강들은 라오스와 캄보디아를 독립 왕국으로 만드는 데 동의했다. 이렇게 탄생한 왕국들은 공식적으로는 냉전에서 중립을 표방하지만 실제로는 미국 쪽으로 기울게 된다. 베트남은 한국과 독일처럼 분할될 예정이었다. 공산당이 북베트남을 차지하고, 남베트남은 친미 국가로 분할하려 했다.

베트민은 사이공 바로 위쪽인 북위 13도선을 요구했다. 더욱 중요한 사실은, 그들이 분할은 일시적인 것이며 6개월 이내에 총선을 치러야 한다고 주장한 점이다. 미국 대통령 아이젠하워는 나중에 이렇게 썼다. "나는 인도차이나 문제에 정통한 인사와 대화를 하거나 서신을 교환한 적이 단 한 번도 없다. 그 지역 전문가라는 자는 교전 행위가 계속되는 와중에 총선이 치러졌더라면 전체 인구의 거의 80퍼센트가 호찌민을 지지했을 것이라는 데 동의하지 않았다."[28]

프랑스는 하노이 바로 남쪽의 북위 18도선을 주장했다. 그리고 총선도 필요없다고 맞섰다. 소련 외무장관 몰로토프가 후에(Hue) 북쪽의 17도선과 2년 후 총선을 제안했다. 회담에 참여한 사람 누구나 2년이라는 시간이면 새로 구성되는 남측 정부가 권력을 공고화해 자유선거를 억누르기에 충분하다는 것을 잘 알고 있었다. 호찌민이 직접 중국으로 날아가 외무장관 저우언라이(周恩來)에게 몰로토프의 제안을 무효화해 달라고 부탁했다. 저우언라이는 호찌민에게 소련의 합의안을 받아들이라고 종용했다.[29]

소련과 중국 정부에게 베트남은 한반도와 세계를 놓고 미국과 소련 사이에 이루어지던 더 큰 거래를 그르칠 만큼 가치 있는 대상이 아니었던 것이다. 베트민은 무기를 중국에 의존했고, 소련의 지령을 받는 세계 운동에서 베트남 공산당은 여전히 매우 큰 부분이었다. 게다가 베트남인들은 미국 정부가 베트남 파병을 고려하고 있다는 사실을 알고 있었다.

그리하여 베트민은 17도선 분할안과 2년 후 총선을 받아들였다. 그런데 미국 정부가 최종 평화안에 서명하기를 거부했고, 그래서 이 문서는 선거 약속을 지키지 않아도 되는 휴지조각이 돼 버렸다. 베트남은 남과 북으로 분단된 국가가 됐다. 북베트남에서 공산당은 스탈린의 소련과 마오의 중국을 모델로 해서 국가자본주의 경제를 건설하는 데 착수했다. 그들은 북베트남에 공산당의 지도를 받는 근대적 산업 국가를 세우고자 했다. 남베트남은 부패한 미국의 종속국이 됐다.

남베트남공화국

가톨릭 교도에다 관리 출신인 응오 딘 지엠이 새로 구성된 남베트남공화국을 이끌었다. 지엠은 대프랑스 항쟁기에 망명중이었다. 그는 공산당을 증오했지만 프랑스를 지지하지는 않았다. 이제 그가 이끄는 정부가 과거의 식민 정부처럼 군림했다. 그가 채용한 관리들은 과거 프랑스에 봉사했던 베트남인들이었다. 남베트남공화국의 군 장교 거의 대부분이 프랑스를 도와 베트민을 박해했던 자들이었다. 가톨릭 난민 100만 명이 북쪽에서 내려왔다. 일부 가톨릭 교도가 베트민을 지지해 싸우기도 했지만, 난민으로 내려온 가톨릭 교도는 프랑스를 지지했던 자들이었다. 지엠 역시 가톨릭 교도였고, 이제 그는 남베트남에서 강력한 지지 세력을 확보하게 된다. 도시에서 활약하던 대기업가는 대부분 중국인이었고, 그들도 지엠을 지지했다.

마을에서는 지주들이 지엠 정부를 지지했다. 후에를 포함한 중부 지방은 17도선 이남에 위치했고, 미 투이 퐁은 이제 남베트남에 속했다. 프랑스 치하에서 마을위원회를 지배했던 가문이 지엠 치하에서도 여전히 그 지위를 차지했다. 물론 그 면면은 달랐다. 프랑스 치하에서는 한 형제였고, 이제는 다른 형제나 조카였던 것이다. 그러나 방침은 똑같았다. 소수의 동일한 가문이 계속 미 투이 퐁 전체 토지의 30~40퍼센트를 통제했다. "프랑스 치하에서 흔하게 자행됐던 마을위원회의 직권 남용은" 지엠 치하에서도 "사실상 계속됐다."[30]

공산당은 이미 1954년에 제네바 평화협정을 수락한 상태였다. 공산당은 남베트남에 6만 명의 당원을 두고 있었다. 이들 가운데 1만 5000명을 제외한 전원이 북쪽으로 소환됐다. 남측에서 활동했던 베트민 전투원 10만 명 가운데 9만 명이 북베트남으로 이동했다. 이들 거의 대부분이 현대적 무기를 휴대하고 있었다. 남은 병사 1만 명은 정글로 숨어들어 갔다. 그들의 존재 자체가 제네바 평화협정 위반이었기 때문이다. 공산당 활동가 보 반 안은 1965년에 미국으로 투항해 심문자들에게 1954년 이후의 상황을 이렇게 증언했다.

게릴라 부대는 정글 깊숙이 들어갔습니다. "마치 호랑이처럼 사람들을 피해 도망다녔죠." …… 주둔지도, 임시 숙소도 없었습니다. …… 병사마다 그물침대를 하나씩 갖고 있었는데, 그게 바로 그들의 집이었습니다. …… 그들은 끊임없이 옮겨 다녔습니다. 어느 누구와도 접촉하지 않았고, 모든 수단을 동원해 위장을 하고, 이동로를 은폐하고, 흔적도 전혀 남기지 않았습니다.[31]

공산당은 이제 북베트남의 지령을 받고 있었다. 전략에 따라 남측 공산당은 총선 지지를 유도하기 위해 노력했다. 공산당 지도자들이 총선이 가능하리라고 믿었던 것 같지는 않다. 독일과 한반도처럼 베트남도 분할되고 있음이 아주 명백했던 것이다. 더구나 공산당은 남베트남에서 당 활동가의 4분의 3을 철수시켰다. 그들이 민주주의와 총선을 기대했다면 당원들을 남겨두었을 것이다. 공산당을 배반한 보 반 안은 심문자들에게 자신과 같은 고위 당직자들이 어떠했는지를 증언했다.

[우리는—옮긴이] 총선이 결코 치러지지 않을 것이라고 확신했다. 사기를 유지하고, 제네바 협정이 당이 거둔 위대한 승리라는 공식 입장과 충돌하지 않기 위해 기층 단위에서 이 사안이 물론 공개적으로 충분히 논의되지는 않았지만 말이다. 1955년 여름쯤에는, 당 고위층이 총선은 물론이고 통일 회담을 위한 조치도 없을 것이라고 본다는 점을 모든 사람이 알았다. 지도부는 이런 식의 태도가 당연하다는 듯 행동했다. "우리는 지엠을 그저 빚을 갚기를 거부하는 채무자쯤으로 여겼다. 우리는 그에게 돈을 내놓도록 할 요량이었다."[32]

총선이 무산되자 공산당은 당원들에게 혁명이 미래의 일일지도 모른다고 설득했다. 당시의 정책 방향은 선거에 대비해 당을 건설하고 조직하고 선동하는 것이었다. 이것은 같은 시기 유럽과 인도에서 공산당들이 외치던 노선과 일치했다. 권력을 장악하려고 하지 마라. 운동과 노조를 조직하고 선거에서 승리하기 위해 노력하라. 이 노선은 소련의 대외 정책과 부합했다. 소련 정부는, 미국이 동유럽의 지배권을 침해하지 않으면 자신도 세계 나머지 지역에서 미국의 지배권에 도전하지 않기로 사실상 결정했던 것이다. 그러나 이 정책 방향이 북베트남에서는 당이 피폐해지는 결과를 가져왔다. 북베트남 공산당은 황폐해진 조국에서 뭔가 제대로 돌아가는 경제를 재건하려면 시간이 필요하다는 것을 절감했다. 그러려면 소련의 원조가 필수적이었다.

그러나 남베트남에 남았던 당 간부들은 자신들이 절망적 시기를 보내고 있음을 알게 됐다. 지엠의 새 정부는 경찰 국가였다. 어떤 면에서는 지엠에게도 선택의 여지가 없었다. 계급 투쟁에서는 한쪽이 우위에 있다고 느끼면 다른 쪽은 수세에 몰렸다고 판단하는 법이다. 농민과 노동자의 압도 다수가 베트민을 지지했다. 따라서 지엠이 그들을 억압 수단을 동원해 짓밟지 않으면 오히려 그들이 더욱더 자신감을 갖게 될 것이고 결국 정부가 붕괴하게 된다.

토지 문제가 여전히 미해결 상태였다. 남측 공산당은 북베트남과 달리 모든 토지를 재분배하지 않았다. 그러나 미 투이 퐁에서 당이 취한 조치가 메콩 삼각주 대부분에서도 그대로 적용됐다. 당은 가난한 농민에게는 더 많은 공유지를, 지주에게는 더 적은 공유지를 임대했다. 그들은 임대료를 내리고 부채를 감독했다. 이제 지주가 돌아왔고, 수년 동안 해방감을 만끽했던 소작인들은 지주와 대결했다. 1954년 남베트남에서 무토지 농민과 소농은 경제적 노예 상태에서 벗어난 해방을 상상할 수 있었다.

이런 상황에서 지주들은 엄청난 두려움을 느꼈고 그래서 매우 잔인한 방법을 동원해 자신들의 임대료를 되찾아갔다. 그들이 땅을 신속하게 회수하지 않았다면 영원히 잃을 수도 있었다.

지엠의 미국인 고문들은 그에게 토지 개혁을 실시해 공산당 세력을 약화시키라고 촉구했다. 미국은 일본과 한국, 필리핀에서도 이미 이 전략을 적용해 큰 효과를 봤다. 그러나 이들 나라에서는 도시에 강력한 토착 지배 계급이 있었고, 그래서 토지 개혁이 먹혀들었다. 그들은 농촌의 토지 일부를 단념하고 도시에서 기업 지배력을 굳건히 했다. 토지가 가장 중요한 재산이 아니었기 때문에 그들은 그렇게 할 수 있었다.

남베트남은 달랐다. 남쪽에서 정부를 지지했던 베트남인들은 자신들의 토지 소유권에 기대고 있었다. 프랑스 식민 치하에서 대기업가와 플랜테이션 소유자들은 프랑스인이나 중국인이었다. 1954년 이후 이들은 대개 중국인으로 바뀌었다.(그렇다고 해서 베트남에 살았던 중국인 대다수가 부자였다는 말은 아니다. 대다수 중국인이 가난한 노동자였지만, 대기업가와 상인의 다수도 중국인이었다.) 이 중국인 자본가들이 지엠 정부를 지지했다. 그러나 그들은 핵심 세력도, 관리도, 장교도 아니었다.

게다가 남베트남의 자본주의는 생산적이기보다는 기생적이었다. 미국은 미국산 소비재를 대량으로 공급하면서 지엠 정권을 후원했다. 당시 지엠 정부는 이 물건을 수입할 수 있는 권리를 주로 베트남인 토착 자본가들에게 싸게 팔았다.(토착 자본가들은 이 권리를 위해 한편으로 엄청난 뇌물을 갖다 바쳐야 했다.) 정부는 면허 판매 대금으로 지출 예산을 편성했고, 자본가들은

횡재를 했으며, 각료들은 절망적일 만큼 부패해 갔다.[33]

　미국의 지원이 없었다면 지엠 정부가 한 달도 버티지 못했을 것이라는 말은 아마도 사실일 것이다. 한편으로 지엠 정부는 자신의 실질적 토대(곧 계급)가 없었다면 1년을 버티지 못했을 것이다. 그 토대는 지주와 군대에 포진하고 있던 그들의 자식들이었다. 지엠은 그들의 지위를 보호해야만 했다.

　지엠은 미국의 토지 개혁안에 동의하고 법률을 통과시켰다. 그러나 실제로 바뀐 것은 거의 없었다. 그는 공산당원들을 공격했다. 1956년에 선거를 선동했던 사람은 모두 체포됐다. 대략 5만 명이 수감됐고 이 가운데 약 1만 2000명이 처형당했다.[34] 1954년에 다수의 공산당원이 북베트남으로 이동한 후 남은 당원이 대략 1만 5000명이라는 점을 감안하면 이것은 정말 놀라운 숫자다. 1955년 후반 무렵에 따이 닌 지방의 공산당 세포 절반이 테러 통치로 괴멸했다. 그리고 1956년 말이 되면 당 세포의 90퍼센트가 파괴되고 만다.

　마을에서 살아남은 공산당원들은 이 상황에서 무엇을 해야 할지 직감했다. 그들은 마을에서 지주와 정부 끄나풀 들을 살해했다. 그러자 나머지 사람들은 인근 소읍으로 피신했다. 군대가 소탕전을 벌였지만 공산당원들은 은신할 수 있었다. 이런 식의 행동은 과거 베트민이 대프랑스 항쟁기에 했던 것이다. 19세기에 프랑스에 맞서 싸웠던 게릴라들도 마찬가지였다. 전술이 아주 명백했던 것이다. 또한 정글에는 여전히 수천 명의 무장한 게릴라가 있었다. 교전 금지 명령을 받은 그들은 짐승처럼 살며 쫓기는 상태여서 필사적일 수밖에 없었다.

　마을에 포진하고 있던 남베트남 공산당원들은 지역 당위원회에 투쟁을 허락해 달라고 간청했다. 지역위원회는 이를 제지하면서 동시에 하노이 지도부한테 투쟁 명령을 내려 달라고 간청했다.

　하노이의 지도부는 분열했다.[35] 남베트남 공산당원들은 엄청난 도덕적 권위를 갖고 있었다. 북으로 넘어갔던 남측 사람들도 싸우기를 원했다. 그러나 지도부의 대다수가 북부 출신이었다. 더 중요한 사실은, 그들이 가난한 북베

트남 한 곳에서만 국가자본주의를 건설하려고 노력했다는 점이다. 그들에게
는 시간이 필요했다.

그 사이에 남측 공산당은 죽어갔고, 북베트남은 상당한 변화를 겪고 있던
세계 공산주의 운동의 일부로 전락했다. 스탈린이 죽고, 1956년에 흐루시초
프가 스탈린이 저지른 범죄의 최악의 측면들을 공격하며 이제 공산주의 국가
들의 대외 정책은 서방 국가들과의 평화 공존이 될 것이라고 선언했다.

핵전쟁에 대한 두려움과 자신의 지배 체제를 염려하던 소련 지배자들에게
평화 공존 정책은 그럴싸했다. 그러나 하노이의 지도부가 남쪽에 있는 자신
의 동지들에게 '평화 공존'을 말하는 것은 어불성설이었다. 남베트남 정부는
공존은커녕 이들을 전부 도륙하고 있었던 것이다.

1957년과 1958년에도 여전히 지하에서 활동하고 있던 당은 다시 당원들을
가입시키기 시작했다. 왜냐하면 지엠 정부가 지주들에게 점점 더 많은 땅을
되돌려주는 상황이었기 때문이다. 그런데 1959년이 되면서 억압이 강화된다.
'레 반 짠(이 이름은 가명이다)'은 당시 고위 당 관료였다. 그는 1962년에 체
포됐고 나중에 미국인 심문관들에게 상황을 이렇게 실토했다.

1959년 말쯤이었다. 그 당시는 총을 휴대하지 않으면 목숨을 부지할 수 없는 때
였다. …… 당원들이 안전하게 은신할 수 있는 장소가 전혀 없었다. 거의 모두 투
옥되거나 총에 맞아 죽었다. [대프랑스―옮긴이] 항쟁기에 조직원이 족히 400
~500명은 됐고 1954년에도 100~200명은 됐던 마을에서도 이제는 그 수가 10명
정도로 줄어들었다. 그 10명조차도 주민들 사이에서 살아남을 수 있는 상황이
아니었다. 그들은 목숨을 부지하기 위해 정글로 도망쳐야만 했다.
지엠 정부의 이런 활동에 직면해 무장 대응이 필요하다는 당원들의 요구가
빗발쳤다. …… 당원들은 정부의 총구를 무시하면서 정치 투쟁을 언급하는 것이
더는 가능하지 않다고 느꼈다. 그러나 당 내부의 불만과 중앙위원회, 지역위원
회, 하부위원회, 마을위원회에 대한 분노에도 불구하고 당원들은 자신들이 죽게
내버려두는 조직과 절연할 수 없었다. 당 내에는 무장 대응을 요구하는 명확한

분파나 집단이 존재하지 않았는데, 그랬다가는 남측의 당 기구나 하노이의 중앙
위원회와 단절해야 했기 때문이다. 그런 일은 결코 일어나서는 안 됐다. 그럼에
도 예컨대 징집 대상 연령의 젊은이들처럼 너무 분노해서 당이 숨겨놓은 무기를
집어 들고 정글에서 뛰쳐나와 자신들과 가족을 괴롭히던 관리들을 살해한 개인
들은 있었다. 그들이 이런 행위를 한 것은 당이 그 관리들을 비난했기 때문이 아
니라 자신의 생명을 보호하고 가족을 지키기 위해서였다. 때때로 이런 개인들은
당에 너무 분노한 나머지 당을 격분시키기 위해 일부러 적에게 체포되기도 했
다.[36]

남베트남의 공산당원들은 북을 향해 비명을 질러대고 있었다. 그들의 절
규는 대단한 도덕적 호소력이 있었다. 지엠 정부는 승리하고 있었다. 레 반
짠이 심문관들에게 말했던 것처럼, "중앙위원회는 계속 정치 투쟁을 호소하
고 있었다. [그러나—옮긴이] 중앙위원회가 계속 그렇게 했다면 그 방침을
실행에 옮길 당 간부들을 도대체 어디서 찾을 수 있었겠는가?"[37] 이제 남베트
남의 운동은 독자적 투쟁을 전개하기 시작했다. 북측의 공산당 지도부는 남
베트남의 전반적 패배 상황에 따른 다른 길 찾기, 다시 말해 그들의 지령에
반하거나 통제 밖에서 투쟁하는 농민 운동을 직시해야 했다.

1959년 말 북베트남 공산당은, 이미 남측에서 전개되고 있던 정부 요인 암
살을 지지하고 이 활동을 조직·확대하기로 결의한다. 베트남의 새해인 1960
년 1월 공산당원들은 비밀경찰들과 촌장들을 겨냥해 공격적인 암살 작전을
개시했다. 롱 안 지방에서 그들은 수백 명의 명단을 확보하고 있었다. 그들은
26명을 살해했고, 나머지는 전부 소읍과 도시로 달아났다.[38] 메콩 삼각주의
벤 쩨 지방에서 당은 실험적으로 봉기를 조직해 봤다. 역사가 가브리엘 콜코
에 따르면,

실제로 비무장 대중이 손쉽게 상당수 지역을 장악했고, 봉기를 통해 토지가 분
배됐다. 이 방법이 도처로 퍼져 나갔고 당은 곧 광범한 권력을 바탕으로 부상했

다. ARVN[지엠의 베트남공화국군]이 신속하게 공공 건물을 다시 접수하기는 했지만 말이다. 몇 개월 사이에 베트남에서는 중요한 권력 이동이 일어났다.[39]

벤 쩨를 포함해 도처에서 공산당은, 관리와 비밀경찰을 축출한 다음에 토지를 공평하게 분배하기 시작했다. 교양있는 지식인들이 지배하고 있던 북베트남의 정당은 토지 개혁 문제를 놓고 분열했다. 그러나 남베트남의 정당은 달랐다. 1954년에 활동가들의 대다수가 북쪽으로 가 버린 탓에 남은 당원들은 당에서 대체로 덜 중요한 사람들이었던 것이다. 달리 말해서, 그들은 지식인일 가능성도, 지주 가문 출신일 가능성도 상대적으로 낮았다. 1954년 이후로는 지엠 치하에서 지주들이 복귀하던 것에 분노한 농민들이 당에 가입했다. 아울러 1960년쯤에 공산당원들에게는 앙갚음해야 할 슬픈 일이 엄청 많았다. 그들은 대다수가 빈민이었고, 따라서 어떤 '진보적인' 지주를 같은 편으로 끌어들여야 할지에는 관심이 없었다. 그들은 토지 분배가 격변을 초래할 것임을 알고 있었다.

1961년 롱 안에서 봉기에 가담했던 한 무토지 농민은 사태를 이렇게 적고 있다.

나는 가난했다. 나는 땅을 전부 빼앗겼다. 돈이 없어서 아이들을 돌보기도 힘들었다. 1961년에 [공산당이 주도하는 민족해방] 전선의 선전 요원들이 나에게 접근했다. …… 그들은 가난한 농부들과 만나 부자와 빈민 계급에 대해 설명해 주었다. 그들은 부자들이 항상 프랑스에 봉사해 왔으며 프랑스 당국의 힘을 빌려 빈민을 억압했다고 말했다. …… 다른 생존 수단이 없었기 때문에 빈민들은 지주의 노예로 전락했다. 당원들이 우리에게 선전한 내용은, 빈민들이 부자에 맞서 일어서지 않으면 영원히 지배받으리라는 것이었다. 자유를 쟁취하고 풍족한 삶을 누릴 수 있는 유일한 방법은 그들을 타도하는 것이었다. ……

우리 마을 주민은 약 4300명이었다. 이 가운데 아마 10여 명가량이 지주였을 것이다. 최고 부자가 500헥타르를 소유했고, 나머지가 각각 적어도 20헥타르씩

가지고 있었다. 다른 주민들은 소작인이거나 순수한 빈농이었다. 나는 부자들이 가난한 사람을 억압한다는 것을 알고 있었다. …… 내가 해방전선에 가입한 것도 그 때문이다.[40]

많은 사람들에게 이것은 인간 존엄의 문제였다. 포로가 된 공산당원 짠은 미국인 심문관들에게 이렇게 말했다.

과거에 농민들은 자신이 가장 경멸받는 계급이라고 느꼈다. …… 땅이 없거나 가난한 농민들은 특히 더 그랬다. …… 마을 행사나 축제가 있을 때에도 그들은 한쪽 구석에 서서 지켜보기만 할 뿐이었다. 마을의 유력자처럼 식탁에 앉는 것은 꿈도 꿀 수 없는 일이었다. 그런데 공산주의자들이 들이닥쳤고 농민들은 권력을 얻었다. 지주들한테서 토지를 몰수했다. …… 이제 농민들은 두 눈을 크게 뜨고 하늘을 쳐다볼 수 있다. 그들에게 사회적 지위와 힘이 생긴 것이다. 지주와 다른 계급들은 그들을 두려워해야 한다. 그들에게는 힘이 있기 때문이다. 당 간부의 대다수가 농민이고, 당원의 대다수도 농민이며, 군 지휘관의 대다수도 역시 농민이다.[41]

2장

미국이 개입한 이유

미국이 개입한 이유

미국 정부가 베트남에 개입한 이유는 공산주의자들이 승리할 것처럼 보였기 때문이다. 미국 정부는 명확한 입장을 가지고 세계 다른 지역의 반공주의 정부를 지원했다. 미국의 부자들과 권력자들은 반공주의 정책이 국내의 사회주의 세력과 노조를 무력화하는 데도 필수적이라고 생각했다. 그리하여 그들은 베트남 국경 밖에서 일어난 사건을 빌미로 베트남에 개입했다. 미국이 개입한 이유 중 하나는 미국에서 벌어진 노동조합과 기업 사이의 계급 투쟁이었다.

이 사태를 이해하는 것은 쉽지 않다. 대학과 미디어는 유기적인 전체를 구성하는 현상을 항상 부분적 요소로 쪼개어 설명한다. 그래서 경제와 정치, 개인의 심리와 사회, 문화와 역사, 과학과 종교, 정치와 도덕, 정신 노동과 육체 노동, 몸과 마음이 분리되는 것이다. 같은 이유로 우리는 국제 관계와 계급 투쟁이 양배추와 금붕어만큼이나 다르다고 생각하는 데 익숙하다.

그리고 미국에서는 거의 언제나 다른 나라에서 벌어지는 일이라는 관점에서 대외 정책을 설명한다. 그래서, 예를 들면, 1999년 미국과 세르비아의 전쟁에서 미국 반전 운동가들은 세르비아에서 무슨 일이 벌어지고 있는지의 관점에서 전쟁을 이해하려고 했다. 그들은 알바니아인과 세르비아인이 싸우는 이유를 물었다. 그들은 텔레비전으로 미국 폭격기와 세르비아의 표적들을 봤다. 그들은 미국과 세르비아의 전쟁을 보면서 그 원인을 미국의 역사가 아니라 세르비아의 역사 속에서 찾았다.

미국 정부가 유고슬라비아를 폭격한 것은 그 몇 달 전에 이라크의 사담 후세인이 미군의 폭격에 굴복하지 않았기 때문이라고 그들에게 알려준 사람이 나를 포함해서 좌파에 일부 있기는 했다. 그런데 미국이 세르비아 정부를 무력으로 위협했고 세르비아가 이를 무시해 버렸다. 이에 미국은 자신의 협박을 무시해서는 안 된다는 것을 입증해야 했다. 유럽과 중동에서 미국의 패권을 유지하는 데서 이 사안은 중요했다.

'좋아, 그건 맞는 말일 거야. 하지만 알바니아인과 세르비아인은 왜 싸우고 있는 거지?' 하고 사람들은 말한다.[1]

미국인이 미국의 베트남 정책을 이해하려면 비슷한 접근법이 필요하다. 미국 정부에게 베트남에서 무슨 일이 벌어지고 있었는지는 중요한 고려 대상이 아니었다. 그들의 관심사는 베트남이 세계와 미국에 미칠 영향이었다.

다시 말해, 학자들과 뉴스 프로그램이 갈등하는 세계를 아무 연관이 없는 사건들의 집합체로 묘사한다고 해도 실제 미국의 대외 정책을 다루는 사람들은 그렇지 않다. 그들은 유고슬라비아·사회 안전·사형 제도·이라크·낙태 문제·모니카 르윈스키[빌 클린턴 행정부 시절 백악관 인턴 사원으로 일하면서 현직 대통령 빌 클린턴과 성 관계를 맺은 여성. 이 사실이 폭로되면서 정치 쟁점으로 비화됐다—옮긴이]·중국·팀스터스[전미트럭운전사조합—옮긴이] 파업을 함께 다룬다. 그들의 실제 삶에서, 그리고 세계에서 이 사건들은 통합돼 있다. 우리가 이 문제들을 해명하려면 사태를 전체적으로 이해해야만 한다. 이 장의 전반부에서 나는 미국의 반공주의 흐름과 부자들과 권력자들의 상황을 다룰 것이다.

지배 계급

데이빗 홀버스텀 기자가 1960년에 두 명의 지배 계급 인사가 만났던 사건을 묘사했다. 그 두 사람은 대통령 당선자 존 F 케네디와 로버트 로벳이었다. 로벳은 텍사스 출신으로, 판사였다가 유니언퍼시픽철도의 임원이 된 변호사의 아들이었다. 로벳은 사립학교와 예일 대학교를 다녔고, 거기서 귀족 클럽인 스컬 앤 본스의 회원이 된다.(조지 부시 1세도 스컬 앤 본스의 회원이다.) 그는 은행가의 딸과 결혼했다. 그는 제1차세계대전에 자원 입대한 예일 출신 공군 조종사 중 한 명으로 나중에 해군 항공부대 지휘관이 된다. 전쟁이 끝난 후 그는 장인이 경영하는 은행에서 고위직을 차지했다. 제2차세계대전이 발발하면서 로벳은 국방부에서 근무했다. 그리고 전후에 국방차관이 된다. 그가 이제 새 대통령에게 조언을 하고 있다.

홀버스텀은 이렇게 적는다. 로벳은

기성 체제의 화신이었다. 그는 당파보다는 조국을 염려하는 사람이었다. 그는 사소한 분열에는 마음을 쓰지 않았다. 그런 부류의 다른 많은 사람들이 그랬던 것처럼 그도 동료들에게 소속 정당 따위는 모른다고 거리낌 없이 말했다. 그는 나무랄 데 없는 보증수표 같은 인물이었다. 그는 누가 안전하고, 누가 건전하며, 누가 승진할 준비가 됐는지 또 누구는 아닌지를 판단했다. ……

로버트 로벳은 권력의 생리를 이해하고 있었다. 권력이 어디에 존재하는지, 권력을 어떻게 사용할지를 그는 잘 알았다. 그는 평생 권력 주변에서 맴돌았다. 하지만 이상하게도 그는 거의 알려지지 않았다. …… [그는] 안정된 일자리를 보장받은 금융가로 그 일의 가치와 자신의 권한에 자부심을 느꼈다. 따라서 그는 명망을 추구할 필요가 없었다. 로벳은 잡지 표지나 텔레비전에 얼굴을 내비치면서 만족을 추구하는 사람이 아니었던 것이다. 익명성 속에서 자유 재량권을 갖는 것이 더 안전하고 좋다. 그의 동료들은 그와 그의 역할을 잘 안다. 그의 일 처리 능력을 신뢰하는 것이다. 명사들은 때때로 자신의 대중적 지명도에 당황한다. ……

그는 대중에게 불필요한 이미지를 심어줄 필요가 없었다. 그는 게임의 법칙을 알고 있었다. 누구에게 말해야 할지, 무슨 말을 해야 할지, 누구는 상대하지 말아야 할지, 어떤 기자가 자기 타입인지를 꿰뚫고 있었던 것이다. 이런 상황에서 기자라면 대의(大義)를 위해 무얼 써야 할지, 어떤 질문을 해야 할지, 그리고 어떤 질문은 해서는 안 되는지를 따로 듣거나 지시받지 않고도 알게 된다. 그는, 젊은이들이 자신의 재능뿐 아니라 부모가 누구냐에 따라 성공 가도를 달리는 세계에 살고 있었다. 옛 친구들은 그의 사무실에 나타나기 전에 전화부터 했다. 이러한 세계에서 그는, 신문지상에 항상 이름이 오르내리는 사람은…… 정확히 그들이 권력을 쥐지 못했기 때문이라는 것을 알았다. 권력을 수중에 넣었거나 접근할 수 있었던 사람은 시야에서 사라지려고 노력했던 것이다. ……

그들은 서로 뭉쳐 인맥을 형성했다. 그들의 출신 학교, 그들의 사회 계급, 그들의 관심사가 조국보다 더 중요했다.[2]

존 F 케네디 역시 이 계급의 사람이었다. 그의 조부는 그렇지 못했지만 아버지 조 케네디는 월 가의 주식 거래인으로, 할리우드의 경영자로, 프랭클린 루스벨트 정부의 증권거래위원회 위원장으로, 그리고 런던 대사로 변신을 거듭했다. 다른 부자들은 조 케네디를 신뢰하지 않았다. 그가 금주법 시대에 주류 밀매에 가담했고, 히틀러에 너무 우호적이며, 부정직한 데다 성격도 잔인하다는 소문이 돌았다. 그러나 그의 아들 존은 부자인 데다가 하버드를 나왔고 품위가 있었다. 그는 거기에 낄 수 있었다.

이제 JFK는 자신을 위해 나라를 다스려줄 로벳과 같은 인사들을 찾았다. 그는 로벳에게 국무장관직을 제안했다. 로벳은 감사하지만 자신은 늙었다며 고사했다. 그 자리는 록펠러 재단 이사장인 딘 러스크에게 돌아갔다.

케네디는 내각을 이런 인사들로 구성했다. 대부분이 공화당원이었고, 이것은 은행가, 법조인, 월가의 재계 인사들에게 너무도 당연한 일이었다. 민주당원인 케네디는 포드사의 회장 로버트 맥나마라가 민주당에 투표했다는 사실을 알고 깜짝 놀랐다. 그러나 어찌됐든 케네디는 그를 국방장관에 앉혔다. 맥나마라가 딱 한 번 미시건 주 주지사 "아첨꾼" 윌리엄스에 반대해 공화당에 투표한 적이 있는데, 그것은 윌리엄스가 전국자동차노동조합(UAW)에 너무 우호적이었기 때문이었다.

이 자들이 미국을 베트남으로 끌어들인 계급이다. 우리는 이 지배 계급에 대해 명확한 인식을 가져야 한다. 우선 기업 재산의 소유자들이 여기에 속한다. 연금 기금이나 주택이 아니라 기업 경영에 영향력을 행사하는 주식 소유자들 말이다. 여기에 기업의 고위 경영자, 군대, 연방·주·시 정부, 주요 기관들이 포함된다. 달리 말하면, 지배 계급은 체제를 소유하는 자들과 체제를 운영하는 자들로 구성된다. 당연히 후자는 체제를 운영하는 대가로 부자가 되고 싶을 것이다.

이 계급은 폐쇄된 집단이 아니다. 세대가 바뀌면서 일부 사람들이 이 계급에서 탈락하기도 한다. 일부는 이 계급으로 편입된다. 예를 들면, 각기 다른 시기에 존 D 록펠러, 앤드류 카네기, 린든 존슨, 해리 트루먼, 콜린 파월, 빌 게이츠가 지배 계급으로 상승했다. 물론 계급의 경계선은 불분명하다. 국무 차관은 분명 이 계급에 속한다. 뉴욕 시장도 그렇고 로스앤젤레스 경찰서장도 마찬가지다.

나는 문화나 출신 성분으로 지배 계급을 규정하고 있지 않다. 나는 사회의 다른 부문과 맺는 관계로 그들을 규정하고 있다. 그들은 부자고 권력자인 데다 이 체제를 소유하고 운영한다. 그들은 자신의 집단적 이해관계를 잘 알고 있다. 공석에서, 그리고 사석에서도 자주 그들은 이러한 자신들의 이해관계를 "미국"이라는 말로 표현한다. 그들은 "우리"라는 말로, 기업·정부·국민의 이해관계가 마치 하나인 것처럼 포장한다.(대부분의 미국인은 기업과 정부를 "그들"이라고 부른다.)

부유한 권력자들은 학교·대학·자선단체·사교계·휴가지 별장을 중심으로 형성된 사회적 네트워크를 가지고 있다. 그러나 더 중요한 사실은, 상위 500대 기업의 임원들이 서로 연결돼 있다는 점이다. 아무 회사나 골라 그 임원진의 면면을 살펴보면 그들이 다른 대여섯 개 회사에도 임원으로 참여하고 있을 것이기 때문이다. 이것은, 많은 도시에서 벌어지는 많은 소규모 대화들이 한 달 정도 지나면 집단적 여론과 기업의 행동을 좌우할 수 있다는 것을 의미한다. 기업인들은 돈을 이용해 정치인들에게 접근할 수 있다. 그리고 이런 과정이 반복되면서 부자들은 입맛에 맞는 정치 후보자들을 집단적으로 선택한다. 여기에 사람들을 다른 사람들과 만나게 해 주는 변호사들이 존재한다. 체제를 굳게 결합시키는 것이다. 로버트 맥나마라처럼 — 처음에는 포드 사 회장으로, 다음에는 국방장관으로, 그 다음에는 세계은행 총재로 변신을 거듭한 — 자신의 경력을 통해 체제의 결속력을 다지는 인사들도 있다. 베트남에 개입하고 마침내 철수하기로 결정한 자들이 바로 이 계급이었다. 이 과정을 제대로 파악하려면 먼저 그들이 1945년의 세계를 어떻게 판단하고 있었는지부터 시작해야 한다.

대외 정책

제2차세계대전이 발발했을 당시 세계의 열강은 미국, 영국, 프랑스, 독일, 소련, 일본, 중국이었다. 전쟁이 끝날 무렵 독일과 일본은 패전국으로 전락했고, 프랑스는 이제 더는 세계적 열강이 아니었으며, 중국은 내전에 휩싸여 있었고, 소련과 영국도 경제가 거덜 난 상태였다. 그러나 미국에서는 산업 생산이 전쟁 기간에 두 배로 늘었다. 1945년에 미국은 전 세계 석탄의 절반을 생산했고, 전기는 절반 이상, 석유는 3분의 2를 생산했다. 1949년에 미국은 전 세계 56개국에 군사 기지를 두고 있었다. 미국은 세계 최강대국이었고, 소련만이 겨우 의미 있는 도전 세력이었다.[3]

미국의 지배 계급은 자신의 새로운 임무를 받아들였다. 전쟁의 경제적·정치적 승리자로서 그들은 미국의 패권을 유지하고 미국의 기업 활동을 위해 세계를 안전한 곳으로 만들려고 했다. 그들은 이러한 임무에 당황하지 않았다. 그들은 진정으로 자신들의 생활양식이 우월하다고 믿었다. 그들은 자유도 이야기했다. 그들은 필요에 따라 민주주의를 지원하기도 하고 독재 정부를 지원하기도 했다. 그 핵심은 기업의 자유였다.

이런 정책 방향 때문에 미국은 모든 나라에서 자기 자신을 보호하려는 민중에 반대해 부자들을 지원했다. 예를 들면, 베트남에서는 1954년부터 계속 응오 딘 지엠 정부를 지지했고 결과적으로 농민에 반대해 지주 편을 들었다. 이것은 사고나 실수가 아니었다. 미국 정부는 해외에서 항상 가진 자들을 지원했다. 이 정책이, 그들이 그 나라를 기업하기에 안전한 곳으로 만들 수 있는 유일한 방법이었기 때문이다.

그러나 이 정책이 언제나 지주를 편드는 것으로 표현된 것은 아니다. 도시의 기업가들에게 진정한 힘이 집중돼 있는 곳에서 미국 정부는 이들을 지원하며 이들이 주도해서 농민에게 토지 개혁을 선사할 수 있도록 도왔다. 그래서 미국의 정책이 항상 독재자들을 지원하는 것으로 연결되지는 않았던 것이다. 영국의 보수당과 노동당도 기업에 유리한 방향으로 국가를 운영하는 정책을 추구했고, 그래서 동일한 방침이 다른 많은 나라에서 적용됐다. 그러나 민중이 필사적이고 그래서 지배 계급이 허약한 제3세계에서 미국은 흔히 독재자들을 지원했다. 그 독재자들이야말로 불평등한 상태를 유지해 줄 수 있는 유일한 세력이었기 때문이다.

1945년에 미국은 지배적인 열강이었다. 1948년이 되자 소련이 미국의 세력을 잠식하는 듯했다. 1945년에는 미국만이 원자폭탄을 보유했다. 히로시마와 나가사키 폭격은 전 세계에서 미국이 무슨 짓을 할 수 있는지 공개적으로 경고한 것이었다. 3년 뒤 소련도 그 폭탄을 보유하게 됐다. 중국에서는 홍군이 국민당 군대를 물리치고 마침내 1949년에 권력을 장악했다. 동유럽에서도 공산당들이 중국에서보다 훨씬 더 적은 대중적 지지를 받았지만 권력을 잡는 데 성공했다. 체코슬로바키아·헝가리·루마니아·불가리아·동독이 소련을 흉내낸 국가자본주의 경제 체제로 전환하기 시작했다.

이 국가자본주의 국가들이 위협이 됐던 이유는, 그들이 스스로 "사회주의 체제"를 자처했기 때문이 아니라 그들이 자본주의 열강들과 경쟁하며 미국 기업들에게 자국 시장을 전반적으로 닫아걸었기 때문이다. 소련의 동유럽 지배가 미국의 서유럽 지배의 보상물로서 합의된 것임에 반해 중국과 원자폭탄은 예기치 못한 상황이었다. 게다가 미국과 서유럽의 지배 계급은 제1차세계대전 이후 혁명의 물결이 몰아쳤다는 사실을 잊지 않고 있었다.

간단히 말하면, 반공주의 노선은 미국 지배 계급의 대외 정책으로 안성맞춤이었다. 이제 반공주의 노선이 국내에서는 어떻게 적용됐는지 살펴보자.

매카시 선풍

1947년부터 1960년에 걸쳐 반공주의의 물결이 미국을 휩쓸었다. 앞으로 나는 이 시절에서 얻은 교훈을 바탕으로 상세하게 쟁점들을 검토할 것이다.[4] 당시에 벌어졌던 일들이 수치스러웠다고 느꼈던지, 자유주의자들은 그 후로 반공주의와 관련해 일련의 신화를 퍼뜨려왔다. 그들은 반공주의를 고안하고 주도한 인물이 상원의원 조 매카시였다고 주장한다. 그러나 실제로 반공주의를 조직한 것은 대통령 해리 트루먼과 FBI 국장 J 에드거 후버였다. 그들은 '매카시즘'이 공화당의 발명품이라고 주장한다. 그러나 실제로 매카시 선풍을 시작한 세력은 민주당이었다. 그 신화에 따르면, 사회주의 사상이나 그 활동에 전혀 가담한 적이 없는 무고한 사람들이 박해를 받았다는 식의 마녀 사냥이 등장한다. 실제로는 처벌된 압도 다수가 사회주의자나 공산주의자였으며 그들과 협력했거나 지지를 표명한 사람들이었다. 또 그 신화는 반공주의라는 '히스테리'가 미국 민중에게서 비롯한 것이라고 주장한다. 사실, 이것은 사회의 최고위층에서 비롯한 것으로서, 연방 정부가 주동자였고, 민중은 대개 자신들의 고용주들에게 처벌받았다.

이 반공주의를 촉진한 세력은 노동 운동의 전투성을 억누르는 데 혈안이 돼 있던 기업가 집단이었다. 1920년대에는 자본주의적 기업 형태가 미국을 지배했다. 그러나 대공황이 닥쳤고, 미국은 유럽보다 더 큰 타격을 받았다.

독일에서 히틀러가 권좌에 오른 1933년에 미국의 실업률은 독일보다 더 높았다. 사람들은 점점 더 필사적으로 돼 가고 있었다. 프랭클린 루스벨트가 1933년에 새 대통령으로 선출됐다. 그는 뉴딜 정책을 공약으로 내걸었다. 뉴딜 정책은 정부 연금(사회 보장)과 공공근로 제도를 의미했다. 또한 정부는 전국산업부흥법에 제시된 것처럼 노동조합을 온건하게 다루었다. 이 조치가 얼마나 진지한 시도였는지는 불명확하다. 그러나 노동 대중은 이 조치를 청신호로 받아들였다.

노조 지도자들은 처음에는 비교적 조심스러웠으나 1936년쯤 되면 일부 노조가 전에는 노동조합이 전혀 없었던 대규모 작업장과 철강 공장에서 적극적으로 조합원을 조직한다. 1937년 초 미시간 주 플린트에서 전환이 있었다. 제너럴모터스 공장의 자동차 노동자들이 노조 승인을 요구하며 파업을 벌였다. 그들은 파업 파괴자들이 들어와 자신들의 일자리를 빼앗는 것을 막기 위해 공장 안에서 연좌농성을 벌이고 있었다. 경찰이 그들을 쫓아내기 위해 왔고, 파업 노동자들의 아내와 플린트 시의 다른 노동자들이 가두에서 경찰과 충돌해 그들을 물리쳤다. 새 노동조합인 전국자동차노동조합은 지부 승인을 받아냈고 연좌농성 운동이 전국으로 확대됐다. 연말에 노동조합원의 수가 두 배로 늘어났다. 1941년에 노동조합은 자동차·고무·철강·전력·항공기 제조·항만·조선·대부분의 광산 부문에서 승인을 받았다.[5]

제2차세계대전 중에 연방 정부는 임금을 통제하고 파업을 불법화해 기업을 달래는 동시에 회사들에게는 노조를 인정하라고 요구하며 노동계를 무마했다. 1945년 전쟁이 끝났을 때 노조원들은 자신감에 차 있었다. 그들은 전쟁이 파시즘에 대항하고 자신들과 같은 민중을 위해 치러졌다고 생각했다. 전쟁 기간 중에 그들의 임금은 억제됐지만 이제는 완전고용 상태였다. 1945년 말과 1946년 초에 고무·철강·광산·제너럴모터스 등에서 전국적으로 장기 파업이 벌어졌다. 이 사건은 노동조합과 재계가 힘을 겨루는 시험대로 비쳤고, 세력 균형에서 노동조합이 승리를 거두었다.[6]

일인당 파업 참여일을 계산해 볼 때 이것은 세계에서 유례가 없는 최대 규모의 파업 물결이었다. 이 사실이 중요하다. 1938년에 미국의 대다수 비노조 작업장에는 노동조합들이 들어섰다. 1945~46년에 미국에서는 어떠한 혁명적 정치 운동도 없었지만 미국의 기업가들은 사상 유례없는 최대 규모의 노동자 저항에 직면했다. 물론 이 파업 물결이 전 세계적으로 미국의 영향력에 도전하는 가장 중요한 운동은 아니었다. 중국의 공산주의 운동이 더 위협적이었다. 그러나 이 파업 물결은 최대 규모의 노조 운동이자 최대 규모의 노동자 운동으로, 이제 미국의 지배 계급은 이 문제를 직시하지 않을 수 없었다. 지난 10년 동안의 관성이 갑작스럽게 지배 계급에 역행했던 것이다.

미국의 지도적 기업가들은 자신들이 이 시류를 가라앉혀야만 한다는 것을 알았다. 그들은 법과 반공주의 선전을 동원해 이 일을 했다.

결정적인 법은 1947년에 통과된 태프트-하틀리법이었다. 이 법 때문에 연대 행동이 사실상 불법이 됐다. 이 법은 다른 작업장에서 노동자들을 지지하며 벌이는 연대 파업을 금지했고, 노동자들이 피켓라인을 고수하는 것과 파업 비가담자가 만든 제품으로 작업하는 것을 거부하는 행위를 불법화했다. 노동자는 오로지 자신의 고용주에 대항하는 행동만 할 수 있었다. 가장 중요한 사실은 살쾡이 파업[비공인 파업 — 옮긴이]에 대해 노조가 벌금을 물게 됐다는 점이다. 산업별노동조합회의(미국노동총연맹(AFL)과 결별한 전투적 분파인 CIO)의 새 의장 필립 머레이는 1947년 의회에서 이렇게 증언했다.

> 만약 노조의 재정 책임을 확대시켜 허가하거나 승인하지 않은 파업에 대해서도 이 모든 '행위자들'의 행동까지 책임지게 만든다면, 이 법은 노동조합으로 하여금 자기 방어 차원에서 승인권과 책임을 극소수 최고위 지도부로 한정시켜 중앙 집중화를 더욱 강화하도록 요구하고 고무하는 셈이다.[7]

맞는 말이다. 그것이 바로 이 법안의 요점이었다. 상원의원 태프트가 말한 것처럼, "나는 대부분의 경우에 현장조합원들이 지도부보다 더 과격하다고 생각한다."[8] 아울러 그 법안은, 노조로 하여금 상근 관료 전원이 스스로 공산당원이 아니라는 점을 서약하도록 요구했다. 이 법안은, 기본적으로 노조 내의 투사들을 공격하는 반공주의 성전(聖戰)의 일부였다.

미국 공산당은 뉴딜 정책이 시작됐을 당시에 수천 명의 당원을 거느리고 있었다. 1945년에는 당원이 10만 명에 이르는 지역까지 생겼다. 그리고 그때조차도 당원 수보다 당의 존재 자체가 훨씬 더 중요했다. 미국 공산당은 노동조합, 특히 CIO를 건설하는 과정에서 당을 조직했다. 많은 경우 소규모 당 세포들이 노조 승인을 얻어낼 때까지 몇 달 또는 몇 년씩 단위 공장에서 조직 활동을 수행했다. 공산당은 현장조합원 출신의 파업 지도자들로 구성됐다. 여기에 CIO가 1930년대 들어 당원 수백 명을 상근 조직자로 받아들였다. 1945년에 공산당원들은 다수의 노조에서 활발한 좌파 활동을 전개하고 있었다. 전국자동차노동조합과 철강노동자연맹에서 공산당원들은 노조를 이끌 수 있는 선거 승리의 가능성을 봤다. 전기노동자연맹과 다른 군소 노조에서도 그들은 이미 지도부를 장악했다.

공산당은 노동조합 말고도 두 가지 다른 쟁점을 바탕으로 건설됐다. 공산당원들은 확고한 반(反) 인종 차별주의자들이었다. 그들은 인종 차별 철폐를 위해 투쟁했으며 당 내에서도 통합 정책을 강력히 추진했다. 이와 함께 미국 공산당은, 독일과 스페인에서 득세하던 유럽 파시즘에 항의하는 미국인들의 운동을 조직하는 핵심이었다.

공산당은 혁명가들의 지도를 받지 않았다. 스탈린이 1939년에 히틀러와 독소불가침 조약에 서명했을 때 공산당은 이를 지지했다. 그러다가 히틀러가 스탈린과의 전쟁에 돌입하자 공산당은 갑작스럽게 미국 내에서 벌어지는 모든 파업에 반대하고 나섰다. 파업 행위가 전쟁 수행 노력에 방해가 될 것이라는 게 그 이유였다. 공산당은 이렇게 말했다. "공산주의는 100퍼센트 미국주의(Americanism)이다." 그러나 1946년 들어 재계 지도자들의 관점에서 봤을 때 공산당 세력은 노동조합 내의 전투적 네트워크와 명확한 사회주의적 주장의 중핵이었다.

그리하여 지배 계급 ─ 연방 정부와 고용주들 ─ 은 미국 내 공산주의자들에 대한 공격을 개시했다. 이 탄압을 조직한 곳이 연방수사국, 곧 FBI였다.[9] 모든 나라에는 정치적 야당 세력을 감시하는 비밀경찰 집단이 있다. 영국의 공안부(Special Branch), 프랑스의 치안국(Sûreté)이 그것들이다. FBI는 미국의 비밀경찰이다. 물론 FBI는 다른 업무도 수행하므로 공식적으로는 절대로 비밀경찰이라고 불리지 않는다. FBI는 제1차세계대전이 끝나면서 창설됐다. 러시아 혁명 직후였고, 미국에서는 대규모 파업 물결이 몰아치던 1919년이었다. 이 시기에 FBI는 순전히 정치 경찰이었다. 이들 '빨갱이 사냥꾼'의 임무는 미국의 사회주의자·아나키스트·공산당원을 감시하고, 겁을 주고, 구속 수감하고, 국외로 추방하는 것이었다. 그러나 1924년쯤에 사회주의·공산주의 운동이 지리멸렬해지면서 법무장관이 FBI의 국내 사찰 활동을 금지했다. FBI 국장 J 에드거 후버는 비밀리에 사찰 활동을 계속했다. 동시에 그는 평범한 법 집행의 면모를 대중에게 보여 주었다. FBI 요원이 자동차 절도범이나 은행 강도를 추적하기도 했던 것이다. 이런 면모 때문에 FBI는 정당성을 얻었고 결국 존재의 당위성까지 부여받게 된다. 1939년 연방 정부는 FBI가 나치주의자들과 공산주의자들을 합법적으로 사찰할 수 있도록 허용한다. 그해 FBI 요원의 수는 851명이었다. 그러던 것이 4년 뒤에는 3500명으로 늘어났다. 1945년에 후버와 FBI는, 수년에 걸쳐 지속적으로 감시해 온 공산당원의 명부를 들고 언제라도 행동을 취할 태세를 갖추고 있었다.

1947년부터 하원의 반미활동조사위원회나 다른 일부 정부 기관은 일상으로 누군가를 공산주의자나 한때 공산주의자였다고 비난하면서 FBI가 작성한 이 문서를 사용했다. 기소된 사람들의 고용주는 즉시 그들을 해고했고, 임대인들은 그들을 내쫓기 일쑤였다. 그들은 다시 일자리를 찾는 데 많은 어려움을 겪었다. 기소당한 사람의 대다수가 노동자와 노조 활동가였다. 이들 중에는 물론 소수지만 공산당원도 있었다. 민주당 출신 대통령 트루먼은 정부 내의 공산주의자에 대한 대대적인 숙청을 단행했다. 가장 적은 비율의 공무원이 해고된 연방 정부의 부서는 국무부였는데, 그곳에서 근무했던 아이비리그 출신의 엘리트 가운데 공산주의자가 거의 없었기 때문이다. 가장 많은 수의 공무원이 해고당한 부서는 우정성이었다. 그곳에서 일했던 공무원의 상당수가 평범한 집배원이었고, 이들 가운데 다수가 흑인이었으며, 노동조합 역시 강력했기 때문이다.[10]

공산주의자였다고 기소된 사람들은 조사위원회에 출석해 증언해야 했다. 그들은 자신의 과오를 뉘우친다고 말하면서 다른 공산주의자들의 이름을 공개했다. 이런 식으로 그들은 밀고자가 됐고 그렇게 해서 드러난 다른 사람들이 다시 해고됐다. 그 대가로 그들은 자신들의 일자리를 유지할 수 있었다. 기소된 공산주의자들의 상당수가 이런 밀고 행위에 가담하는 것을 거부했다. 그러나 배신 행위에 가담한 소수의 증언이 의도적으로 널리 선전되면서 공산주의자들은 성실성을 결여한 배신자로 낙인찍히고 만다.[11] (1998년 엘리아 카잔이 오스카 공로상을 수상하자 할리우드에서 분노가 일어난 이유 중 하나는 그가 할리우드의 몇 안 되는 밀고자 가운데 한 명이었기 때문이다. 반면 밀고 행위에 가담하지 않은 다수의 영화인들은 일자리와 명예를 모두 잃었다.)

공산주의자를 탄압하는 데서 노동조합 관료들의 지지가 결정적 기여를 했다. 태프트-하틀리법과 마찬가지로 반공주의가 노조 관료와 기층의 투사들을 분리했다. 예를 들어, 전국자동차노동조합(UAW)은 1938년 [투쟁의 —옮긴이] 분출과 1945~46년의 파업에서 가장 핵심적인 노동조합이었다. 1947년 이 노조의 정치 노선이, 공산당이 이끄는 좌파와 월터 루더가 이끄는 우파 사이에서 분열했다.(루더는 전국자동차노동조합 내의 우파였다. 그러나 전국 정치의 관점에서 볼 때는 이 노조의 어떤 지도자든 여전히 좌파로 분류할 수 있었다.) 루더는 반공주의를 동원해 자동차 공장 내의 좌파들을 분쇄했다. 일부 공산주의자들과 한때 공산주의자였던 사람들은 굴종적인 타협을 통해 가까스로 일자리를 유지할 수 있었다. 그러나 이제 어떤 공산주의자도 전국자동차노동조합의 관료가 될 수는 없었다.

이와 유사한 고용주·노조 지도자·연방 정부 사이의 동맹이 할리우드에서도 위력을 발휘했다.[12] 할리우드에서 반공주의의 성전을 지휘했던 사람은 월트 디즈니와 로널드 레이건이었다. 공산당 활동가들이 1930년대 할리우드를 노동조합으로 조직하는 데서 핵심 역할을 수행했었다. 디즈니사에서 에니매이터들이 벌인 파업은 노조의 중요한 초기 승리로 기록됐고, 월트 디즈니는 공산주의자들을 뼈에 사무치게 증오했다. 한편 로널드 레이건은, 아마도 가장 중요한 단일 노조였을 영화배우조합 내의 우파 지도자였다. 그는 FBI의 밀정이기도 했다.

탄압이 시작됐다. 10명이 워싱턴의 반미활동조사위원회로 소환돼 공산주의자란 죄목으로 기소됐다. 그들은 이 사실을 부인했다. 그러자 조사위원회는 그들의 당원증을 위조했다. 그들은 일자리를 잃었고, 할리우드의 고용주들은 그들을 블랙리스트에 올렸으며, 결국 그들은 감옥까지 갔다. 이후로 더 많은 할리우드의 공산주의자들과 한때 공산주의자였던 사람들이 블랙리스트에 올랐다. 연방 정부는 여론을 조작하기 위해 공개 재판을 벌였다. 메시지는 이런 것이었다. "할리우드 인사들에게 이렇게 할 수 있는데 너희들에게는 무엇을 못 하겠는가."

그러나 디트로이트에서처럼 할리우드에서도 탄압받은 공산주의자들은 노조 활동가들이었다. 최초의 할리우드 인사 10명 가운데 8명이 작가였고, 그 8명은 전부 시나리오작가조합의 활동가였다.

간단히 말하자면, 반공주의의 표적은 지식인이 아니라 전투적 노동자였다. 반공주의의 성전에서 직장을 잃고 쫓겨난 약 2만 명 가운데 단일 최대 집단은 3000명의 항만 노동자였다. 항만 노동자들을 무력화하기 위한 성전이 연방 정부·고용주·일부 노조 지도자들의 연합 전선 속에서 다시 한 번 조직됐다.[13]

탄압에 노출된 전투적 노동자들이 전부 공산당원은 아니었다. 트로츠키주의자들과 다른 혁명가들도 탄압받았고, 공산당을 지지했던 사람들도 어느 틈엔가 자신들이 곤란에 처해 있음을 발견했다. 직장에서 쫓겨날 것을 두려워한 많은 공산당원이 자신의 당원 자격을 비밀에 부친 것은 충분히 이해할 만하다. 그리하여 정부 수사관들은 일명 오리 판별법이라는 것을 동원했다. "만일 누군가가 오리처럼 걷고, 오리처럼 헤엄치고, 오리처럼 꽥꽥거린다면 그는 오리"[14]라는 것이 그 내용이다. 공산당이 이끌던 캠페인에 대한 지속적인 지지가 공산주의의 증거가 됐다. 제2차세계대전 중에 결성된 미소우호동맹, 스페인에서 반파시스트 지지, 미국 적십자사에 편지를 보내 백인과 흑인 헌혈자들의 혈액을 분리해 보관하는 방침에 항의하는 행위 등이 전부 이 캠페인에 포함됐다. 실제로 당원이 아니었던 많은 사람들이 오리 판별법으로 직장에서 쫓겨났다. 공산주의자이고 아니고는 문제가 되지 않았다. 그들이 사회 정의를 지지한 것이 유죄임을 선언한 것이다. 공격받고 탄압받았던 것은 사회 정의였다.

그러나 정부는 그렇게 말하지 않았다. 그들은 소련의 공산주의가 잔인한 독재 체제이며 미국 공산당은 소련 정부의 하수인이라는 사실에 초점을 맞추었다. 그들은 일부 당원들은 간첩이며 사실상 그들 모두 모스크바의 지령에 따라 미국의 자유를 소련식 체제로 바꾸려 한다고 주장했다.

이런 것[흑색 선전 — 옮긴이]이 공산당을 무력화시켰다. 극소수의 사람들이 간첩 활동을 했고, 그들이 모스크바의 노선을 따른 것도 사실이다. 그러나 정작 중요한 사실은, 그들이 소련 체제를 사회주의로 여긴 반면, 당 밖에서는 모든 사람이 소련을 잔인한 독재 체제로 알고 있었다는 점이다. 따라서 많은 당원이 이 사실을 인정하기 힘들었지만 받아들였다. 그래서 그들은 자신들을 적절하게 방어하지 못했다. 그들은 대중 집회를 열고 이렇게 외칠 수 없었다. "그렇소, 우리는 공산주의자요. 머리부터 발끝까지 말이요. 우리는 소련식 체제가 우리에게도 필요하다고 생각하고 그것을 자랑스럽게 여깁니다." 그 대신 그들은 절차를 문제삼으며 자기 자신을 방어했다. "우리는 그 법을 어기지 않았다." "수정헌법 5조에 따라 내게는 증언할 의무가 없다." "당신들은 내가 당원이었다는 증거를 전혀 갖고 있지 않다."

그리하여 반공주의는 지배 계급에게 더할 나위 없이 아주 이상적인 것이 됐다. 직장에서 쫓겨난 공산당원들은 이제 함께 일하던 사람들만큼 영향력을 미칠 수 없었다. 비공산당원 동료들은 그들이 떠나는 것을 지켜봤고 방어하지도 않았다. 직장에 남은 사람들의 두려움과 수치심이 노동조합 내 좌파를 분열시켰다.

이 과정은 고용주·FBI·집권한 자유주의자들의 합작품이었다. 1947년 민주당원인 트루먼 치하에서 탄압이 시작됐다. 민주당원인 자유주의자 휴버트 험프리—나중에 린드 존슨의 부통령이 된다—는 공산당이 "우리 사회의 정치적 암"이라고 말했다. 1952년과 1956년에 민주당의 대선 후보로 출마했던 애들레이 스티븐슨은 공산주의가 "암과 결핵, 심장병보다" 더 나쁘다고 말했다.[15]

나중에 자유주의자들은 자신들의 소행이 부끄러웠던 모양이다. 그들은 자신들이 주도한 성전을 "매카시즘"이라고 다시 명명하면서, 위스콘신 주 출신의 공화당 상원의원 조 매카시에게 뒤집어씌웠다. 매카시는 반공주의의 탄압이 시작된 지 한참 지난 1950년까지는 일련의 행위에 가담하지 않았다. 하지만 그가 새롭게 사건을 급진전시킨 것은 사실이다. 그는 민주당이 정부 내의 공산주의자들을 감싸고 있다고 비난했다. 실제로는 민주당이 모든 공산주의자들을 탄압하고 있었기 때문에 그는 엉터리 문서를 꾸며서 무고한 사람들을 비난할 수밖에 없었다. 그는 너무나 깨끗해서 민주당도 내버려둔 사람들을 물고 늘어졌다. 이것은 FBI의 방식도, 고용주나 민주당의 방식도 아니었다. 그들은 진정으로 의미 있는 사회 세력을 무력화하기 위해 노력하는 중이었다. 그러나 민주당이 반공주의의 히스테리에 사로잡힌 나머지 처음에 매카시를 제지하는 데 곤란을 겪는 촌극이 벌어졌다. 그리하여 한동안 태프트와 아이젠하워가 이끄는 공화당이 민주당을 욕보이는 무기로 매카시를 이용할 수 있었다. 그런데, 1953년 아이젠하워가 대통령에 당선되자 매카시는 군대가 공산주의자들을 숨겨주고 있다며 공개적으로 비난하고 나섰다. 체제는 이런 돌출 행동을 용납할 수 없었고, 상원에서 그는 견책당했다.

이런 일이 가능했던 것은 반공주의가 이미 그 목적을 달성했기 때문이었다. 반공주의 캠페인은 대단한 성공을 거두었다. 종합해 보면, 공산당원 2명이 사형당했고, 수백 명이 투옥됐으며, 거의 2만 명이 직장에서 쫓겨났다.[16] 정치적 박해에 관한 한 상황이 그렇게 나쁜 것은 아니었다.(특히 같은 시기에 남베트남의 공산주의자들이 겪었던 상황과 비교해 보면 말이다.) 그러나 극소수만이 공산주의자들을 방어했고, 또 자기 자신을 방어하는 것이 불가능했기 때문에 탄압 자체가 공포스러운 것으로 비쳤다. 사회주의 사상을 표명하는 것에 대한 두려움이 널리 퍼져 있었다. '노동 계급', '지배 계급'과 같은 용어를 사용하는 것조차 두려워했으니 더 말해 무엇 하겠는가. 1956년에 소련 지도자 흐루시초프가 스탈린의 범죄 행위가 모두 사실이었다고 폭로하자 탄압에도 굴하지 않았던 많은 당원들이 미국 공산당을 탈당했다.

공산주의자들에 대한 공격이 노동조합을 파괴하지는 못했다. 지배 계급의 전략은 노조를 인정한 상태에서 노조 지도자들로 하여금 현장의 과격파를 무력화하도록 만드는 것이었다. 그들이 이 과업을 성공적으로 수행할 수 있었던 것은 미국 경제가 1939년부터 1960년에 걸쳐 엄청난 호황을 기록했기 때문이다. 노동조합에 소속된 공업 노동자들은 이 기간에 75~100퍼센트 또는 그 이상의 실질 임금 인상을 따냈다. 그들은 의료보험, 연금, 휴가 혜택을 쟁취했다. 이 가운데 어느 것도 전에는 가져본 적이 없는 것들이었다. 노조 지도자들은 현장조합원들의 기대에 부응하는 동시에 공산주의자들을 박살낼 수 있었다. 그러나 공산주의자들에 대한 공격은 결국 전반적으로 전투적 좌파의 약화로 이어졌다. 노동조합의 자발적 민주주의가 약화됐고, 경영진에 맞서는 노조 지부의 활동력도 약화됐다. 이와 함께 노동조합의 부패가 증가했다.

노동조합은 분쇄되지 않았다. 그러나 지배 계급의 관점에서 볼 때 그들은, 1938~46년에 경험한 바 있는 분출하던 노동자들의 힘을 억누르는 데 성공했고 이를 바탕으로 노동 계급 내에서 사회주의를 요구하는 목소리까지 잠재울 수 있었다.

이것은 중요한 승리였고, 그들은 이 성과를 방어하기 위해 무슨 짓이라도 할 태세였다. 그들이 베트남에 개입한 이유 중 하나는, 베트남에서 공산주의가 승리하는 것을 묵인하면 국내의 반공주의 정서까지 약화될 수 있다고 느꼈기 때문이다.

한반도와 베트남

이제 세계 무대에서 벌어진 반공주의를 살펴보자. 1948년 이후 소련과 미국은 기본적으로 현상 유지 정책을 고수하려 했다. 어느 쪽도 선택의 폭이 넓지 않았다. 군사적 측면에서는 미국이 소련을 압도했다. 하지만 두 국가 모두 수소폭탄을 보유하고 있었다. 소련 정부가 수세이기는 했지만 그렇다고 미국이 소련을 완전히 끝장낼 수도 없었다.

소련은 그리스 내전에서 공산당 농민군을 지원하지 않았다. 1956년 헝가리의 노동자들이 러시아 탱크에 맞서 봉기했을 때 미국 역시 그들을 지지하지 않았다. 이란의 샤[국왕―옮긴이]가 공산주의자들을 탄압했을 때 소련 정부는 국경을 넘어 탈출하는 그들을 붙잡아 샤에게 보내 버렸다. 이런 사례는 끝도 없다. 양측은 거의 모든 곳에서 자신들의 세력권을 계속 유지했다.

그러나 사태가 불거졌다. 중국 공산당이 소련의 지원 없이 독자적으로 권력을 장악했다. 아울러 제2차세계대전이 끝나면서 한반도에서 독일처럼 두개의 국가가 탄생해 소련과 미국의 세력권으로 편입됐다. 북한에서는 소련이 공산주의식 독재를 지원했고, 남한에서는 미국이 우익 독재를 지원했다.

1950년 그 두 국가가 전쟁에 돌입했다. 누가 먼저 침략했는지를 놓고 여전히 의견이 분분하다. 그러나 이 문제는 중요하지 않다. 양측 모두 이미 싸울 준비가 돼 있었기 때문이다. 북한군이 파죽지세로 밀고 내려가 남한군과 미국 동맹자들을 반도의 한쪽으로 몰아붙였다. 미국은 유엔을 설득해 보복전을 지원하게 만들었다. 주로 미군으로 구성된 유엔군이 상륙해 북한군에 반격을 가했고 전선은 다시 중국 국경 근처에서 형성됐다. 미국인 사령관 더글러스 맥아더는, 중국 국민당 세력을 무력으로 권좌에 복귀시키기 위해 미국에서 활동하던 로비 세력의 지도자로 유명했다. 미국의 침략을 경계하던 중국 공산당 정부는 국경을 넘었고 미군을 한반도 중간 이남으로 급속히 패퇴시켰다. 결국 전선은 남한과 북한의 초기 분할선 근처에서 교착 상태에 빠진다. 여기서 중국군과 미군의 지루한 공방전이 계속됐다.

한국 전쟁은 3년 동안 계속됐다. 이 전쟁은 민주당 대통령 트루먼 하에서 시작됐다. 1952년 공화당 출신의 아이젠하워가 대통령에 당선된 것은 한국 전쟁을 끝내겠다는 그의 공약 때문이기도 했다. 단 한순간도 미국인들은 전쟁을 지지해 표를 던진 적이 없다. 공개적인 비판은 거의 없었지만(사람들은 애국심을 느꼈거나 아니면 두려웠다) 사람들은 전쟁이 끝나기를 바랐다. 아이젠하워는 실제로 1953년에 전쟁을 끝냈다.

한국 전쟁은 네 가지 점에서 베트남 상황에도 중요했다. 첫째로, 미국인 4만 명, 중국인 50만 명, 그리고 대다수가 민간인이었던 한국인 300만 명이 한반도에서 죽었다. 이 참극을 통해 미국의 지배 계급은 국내에서 거의 어떠한 저항에도 부딪히지 않고 아시아에서 유혈극을 벌일 수 있다고 생각했다.

둘째, 중국군이 미군을 몰아붙여 그들을 저지했다. 중국군이 승리했다거나 어느 쪽도 승리하지 못했다는 주장에는 이견이 있을 수 있다. 하지만 미국이 승리하지 못했다는 것만은 분명하다. 미국의 지배 계급과 장성들은 이 사실을 잊지 못했다. 현재 미국에서 우익은, 미국이 "등 뒤로 한 손이 묶인 채" 베트남 전쟁을 치렀다고 주장한다. 그들은 그 손이 무엇을 했어야 했는지를 정확히 거론하지는 않는지만, 그들의 속내는 미국이 북베트남을 침략했어야 했다고 말하고 싶은 것이었다. 그러나 1965년부터 1973년에 걸쳐 중국은 북베트남에 대규모 군대를 주둔시키고 있었다. 1967년에는 무려 17만 명으로 최고를 기록하기도 했다. 이 부대가 남베트남에서 싸운 것은 아니다. 실제로 중국은 북베트남에 공군 조종사를 파견하는 것도 거부했다. 그러나 그들은 대공화기를 담당했다. 더 중요한 사실은, 중국군의 북베트남 주둔이 북베트남을 침략하면 중국과의 전쟁으로 비화할 수 있다는 메시지를 미국 정부에 보내는 역할을 했다는 점이다. 그들은 중국 군복을 입었고 자신들의 주둔을 비밀에 부치려는 어떤 시도도 하지 않았다. 따라서 미국 정부도 중국군이 북베트남에 진주해 있음을 잘 알았다.[17] 한국 전쟁 이후로 미국 장성들은 중국군이 미국과의 전쟁에서 승리할 수도 있다는 사실에 두려움을 느꼈다. 그래서 합동 참모회의에서 북베트남 공격을 거론할 때마다 그들은 언제나 즉시 중국이 남베트남으로 밀고 내려오면 원자폭탄을 사용해야 한다는 회의 기록을 남겼다. 이런 일들을 통해 그들은 자신의 용맹을 과시하면서도 사실상 중국과의 전쟁을 배제했다.

셋째, 한국 전쟁이 끝날 수 있었던 것은 소련과 미국, 중국이 모두 진정으로 종전을 원했기 때문이었다. 그들은 1954년 제네바에서 만나 남북한의 독재 체제를 내버려둔 채 한반도를 다시 분할했다. 이것은 전체 협약의 일부였다. 중국은 가난한 나라였고, 거기다가 한국 전쟁으로 50만 명이 사망했다. 중국 정부는 경제 개발에 전념하기를 원했다. 미국 정부가 이제 이 지역의 안정을 보장해 주려 하자 중국은 만족했다. 미국은 한반도에서 승리할 수 없었고, 국내에서 전쟁을 끝내라는 압력을 받았다. 소련 역시 평화와 각자의 세력권을 침해하지 말자는 열강들 사이의 전반적 약속을 원했다. 당연히 한국인들의 열망은 안중에도 없었다.

넷째, 한국 전쟁이 발발하면서부터 미국 정부는 베트남의 프랑스 세력을 은밀히 지원하지 않고 노골적으로 지원했다. 워싱턴이 보기에 이 모든 것은 하나의 전쟁이었다. 중국 공산당이 이미 내전에서 승리를 거두고 권력을 장악했다. 이제 그들이 세력을 확장해 북동쪽 국경으로는 한반도의 공산주의자들을 지원하고 남동쪽으로는 베트남의 공산주의자들을 무장시킬 것처럼 보였다. 그리하여 1953년에 미국은 베트남에서 프랑스 군대가 사용한 무기와 탄약의 대부분을 공급했고 전쟁 비용도 3분의 2가량을 지원하고 있었다. 그리고 전쟁을 끝내기 위한 베트민과 프랑스의 협상이 제네바에서 체결된 한반도 평화협정에 덧붙여졌다.

개입

나는 1장에서 제네바 협상과 1960년까지의 남베트남 역사를 베트남 공산주의자들의 시각에서 살펴봤다. 이 절에서는 미국 지배 계급의 관점에서 1960년의 상황을 소개하려 한다.

1959년에 하노이의 공산당 지도자들은 남베트남의 무장 반란을 지원하기로 결정했다. 1954년에 북쪽으로 철수했던 남베트남 출신의 공산당 간부들이 게릴라 투쟁을 지도하기 위해 다시 파견됐다. 이제 공산당의 정책은 베트민처럼 모든 계급이 참여하는 민족해방전선(NLF, 베트콩)을 구축하는 것이었다. 이 정책 방향은 수십만 명의 무토지 농민이 게릴라 부대로 몰려드는 상황에서 무엇을 해야 할지의 문제를 해결해 주기도 했다. 그들은 당원이 아니라 민족해방전선의 일원이 될 것이었다.

하노이의 공산당은 이런 식으로 남베트남의 운동을 계속 통제했다. 그러나 베트콩 게릴라는 남베트남 사람들이었다. 이 당시 남베트남에는 북베트남의 병사와 무기가 거의 없었다. 베트콩은 남베트남 정부군 병사들에게서 총을 노획하거나 암암리에 구매했다.

미국에서는 존 케네디가 1961년 1월 대통령에 취임했다. 당시 민족해방전선은 메콩 삼각주에서 1000명 규모로 기동할 수 있었고, 9월에는 성도(省都)

한 곳을 잠시 동안 장악하기도 했다. 워싱턴은 처음에는 소규모였지만 이후 지속적으로 미군 병력을 증파함으로써 이에 대응했다. 1961년 말에는 3200명, 1962년 말에는 1만 1300명, 1963년 말에는 1만 6300명으로 늘어났다. 미국은 전투기·조종사·폭탄·네이팜탄·고엽제도 투입했다. 대통령 고문인 월트 로스토는 1961년 4월에 이렇게 말했다.

> 베트남 문제와 관련해 우리는 게릴라 소탕 자원을 무제한으로 동원해야 한다. 무장 헬리콥터, 다른 가능한 방법들, 특수부대도 다 좋다. 중요한 실제의 전장(戰場)에서 이런 자원을 적용하지도 않으면서 장래의 가능성을 추구한다면 그것은 잘못된 것이다. 크뉴트 로크니[노르웨이 태생의 미식축구 선수이자 감독. 공격 전술의 일환으로 전진 패스를 강조함으로써 축구 전략을 획기적으로 바꿔놓았다 ─ 옮긴이]의 말처럼 우리는 고등학교 졸업무도회를 위해 그런 자원을 쌓아두고 있는 것이 아니다.[18]

로스토가 내비친 자신감은 이 당시 케네디 내각의 전형적인 태도였다. 그들이 베트남에 처음으로 군대를 보낸 것은 그럴 필요가 있었기 때문이며, 그래서 그들은 그렇게 했다. CIA와 미국의 동맹국들은 1945~60년에 세계 각지의 반란을 훌륭하게 진압해 왔다. 미국이 한반도에서 중국군을 격퇴하지는 못했지만, 그들은 남한의 공산주의 농민 운동을 효과적으로 분쇄했다. 필리핀에서도 미국이 지원하는 정부가 공산주의 후크(Huk) 게릴라를 진압했다. 과테말라에서는 선거로 뽑힌 개혁가 하코보 아르벤스가 비(非)공산주의 정부를 구성하고 미국계 회사인 유나이티드프루트컴퍼니에 도전했다. CIA가 수백 명의 오합지졸 군대를 동원해, 수도에서 대규모 병력이 행진하고 있다는 거짓 라디오 방송을 내보내며 공작을 벌였다. 아르벤스는 달아났고 미국은 통제력을 되찾았다. 이란에서는 비공산주의자 모하메드 모사데그가 당선돼 정부를 구성하고 영국과 미국 소유의 석유회사들을 국유화하려 했다.

CIA는 여기서도 쿠데타를 획책해 모하메드 레자 샤 팔레비를 권좌에 앉혔다. 1960년 벨기에령 콩고가 급진적 민족주의자 파트리스 루뭄바 치하에서 독립을 쟁취했다. 아프리카인 부대가 백인 정착자들을 공격했고, 이에 유엔이 침공했다. CIA가 루뭄바 암살을 도모했고 미국의 졸개인 모부투 세세 세코를 권좌에 앉혔다.

당시의 세계 정치는 이렇게 돌아가고 있었다. 그들은 파병해야만 했고 그래서 그렇게 했다. 케네디 정부의 인사들은 프랑스가 인도차이나에서, 네덜란드가 인도네시아에서 세력을 상실했다는 것을 알고 있었지만, 그들이 식민지 정권이었기 때문에 그렇게 된 것이라고 주장했다. 남베트남은 미국의 식민지가 아니었다. 따라서 개입은 정당한 것이었다.

그러나 상황이 뜻대로 돌아가지 않았다. 1962~65년에 베트콩으로 활약한 게릴라의 수는 8만 명에서 25만 명으로 증가했다. 남베트남 정규군(ARVN)은 전투를 기피했다. 그것은 그들이 겁쟁이어서가 아니라 징집병이었던 그들이 평화를 원했고 지엠을 위해 죽어야 할 어떠한 이유도 발견하지 못했기 때문이었다.

불교 승려들이 종교의 자유를 요구하며 시위를 벌이기 시작했을 때부터 지엠은 이미 고립돼 가고 있었다. 베트남은 불교 국가가 아니었다. 100만 명의 베트남인이 가톨릭 신자였고, 그보다 많은 사람이 마르크스주의 무신론자였다. 산악지대의 고산족에게도 고유의 종교가 있었다. 아마 또 다른 100만 명이 까오다이교[Cao Dai, 20세기 전반에 베트남 남부에서 일어난 신흥 종교인데, 기독교와 불교의 교리를 차용하고 있다 — 옮긴이] 신자였을 것이다. 나머지 대다수는 마을의 사당에서 참배를 드리며 조상을 모셨고, 자식들을 불교 사원에 보내지는 않았다. 그러나 특별한 경우에는 이들도 종종 불교 신자가 됐다.

상황이 이렇게 복잡하지만 이 모든 집단의 많은 사람들이 불교 승려들을 앞세우고 집회를 열었다. 그들은 종교의 자유를 요구하며 정부에 반대했다.

그들은 평화를 원했고, 공산주의자도 일부 참여하는 중립적인 연립정부를 요구했다. 후에에서 정부가 한 불교 행렬에 발포했고 이 사건으로 9명이 죽었다. 1만 명이 후에에서 항의 시위를 벌였다. 가두 시위 현장에서 승려들이 분신을 시도했다. 지엠의 제수(弟嫂)인 누(Nhu) 부인이 그들을 "바비큐"라고 조롱했다. 미국 텔레비전에서 봤을 때도 상황은 좋지 않았다.

지엠이 통제력을 잃어가고 있음이 분명했다. 워싱턴의 일부 인사들과 사이공 주재 미 대사관 관리 일부가, 지엠은 남베트남을 구하기에는 너무 완고하고 너무 고립돼 있으며 너무 가톨릭적이라고 이의를 제기하기 시작했다. 더구나 지엠은 미군 증원을 반대하고 있었다. 지엠은 그들이 자신을 심부름꾼으로 보이게 만들었다고 주장하며 이런 상황 때문에 지지를 얻는 것이 더 어렵게 됐다고 불평했다. 지엠은 미국의 지원이 쥐도 새도 모르게 빠져나가는 것을 느낄 수 있었다. 그리하여 그의 동생 누(Nhu)가 하노이와 접촉해 미국을 배제하고 중립적인 연립정부를 구성하는 문제를 협의했다. 이 사실을 파악한 사이공 주재 미국 대사 헨리 캐벗 로지가 1963년 11월에 지엠과 그의 동생 암살 작전을 포함한 쿠데타를 도모했다.

그해 11월 말에 존 케네디가 총에 맞아 사망했다. 부통령 린든 존슨이 자동으로 대통령직을 승계했다. 오늘날 많은 미국인들이, 케네디가 베트남에서 빠져나오려 했으며 그래서 그가 살았더라면 실제로 그렇게 했을 것이라고 믿고 있다. 그 증거로 제시되는 것은 케네디의 친구와 추종자들이 그가 내뱉었다고 회고하면서 하는 말이다. 그리고 이 회고도 그가 죽고 나서 한참이 지나 베트남 개입이 명백한 오류로 밝혀진 다음에 나온 증언들이다. 그가 했다는 말이라는 것도 "이거 정말 골치 아픈 문제로군" 투의 지나가면서 흘린 말이 대부분이었다. 린든 존슨, 리처드 닉슨, 그리고 그 밖의 관련자들 모두 개인적으로는 이런 식의 말을 내뱉었다. 케네디가 지엠을 길들이기 위해 미군 규모를 축소하겠다고 위협한 것은 사실이다. 그러나 지엠이 암살되고 나자 케네디는 계속 부대를 증파했다.[19]

펜타곤은 지엠을 제거하기 위한 쿠데타에 반대했고, 그래서 그들의 견해와 활동은 베일에 쌓여있다. 민(Minh) 장군 주도로 남베트남에 새로 구성된 군사정부는 워싱턴 당국을 놀라게 하며 불교 세력과 밀접한 유대를 형성했다. 민 장군이 중립적인 정부를 구성하는 조치를 취하기 시작했던 것이다. 이번에는 펜타곤이 쿠데타를 준비했다. 그들은 사주하거나 교사하는 수준을 넘어 사태를 직접 진두지휘했다. 베트남 장교들이 쿠데타를 일으키는 동안, 미국인 장교가 그들과 함께 작전 본부를 지켰고 그 장교는 15분마다 상관에게 상황을 보고했다.

이 쿠데타로 또 다른 장군 응우옌 카인이 이끄는 남베트남 정부가 탄생했다. 그러나 베트콩은 마을에서 계속 지지를 얻고 있었으며, 그들을 지지하지 않았던 도시 사람들도 평화를 원했다. 카인 장군은 중립적인 연립정부야말로 유일한 희망이라는 것을 알게 됐다. 그는 민족해방전선의 중앙위원 후인 딴 팟에게 서신을 보냈고, 1965년 1월 팟은 이렇게 응답했다.

나는 미국의 개입에 반대한다는 당신의 결의에 찬 선언에 진심으로 동의합니다. 아울러 그런 결정을 내린 당신에게 감사를 표합니다. 당신은 "미국이 남베트남의 문제는 남베트남이 스스로 해결하도록 내버려둬야 한다"고 사실상 명백히 선언하셨습니다. 최근 기자회견 석상에서 당신이 보여 주신 태도도 명확했습니다. …… 당신이 가기로 한 길은 험난합니다. …… 당신이 이 목표를 추구하는 과정에서, 우리가 지난 번 편지에서 밝혔던 것처럼 우리의 지지를 확보하게 될 것이라는 점을 확인해 드린다면 조금은 위안이 되겠는지요.[20]

이 편지를 입수한 미국은 그 다음 달에 카인 장군을 축출하는 쿠데타를 일으켰다. 이 세 번째 쿠데타를 통해 응우옌 반 티에우 장군이 대통령으로, 공군 사령관인 응우옌 까오 끼가 부통령으로 등장했다. 두 사람은 뇌물 수수와 수출입 통제에서 일상으로 완전히 부패한 자들이었다. 뿐만 아니라 이들은 헤로인 거래에 깊숙이 관여하고 있었다.[21] 마침내 미국 대사관은 시키는 대로 하는 자들을 찾아낸 것이었다. 티에우와 끼는 공산당과는 일절 대화하지 않았고, 북베트남 폭격에 찬성했으며, 기꺼이 대규모 미군을 받아들였다.

이후로 많은 미국인 저술가들이, 백악관과 펜타곤이 중립적 해결책에 반대한 것은 어리석은 행위였다고 지적했다. 그러나 워싱턴의 정치인들은 중립주의가 제대로 작동하지 못하리라는 것을 잘 알고 있었고, 사실상 그들이 옳았다.

하노이는 기꺼이 연립정부와 공생하려고 했을지도 모른다. 어쨌거나 공산당과 민족해방전선은 기층의 지지를 받고 있었다. 그들은 토지를 둘러싼 전쟁의 일부였고, 따라서 지주보다는 가난한 농민들이 훨씬 더 많았다. 연립정부는 선거를 미루는 것이 불가능하다는 것을 알게 될 것이었고, 당연히 공산당이 선거에서 승리할 것이었다. 어떤 경우든, 공산당이 우세한 지위를 점했고 공세적이었다. 미국의 반공주의 지원 정책이 주저하고 비틀거리는 듯하면 그동안 관망하던 사람들이 공산당 쪽으로 넘어갈 것이고 기층과 마을의 상황이 전국으로 확대돼 걷잡을 수 없이 전개될 것이 뻔했다. 선거 이후에 타협이 가능할 수도 있겠지만 토지를 놓고 벌어진 내전에서는 어느 한쪽이 승리해야만 하는 법이다.

1964년을 지나면서 남베트남의 티에우 정부가 곧 붕괴하리라는 것이 점점 더 명백해졌다. 그 해 존슨은 대통령에 입후보해 공화당의 배리 골드워터와 경합하고 있었다. 골드워터는 거리낌 없이 핵전쟁을 이야기할 정도의 '매파'로서 베트남 문제에 대해 강경했다. 그래서 존슨은 자신을 평화의 옹호자('비둘기')로 내세우며 베트남에서 "더는 확전이 없을 것"이라고 공약했다. 존슨의 선거 캠페인에서 골드워터는 제3차세계대전을 획책하는 인물이라는 식으로 묘사됐다. 그러나 존슨은 선거 연설에서 조심스럽게 말을 아꼈다. 예를 들어, 뉴햄프셔 주 맨체스터에서 그는 베트남 문제를 이렇게 언급했다.

일부 인사들, 다시 말해 닉슨·록펠러·스크랜튼·골드워터는 한꺼번에 또는 시차를 두고 모두 북베트남으로 진격해야 한다는 묘안을 내놓았습니다. …… 저는 이 문제에 관한 한 매우 신중하고 조심스러울 필요가 있다고 생각합니다. 북베트남 공격은 최후의 수단으로나 고려할 수 있는 것입니다. 섣불리 폭격을 개시했다가는 7억 중국인과의 전쟁으로 우리 미국의 젊은이들을 내몰 수 있기 때문입니다.

우리가 지금 이 순간 미국의 젊은이들로 하여금 아시아 젊은이들을 대신해서 전투를 치르도록 할 준비가 안 돼 있다고 저는 판단하고 있습니다. 전황과 관련해 제가 추진하려 한 정책은 베트남 청년들이 우리의 조언과 장비를 바탕으로 직접 투쟁에 나서도록 하는 것이었습니다. …… 우리는 현 단계에서 북베트남을 폭격하지는 않을 것입니다.[22]

전쟁이 계속되는 와중에 펜타곤이 통킹 만에서 미국 해군 함정과 북베트남 순시선 사이의 충돌을 조작했다[일상적인 순찰 업무를 하던 미 군함을 북베트남이 먼저 공격했다고 조작한 일을 말한다 — 옮긴이]. 이를 빌미로 미국 의회가 결의안을 하나 통과시켰는데, 그 내용은 대통령에게 인도차이나 작전 재량권을 다소 부여하는 것이었다.

11월 2일 존슨이 선거에서 승리를 거둔다. 이와 함께 북베트남 폭격 계획이 워싱턴에서 진지하게 거론되기 시작했다. 1965년 3월 2일 미군의 북베트남 폭격이 시작됐다.

하지만 펜타곤도, 사이공 주재 미국 대사관도 수십만 명의 지상군을 투입하지 않고서는 그들이 승리할 수 없다는 사실을 잘 알고 있었다. 이 문제를 놓고 워싱턴에서 열띤 논쟁이 벌어졌다. 당연히 이 사안은 기밀이었고 국가안전보장회의(NSC)에서 논의됐다. 미국 국민의 참여는 있을 수 없는 일이었다. 어쨌거나 회의는 심각한 논쟁으로 비화됐고 결론도 쉽게 나지 않았다. 회의 참석자 다수는 그들에게 시간이 별로 없다는 것을 알고 있었다. 미국 국민은 한국 전쟁에 반대한 전력이 있었고, 따라서 전쟁을 오래 끌다가는 베트남

전 반대 여론에 직면할 수도 있다고 판단했던 것이다.

어쨌거나 최고위직에 있던 두 사람만이 파병에 반대하고 있었다. 국무차관 조지 볼과 대통령 린든 존슨이 그들이었다.[23] 볼과 존슨 모두 남베트남 정부가 충분한 대중적 지지를 받지 못하고 있음을 알았다. 그들이 파병한다고 해도 그들은 실패할 것이었다. 물론 존슨은 토론에 참여한 사람들 가운데 재선을 노리는 유일한 인물이었다. 그는 케네디가 임명하지 않은 유일한 인사이기도 했다.(케네디가 미국이 베트남에 개입해서는 안 된다고 말했다고 믿는 사람들은 다음의 두 가지 사실을 해명해야 한다. 첫째, 그가 왜 베트남에 파병했는지. 둘째, 볼을 제외한 그의 자문단 전원이 왜 더 많은 군대를 파병하려고 했는지.)

케네디와 존슨의 고위 관료들은 북베트남 폭격과 파병 문제를 놓고 한 가지 근본적인 논쟁을 벌였다. 도미노 이론이 그것이다. 이것은 1954년 아이젠하워가 공식화한 것으로, 그는 어느 연설에서 프랑스령 인도차이나가 공산화되면 동남아시아의 나머지 지역도 "도미노[처럼] 신속하게 넘어갈"[24] 것이라고 말했다. 존 F 케네디 역시 1956년 상원에서 한 연설에서 구조적 은유를 사용했다. 그는 이렇게 말했다. "베트남은 동남아시아에서 자유 세계의 초석이다. 베트남은 우리의 자식이다. 우리는 베트남을 포기할 수 없고, 우리는 베트남의 요구를 외면해서는 안 된다."[25]

베트남전 기간 동안 반전 시위대들과 이후의 자유주의자들은 도미노 이론을 우습게 여겼다. 반전 시위대들은 반공주의 때문에 주저했고, 그래서 그들은 감히 이렇게 말할 용기를 내지 못했다. "그 나라 국민이 원해서 다른 나라가 공산화되는 것이라면 그것은 정당한 것이니 내버려두라." 대신 그들은 이렇게 말했다. "한 나라에서 발생하는 사태가 다른 나라의 일을 결정하지는 않는다."

이 말은 맞기도 하고 틀리기도 하다. 도미노 이론이 거대한 사회 운동에서 어떻게 실현됐는지를 보여 주는 사례는 많다. 1917년 러시아 혁명은 헝가리·독일·중국·조선·베트남·유고슬라비아에서 혁명을 촉발했다. 포르투갈과 이탈리아에서 파시즘이 승리하자 독일·오스트리아·헝가리·스페인에서도 파시스트 정부가 수립됐다. 1947년 인도가 영국 식민 세력에서 독립한 후 인도네시아와 베트남, 그리고 알제리와 프랑스령 북아프리카 일대, 말레이시아, 또 사하라 이남의 프랑스와 영국령 아프리카가 자유를 쟁취했다. 이 일련의 사건이 포르투갈령 아프리카의 독립 운동을 자극했고, 그들이 마침내 승리를 쟁취하자 남아프리카공화국의 아프리카민족회의(ANC)도 자신들의 미래가 열리리라고 믿으며 더욱더 투쟁에 나섰다.

1980년에 발생한 이란의 이슬람 혁명은 터키·레바논·팔레스타인·요르단·사우디아라비아·이집트·튀니지·수단·모로코에서 대중이 참여하는 이슬람주의 운동을 자극했다. 1989년 소련에서 미하일 고르바초프의 개혁은 폴란드·체코슬로바키아·헝가리·불가리아·루마니아·유고슬라비아 독재 정부들의 붕괴로 이어졌고, 마침내는 소련 자체의 몰락을 가져왔다. 이 사건은 민주주의를 열망하는 대중 운동에 영감을 주었는데, 네팔과 타이 그리고 아프리카의 상당수 지역에서 성과를 거두었다.

거대한 사회 운동은 도미노처럼 전파된다. 민중이, 자신과 비슷한 사람들이 다른 나라에서 승리하는 것을 지켜볼 때, 특히 그 사건이 이웃 나라에서 일어난 것이라면 그들은 분명 용기를 얻을 것이다. 정치인들은 이 사실을 잘 안다. 1965년에 미국을 통치하던 자들은 이미 평생에 걸쳐 이런 사건을 여러 차례 봐 왔다.

이 권력층 바깥의 일부 인사들은 베트남의 경우에 도미노 이론은 적절하지 않다고 주장하며 호찌민은 기본적으로 베트남 민족주의자일 뿐이라고 강변했다. 이 말이 사실이었지만, 미국 정부의 당면한 문제를 해결해 주지는 못했다. 베트남 민족해방전선, 곧 베트콩이 어떤 형태로든 승리를 거두면 그것이 곧 미국의 패권에 일격을 가하는 사건이 될 것이기 때문이었다. 미국 정부는 제3세계 전역에서 남베트남 정부와 유사한 정부들을 지원하고 있었다. 존슨의 고문들은 미국이 베트남에서 철수하면 이러한 정권들이 다른 지원 세력을 찾을 것이고 그들 치하에서 살아온 민중에게 반란의 용기를 줄 것이라는 점도 잘 알고 있었다. 이 사태가 단순히 소련 공산주의를 저지하는 문제였다면 소련 지도부를 설득해서 거래를 하면 될 것이다. 그러나 사태의 진실은 그렇지 않았다. 미국의 임무는 이 세계를 부자들이 활보하기에 안전한 곳으로 만드는 것이었고, 이것은 단순히 공산주의를 저지하는 것 이상으로 복잡하고 어려운 문제였다. 1965년 3월 국방장관의 보좌관 존 맥노튼은 장관 맥나마라에게 비망록을 하나 올렸다.

미국의 목표

70퍼센트 — 미국이 굴욕적인 패배를 당해서는 안 된다.([자유 세계의 — 옮긴이] 수호자로서 우리의 명성을 위해서)

20퍼센트 — 남베트남(과 인접) 영역을 중국의 영향으로부터 지켜낸다.

10퍼센트 — 남베트남 국민이 더 자유롭고, 더 나은 삶을 향유하도록 허용한다.

덤 — 우리가 사용한 방식에서 비롯된 오명을 뒤집어쓰지 않고 위기에서 빠져나올 것.

절대 금지사항 — 철군을 요청받음으로써 주둔이 어려워지는 상황에서도 "우방을 돕는" 것.[26]

참전

그리하여 1965년 봄 린든 존슨은 참모들에게 굴복하고 만다. 미국은 해병대를 파견했고, 이것은 머지않아 50만 명에 이르게 될 대부대 편성의 전주곡이었다. 특히 네 지역의 향배가 워싱턴의 결정에 영향을 미쳤다. 첫째로, 존슨의 고문들은 남베트남이 몰락하면 라오스와 캄보디아가 그 뒤를 따르게 될 것이라고 계속 말했다. 그리고 남베트남이 결국 함락되자 실제로 그렇게 됐다.

두 번째 지역은 라틴 아메리카였다. 1958년 미국 정부는 쿠바에서 부패한 풀헨시오 바티스타 정권에 대한 지지를 철회하고 그 대안으로 피델 카스트로를 인정했다. 1959년 1월 1일 카스트로가 이끄는 민족주의 게릴라가 아바나에 입성하자 100만 명의 군중이 이를 환영했다. 카스트로의 새 정부는 민족주의 정권이었지 사회주의 정권은 아니었다. 그런데 이 정부가 쿠바에서 마피아를 쫓아내고 미국인 기업 일부를 국유화했다. 미국은 무역·원조 제재로이에 보복했다. 카스트로는 미국 정부와 타협하려 했지만 번번이 퇴짜를 맞았다. 사태가 이쯤 되자 카스트로는 쿠바 혁명이 처음부터 사회주의 혁명이었으며 자신은 이제 마르크스주의자라고 선언했다. 그는 쿠바를 소련 진영으로 편입시켰다. 소련은 미국이 금수한 설탕을 구매했다.

CIA는 쿠바인 우익 망명자 수백 명으로 군대를 조직해 그들로 하여금 쿠바를 침공하도록 했다. 그들은 1961년 4월 피그 만에 상륙했다. CIA는, 과테말라에서처럼, 낙승을 예상하고 있었다. 그러나 쿠바인들은 카스트로 아래서 단결했고 망명자 부대는 해안에서 섬멸돼 항복하고 말았다. 미국은 굴욕감을 느꼈다. 라틴 아메리카 전역에서 새로운 세대의 민족주의자들과 사회주의자들이 이에 환호했고, 그들은 농촌 게릴라 전술이라는 쿠바 모델을 연구하기 시작했다. 쿠바 혁명의 급진파 지도자였던 체 게바라는 나중에 "하나, 둘, 셋, 더 많은 베트남!"이 필요하다고 호소했다.

피그 만의 악몽으로 린든 존슨과 같은 인사들은 한 번 더 생각하게 됐다. 현지의 지지가 없으면 패할 수도 있기 때문이었다. 그러나 이 사건은 그들이 더는 게릴라 군대에게 승리를 내주지 않겠다는 의지를 다지는 계기가 되기도 했다.

워싱턴의 세 번째 관심 지역은 인도네시아였다. 한쪽에는 인도네시아 공산당(PKI)이, 다른 한쪽에는 인도네시아 군부가 버티고 있었다. 당원 300만의 인도네시아 공산당은 공산 진영 외부에서는 세계 최대의 공산주의 정당이었다. 반면 인도네시아 군부는 우익 무슬림 정당들의 지지를 받고 있었다.(그

수가 훨씬 많았던 좌익 무슬림들은 공산당원이었다.) 인도네시아 경제가 위기에 처했다. 도시에서 실업률이 증가했고, 쌀값이 임금보다 더 뛰어 노동자들은 굶주렸다. 그러나 위기의 진짜 진원지는 토지였다. 정부는 토지 개혁을 제한적으로 단행했다. 이 나라의 중심인 자바와 발리에서 기층의 공산당원들이 소작인을 동원해 지대를 깎아달라고 요구하고 나섰다. 이 운동이 마을에서 마을로, 도시에서 도시로 요원의 불길처럼 번져나갔다. 모든 시위가 세력 관계의 시험대로 부상했다.[27]

모든 사람이 이 위기가 결말로 치닫고 있음을 느꼈다. 한쪽은 승리할 것이고 다른 한쪽은 패배할 것이었다. 군부와 공산당 사이에 대통령 수카르노가 버티고 있었다. 수카르노는 네덜란드에 맞서 혁명적 독립 전쟁을 주도한 인물이었다. 수카르노는 공산당과 군부가 서로 대결하도록 농간을 부렸다. 그와 인도의 네루는 냉전 시기에 비동맹 세력의 지도자들이었다. 공산당의 전략은 수카르노를 진보적 지도자로 포장해서 지지하는 것이었고, 또 그를 찬양하면서 의존해 군부로부터 보호해 달라고 구걸하는 것이었다.

인도네시아는 정확히 베트남의 남쪽에 있다. 베트남에는 이렇다 할 천연자원이 없었고 따라서 경제적으로도 별로 중요하지 않았다. 이 점이 중요하다. 미국 기업들은 베트남에서 의미 있는 이윤을 뽑아내지 못하고 있었다. 정말로, 남베트남은 미국 정부의 돈을 먹는 괴물이었던 것이다. 그러나 인도네시아는 광대한 나라였다. 인도네시아는 전략적으로 중요했다. 인도네시아의 섬들은 일본·중국·태평양에서 인도양에 이르는 무역로를 따라 펼쳐져있다. 인도네시아는 세계에서 다섯 번째로 인구가 많은 나라였다. 베트남이 미국 정부에 중요했던 이유는 경고의 의미로서 본보기를 보여야 했기 때문이다. 반면 인도네시아는 그 자체로 중요했다. 베트남에는 쌀이 있었고, 인도네시아에는 석유가 있었다.

인도네시아의 수카르노 대통령은 석유회사들을 국유화했다. 미국의 지배계급은 그 석유를 되찾고 싶었다. 그 석유는 일본에게도 중요했다. 진정한 이윤을 인도네시아에서 뽑아낼 수 있었다. 그리하여 인도네시아 독립 혁명 이후로 미국의 정책은 인도네시아 군부를 무장하고 강화하는 것이었다.

1965년 9월 갈등이 정점에 달했다. 쿠데타가 실패했다. 공산당원들이 참여했는지 여부는 확실하지 않지만 이 문제는 그다지 중요하지 않았다. 어쨌거나 기층의 계급 투쟁이 PKI와 군부가 격돌하도록 만들었다. 군부가 PKI를 박살내기 위해 움직였고, 이에 공산당 지도부는 수카르노에게 보호를 요청했다. 수카르노가 동원할 수 있었던 방법은 수백만의 공산당원·무토지 농민·노동자에게 봉기하라고 호소하는 것뿐이었다. 그러나 그는 그렇게 하려고 하지 않았다. 수카르노는 공산주의자들을 방치해 버렸다. 놀라고 당황한 공산당 지도자들은 봉기를 조직하지 못했다.

그러나 공산당원들은 첨예한 권력 투쟁의 장에서 진정한 대중 운동을 이루고 있었기 때문에 군부는 대규모 학살을 자행한 다음에야 그들을 분쇄할 수 있었다. 군부와 우익 무슬림 정당들이 자바와 수마트라의 마을과 마을, 도시와 도시에서 공산당을 대체했다. 미국 대사 마셜 그린은 워싱턴의 딘 러스크에게 "대규모 학살" 소식을 전하면서 자신이 "대사관과 미국 장성들은 전반적으로 이 사태에 공감하고 있으며 군부의 대응에 경의를 표한다는 점을 명확히 했다"[28]고 보고했다.

군부는 미 대사관에 무기를 요구했고 받았다. 그린 대사는 살해해야 할 공산당원 명단을 군부에 지속적으로 제공했다. 물론 그도 군부가 독자적으로 완벽하게 훌륭한 명단을 갖고 있음을 잘 알았다. 그린은 자신이 군부를 지지하고 있음을 보여 줬을 뿐이었다. 역사가 가브리엘 콜코에 따르면, "그들이 서로를 죽여야 한다고 소리 높여 외치던 12월 4일, 그린은 러스크에게 수마트라 북부와 자바 중동부에서만 20만 명 이상은 아니겠지만 적어도 10만 명은 살해됐다고 보고했다."[29] 이제 병사들은 배를 잡아타고 자바로 건너가 도륙을 자행했다. 상황이 종료됐을 때 CIA는 25만~50만 명의 공산당원이 사망한 것으로 추산됐다. 나중에 나온 일부 자료는 100만 명에 이를 것이라고

도 한다. 그러나 10년 후 발표된 인도네시아의 공식 자료는 45만~50만 명으로 추산했다.[30]

이 사건은 20세기에 발생한 가장 참혹한 학살 중 하나였다. 이 탄압으로 인도네시아의 좌파가 절멸했다. 지주들과 자본가들은 물론 안전했고, 이후 20년 동안 공포의 기억이 인도네시아를 지배했다. 과거는 물론 현재에도 인도네시아는 미국 지배 계급에게 베트남보다 훨씬 더 중요하다. 그러나 드와이트 아이젠하워가 말한 것처럼,

인도네시아에서 수카르노 대통령을 물러나게 한 것이 무엇이라고 생각하는가? 새로 말레이시아 연방을 탄생시켜 이 나라가 내외부의 온갖 압력에도 꿋꿋하게 독립을 유지하도록 만든 것이 무엇이라고 생각하는가? …… 여러분에게 분명한 사실을 한 가지 말해 주겠다. 그것은 바로 남베트남에 주둔하고 있던 미군 45만 명의 존재였다. …… 미군의 존재가 엄청난 역할을 했던 것이다.[31]

또 그린 대사는 1967년에 이렇게 말했다.

동남아시아에 미군이 주둔하게 되면서 [인도네시아] 군부가 대담해졌지만, 그것이 사태에 결정적 영향을 미친 것은 아니었다. …… 소극적 차원에서 살펴보는 것이 아마 더 나을 것이다. 만일 우리가 동남아시아에서 확고한 태도를 표명하지 않았더라면, 만일 우리가 미군을 주둔시키지 않았더라면 아마도 상황은 많이 달라졌을 것이다.[32]

1965년 초 미국 정부는 베트남 문제와 관련해 패배를 인정하고 철수할 것인지 아니면 본격적으로 전쟁에 뛰어들 것인지 하는 선택의 기로에 섰다. 미국이 철수했다면 인도네시아의 공산주의자들은 엄청나게 고무받았을 것이다. 인도네시아 군부도 미국의 지원을 기대하지 않았을 것이다. 인도네시아 군부는 선택의 여지가 없었기 때문에 어쩌면 타협을 시도했을지도 모른다.

미국 정부가 베트남에서 수행하던 과업 중 하나는 인도네시아에서 군부가 공산주의 세력을 분쇄하는 데 필요한 시간을 벌어주는 것이었다.

네 번째 지역은 미국 지배 계급에게 정말로 중요했는데 그것은 바로 미국이었다. 반공주의 활동의 핵심 중 하나가 미국 노동 계급 내의 좌파를 탄압하는 것이었다. 이 공격은 성공을 거두었다. 그런데 1960년부터 남부에서 지속적으로 공민권 운동이 일어났다. 북부 도시의 흑인 게토에서는 폭동과 봉기가 잇따랐다. 마틴 루터 킹이 워싱턴에서 대중 시위를 이끌었다. 반공주의는 이제 한물간 것처럼 보이기 시작했다. 1965년에 베트남과 관련해 린든 존슨이 가장 걱정한 문제는, 전쟁의 정치적·경제적 비용이 막대해 공민권 운동을 달래고 빈곤을 퇴치하려던 자신의 '위대한 사회(Great Society)' 프로젝트가 치명타를 맞을 수도 있다는 점이었다. 이 계획은 북부와 남부에서 폭증하던 흑인 운동을 가라앉히려던 시도였다.

결국 존슨이 옳았던 것으로 드러났다. 베트남이 그의 정책을 엉망으로 만들어 버렸다. 이보다 더 중요한 사실은 미국이 전쟁에서 패배했다는 점이다. 이것은 미국의 베트남 개입이 재앙을 불러온 어리석은 실수였다고 말하기 위해 요즘 흔히 거론되는 얘기다. 그러나 전쟁에서는 언제나 한쪽이 패배하는 법이고, 그래서 돌이켜보면 패배한 쪽의 정치인과 장군은 언제나 멍청이로 비치기 마련이다. 그러나 그 어느 쪽도 싸워야 할 이유나 명분, 또 승리에 대한 희망도 없이 전쟁에 돌입하지는 않는다. 미국 정부는 베트남에서 싸워야 할 이유와 승리에 대한 기대, 이 둘 다를 갖고 있었다.

한편으로 미국 정부는 가까스로 호주·뉴질랜드·남한·필리핀 정부를 설득해 소규모 부대를 파병하도록 했고 베트남 주둔 미군에 배속시켰다. 영국 노동당을 포함해 다른 서방 정부들이 미국의 베트남 전쟁을 지지했다. 유일한 예외는 부분적으로 프랑스[프랑스는 베트남 전쟁에 대한 지지와 반대를 오락가락 했다 — 옮긴이] 그리고 스웨덴, 캐나다였고, 이들 국가는 미국인 탈영병들에게 도피처를 제공해 주었다.

3장

전쟁의 양상

전쟁의 양상

잠깐 숨을 고르면서 지금까지의 논의를 요약해 보자. 베트남에서는 세 방향에서 투쟁이 전개되고 있었다. 처음에는 프랑스 식민 세력과 결탁했다가 이후 미국에 달라붙은 지주들과 기업가들이 한 축을 이루었다. 다른 한 축은 남부의 가난한 무토지 농민이었다. 이들 중 다수가 공산당원이었거나 게릴라 투쟁에 가담했다.

세 번째 축은 공산당 지도부였다. 그들은 프랑스 식민 세력에 맞서 농민을 지도했다. 1954년 이후로 중국과 소련의 압력도 부분적으로 작용해, 공산당 지도부들은 사실상 남부를 방치하고 북베트남에서 자신들만의 국가를 건설하는 과업에 집중하기로 결정했다. 그러나 남베트남에서 계급 투쟁이 줄기차게 계속됐다. 남베트남에서 새로 탄생한 정부의 지지 기반은 지주 계급이었다. 그들은 토지를 다시 장악하려면 일전을 불사해야 한다고 판단했는데, 이것은 남부에 남아 있던 공산주의자들을 제거해야 함을 뜻했다. 그 공산주의자들은 농민이었다. 죽느냐 아니면 맞서 싸우느냐의 기로에서 마침내 공산당원들은 북부의 당 지도부로 하여금 봉기한 자신들을 지원하도록 강제했다.

1965년 무렵 이 봉기는 농촌에서 압도 다수의 지지를 받았다. 당시까지만 해도 그들에게는 이 투쟁이 미 제국주의 세력과의 갈등을 의미하는 것이 결코 아니었다. 그것은 토지 소유권을 놓고 벌어진 전쟁이었다.

그러나 미국은 1965년에 몇 가지 이유로 대규모 개입을 단행했다. 미국은 이미 1만 8000명 규모의 군대를 파병했고, 공공연하게 참전하고 있는 상황이었다. 베트남에서 패배하면 미국 내의 반공주의가 타격을 받을 것이고, 노동조합과 성장하며 급진화하던 공민권 운동 내에서 새로운 좌파에게 공간을 열어줄 수도 있었다. 베트남에서 패배하면 지배 계급의 지위는 물론이고 미국이 후원하던 다른 많은 나라의 정권들도 약화될 것이 틀림없었다. 또한 이 패배는 미국과 소련의 지배자들이 세계의 정치·경제적 패권을 놓고 경합하던 냉전에서 패배하는 것으로 기록될 수도 있었다.

다시 말해, 펜타곤도 베트남 공산당도 계급 투쟁으로 형성된 정치 지형을 회피할 수 없다는 것을 알았다. 이 장에서는 직접 전투에 참가한 사람들, 특히 일반 사병에게 전쟁이 어떤 모습으로 비쳤는지를 살펴볼 것이다. 이 장에서 나는 전쟁의 잔혹한 양상이 베트남에서 진행된 계급 투쟁에 대한 반응이라고 주장할 것이다. 펜타곤은 일단 참전하고나자 잔혹해질 수밖에 없었는데, 왜냐하면 그들이 편든 지배 계급은 소수인 반면 다수의 피지배 계급은 조직돼 있는 데다 자신감도 확고했기 때문이다.

아울러서 이 장은 계급적 관점에서 미군의 경험을 고찰할 것이다. 우선 베트남에 파병한 것 자체가 미국 내 계급 투쟁에서 하나의 사건이었다. 부자의 자식들은 베트남에 가지 않았다. 베트남에 도착한 병사들의 경험은, 그들이 수행해야 하는 잔혹한 작전과 자신들이 베트남에서 가난한 사람들을 박해하고 부자들을 보호하고 있다는 자각을 통해 구체화됐다. 이 두 가지 사실이 그들을 절망하게 만들었다. 이 절망과 자포자기 상태는 사실상 미국과 베트남 둘 다에서 벌어진 계급 투쟁의 결과였다. 이 모든 양상이 어떻게 전개됐는지를 살펴보자. 공습부터 시작해 보겠다.

공습

미국은 남베트남·북베트남·라오스·캄보디아를 폭격했다. 전폭기가

800만 톤 이상의 폭탄을 투하했다. 이것은 제2차세계대전에서 참전국 전체가 사용한 폭탄보다 무려 세 배나 많은 양으로, 그 파괴력이 히로시마에 투하된 원자탄 640개와 맞먹는다.[1]

미국인 5만 8000명 이상이 베트남에서 사망했다. 남베트남 군인 사망자 수는 무려 25만 명이었다. 베트콩과 민간인 사망자 수에 관한 정확한 통계는 없는 실정이다. 베트남 측의 추산치가 더 높기는 하지만 대개 150만~200만 명이 사망한 것으로 추산된다. 라오스와 캄보디아에서도 수십만 명 이상이 사망했다. 인도차이나에서 이 전쟁으로 약 300만 명이 사망한 것으로 볼 수 있으며 이들 가운데 대다수가 공습으로 사망했다.

이것은 이상하게 보이는 듯하지만 곰곰이 생각해 보면 그럴 수밖에 없었다는 것을 알게 될 것이다. 펜타곤은 베트콩이 마을 사람들의 지지를 받고 있음을 다소나마 명확하게 이해하고 있었다. 국방장관 로버트 맥나마라가 1966년 대통령 린든 존슨에게 보내는 비망록에 적었던 것처럼,

전반적으로 농촌 지역 주민들은 이렇게 믿고 있다. GVN[남베트남 정부]은 마을에 들이닥쳐도 확고한 지위를 차지하지 못하지만 VC[베트콩]는 다르다. GVN과 협력했다가는 VC의 처벌을 받는다. GVN은 주민의 삶에는 관심이 없다. GVN의 하급 단위는 토호들의 기구다. GVN은 썩었다.[2]

베트콩은 전투병이 25만~30만 명 정도였다. 절정기에 베트남에 주둔했던 미군의 규모는 50만 명에 이르렀다. 이 가운데 겨우 6분의 1만이 전투 부대였고, 나머지는 지원 부대였다. 지상에서 베트콩은 미군 전투 부대보다 세 배나 네 배 많았고,[3] 마을 사람들 대다수의 지지를 받았다.

펜타곤과 백악관은 포병과 항공기를 동원해 지상 전력의 열세를 만회하고자 했다. 그들은 남베트남에서 승리를 거두지 못했고, 그리하여 여러 해 동안 북베트남을 폭격했다. 처음에 그들은 자신들이 군사 표적과 공업지대, 사회

기반시설을 공격하는 것이라고 말했다. 그들은 이 모든 시설을 파괴할 만큼 충분히 많은 양의 폭탄을 반복해서 투하했지만, 북베트남은 이에 굴하지 않았다. 북베트남인들은 보유하고 있던 산업시설을 전국 각지에 분산시켰고 땅굴을 팠다. 그리고 그들은 잃어버린 트럭·기름·무기를 중국의 원조로 신속히 복구했다. 이 점에서 폭격은 실효를 거두지 못했다.

그러나 공습에는 또 다른 이유가 있었는데, 이것은 더 유력한 이유이지만 가끔씩만 언급됐다. 그것은, 폭격으로 엄청난 사람들을 살상해 심각한 '피해'를 입히고 '응징'함으로써 북베트남 지도부가 평화협상에 응하지 않을 수 없도록 만드는 것이었다. 이와 함께, 남부에서 자행된 폭격은 베트콩을 소탕하고 그들을 지지하던 마을 사람들을 난민으로 만들어 도시로 유입시키는 것이 목적이었다.

이것은 소모전의 논리였다. 아울러 미국이 엄청난 산업 자본주의 열강이었기 때문에 이 전쟁은 일방적인 공습이기도 했다. 이 전쟁은 힘의 과시였다. 워싱턴의 인사들은 그렇게 생각했다. 그들이 제2차세계대전을 거치며 세계 최강대국으로 부상한 것은, 미군이 더 용감하거나 장교들이 더 유능해서가 아니라 미국의 산업이 다른 어떤 나라보다도 더 큰 힘과 더 많은 무기와 자원을 동원할 수 있었기 때문이다. 그것이 미국의 힘이었다. 미국은 기업과 산업의 권력이었고, 미국은 기업과 산업의 힘을 바탕으로 전쟁을 치렀다.

런던에 있는 동양·아프리카 연구소의 교사인 마오주의자 맬컴 콜드웰이 1967년 북베트남을 방문해 폭격의 참상을 조사했다.

우리는 오아이 박사와 면담했다. 그는 꾸인 나병원(癩病院)이 반복해서 폭격당한 것을 목격한 장본인이었다. 1965년 6월 12일 오후 8시에 첫 번째 공습이 있었다. 비행기 편대가 상공을 지나가더니 다시 돌아와 폭탄 24발을 투하하고 미사일 5기를 발사했다. 야간조 간호사 한 명이 부상을 입었다. 다음 날 아침에 환자 전원이 소개됐다. 그러나 1965년 6월 13일 오후 1시 45분에 환자 일부가 병원으로 돌아왔다. 대규모의 미국 비행기가 병원을 습격했고 차례로 병원 건물에 폭탄을 투하하거나 기총소사를 가했다. 병원은 완전히 파괴됐다. 며칠 후 미국인들이 다시 왔는데 요양소를 완전히 파괴할 때까지 그들의 출격이 계속됐다. 1965년 6월 12일부터 21일에 걸친 공습 작전으로 모두 140명의 환자가 살해당한 것으로 보고됐다. 오아이 박사는 다른 병원으로 옮겼고, 살아남은 환자들도 여러 기관으로 분산돼 수용됐다. …… 다른 목격자 세 명이 …… 세부 사실에서 오아이 박사의 증언을 확인해 주었다. 비행기의 고도, 폭격한 뒤에 피신하는 환자와 직원 들을 향해 기총소사를 한 사실 등을 말이다.[4]

이것은 이상한 광경이다. 전투기가 저공 비행을 하고 불타는 건물에서 뛰쳐나온 간호사와 나병 환자 들에게 기총소사를 했다니 말이다. 하지만 이것은 표준적인 작전 절차였다. 즉, 우선 정찰 비행을 하고, 그 다음에 폭격을 하고, 마지막으로 기총소사를 하는 것이었다.

2단계에서 기총소사를 하지 않고 대인 집속탄을 살포하는 경우도 자주 있었다. 남베트남인들은 이 폭탄을 "모폭탄(母爆彈)"이라고 불렀는데, "공중에서 폭발하면서 350~600개의 자폭탄(子爆彈)으로 퍼졌기 때문이다. 이것들이 지상을 타격할 때쯤이면 각각의 폭탄이 다시 수천 개의 강철 파편으로 폭발했다.(나중에는 충전재로 유리 섬유가 사용됐다. 몸에 박힌 유리 섬유는 X레이로도 확인이 안 됐기 때문에 당연히 제거하기가 더 어려웠고 따라서 더 큰 고통을 주었다.)"[5] 종전 무렵 사용된 집속탄 한 발은 '플레셋', 즉 "작은 화살"[용기가 폭발하면서 사방으로 터져나가는 작은 화살 모양의 무기—옮긴이]을 무려 18만 개까지 수용할 수 있었다.[6]

북베트남에서 특히 집중적으로 폭격을 당한 곳은 병원·학교·교회였다. 1967년 북베트남에서는 학교 391곳, 의료시설 95곳, 교회 80곳 이상, 불교 사원 30곳이 파괴됐다. 오아이 박사가 돌보던 나환자들은 36차례나 공습을 받았다. 사태 자체가 터무니없을 만큼 끔찍했다. 북베트남의 대부분 지역에서 병원·학교·교회 건물만이 2층 이상 높이의 벽돌·시멘트 건물이었기 때문에 아마도 사태가 이 지경에 이른 듯하다. 상공을 비행하며 표적을 찾던 비행사들이 병영으로 오인할 수 있었던 유일한 대상이 바로 그런 건물이었다.[7]

게다가 미국 전투기들은 베트남에서 모든 '정규 표적'을 아주 신속하게 타격했다. 쏟아붓던 폭탄이 남으면 그들은 어딘가 다른 곳에라도 그것을 퍼부어야 했다. 한편으로 워싱턴에서는 대통령 린든 존슨이 모든 표적을 직접 선정했다. 그러나 베트남 상공을 날면서 대공포(對空砲)에 시달리고 엉터리 지도를 무시하던 조종사들은 자신들이 투하할 수 있는 곳에 폭탄을 떨어뜨렸다. 폭탄을 다 사용하지 않으면 착륙하는 것이 위험했다. 그래서 그들은 남중국해나 남베트남의 '자유교전지대[사이공 정부가 베트콩의 보급 진원지를 차단하기 위해 주민들을 강제로 집단 이주시켜 만든 '전략 마을' 이외의 지역은 일종의 '자유살상지역'이 됐다 — 옮긴이]'에 남은 폭탄을 투하했다. 폭격 대상과 관련해 또 한 차례 혼란이 있고 나서 미 공군의 리처드 섹스턴 대위는, 당시 대다수 조종사들이 어떻게 느끼고 있었는지를 자신의 일기에 이렇게 적고 있다. "문서 업무가 계속되고 어떤 얼간이가 자신의 제국을 고수하는 한, 우리가 전쟁에 진다해도 내 알 바 아니다."[8]

사실 조종사들도 밑에 내려다보이는 사람들이 단순한 민간인은 아니라는 점을 알고 있었다. 그들은 아주 확고한 적이기도 했다. 호주의 공산주의 기자 윌프레드 버쳇은 북베트남에서 이런 기사를 전해 왔다. "비행기의 겉모습을 숙지하고, 속도와 고도 등의 특징을 암기하며, 소음으로 항공기를 식별하는 것이 모든 국민의 의무 사항이었다. 특정 비행기가 수평으로 비행할 때 몇 리드 앞으로 조준해야 할지, 또 급강하 폭격시에 기수의 어느 지점에 화력을 집중해야 할지도 알아야 했다."[9]

이런 [북베트남의 — 옮긴이] 대응 때문에 저공 비행은 위험했다. F-105 전폭기 조종사였던 잭 브러튼 대령은 자신의 책 《서드 리지(*Thud Ridge*)》[서드(Thud)는 F-105 선더치프 제트 전폭기를 가리키는 미국 군대의 속어

─ 옮긴이]에서 이렇게 적고 있다.

아래로 잘못 내려갔다가는 소화기와 자동화기의 격렬한 응사에 직면했을 것이다. 여기에는 권총까지 동원된다. 권총에 제대로 맞더라도 큰 비행기는 추락하지 않을 것이라고 생각하면 오산이다. 나팔 소리가 울리면 수천 명이 땅에 등을 대고 누워 소구경 개인화기를 하늘에 대고 일제히 쏘아댄다. 재수 없는 조종사는 포화 속에서 꼼짝 못 하는 재앙을 겪게 된다.[10]

북베트남 폭격은 미군이 베트남에서 수행하는 임무 가운데 가장 위험한 것이었다. 40회 출격에 1회 꼴로 격추를 당했다.(베트남 전쟁 기간 동안 미국은 인도차이나 전역에서 모두 합해 비행기 3719대, 헬리콥터 4869대를 잃었다.)[11] 승무원이 낙하산으로 탈출하는 경우도 자주 있었다. 이들 대다수가 살해되지 않고 생포돼 하노이로 호송됐다는 사실은 북베트남 정부의 확고한 지도력을 보여 주는 증거다. 북베트남 정부는 이런 전쟁 포로가 협상 과정에서 얼마나 중요한지를 잘 알고 있었다. '하노이 힐튼'이라는 전쟁 포로수용소에서 조종사들이 당한 엄청난 고통을 통해, 우리는 북베트남이 독재 체제였으며 감옥들이 좋지 않았음을 부분적으로 확인할 수 있다. 물론 포화 속에서 살아야만 했던 일가 친척을 둔 교도관들이 잔혹하게 포로들을 대했던 것은 충분히 이해할 수 있다.

전쟁이 계속되면서 미국 정부는 B-52 폭격기에 더 의존했다. 이 폭격기는 아주 높이 날기 때문에 폭탄이 터지기 전까지는 보이지도 들리지도 않았고, 그래서 더 안전해진 조종사들은 무차별적으로 폭격했다. 라오스에서 광범하게 사용된 네이팜탄은 전폭기에서 투하된 젤리형 가솔린이다. 가솔린이 발화하면서 젤리가 사람 몸에 늘어붙는다. 미국인 조종사의 말을 들어보자.

우리는 다우사[화학회사]의 비밀 연구 종사자들에 대해 아주 만족해했다. 원래 제품은 그렇게 고열을 발생시키지 않았는데, 점액이 활활 타버리면 폭탄이 완전히 녹아내리기 때문이었다. 그래서 폴리스티렌을 첨가하자, 그것은 마치 담요에 달라붙은 똥처럼 덕지덕지 붙어 버렸다. 그러나 점액이 물 속에 들어가면 연소 과정이 중단됐고, 그래서 그들은 윌리 피터[백린(白燐)]를 첨가해 이를 보완했다. 이제 네이팜탐은 물 속에서도 연소된다. 따라서 한방이면 충분하다. 주변 지역을 모두 불살라 버리고 살아남은 사람도 결국 백린 중독으로 죽고 만다.[12]

이 진술은 과장된 것이다. 네이팜탄의 포화 속에서도 사람들은 살아남았다. 1966년에 미국인 기자 마사 겔혼은 남베트남의 한 병원에서 치료받고 있는 네이팜탄 피폭자 어린이들을 방문하고서 ≪레이디스 홈 저널≫에 이렇게 썼다.

사이공을 찾기 전에 나는 네이팜탄이 살을 녹여 버린다는 얘기를 듣고 읽었다. 나는 그게 말도 안 된다고 생각했다. 고기를 오븐에 집어넣어도 지방만 녹지 고기는 그대로이기 때문이다. 어쨌든, 나는 병원을 찾았고 네이팜탄을 맞은 어린이들을 봤는데, 그 얘기는 완전히 사실이었다. 이 네이팜탄이라는 무기의 화학 반응으로 정말 살이 녹아내린 것이다. 얼굴에서 가슴 위로 살이 완전히 녹아내려 눌러앉아 버린다. …… 이 아이들은 고개를 돌릴 수가 없다. 그들은 살이 엉겨 붙어 있었다. …… 이윽고 썩기 시작하면 손이나 손가락, 발을 잘라내야 한다. 잘라낼 수 없는 신체 부위는 머리뿐이다.[13]

미국 공군 조종사들은 비행 작전을 마친 뒤 술집과 클럽, 거리에서 자신들의 임무를 노래로 만들어 불렀다. 1968~69년에 69차례 전투 비행 임무를 수행한 공군 소령 조 투소가 나중에 이 노래들을 모아 책으로 펴냈다. 득의양양한 노래도 일부 있다. 하지만 대다수 노래에서는 공포심이 드러난다. <네이팜탄을 덮어 버린 초콜릿 *Chocolate Covered Napalm*> 같은 일부 노래는 반전을 이야기한다. <마을을 맹폭격하고 사람들을 죽여라 *Strafe the Town and Kill the*

People>(제리 리빙스턴이 1955년에 발표한 곡 <마을을 깨우고 사람들에게 말
하라 *Wake the Town and Tell the People*>의 곡조에 맞춰 부른)는 분노 어린 풍자
로 가득하다.

마을을 맹폭격하고 사람들을 죽여라,
광장에 네이팜탄을 투하하라.
일요일 아침 일찍 그 짓거리를 하라,
그들이 아직 기도하고 있을 때 없애버려야 한다.

부모 잃은 아이들에게 사탕과자를 던져줘라,
아이들이 주위로 몰려들 때를 노려라.
20구경을 사용하라,
그 개자식들을 소탕하라.

마을을 맹폭격하고 사람들을 죽여라,
학교에 폭탄을 투하하라.
지상 공격이 확인되면,
황금률[성서의 가르침으로 "남에게 대접을 받고자 하는 대로 너희도 남을 대접
하라"는 내용이 반어적으로 사용됨 — 옮긴이]을 명심하라.

대로에 산탄을 작열시켜라,
그 폭탄이 사람들의 팔과 머리를 찢어 버리는 것을 보라.
그들이 허둥지둥 병원으로 달려가는 것을 보라,
거기에다 로켓탄을 한 방 먹여줘라.

도망치는 사람들의 무리를 찾아내라,
거기에 데이지커터[살상용 파쇄 폭탄]를 투하하라.
고깃덩이가 이곳저곳으로 날아가는 것을 감상하라,

팔, 다리, 피, 머리.

마음씨 고운 임산부를 보라,
두려움에 떨며 논을 가로질러 도망치는 그 여인을.
그 여자에게 폭탄을 20발쯤 먹여줘라,
이런 영화가 명백한 현실이 되기를 간절히 바라라.14[14]

랜치 핸드(ranch hand)들은 같은 노래에 맞춰 <마을을 소독하라 *Spray the Town*>를 불렀다. 랜치 핸드는 랜치 핸드['목장 일꾼' — 옮긴이] 작전에 동원된 부대를 가리키는 말로, 그들은 에이전트 오렌지[베트남 전에서 미군이 쓴 고엽제로, 용기의 줄무늬가 오렌지색이다 — 옮긴이]와 기타 고엽제를 남베트남 농촌에 살포해 수목을 죽이고 게릴라의 은신처를 파괴하는 임무를 수행했다. 남베트남을 초토화한 많은 폭격 작전과 마찬가지로 랜치 핸드 작전도 농민을 농촌에서 축출해 도시로 유입시킴으로써 게릴라 지원 세력을 말살하기 위한 것이었다. 랜치 핸드들이 부른 노래의 가사는 이렇다.

마을을 소독하고 사람들을 죽여라,
그들에게 독가스를 뿌려라.
그들이 아침밥을 게워내는 것을 보라,
선회 비행으로 돌아오면서.

분사 펌프를 두 배로 가동시켜라,
가볍게 미풍을 타고 흩어지도록.
경련을 일으키는 아이들을 보라.
고엽제는 나무도 죽인다.

사람들이 시장에서 줄을 서는 모습을 보라,

쌀을 조금 구하려고,

굶주림에 지쳐 피골이 상접한 다 죽어가는 사람들.

곡식을 없애 버리는 것은 좋은 일이 아니다.[15]

지상전

이제 지상전을 살펴보자.

베트남 전쟁을 이끌었던 미국의 정치인들은 자기 자식들은 사지(死地)로 보내지 않았다. 그들은 미국 노동 계급의 자식들을 그곳에 보냈다. 교전에 참가한 미군 병사의 약 80퍼센트가 블루칼라 출신이었다. 20퍼센트는 아버지가 화이트칼라 직종에 근무했지만, 그것도 대개는 단순 반복 노동이었다.[16] 이런 사람들이 베트남에 가야만 했던 것이다. 대다수가 징집된 사람들이었다. 더 많은 사람들이 군에 입대한 이유는 어차피 곧 징집될 것이었기 때문이다. 일부는 계속 할 수 있는 일을 얻기 위해, 또는 집안에서 겪는 곤란 때문에 입대하기도 했다.

정부와 징집위원회는 부자들의 자식을 보호했다. 대학생은 학업을 마칠 때까지 징집이 연기됐다. 또, 장정들에 대한 수요가 늘어나면서 군대는 지능검사에서 떨어진 사람들을 받아들이기 시작했다.

사람들은 징집이 차별 적용되고 있음을 알았다. 베트남에서 아들 랜프를 잃은 어느 소방관은 1970년에 한 인터뷰 자리에서 이렇게 말했다.

나는 고통스럽습니다. 정말이지 견디기 힘듭니다. 조국을 위해 자식을 바친 것은 나와 같은 사람들입니다. 사장들, 그들은 이 나라를 다스리면서 돈을 벌죠. 대학교수들, 그들은 워싱턴에 가서 정부에게 이러쿵저러쿵 훈수를 둡니다. …… 하지만 그들의 자식들은 저 건너 베트남의 수렁에서 목숨을 잃지 않아요. 정말이지 그렇습니다. 그들은 징집 유예를 받습니다. 재학중이라는 게 그 이유입니다. 그게 아니라도 그들은 안전한 곳으로 배속됩니다. 그들은 온갖 진단서를 들고 나타납니다. 랠프가 내게 말했어요. 그 아이는 내게 자신이 겪은 일을 얘기해 주었습니다. 랠프는 대다수 동료가 보통 가정 출신이라고 말했습니다. 부잣집 아들은 거의 없다고 했죠. 그들은 모두 군 복무에 적합하지 않다고 적힌 의사 소견서를 지참했습니다. 랠프에게는 그들의 군 복무가 아무 문제가 없어 보였습니다. 솔직히 얘기해 봅시다. 만약 당신에게 돈이 많거나 든든한 연줄이 있다면 베트남 정글의 사선으로 가지는 않을 것입니다. 랠프에게는 선택의 여지가 없었습니다. 아들은 죽고 싶어하지 않았어요. 그 아이는 살고 싶어했습니다. 그런데 그들이 내 아들을 데려갔어요. …… 미국의 랠프들이 모든 것을 감당한 것입니다.[17]

아무튼 1970년에 미국 청년의 절반가량이 대학에 다니고 있었다. 베트남에 파병된 미군 병사의 5분의 1이 대학 재학생이었고, 7.2퍼센트만이 대학을 졸업한 상태였다. 그들 거의 대부분이 장교였다. 사실 그들은 엘리트 학교 출신도 아니었다. 1970년도 하버드 대학교 학생 중에 베트남에 간 사람은 단 두 명뿐이었다.[18]

종전 무렵까지 군인들은 자신들이 무엇을 하고 있는지 몰랐고, 알 수도 없었다. 기본 군사훈련을 통해 알 수 있는 것도 아니었다. 미국 정부는 베트남의 마을 사람들 대다수가 미군 진주에 반대하는 이유를 자국민에게 설명할 수 없었다. 당연히 신병 훈련소의 하사관도 이를 설명하지 못했다. 이런 기본 사실을 전제하지 않으면 베트남 전쟁을 올바르게 이해할 수 없다.

과거 전쟁들에서 미군 병사들은 무한정 복무해야 했다. 베트남에서 그들은 1년 교대 근무를 했다. 이것은 국내의 전쟁 반대를 무마하기 위한 정치적 결정이었다. 장교들은 6개월 순환 근무를 했고, 따라서 모든 직업 장교는 실전에 '투입되는' 기회를 가졌다.

그러나 단기 순환 근무가 군대에 재앙을 가져왔다. 부대가 교체되지 않았고, 병사들만 충원됐다. 이 때문에 그들이 반란을 일으키는 것이 더 어려워졌다. 그들은 전역할 때까지 남은 날짜만 셌다. 그리고 전역할 때가 되어서야 자신들이 내몰려야 했던 전쟁을 이해했다. 그러나 동시에 이 때문에 그들이 전투를 수행하는 것이 더 어려워졌다. 실제의 전쟁 양상을 신병들에게 가르치느라고 엄청나게 많은 시간을 들여야 했던 것이다.

신병들은 임대한 상업용 민간 항공기를 타고 베트남에 갔다. 냉방이 되고, 착탈식 좌석 쟁반에 식사가 제공되고, 예쁜 민간인 승무원이 서비스를 제공하는 그런 비행기 말이다. 제25보병사단의 사병인 제럴드 콜브는 1967년에 그렇게 베트남으로 날아갔다. 그들이 마침내 베트남에 도착했을 때,

침묵이 기실을 내리눌렀다. 농담, 노래, 허투로 하는 칭찬이 뚝 끊겼다. 바늘 떨어지는 소리도 들렸을 정도다. 여자 승무원이 울고 있었고, 일부 남자 승무원도 울었다. 탑승구가 열리자 곰팡이처럼 뭔가 부패한 듯한 오줌 같은 냄새가 코를 찔렀다. 아주 더웠다. 우리는 왁자지껄 떠들며 고함치는 한 무리의 사람들을 지나쳤다. 그들은 고국으로 돌아가고 있었다.[19]

리처드 디건은 1966년에 다낭 공항에 도착했다.

우리가 옆을 지나가자 미국으로 돌아가기 위해 탑승을 기다리던 해병대원들이 이런 욕지거리를 해대기 시작했다. "너희들은 고향으로 돌아가지 못할 거다." "베트콩들이 너희들을 전부 죽일 거야." "북베트남 사람들이 너희들보다 차라리 나아." 그렇다! 그들은 정말로 우리를 심란하게 만들었다. 심지어 그들은 이런 말까지 해댔다. "멍청한 개자식들아, 차라리 죽는 걸 바라는 것이 나을 거다."[20]

이것이 그들이 맨 처음 받은 충격이었다. 그들은 자신들이 걸어 들어가야 할 죽음을 이렇게 이해하기 시작했다. 참전군인인 존 헨드릭스가 1985년에 말했던 것처럼,

기억에서 지울 수 없는 것은 시신들이다. …… 그 시체들. 당시에 우리는 사망한

베트남인들을 전혀 개의치 않았다. 이런 식이었다. "그래, 저들은 북베트남인들이야, 아무짝에도 쓸모없는 종자들이지." 사람들은 냉혈한이 돼 눈 하나 깜짝하지 않았다. 시체가 넝마 인형이라도 되는 것처럼 곁에 두고 농담을 해댔고 아무렇게나 다루었다. 얼마 안 돼 우리는 아무 생각 없이 아군 전사자들도 한쪽에 쌓아 올리고 있었다. 지금은 그렇지 않다. 그러나 지울 수는 없다. 나는 지금도, 젠장할, 매일 같이 그 악몽에 시달리고 있다. 그것은 무거운 짐, 아 빌어먹을, 정말 무거운 짐이다.[21]

지상전의 논리도 공습과 동일했다. 미군 병사들과 해병대원들은 대부분이 게릴라를 지원하는 국민과 맞서야 했다. 더구나 게릴라가 미군의 수를 압도했다. 미국 정부, CIA, 고위 장교들은 이 모든 것을 알고 있었다. 그러나 일단 남베트남 정부를 지원하기 시작한 이상 져서는 안 된다는 강한 압박감을 느꼈다. 위기는 심각한 것이었고, 그들이 선택할 수 있는 전략적 대안은 거의 없었다. 그들은, 주베트남 미군 사령관 윌리엄 웨스트멀랜드 장군이 "소모전"이라고 부른 전략을 시행하기로 결정했다. 베트남인이 사망하면 그가 민간인이든 게릴라든 상관없이 전부 적군 사망자로 계산했다. 사실상 미국의 전략은 베트남인들이 굴복할 때까지 그들을 죽이는 것이었다.

이렇게 하라는 압력은 가차없는 것이었다. 펜타곤은 통계 자료를 요구했다. 일부 후방 부대에서는 장교들이 누적된 자료를 올렸다. 장교들은 그 숫자가 인사고과에 반영되리라는 점을 알고 있었다. 따라서 장교들이 명시적으로 "가능한 한 민간인을 많이 죽이라"고 지시하지는 않았지만 병사들이 그렇게 하더라도 처벌받지 않았을 뿐더러 표창을 받는 일도 흔했다.

이런 전략과 분위기 속에서 병사들은 끔찍한 처지에 놓이고 말았다. 그들은 한 개인으로 베트남에 도착해 중대에 배속됐다. 그들은 상황 대처 훈련을 전혀 받지 않은 상태였다. 육군과 해병대가 자신이 어떤 종류의 전투를 치러야 하는지 전혀 이해하지 못하고 있었기 때문이다. 그리하여 조금이라도 경험이 많은 고참병이 신병을 훈련시켜야만 했고, 그것도 빨리 해야 했다. 한 해병대원은 자신이 케 산에서 받은 훈련 내용을 회고했다.

첫 번째 수색정찰에서 우리는 해병대원들이 한 무리의 베트콩을 매복 공격한 장소로 갔다. 그들은 내게 베트콩과 북베트남군 시체를 치우도록 시켰다. 이 놈을 인적이 드문 곳에 밀어넣어라. 시신을 뒤집어봐라. 사람들의 내장과 머리가 반쯤 떨어져나간 것을 잘 봐라. 나는 사방에 게워대고 있었다.

"계속 해. 이 놈을 저기로 끌고 가."

"왜죠?"

"진짜 싸움이 붙어 우리 모두 죽기 전에 네가 죽음에 익숙해져야 하니까. 너는 [기관총] 사수고, 기관총 사수들은 우리 때문에 당황해서는 안 되거든."

그 첫 경험에서 모든 것이 명확해졌다. 처음에는 무서웠다. 그러다가 갑자기 내 사나운 운수가 보였다. 나는 계속 시체를 치웠다. 얼마 뒤에는 더는 토하지 않았다. 하지만 상황 전체가 달가운 것은 아니었다.

그들은 내가 더는 구토하지 않는다는 것을 확인하고는 10분 동안 휴식하라고 했다. 그들은 웃었고 농담까지 했다.

그 다음으로, 나는 뇌수가 한쪽으로 빠져나올 때까지 한 시신의 머리를 발로 차야 했다. 나는 "전 방금 시체를 치웠습니다. 지금 내게 뭘 시키는 겁니까?" 하고 말했다. 당시에는 이해할 수 없었던 그 논리를 나는 나중에야 깨달았다. 그때 나는 '이 개자식들이 여기 너무 오래 있었군. 전부 제 정신이 아니야' 하고 생각했다. 나는 고통스러웠고 그 자들은 웃고 있었다.

"차버려" 하고 그들이 말했다. "이제 너도 살인이 어떤 느낌이란 걸 깨닫기 시작했어. 저 남자는 이미 죽었지만 네가 마음 속으로 한 번 더 죽이고 있는 거야. 자, 별것도 아니지. 여기를 봐." 그리고 그들은 시신을 절벽 아래로 던져 버렸다.

"계속 해. 한 놈 들어서 던져 버리라고. 하지만 네가 놈들의 머리통을 제대로 걸어찰 수 있을 때에야, 사람들이 누군가의 머리통을 걸어차 버리겠다고 말할 때 그 말이 진정으로 뭘 뜻하는지 알게 될 거야. 자 …… 한 번 해보라고." 그들은 농담이 아니라 진짜로 그렇게 말했다. 그들은 걷어차 버리라는 말을 입에 달고 다녔다.

이제 나도 걷어차고 있었다. 계속 그렇게 하자 정말로 뇌수가 다른 쪽에서 흘러나오기 시작했다.[22]

나중에야 그는 상황을 파악했다.

그들은 진지했고 자신들이 하는 일에 헌신했다. [그들은] 정신 바짝 차리도록 …… 나를 가르치고 있었던 것이다. 나는 사태를 목격했다. 나는 동료들이 자포자기 상태에서 죽음을 선택하는 것을, 소대 전체가 몰살당하는 것을 지켜봤다. 그들은 공포에 질렸고, 적에 굴복했으며, 부상당해도 상처를 치료할 수 없었다. 그들은 신병이 정확히 어떤 상황에 대처해야 하며 자신이 정말로 어떤 존재인지를 깨닫는 방법을 가르치는 것에 관한 요점을 알고 있었다.[23]

케 산에서 그의 진짜 역할은 내던져진 먹이감에 불과했다. 베트남 사람들은 게릴라를 지원하거나 아니면 너무 두려워서 감히 그들을 배신하지 못했다. 그래서 미군 장성들은 부대를 수색정찰 내보냄으로써만 게릴라와 싸울 수 있었다. 게릴라들이 공격을 개시하면 지상의 미군은 포병 지원이나 폭격기 동원을 요청했다.

사병들은 공포에 떨었다. 그들은 항상 폭격당할까 봐 두려워했다. 전투 시간과 장소는 거의 언제나 적들 마음이었다. 베트남에서 사망한 미군의 15~20퍼센트가 '아군의 오폭'으로 죽었다. 자신들이 요청한 포격과 항공 지원 때문에 죽은 것이다.

미군 사망자의 20~25퍼센트는 지뢰를 밟고 죽었다. 죽지 않은 병사들도 발걸음을 내딛을 때마다 지뢰 때문에 노심초사해야 했다. 마이클 콜은 제25보병사단 소속이었다.

우리는 시선을 땅에 고정한 채 걷기 시작한다. 피해야만 하는 위험 표지를 경계하면서 말이다. 나는 스스로 묻는다. "저 앞에 있는 작은 것이 바운싱베티[허리 높이까지 튀어 올라 폭발하는 지뢰]의 세 가닥 돌출부인가 아니면 그냥 풀잎 세 개인가?" 오른발이 왼발 앞으로 움직일 때 내 마음 속에서는 갈등이 생긴다. 저 자갈돌 위로 발을 디뎌야 할까? 그 앞이 좋을까? 아니 그 옆으로 해야겠다. 하지만 나는 또 다른 딜레마에 직면한다. 자갈돌 옆으로 걸음을 내딛기로 결정했다면 어느 쪽을 선택해야 하지? 베트남 녀석들은 아주 영리해. 그들은 내가 단단한 지면 위로 걷고자 한다는 걸 잘 알고 있어. 그래서 아마도 자갈돌 밑에 지뢰를 설치했을지도 몰라. 그렇다면 나도 약간 왼쪽이나 오른쪽으로 옮겨 걸을 밖에. 그러자 다시 드는 생각은, 내 앞에서 전진하고 있는 녀석의 발자국을 따라 걸으면 되지 않을까? 하지만 그는 내 앞에서 한참 멀리 떨어져서 걷고 있다. 그래, 앞 사람 가까이에서 걸으면 녀석이 화를 내지. 내가 지뢰를 밟을 경우에 그도 무사하지 못하기 때문이다. 으, 내 오른발을 어떻게 해야 하나? 나는 "왼발로 영원히 서 있을 수는 없다"고 말한다. 마침내 나는 오른발을 내딛는다. 아무 일도 없다. 다음에 결정해야 할 사항은 왼발을 어디로 내딛느냐이다.[24]

매시간 모든 걸음이 1년 365일 같았다.
델 플롱카는 장교로서 제25사단의 소대장이었다.

막대 지뢰라고 하는 것이 있었다. 그것은 죽은 나무토막을 지뢰에 연결해 격발 장치로 사용하는 것이다. 막대기를 건드리면 지뢰가 터진다. 대개는 지뢰가 사용되고 지뢰는 탱크를 파괴하기 위한 것이다. 당연한 얘기지만 신참이 막대 지뢰를 건드리면 여지없이 터졌고, 그는 그 자리에서 두 다리를 잃었다. 사타구니에서 목 부위까지 찢어지기도 했다. 내가 할 수 있는 일이라곤 판초[군대에서 우비 대용으로 사용하는 옷—옮긴이]로 그를 감싸는 것뿐이었다. 정말 견딜 수 없는 광경이었다. 그 흥건한 피를 보는 일, 그 가엾은 신참을 지켜보는 일. 어쩔 줄 모르는 시선으로 당신을 바라보는 그 애처로운 얼굴을 떠올려보라. 그 기억은 오래도록 마음 속에서 지워지지 않는다.[25]

지뢰가 터져도 군인들은 설치한 사람을 색출할 수 없었다. 그러나 그들이 방금까지 지나쳐온 마을 주민들은 모두 지뢰의 위치를 알고 있었다. 게릴라들은 마을 사람들에게 지뢰의 위치를 알려주거나 경고 표지를 남겨두었다. 종종 군인들은 그 다음에 만나는 베트남인들을 잡아서 구타하거나 죽였다.

그들은 보이지 않는 적과 싸우고 있었다. 그들은 항상 공포에 떨었고 속수무책이었다. 그들은 자신들이 지고 있음을 알았다. 장교들은 사병들에게 베트남인을 몇 명이나 죽였는지 보고하라고 강요했다. 워싱턴은 전사자 수를 원했다.

국방장관 로버트 맥나마라는 포드사에 있을 때 체계·숫자·회계에서 두각을 나타냈다. 이제 그는 베트남에서 똑같은 재능을 뽐냈다. 데이빗 홀버스텀 기자는 어느 군대 보고회의에 참석한 맥나마라에 대해 이렇게 적고 있다.

착석. ⋯⋯8시간 동안 화면 위에서 번쩍이는 슬라이드가 수백 장 넘어갔다. 그것은 베트남으로 이동중인 물자와 이미 그곳에 공수된 자원을 보여 주는 자료들이었다. 7시간쯤 지났을까, 그가 한 마디 했다. "프로젝터 멈추시오. 이 슬라이드, 869번 말이야, 11번 슬라이드와 배치되는데." 11번 슬라이드가 화면에 떴다. 그의 지적이 옳았다. 두 슬라이드의 내용이 상충했던 것이다. 모두 혀를 내둘렀고 약간 당황했다.[26]

맥나마라는 처음에는 케네디 밑에서 그리고 다음에는 존슨 정부에서 전쟁 책임자였다. 그는 포드 자동차 회사를 운영하듯이 전쟁을 지휘했다. 자본과 무기가 있었고 병력도 있었는데, 그 병력은 단순한 노동력이었다. 다시 홀버스텀의 얘기를 들어보자.

한 차례의 특별 방문이 그 모든 것을 요약해 주는 듯했다. 맥나마라는 전쟁이 자신이 세운 표준적 규범과 개념에 들어맞기를 원했다. 1965년 다낭에 도착한 그는 그곳 해병대의 현황을 점검했다. 제1함대 소속의 해병대 대령 한 명이 모래로 제작한 작전 지형을 앞에 놓고 침착하게 아군 상황, 적군 상황, 현안 문제에 대해 브리핑을 했다. 맥나마라는 쳐다보고는 있었지만 설명을 진지하게 경청하지 않고 있었다. 팔짱을 낀 채 약간 눈살을 찌푸린 표정이었다. 드디어 그가 말을 막았다. "자, 잠깐만." 맥나마라가 말을 이었다. "내가 상황을 제대로 이해하고 있다면 문제는 자네로군." 그리고 나서 그는 자신의 생각을 일장연설로 풀어냈는데, 전부 숫자 아니면 통계 자료였다. 대령은 아주 영리한 사람이어서, 암호를 해독하는 사람처럼 즉시 맥나마라의 의중을 읽어냈다. 그는 큰 변화를 주지 않고 브리핑을 계속했다. 용어만 살짝 바꾸고 모든 것을 계량화했던 것이다. 모든 것을 숫자와 백분율로 나타냈고, 백분율이 올라가고 내려갔다. 브리핑이 너무나 노골적이어서 무슨 풍자극을 보는 듯했다. <뉴욕 타임스>의 잭 레이먼드는 웃다가 텐트를 나와야만 했다. 그날 늦게 레이먼드는 맥나마라에게 가서 다낭의 상황이 얼마나 심각한지를 말했다. 그러나 맥나마라는 베트콩에는 관심이 없었고 그 대령에 대해 얘기하고 싶어했다. 맥나마라는 그가 마음에 들었던 모양이다. 대령은 그의 눈길을 끌었던 것이다. 맥나마라는 "그 대령은 지금껏 내가 만나본 군인들 가운데서 최고로 뛰어난 장교 중 한 명이야" 하고 말했다.[27]

그 모든 수치 가운데서도 가장 중요했던 것은 전사자 수였다. 공산당이 마을 사람들 대다수의 지지를 받고 있었기 때문에 그들을 패배시킬 수 있는 유일한 방법은 최대한 많은 사람을 살해해 살아남은 자들이 더는 버틸 수 없도록 하는 것이었다. 그리하여 게릴라를 색출하지 못하면, 물론 대개는 색출할 수 없었는데, 주민들이 공산당원들에게 이제 그만 단념하자고 말할 때까지 그들을 살해했다. 전사자 수는 속임수나 관료적 집착이 아니었다. 그것은 전략이었다.

워싱턴의 압력이 최전선의 말단까지 미쳤다. 그 압력을 가중시켰던 장군들과 제독들은 부하들을 희생해 가며 자신의 경력을 쌓아올렸다. "보병 장교들은 진급 기회가 자신들이 보고하는 전사자 수에 크게 달려있다는 사실을

잘 알고 있었다."²⁸

마이클 클라드펠터는 1965년에 101공중강습사단의 보병이었다.

우리는 제복을 갖춰 입은 공산당 떼거리와 만나기를 기대하면서 베트남에 도착했다. 그러나 공산당 부대는 코빼기도 볼 수 없었고 농민 행색에 수수께끼 같은 미소를 지어보이는 뜻밖의 키 작은 사람들만 눈에 띄었다. 이 왜소하고 영양실조에 걸린 것처럼 보이는 농민들이 우리처럼 크고 억세며 중무장한 군인들에게 실질적인 위협과 위험을 가할 수 있다는 것이 믿기 어려웠다. 완전히 웃기는 나라에 웃기는 전쟁 같았다. 적어도 우리가 적이 존재한다는 폭넓은 증거를 확인할 때까지는 말이다. 우리가 그들의 교활함과 용기가 빚어낸 핏빛 결과의 일부가 될 때까지는 말이다. 서서히 공포가 좌절감으로 바뀌고 자신감이 없어졌다. 베트남인들을 대하는 우리의 자세가 짐짓 겸손한 태도에서 냉담함으로 바뀌었다. 우리의 비전은 흐려졌고 어두워졌으며 초점을 다시 맞춰야 했다. 전에는 어딜 가도 적을 발견하기 어려웠지만 이제는 도처에 적이 깔렸다는 것을 알게 됐다. 사태는 아주 간단했다. 베트남 사람들은 베트콩이었고, 베트콩은 베트남 사람들이었다. 그래서 살육전은 이제 훨씬 더 쉬워졌다.

우리 사이에서 베트남 사람들의 생명이 무가치해지면서 우리 자신의 목숨도 전쟁을 지휘하는 기구와 수뇌들에게는 정말 하찮은 존재일 뿐이라는 인식이 싹트기 시작했다. …… 전쟁 기구는 사람 하나 죽더라도 신경조차 쓰지 않는다. 파괴된 탱크마냥 재고품 목록에서 부품 하나를 잃어버렸으니 교체하면 그만이었다. 또, 탱크가 완전히 파괴되면 군대는 다른 공장에 주문만 새로 하면 됐다. 그 다른 공장은 바로 신병 훈련소로서, 거기에서 우리를 대체할 사람이 다른 종류의 조립 라인 위에서 다듬어지고 훈련받게 된다. 신병 훈련소는 군대만큼이나 가혹하고 무자비한 곳이었다. 따라서 신병 훈련소를 받아들이는 것은 무척이나 힘겨운 일이었다. 비록 어쩔 수 없이 참고 견뎌냈지만 말이다.²⁹

클라드펠터는 병사들이 '무감각한 기계[Green Machine : 남베트남 주둔 미군 사령관 웨스트멀랜드를 이렇게 불렀다—옮긴이]'라고 부르던 맥나마라 육군 소속이었다. 그는 찰리 중대 제1소대 '하드코어(Hard Core)' 분대원이었다. 그 소대원이었던 애티커스 테이트는

…… 나머지 우리와는 달랐다. 엄청난 전장 스트레스 때문에 때때로 잔혹 행위에 가담했던 우리와는 차원이 달랐던 것이다. 그는 살인을 즐겼다. …… 그는 완전히 미친 놈이었다. 조직 장비 표(T.O.&E.)가 무슨 귀신의 저주라도 받은 것처럼, 부대 전체가 그 살인광에 감염된 것 같았다. ……

우리는 우리 자신이 그 자가 저지른 일을 따라 할 수도 있었기 때문에 그를 증오했다. …… 아마 남(Nam)에서 한 달을 더 보내다가 부비트랩[건드리면 폭발하도록 임시로 만든 간단한 장치—옮긴이]을 건드려 동료가 한 명만 더 죽는 것을 지켜봤다면 우리도 전부 테이트가 됐을지 모른다.[30]

1966년 10월 하드코어 분대는 푸 엔 지방의 논과 늪을 수색정찰하고 있었다. 그들은 아무도 죽이지 않았고, 그래서 장교들은 그들을 압박하고 있었다. 적 전사자 수 0명은 "대대 지휘관에 이르기까지 전사자 계수를 담당하는 모든 단위를 비참하게 만들고 있었다." 그때 테이트와 제1분대의 다른 몇몇 사람이 "비무장 상태의 부랑자를 한 명" 죽였다. 테이트는 "무용(武勇)의 징표가 없다며 우리를 무자비하게 조롱했다. 그러자 제2분대원 몇 명이 자신들의 '하드코어' 명예가 위태로워졌다며 불시에 일격을 가해 [적을 공격하고 머릿가죽을 벗겨오기로] 결의했다."[31]

다음 날 그들은 마을의 노인 한 명을 [죽이지 않고—옮긴이] 눈감아 주었다. 그는 두려움에 떨며 같은 말만 되풀이 했다. "여기엔 베트콩 없습니다." 노인은 영어로 계속 이 말만 했다. 잠시 뒤에 그들은 어느 집 앞에서 어슬렁거리던 게릴라 세 명을 목격했다. 대경실색한 가운데 일순간 정적이 감돌았고 게릴라들은 총을 부여잡고 도망쳤다.

그 분대는 전과를 놓쳐 버렸다. 그들은 그 노인에게로 돌아갔다. 하사관 한 명과 병사 두 명이 그를 집 밖으로 끌어냈다. 클라드펠터와 나머지 대원들은 집 주위의 "채소밭에서 사주 경계를 하며" 즉결 처분을 비호했다. 클라드펠터는 그 노인과 노인 뒤에 서 있던 하사한테서 시선을 돌리려 애썼다. 그러나, 그 참극의 일부가 되려고 했던 것일까, 그의 눈은 처형 장면을 향하고 있었다. 하지만 그는 계속 그런 일이 일어나지 않을 것이라고 자기 자신에게 말하고 있었다.

특수부대원 한 명이 M-79 유탄발사기를 운이 다한 그 농부에게 겨누었다. …… 그 특수부대원이 노인을 포옹하듯 죽을 때까지 옥죄었다. 숨막히는 긴장이 마당을 짓눌렀다. 지구가 자전을 중단하면서 시간이 멈춘 것 같았다. …… 나는 불안과 두려움을 박차고 항변했다. …… 처음 겪는 이런 공포의 순간에 무슨 말이라도 해야 했다. 그러나 총소리가 울리면서 내 광란의 외침도 묻혀 버리고 말았다.……

남을 떠난 후 몇 년 동안 반전 시위에 참여하면서 나는 그 묻혀 버린 항변을 외치고 있었다. 그리고 지금도 계속 그것을 외치고 있다. …… 너무 늦게, 정말 너무 늦게 말이다.[32]

그 노인은 즉사하지 않았다. 그는 누워서 버둥거렸다. 병사들이 서로 그를 죽이라고 재촉했다. 모두 주저했다. 마침내 소총수 한 명이 자동 사격을 해댔다. 하지만 노인은 여전히 죽지 않았다. 그 소총수는 노인 머리에 총을 대고 쏴서 죽였다.

그들은 전사자를 한 명 확보했다. 그들은 수치심을 느끼며 자리를 떴다. 그때 한 병사가 다른 대원들에게 그들이 테이트에게 귀를 가져와 보여 주겠다고 한 약속을 상기시켰다. 동료 한 명이 대검으로 귀를 잘라냈다. "소대 주둔지에 도착하자마자 그 척탄병(擲彈兵)은 아직도 피가 뚝뚝 떨어지는 기념물을 자랑스럽게 보여 주었고, 테이트도 상당히 감동받았다. 이제 우리는 그의 반열에 올라섰던 것이다."[33]

장교들이 적 전사자 수를 만들어내라고 강요했음을 기억하는 것이 중요하다. 적 전사자 수는 대대 본부에서 종합 집계했고, 다시 사이공과 워싱턴에서 반복 집계했다. 해군 대위 필립 카푸토는 1965년에 다낭에 도착했다.

웨스트멀랜드 장군의 소모전 전략이 우리의 행동에도 영향을 미쳤다. 우리의 임무는 지역을 차지하고 요충지를 장악하는 것이 아니라 그저 살육하는 것이었다. 공산주의자들을 죽이고 그것도 가능한 한 많이 죽이는 것이었다. 장작다발처럼 시체를 쌓아올려라. 많은 적 전사자 수는 승리이고, 그 수가 적으면 패배요, 전쟁은 산술의 문제다. 부대 지휘관들에게 적 전사자 수를 늘리라는 압력이 엄청나게 가해졌고, 그들은 다시 예하 부대원들에게 이 압력을 전가했다. 그리하여 민간인을 베트콩으로 계산하는 일이 벌어졌다. "누군가 죽었는데 그가 베트남 사람이라면, 그는 베트콩이다"라는 말은 정글에서 통하는 어림수였다. 따라서 일부 병사들이 인간의 생명을 경시하고 거리낌 없이 사람 목숨을 앗아간 것은 놀라운 일이 아니었다.[34]

일부 부대는 어느 소대가 최고 성적을 내는지 알아본다며 경쟁을 유도했다. 몇몇 부대는 탁월한 실적을 올린 병사들에게 특별 휴가를 주었다.[35] 물론 시간이 흐르면서 모두 결과를 조작하는 법을 배웠다. 그들은 민간인과 어린이를 계산에 넣었다. 그들은 누군가 한 사람이 폭살되면서 여러 조각으로 분해되면 그 각각을 한 사람으로 간주했다. 그들은 핏자국 한 방울 한 방울을 한 사람 한 사람의 사망으로 계산했다. 그들은 자신들이 쏴 죽인 물소도 전사자에 집어넣었다. 원숭이도 마찬가지였다. 그들은 순식간에 시체를 만들어내는 방법을 배웠다. 그러자 더욱더 필사적이었던 장교들은 "확실한 살해 증거", 곧 귀를 가져오라고 요구했다.

이런 분위기에서 예외적으로 살인을 즐겼던 테이트와 같은 병사들은 거의 처벌받지 않았다. 지휘관이 적 전사자를 확인하기 위해 귀를 요구하는 부대에서도 그 누구도 그것에 대해 아무 말 하지 않았다. 처벌이나 징계를 받은 사람도 전혀 없었다. 테이트들이 맥나마라들의 기대에 보답했다.

불의

사병들은 살인을 하라는 압력에 시달렸고, 그들은 자신들이 부당한 편에서 있음을 알았다. 1960년대에 귀국한 참전군인들은 상대편이 무엇을 위해 싸우고 있는지를 정확히 알고 있는 민족이라고 거듭 증언했다.

사이공 인근의 꾸 찌에서 보병으로 복무한 제리 루이시는 한 차례 교전을 끝내고 주둔지로 복귀했던 경험을 이렇게 회고했다.

우리는 동트기 직전까지 싸웠다. 교전은 여전히 계속되고 있었다. 100구 이상의 시체가 쌓였다. 그날 이후 우리는 터널 밖에서 추가로 무덤을 발견했다. …… 우리가 싸우고 있는 상대가 얼마나 확고한 신념의 소유자들인지 알려주고 싶다. 나는 대나무에 자기 자신을 결박한 채 죽어가고 있는 어느 베트콩 위생병을 발견했다. 그는 팔뚝에 모르핀 주사기를 꽂고 있었으며 피를 너무 많이 흘려 거의 죽기 직전이었다. 그는 RPG[로켓발사기]의 잠금장치를 풀고 발사 준비 상태를 갖추고 있었다. 또 다른 사람은 클레이모어[작은 금속 파편을 비산시키는 지뢰 —옮긴이]를 움켜잡고 있었다. 그는 자폭해 우리를 죽이려 했다. 정말 놀라웠다.[36]

토머스 길트너는 꾸 찌에서 소대장이었다.

우리는 주로 그 지역의 베트콩·농민과 만났다. 그들은 제2차세계대전 때 쓰던 소총으로 무장했고 중화기는 당연히 전무했다. 그러나 그들은 세계 최고의 군대가 돼 가고 있었다. 그들은 지역의 중견 요원한테서 훈련을 받았다. 언제부터인가 우리는 그들을 존경하기 시작했다. …… 그들은 거의 아무것도 없는 상태에서 엄청난 일을 해냈다. ……

그들은 엄청나게 창의적이었다. 우리는, 금속 파이프와 담장 기둥의 조각으로 집에서 만든 소총을 빼앗곤 했다. 우리는 대인지뢰를 단 한 번도 밖으로 반출한 적이 없었다. 하지만 우리는 그것들이 어떻게든 유출돼 우리를 상대로 사용되리라는 것을 알고 있었다. 특히 클레이모어의 재고는 엄격히 관리했다. 그러나 마찬가지로 그것도 도난당했다. 우리는 적이 정교한 무기를 손에 넣는 것이 항상 두려웠다. 한번은 우리 대대 전체가 야간 기상해 분실된 야시장비를 찾기 위해 투입됐다. 그것을 찾긴 찾았다. 우리는 그들이 야포를 가져갈까 봐 정말 두려웠다. …… 베트남 사람들은 아주 영리했다. 우리는 모두 그들이 가난하지만 멍청이가 아니라는 점을 잘 알았다.[37]

사병들은 자신들이 다른 나라의 가난한 민중을 억압하는 노동자라는 사실을 자주 느낄 수 있었다. 전쟁의 다음 단계에서 미군 병사들은 이제 교전을 거부했다. 그러나 초기 단계에서 그들은 싸우느냐 죽느냐가 유일한 선택이라고 느꼈다. 그리하여 자신들이 무슨 짓을 하고 있는지를 깨달아가면서 그들은 더욱더 분노하고 더욱더 절망했다. 대다수 병사들처럼, 베트남에서 미국으로 귀환한 한 군인이 공항에 마중나온 부모와 해후하는 장면을 살펴보자.

그들은 아무 말도 없이 집으로 차를 몰았다. 그들은 함께 주방에 앉았다. 어머니가 내친 김에 "집에 먹을 것이 아무것도 없다"며 용서를 구했다. 드디어 일이 터지고 말았다. 그는 폭발했다. 화가 치민 그는 찬장과 선반을 열고 뒤져 캔과 상자와 봉지를 꺼내 탁자 위에 높이 쌓았다. 그것들이 쓰러져 마루바닥에 흩어졌다. 집에 남아 있던 먹을 것이란 먹을 것은 전부 그렇게 그들 앞에 펼쳐졌다.

"정말 믿을 수가 없었다." 그는 고개를 저으며 내게 이렇게 말했다. "나는 그곳에서 …… 터널에서 쥐처럼 살면서 진흙과 곰팡내 나는 약간의 쌀을 제외하고는 먹을 것이 전혀 없었던 그 가난한 사람들을 죽였다. 그들은 자식들이 굶어죽거나 포연 속에서 사라져 버리는 것을 지켜봤다. 그렇다. 베트남에는 먹을 것이 없었다. 그리고 이제 나는 내 집 주방에 앉아서 이렇게 외치고 있었다. 먹을 것이 없어. 먹을 것이 없단 말이야."**38**

미군 병사들은 현지 어린이들, 즉 자신들을 잘 따르는 어린이들의 환대를 기대했다. 그들의 아버지들과 아저씨들은 제2차세계대전 당시 자신들이 해외에서 만났던 어린이들 얘기를 했다. 그들에게 사탕을 주면 아이들은 무척 좋아했다. 미군 병사들은 베트남에 도착하자마자 먹을 것을 구걸하는 아이들을 만났다. 그들이 아이들에게 먹을 것을 주지 않으면 아이들은 그들을 향해 욕지거리를 해댔다. 먹을 것을 주어도 아이들은 그들을 공격했고, 옷을 찢거나 주머니를 털면서 자신들의 빈곤과 증오를 분명히 드러냈다.

고참은 신입들에게 진실을 알려주었다. 이곳 어린이들은 우리를 증오한다. 그들은 지뢰가 어디 묻혔는지 알고 있다. 그들은 우리가 죽기를 바란다.

그러나 사병들은 자신들이 여전히 그런 아이들 속에 있다는 것을 알았다. 군인들 대부분이 노동 계급이었고, 매우 가난했다. 그들 다수는 배고픔이 무엇인지, 마땅한 옷이 없어서 학교에서 비웃음거리가 되는 것이 무엇인지 잘 알고 있었다. 그런데 이제 그런 아이들과 비교해 보니 자신이 갑자기 상상도 할 수 없는 부자가 돼 있었다. 그러나 고국으로 돌아가면 그들은 곧 다시 가난해질 것이었다.

그래서 그들은 아이들이 구걸하는 행위를 몹시 싫어했다. 그런 정서가 싫었기 때문에 때때로 아이들을 증오했던 것이다. 베트남 각지에서 근무하던 병사들은 트럭에서 아이들을 향해 전투식량이 든 따지 않은 깡통을 던져주었던 일을 기억하고 있다. 그들은 가능한 한 거칠게 깡통을 던졌다. 육군 소속이었던 한 전투공병의 말을 들어보자.

우리는 따지 않은 C레이션[휴대용 비상식량—옮긴이] 깡통을 길 옆 아이들에게 던졌다. 그들은 이렇게 외쳐댔다. "먹을 것, 먹을 것, 먹을 것, 먹을 것." 그들은 음식을 원했다. 그들은 우리가 식량을 운반하고 있다는 사실을 알았다. 군인들은 그냥 순전히 재미로 따지 않은 큰 깡통을 집어들고 …… 한 아이의 머리를 겨냥해 가능한 한 세게 그 깡통을 던졌다. 나는 몇몇 아이들이 두개골이 훤히 보일 정도로 머리가 쪼개진 채 길바닥에 널브러져 있는 것을 봤다. 그들은 곧 뒤따르는 차량의 바퀴에 깔렸다.[39]

한 해병대원은 말한다.

처음 그 나라에 들어갈 때 [미국인들은] 베트남 사람들을 아주 친근하게 대한다. 그들은 아이들에게 사탕을 던져주는 것도 좋아한다. 하지만 그들은 곧 상황에 무감각해지고 전쟁을 혐오하는 단계에 이른다. 그래서 C레이션 깡통이나 상자를 싣고 마을을 통과할 때면 그것들을 아이들에게 마구 던진다. 아이들의 머리를 박살내려는 것이다. 그리고 재미로 항상 즐기던 놀이 중 하나가 트럭 뒤로 C레이션 깡통이나 사탕을 흘리는 것이었다. 그렇게 하면 아이들이 사탕을 집으려고 몰려들 것이고 뒤따르는 차량에 치여 죽게 된다.[40]

미 투이 퐁의 한 여성 농민도 그 해병대원들을 이렇게 기억했다.

나는 아들과 함께 길을 따라 걷고 있었다. 아들 녀석은 모자를 쓰고 있었는데, 그 모자에는 턱끈이 달려 있었다. 미군 한 명이 모자를 낚아챘고, 내 아들은 들어올려져 트럭 바퀴에 깔리고 말았다. 트럭이 멈췄지만 때는 이미 늦었다.[소년은 압사당했다.] …… 그 아이는 외아들이었다. 나는 너무 슬펐다. 그 아픔을 아직도 잊을 수 없다.[41]

역사가 크리스천 애피는 이런 이야기를 "이해하기 쉽지 않다"고 말한다. "이런 식의 범죄 행위를 저지른 참전군인들은 자신들을 그토록 잔인한 행동으로 내몬 원인을 스스로 충분히 이해하지 못한다. 그들은 그런 행위를 '재미'

나 '여흥'으로 보는 것이다."[42] 그러나 미군 병사들은 아이들의 반감과 궁핍을 봤고, 그런 상황을 견딜 수 없었다.

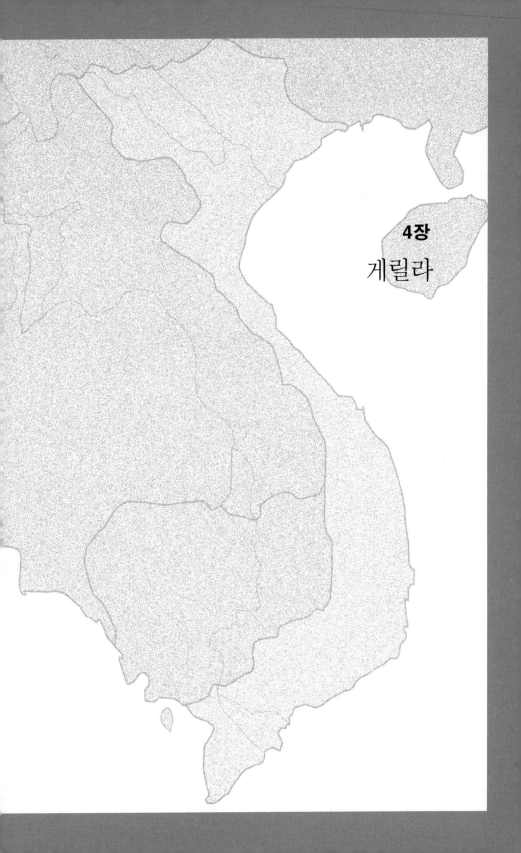

4장

게릴라

게릴라

이제 그 전쟁이 게릴라와 북베트남 병사들에게 어떤 모습으로 다가왔는지를 살펴보자.

꾸 찌 터널은 다른 무엇보다도 베트남인들의 저항이 얼마나 용감했는지를 조금이나마 알려 준다.[1] 꾸 찌는 사이공 바로 북쪽인 하우 응히아 지방에 있었다. 원래 이 터널은, 공산당이 이끌던 베트민이 프랑스 식민주의에 투쟁하던 1940년대에 판 것으로 게릴라들의 은신처이자 마을 사람들의 방공호로 사용됐다. 1960년대에 남베트남에서 전쟁이 시작되자 베트콩은 더 많은 터널을 뚫었고 한 마을에서 다른 마을로 그 터널들을 서로 연결하기 시작했다. 꾸 찌는 땅굴을 파기에 적합한 장소였다. 남쪽의 메콩 삼각주는 지하 수면이 너무 높았다. 북쪽의 산악 지역은 땅이 너무 단단했다. 그러나 꾸 찌의 붉은 토양은 땅을 파기가 쉬웠고 일단 파고 나면 땅굴의 벽이 단단해지면서 그 강도가 콘크리트 정도가 됐다.

터널을 연결하자고 결의한 장교나 개인은 단 한 명도 없었다. 그러나 미군 제25보병사단이 1966년 꾸 찌에 기지를 세웠을 당시에는 이미 수백 마일의 터널이 연결돼 있었다. 많은 지하 통로가 거대한 미군 기지 아래 존재했다. 심지어는 다른 지역에서 온 게릴라들이 길을 잃지 않도록 터널에 길 안내 표지판까지 설치돼 있었다.

베트콩은 터널에서 살았다. 그들은 밤에 터널에서 나와 미군을 한 명씩 살해하고 다시 터널로 숨어 버렸다. 뚜껑문은 나뭇잎으로 위장했다. 일부 저격병들은 가시철조망으로 둘러쌓인 미군 기지 안까지 들어가기도 했다.

터널은 깊고 좁았다. 그들은 통로 직경을 5피트[약 152cm—옮긴이] 정도로 만들려고 했지만 훨씬 좁은 곳도 많았다. 미군들이 입구를 발견할 경우에는 그 안에 포복으로 기어들어가야만 했다. 그들은 누군가가 어둠 속에서 아무 소리도 내지 않고 숨을 죽인 채 칼을 들고 자신들을 기다리고 있음을 알았다. 터널을 통과할 수 있는 미군 병사는 극소수였다. 그 '땅굴 쥐'들은 그 임무가 얼마나 공포스러운지 잘 알았다. 그들이 적이라고 생각하는 것을 발견했을 때 할 수 있는 유일한 대응은 응사하는 것뿐이었다. 답답하고 좁은 터널에서 총소리가 한 번 나면 작전병은 귀가 멍한 상태에서 총을 쏘게 된다.

게릴라들은 통로 끝에 수면·요리·집회·저장을 위해 좀더 큰 공간을 만들었다. 그들은 매일 땅을 팠다. 꾸 찌를 연구한 영국인 역사가 톰 맨골드와 존 페니케이트가 양측의 터널 전투 생존자를 다수 인터뷰했다. 베트콩 장교 응우옌 탄 린은 이렇게 회고했다. "남성 노인들은 흙을 운반하는 데 쓸 바구니를 만들었고, 여성 노인들은 요리를 했고, 젊은 남녀는 힘을 써 땅을 팠다. 어린이들도 뚜껑문을 은폐하는 데 쓸 나뭇잎을 모음으로써 자기 몫을 했다."[2]

그들은 여러 해 동안 그곳에서 살았다. 농민이었다가 게릴라가 된 레 반 농의 증언에 따르면 환기가 늘 문제였다.

우리가 있었던 터널은 악취가 코를 찔렀다. 당연히 우리도 냄새 투성이었다. 터널은 보통 아주 더웠고, 그래서 우리는 계속 땀을 흘렸다. …… 밤에 [우리는] 다음 날 먹을 밥을 했다. 밥 지을 시간이 전혀 없는 경우에는 다음 날 밤까지 하루 종일 아무것도 못 먹고 버티다가 밥을 지었다. 지하에서 요리하는 것 자체가 사실상 불가능했다. 연기가 깔리면 숨을 쉴 수가 없었고, 신선한 공기가 간절했다. 하는 수 없이 미군을 공격해 그들을 몰아내기도 했다. 그러면 위로 올라와 밤에 밖에서 요리할 수 있었다. 그것이 우리에게 얼마나 큰 기쁨이었는지 당신은 상

상도 못 할 것이다.[3]

그러나 전쟁이 계속되면서 게릴라들은 미군 수색정찰 부대가 음식을 많이 흘리고 다닌다는 것을 알아냈다. 전투 식량과 통조림 고기, 초콜릿은 요리하지 않고 차가운 상태로 먹을 수 있어서 좋았다.

그들은 미군의 무기를 노획하기도 했다. 린 대위는 "우리가 북베트남에서 지급받은 무기는 거의 없었다. 폭발 신관과 도화선이 우리가 받은 전부였다. 우리에게는 폭약이 필요했는데, 다행스럽게도 곧 지상에 그것이 우리 주변에 널려 있음을 알게 됐다"고 말했다.[4]

1966년에 꾸 찌에 주둔한 어느 미군 대대는 한 달 동안 포탄 18만 발을 사용했다. "한 달 동안 남베트남 전역에서 미군은 총탄 약 1조 발, 박격포탄 1000만 발, 로켓탄 480만 발을 사용했다. 그리고 당시는 전쟁 초기였다."[5] 그렇게 사용된 탄약의 상당량이 폭발하지 않았다. 게릴라들은 그것을 가지고 터널로 들어갔다. 그들은 사고의 위험을 무릅쓰면서 조심스럽게 그것을 조작해 지뢰로 바꾸었다. 그들은 미군이 버리고 간 콜라 캔으로 수류탄을 만들기도 했다.

비엔 퐁은 터널에서 싸웠던 시인이다. 그는 인근의 사이공에 암약하던 지하 조직이 배포할 전단을 제작했다. 그는 터널 한쪽에 지면으로부터 3피트[약 91.5cm — 옮긴이] 간격을 두고 판 구덩이에서 잠을 잤다.

나는 은신처를 너무 깊이 파지는 않았다. 은신처가 깊으면 깊을수록 폭격으로 생매장당할 확률이 더 높아진다는 쓰디쓴 경험을 했기 때문이다. 그래서 나는 폭탄 파편에도 견딜 수 있는 적당히 튼튼한 은신처를 만들었다. 적이 위에서 게릴라 소탕전을 펼칠 때 나는 내 은신처로 기어들어가 촛불을 켜고 책이나 시집을 읽었다. 그러다가 공기가 탁해지면 촛불을 끄고 누워야 했다. 끝없는 밤의 완벽한 암흑이었다. 위에서 총 소리, 탱크 굴러가는 소리가 들려왔다. 우리가 과연 터널의 깊이를 정확히 판단했는지는 나도, 동지들도 몰랐다. 한 사람이 거기 누워 있었는데, 그는 탱크가 은신처를 짓뭉개 자신이 깔려 죽을 수도 있지 않을까 궁금해 했다. 그런데 재수가 없다면 바로 죽지도 못할 것이다.[6]

비엔 퐁은 가스 공격도 증오했다. 미군 병사들은 자주 터널에 독가스를 집어넣었다. 맨골드와 페니케이트는 이렇게 쓰고 있다.

그 가스가 아세틸렌이었는지, 피부를 화끈거리게 하고 눈과 코의 고통을 수반하는 폭동 진압용 대인 CS 가스였는지는 확실하지 않지만, 그 효과만큼은 가공할 만했다.
비엔 푸엉[원문 그대로. 비엔 퐁을 가리키는 것]은 가스 공격이 시작되면 엎드려 누워야만 했다고 회고했다. 스멀스멀 기어오는 가스층 아래와 바닥 바로 위 사이에 얇게 떠 있는 공기를 천천히 호흡해야만 겨우 버틸 수 있었다. 만약 죽는다면 그것은 고통스럽게 서서히 질식해 죽어가는 것이었을 것이다. 악취가 진동하고 어둠이 지배하는 미리 만든 무덤 속에서 가련하게 죽어가는 것이다.[7]

당 티 린은 사이공 토박이였다. 그는 헬리콥터 공격으로 아버지와 어머니를 차례로 잃었다. 그는, 베트콩이 사기를 진작시키기 위해 파견한 어느 유랑 연극 집단에서 무용수로 일했다. 그들은 터널에서 공연을 했고 인기도 좋았다. 농민들이 공연을 구경하려고 주변 마을에서 터널까지 내려왔다. 언제나 공기가 문제였다. 지상에서라면 관객들이 공연하는 사람들과 함께 노래를 불렀을 것이다. 지하에서는 대개 조용히 들을 수밖에 없었는데, 왜냐하면 노래를 부르면 공기를 다 써버릴 것이기 때문이었다.
당 티 린이 임신을 했을 때 그는 터널이 참을 수 없을 정도로 덥다는 것을 새삼 느꼈다. 그러나 그는 출산 바로 전날까지도 춤을 췄다. 산통이 오자 그는 병실로 쓰는 방까지 기어가야만 했다. 배가 나와서 터널이 너무 좁아졌기 때문에 그것은 정말 끔찍하고 고통스런 행로였다. 그러나 탕 티 린은 아이를 낳았다.

그는 산후 감염이 두려웠다. 깨끗한 천이 하나도 없었고, 오줌과 똥을 치울 방법이 전혀 없었기 때문에 터널은 불결했다. 미국 의사들은 미군이 생포한 터널 게릴라들의 100퍼센트가 벼룩과 소화기관 기생충을 갖고 있었으며, 50퍼센트는 말라리아에 감염됐음을 확인했다. 그러나 당 티 린의 딸은 살아났다. 그는 터널 밖으로 갓난아이를 데려가 비교적 안전한 곳에서 6개월을 보낸 다음 시아버지에게 아이를 맡기고 다시 지하로 들어갔다.

나는 1968년까지 터널에 머물다가 고 밤에서 구정 대공세에 참여했다. 그리고 다시 터널로 돌아가 1970년까지 일했다. 1970년에는 다시 사이공으로 돌아가 혁명을 위해 일했다. 나는 그 해 7월에 붙잡혔고 감옥에 들어가 석 달을 살았다. ARVN[베트남공화국군 — 옮긴이] 병사들과 작은 방에 있던 미국인 한 명이 나를 고문했다. 그들은 나를 구타했고 전기 고문도 했다. 마침내 1975년 5월 19일에 나는 다시 딸과 만나게 됐다. 그 아이는 이제 얼추 여덟 살이 돼 있었다. …… 그리고 남편과도 다시 만났다. 그는 중상을 입었고 그래서 지금까지도 일을 할 수 없다. 우리는 국가 연금을 받고 있다. 우리는 방 하나에서 산다.

영국인 대담자는 그에게 다시 그렇게 하겠느냐고 물었다. 그는 "정말 대답하기 힘든 질문이군요" 하고 말했다.[8] 팜 쌍은 공무원 출신으로 지하로 내려가 극단을 위해 글을 썼다. 그는 자신의 연극에 줄곧 사랑 노래를 집어넣었는데, 관객들은 이것을 아주 좋아했다. 그의 상관들은 그가 전쟁 노래를 써주기를 원했다. 그래서 그는, 예를 들어, <꾸 찌, 영웅들의 땅>을 썼다.

우리는 꾸 찌의 민중이다. 앞서 나가 적을 무찌르는 꾸 찌의 민중이다.
어떤 위험도 두렵지 않아. 우리는 총탄과 포화를 뚫고 우리의 강토를 지킨다.
우리의 조국은 미국에 대항하는 불멸의 성채,

꾸 찌는 영웅들의 땅.

폭탄 구덩이에 카사바를 심어 푸르게 만들자.
우리는 적들의 포탄으로 미국인들을 죽일 것이다.
적을 섬멸하고 생산을 증대하자,
그것이야말로 우리의 영광스런 승리.[9]

그러고 나서 팜 쌍은 다시 사랑 노래로 돌아갔다. 그의 상관 부이 랍은 그
에게 사랑 노래도 정치성을 띠게 만들라고 주문했다. 팜 쌍은 자신이 노력했
지만 그 결과가 성공적이지는 않다고 생각했다. 예를 들어 어떤 곡은 이렇게
시작했다. "나는 그대를 사랑해, 그대가 그립고, 그대를 기다리고 있어, 오, 해
방 투사여, 자, 다 함께 적과 싸우세."[10]

고위 장교들은 마을 사람들이 너무 많이 터널로 내려와서 팜 쌍의 연극을
관람하는 사태가 걱정스러웠다. 그들은 문화 예술단이 거기 있는 이유는 오
로지 투사들을 위로하기 위해서라고 말했다. 그래서 팜 쌍은 단원들을 데리
고 밤에 위로 올라갔다. 그들은 B-52 폭격기의 공습으로 파인 구덩이가 꽤
넓어 연극 무대로 사용하기에 충분하다는 것을 발견했다. 그들은 구덩이 바
닥에 판자를 깔아 젖지 않은 깨끗한 무대를 마련했다. 관객들은 무대 위쪽에
있는 구덩이 가장자리에 구멍을 파고 앉아서 구경했다. 이제 모든 사람이 노
래해도 좋을 만큼 신선한 공기도 충분했다. 폭격기와 헬리콥터가 다가오면
공연하는 사람들은 청중과 뒤섞여 동굴 은신처로 들어갔다.

보 호앙 레는 게릴라 부대 군의관이었다. 게릴라들은 부상자를 병원으로
후송할 수가 없었기 때문에 보 박사가 터널에서 부상자들을 치료했다. 물론
치료라고 해봤자 대부분 절단 수술이었다. 그는 미제 낙하산으로 만든 그물
을 환자 위에 쳐놓고 수술을 했다. 천장에서 먼지가 떨어지는 것을 막기 위해
서였다. 대개는 마취제가 전혀 없었고, 그래서 절단 수술을 받은 부상자 중

거의 절반이 쇼크와 고통으로 사망했다.

여성에게는 생리대가 전혀 없었다. 공산주의 베트남을 포함해 베트남 전체가 체면을 중시하는 사회였다. 여성들은 옷 냄새를 부끄럽게 여겼고 밤이면 몰래 빠져나와 세탁을 했다. 게릴라 가운데 일부, 특히 젊은이들은 밤에 지상으로 올라가 함께 노래 부르며 놀기도 했다. 그들은 터널을 깊이 팠고 그곳에서 유탄발사기를 포함해 무기를 정비했다. 한번은 병력 수송용 장갑차를 지하에 숨기기도 했다.

보 티 모는 터널에 들어갔던 여성 중 한 명이었다. 그는 베트콩의 근거지인 벤 쑥이라는 마을 출신이었다. 1967년 알렉산더 헤이그라는 장교가 이끄는 미군 부대가 벤 쑥에 당도했다. 그들은 마을 사람을 몇 명 죽이고 나머지는 체포해 철조망으로 에워싼 캠프로 데려갔다. 그들은 짐승들도 데려가면서 가옥을 전부 불태우고 마을을 불도저로 밀어 버렸다. 마지막으로 그들은 "폐허로 변한 마을 한가운데에 구덩이를 파고 폭약 1만 파운드와 네이팜탄 1천 갤런을" 집어넣은 다음 "흙으로 그것을 덮었다." 그리고 나서 몽땅 날려 버렸다. 버나드 로저스 장군은 상관에게 이렇게 보고했다. "시더르 폴스(Cedar Falls) [작전]의 주요 목표 가운데 하나를 완수했음. 벤 쑥은 이제 더는 존재하지 않음."[11]

보 티 모는 마을이 파괴됐을 때 이미 게릴라 소대의 지휘관이었다. 어느 날 그가 터널 입구에서 보초를 서고 있었는데 미군 병사 세 명이 근처에 자리를 잡고 휴식을 취했다. 미군들은 그를 보지 못했지만 그는 그들을 확인했다. 하지만 그는 기다렸다. 그는 궁금했다.

미군 병사들은 과자와 사탕을 서로 나눠먹었다. 그들이 집에서 온 편지처럼 보이는 것을 꺼내서 읽었다. 보 티 모는 마음이 놓였다. 그는 그들도 우리와 비슷하다고 생각했다. 그 미국인들은 서로 편지를 읽다가 울기 시작했다. 그것은 게릴라들도 마찬가지였다. 그는 그들을 쏠 수 없었다.

그가 소속된 중대 전령(傳令)이 옆으로 기어와 총을 들고 그 미군들을 사살하려 했다. 보 티 모는 조용히 그를 제지했다.

게릴라들은 다음 날 보 티 모의 행위를 조사했는데, 그것은 사실상 약식 군사 재판이었다. 그는 임무를 방기했지만, 소대 전령은 열정적으로 보 티 모를 변호하며 증언해 주었다. 그는 보 티 모를 존경했다. 그들은 이미 여러 차례 함께 전투를 치렀다. 보 티 모는 여성 24명으로 구성된 소대의 지도자였고, 그 소년 전령은 상부의 명령을 전달하기 위해 총탄을 뚫고 사선을 오갔던 것이다. 보 티 모는 4년 동안 복무하고 있었고 그 전령보다 나이가 더 많았다. 그 소년 전령은 겨우 1년 동안 싸웠을 뿐이었다. 군사 법정은 그의 증언을 참작해 보 티 모를 해임하는 선에서 사건을 마무리했다.

보 티 모는 열일곱 살이었다. 그 소대 전령은 열 살이었다.

구정 공세

1968년 구정 공세로 터널 전투의 모든 것이 바뀌었다. 남베트남 게릴라는 엄청난 타격을 입었다. 그러나 미국 정부도 국내에서 굴욕적 낭패를 당했다.

1967년 12월 말 사이공의 미국 대사관에서 열린 송년회의 초청장에는 "터널의 끝에서 빛을 보자"[12]고 쓰여 있었다. 그것은 웃기는 상황이었다. 지난 여러 달 동안 장군들은 린든 존슨에게, 린든 존슨은 미국 국민에게 터널의 끝에서 빛이 보인다고 말해 왔다. 현재 사태는 매우 심각하고 미래도 불투명하지만 조금만 더 참고 견디면 우리는 승리할 것이라고 말이다.

그것이 사이공에서 미국이 맞이한 새해였다. 베트남의 새해, 곧 구정은 1968년 1월 31일이었다. 미 해군 중위 딕 쉬어는 1965년에 구정에 관한 시를 한 편 썼다.

구정
베트남 사람들의 새해
오늘 내일 모래

베트콩이 보내온 전언
구정에는 전투를 중지한다고
베트남 사람들 모두 고향으로 돌아가거나
어딘가로 사라져 버렸네
남아서 임무를 수행하는 경비병도 거의 없고
재미있단 말이야
전투를 중단하고
사흘 동안이나 무기를 내려놓다니
미국인 병사가 이해하기란 참으로 어려운 일이네[13]

미국 대사관은 1968년 구정도 예년과 같기를 기대했다. 그러나 민족해방전선은 몇 주 동안 군대를 결집하고 있었다. 북베트남군은 북베트남과 맞닿은 국경을 따라 설치된 '비무장지대(DMZ)'에 있는 케 산에서 대규모 양동 작전을 펼쳤다. 웨스트멀랜드 장군은 동원할 수 있는 모든 역량을 케 산에 집중했다. 그것은 그가 이해하고 있던 방식의 전쟁이었다. 포 사격과 폭격, 미국제 기관총이 끊임없이 달려드는 동양인의 물결을 소탕하는 형국이었던 것이다. 한국에서처럼 영화 같은 전투가 펼쳐졌다. 그러나 웨스트멀랜드 장군이 비무장지대에서 올라오는 적 전사자 수 보고서를 읽는 동안 민족해방전선은 도시를 장악할 수 있는 위치로 이동했다.

당시 35세 이상의 베트남인은 모두 하노이, 사이공, 기타 모든 도시가 일본과 프랑스에 반대해 들고 있어났던 1945년 8월에 자신들이 어디에 있었는지를 기억하고 있었다. 그들 전부에게 그러한 날들은 혁명이었다. 이제 1968년이 됐고 그들은 다시금 도시의 봉기를 향해 나아가고 있었다. 민족해방전선은 불굴의 용기를 바탕으로 오랫동안 싸워왔다. 민족해방전선의 장군들은 그들이 이 전쟁을 계속 치를 수 있을지 확신이 없었다. 대규모 진격이 필요하다고 그들은 말했다. 우리가 도시로 쳐들어가면 도시 사람들이 우리를 맞이하며 봉기할 것이다.

구정에 그들은 공격을 감행했고 가능한 모든 인원을 도시로 투입했다. 꾸찌 터널이 사이공 공격의 전진 기지로 사용됐다. 게릴라들이 물밀듯이 도시로 진격해 들어갔다. 그날 아침 터널에서 나온 공작병들이 사이공 중심부에 있는 미국 대사관을 공격해 여러 시간 동안 대사관 일부를 장악했다. 전 세계 사람들이 그 장면을 텔레비전에서 봤고, 공작병 중 한 명이 여성이라는 것도 알게 됐다.

사이공의 가두에서 교전이 벌어졌다. 후에에서는 민족해방전선이 도시의 거의 대부분을 장악했고, 미 투이 퐁의 게릴라들이 이에 합세했다.

영웅적인 용기에도 불구하고 그들은 실패했다. 사이공의 거리에서 경찰서장은 체포한 게릴라의 머리를 권총으로 날려 버렸고, 이 장면은 카메라에 포착돼 미국인들에게 방송됐다. 후에에서 게릴라들은 그 고색창연한 제국의 도시와 아름다운 건물들을 장악하고 탈진한 미군 해병들과 시가전을 벌였다. 전 세계 사람들은 폐허가 된 벽 위로 총을 든 채 서 있는 게릴라 전사와 탈진한 상태에서 절망적인 시선을 던지고 있는 부상당한 미 해병대원이 함께 찍힌 사진들을 봤다. 미 해병대가 도시를 탈환하는 과정에서 후에의 절반 이상이 파괴됐다.

메콩 삼각주의 벤 쩨 시에서 미군은 모든 건물을 쓰러뜨렸다. 미군 지휘관은 기자들에게 "도시를 구하려면 도시를 파괴하는 것이 불가피하다"고 말했고, 전 세계 신문들이 이 말을 인용해 보도했다.

전 세계 사람들과 미국 국민이 본 것은 백악관이 모든 사람에게 거짓말을 해 왔다는 사실이었다. 구정 공세 이틀 뒤에 린든 존슨은 기자 회견을 열었다. 그는 구정 공세가 실패로 끝났으며 자신이 사전에 그 일을 알고 있었다고 말했다. 이 말은 거짓말일 뿐더러 더 가관이었던 것은 그것이 명백한 거짓말이었다는 점이다. 터널의 끝에는 더는 빛이 없었다. 미국 국민은 베트콩이 남베트남을 침략해 농민들을 살해하는 북베트남의 군인들이고 미국은 농촌 지역 전투에서 승리를 거두고 있다는 얘기를 들었다. 이제 미국의 대중은 사병들이 봐 왔던 것을 보게 됐다. 즉, 베트남인들의 불굴의 저항 정신 말이다.

사이공과 보도국의 미국인 사진기자, TV 카메라맨, 기자들이 이미 전쟁에 반대하고 있었다. 이제 그들은 가능성을 봤다. 분노한 전문가로서 반전의 기회를 발견한 그들은 거리로 나가 촬영하고 취재한 내용을 본국에 알리면서 자신들이 촬영한 장면이 실리도록 애를 썼다. 그들은 보도국이 편집자들에게 압력을 행사해 그 내용이 실리고 사태의 진실이 드러나 대중이 베트남을 올바르게 인식하기를 바라면서 그렇게 했다. 전 세계 사람들이 목격한 진실은 온갖 종류의 무기로 무장한 커다란 백인 병사들을 보유한 세계 최고의 열강이 농민들에게 수모를 당했다는 것이었다.

그러나 게릴라들도 파멸적인 패배를 겪었다. 그들은 사이공과 후에에서 봉기가 일어나기를 기대했다. 하지만 그런 일은 일어나지 않았다.

공산당이 노동 계급을 조직할 수 없었던 것이 문제였다. 6년 후 공산당의 사이공 지부 지하 조직 책임자였던 짠 바익 동은 정글에서 열린 비밀 총회에서 이렇게 보고했다. 사이공에서 민족해방전선의 조직화는 "지식인, 학생, 불교 신자, 이 모든 부문에서는 아주 성공적이었다." 조직화가 "나쁜 정도가 아니라 오히려 최악이었던"[14] 노동자들을 제외하고 말이다. 그가 해임되고 창피를 당한 까닭은 그런 식의 조직화 방식이 무가치해서가 아니라 그가 그렇게 말했기 때문이었다. 그의 발언은 진실이었으며 동시에 베트남 공산당 조직을 난처하게 만드는 것이었다.

어쨌든 그 당은 자신들이 공산주의 정당이자 마르크스주의 정당이라고 주장했다. 칼 마르크스의 마르크스주의의 핵심 사상은 노동 계급이 이 세계를 장악해 모든 인류를 해방할 수 있다는 것이다. 마르크스는 산업혁명으로 새로운 계급, 곧 노동 계급이 출현했다고 주장했다. 그들은 아무것도 소유하지 못했기 때문에 생활 임금을 벌기 위해 노동력을 판매해야 했다. 마르크스 이전 시대에는 가난한 농민들이 여러 나라에서 반복해서 봉기를 일으켰다. 그러나 농민들은 농촌에 머물렀다. 그들은 도시로 쳐들어가 도시를 장악했지만 도시의 일부 교양 있는 계급에게 권력을 넘겨 주었다. 그들은 토지를 균등하게 분배하기도 했다. 그러나 일단 그렇게 하고 나면 농민들은 다시 전처럼 시장에 내다팔 농산물을 재배하는 소농으로 남고자 했다. 시장의 작동으로 머지않아 토지 소유자 계급과 가난한 농민이 다시 생겨났다. 마르크스는 새로 등장한 노동 계급은 농민과는 다르다고 말했다. 그들은 체제의 심장부인 도시에서 노동을 했다. 그들은 훨씬 더 많은 교육을 받았다. 아울러 그들의 노동 환경이 그들을 단결시켰다. 농민은 상속 재산과 토지 분규로 항상 분열해 있었다. 노동자들이 그들의 주인에게서 독립할 수 있는 유일한 방법은 기업은 물론이고 경제 전체를 장악하는 것이었다. 그리하여 역사상 최초로 도시와 체제 전체를 장악할 수 있는 피억압 계급이 출현한 것이다.

마르크스가 1867년 ≪자본론≫을 출간했을 당시에는 새롭게 등장한 노동 계급의 압도 다수가 육체 노동자였다. 그들 가운데 일부는 상대적인 미숙련 노동자였다. 일부는 도제살이를 마치고 장인 기술을 취득한 숙련공이나 목수 따위였다. 현재는 노동 계급의 상당수가 교사·사무 노동자 등 화이트칼라다. 그러나 그들도 과거의 숙련 노동자들처럼 살아가기 위해서 노동력을 팔아야 하며 윗사람들이 시키는 일을 해야만 한다. 대부분의 나라에서 그들은 가장 빠른 속도로 노동조합으로 조직되는 집단이기도 하다.

마르크스는 사람들이 자기 자신을 '중간 계급'이나 다른 무엇으로 생각하는 경우가 많지만 그들 대다수가 사실은 노동 계급의 일원이라고 주장했다. 경제의 작동 방식이 그들을 노동 계급으로 만드는 것이다. 마르크스에게 사회주의자의 임무는 노동자들 사이에서 우리가 모두 하나의 계급이며 우리의 이해관계는 고용주들의 그것과 정반대라는 사실을 입증하는 것이었다.

그러나 북베트남을 지배했던 것은 노동자들이 아니라 당 관료들이었다. 당이 프롤레타리아 노선과 프롤레타리아의 지도적 역할을 언급하기는 했다. 그러나 그들이 의미한 바는 그들이 선택한 노선이자 당의 지도적 역할이었다.

그들은 남베트남의 노동자들 사이에서 조그만 조직이라도 결성하려고 하면 항상 어려움에 봉착했다. 그렇게 하는 확실한 방법은 노조를 결성하고, 파업을 지원하고, 지하신문을 정기적으로 판매하고 배포하며, 작업장마다 고용주와 국가에 반대하는 지하위원회를 조직하는 것이었다. 이것이 공산주의자들의 고전적 조직 방식이다. 남베트남에는 노동자들이 있었고, 파업도 있었다. 1973년이 되면 남베트남 폭격으로 대규모 난민이 발생해 전체 인구의 70퍼센트가 도시에 거주하게 된다. 농민들은 노동자가 돼 있었고, 도시에서 생존을 위해 몸부림치고 있었다.

그러나 베트남 공산당은 민족해방전선 내에서 계급 연합을 건설하는 데에만 몰두하고 있었다. '진보적 부르주아지'가 그 계급 연합에서 결정적 역할을 했다. 이들은 노동자들의 고용주이자 경영자들이었다. 공산당이 일상의 불만에 기초해 노동자들을 조직하려고 하면—그들이 농민을 조직했던 것처럼—기업가와 경영자들의 지지를 잃게 된다. 공산당은 선택을 해야 했고, 그들은 경영자들을 조직하는 일을 더 잘 했다. 이것은 부분적으로는 당 지도부가 기업가와 경영자들에게서 느꼈던 자연스런 호감 때문이었다. 같은 종류의 교육을 받은 같은 사람들이 남베트남과 북베트남을 함께 지배했다. 그들 대부분이 상대 진영에 같은 계급의 친척을 두고 있었다.

그러나 더 심각한 문제가 존재했다. 북베트남에서 공산당은 토지 개혁을 추진했기 때문에 남베트남에서도 이 정책을 선전할 수 있었고, 이를 바탕으로 농민의 경제적 불만에 대응할 수 있었다. 그러나 그들은 북베트남의 노동자들이 노동조합을 결성하고 파업을 벌이거나 독립적인 노동자위원회와 집회, 신문을 갖는 것을 허용하지 않았기 때문에 북에서 왜 이런 일이 일어나고 있지 않은가 하는 질문에 답변하지 않은 채 남에서 이 정책들을 옹호할 수는 없었다. 달리 말하면, 공산당이 사이공에서 가장 중요한 파업을 통해 노동자 권력을 창출했다면 하노이에서도 사태가 달라져야만 했다.[15]

그리고 그 점이 구정 공세에서 사이공이 가장 취약했고, 후에(Hue)는 좀

더 강했으며, 벤 쩨가 가장 강력했던 이유다. 사이공에서는 노동자들을 봉기에 끌어들여야 했다. 후에는 더 작은 도시였고, 농촌과 더 밀접했다. 벤 쩨는 농민들의 바다에 둘러싸인 작은 도시였다. 그러나 사이공은 수도였고 따라서 핵심 관건이었다.

한 가지 문제가 더 있었다. 노동자 봉기는 비밀 지령에 따라 일어나지 않는다. 노동자 봉기는 대중파업과 시위의 형태로 시작돼 더 많은 파업과 항의 시위, 그리고 대중 시위로 발전해 마침내 총파업과 봉기로 이어진다. 이런 봉기는 아주 강력해서 최종으로는 도시 전체가 경찰과 군대에 대항하고 사병들은 가족과 친구들이 그 군중 속에 있기 때문에 발포 명령을 거부하게 될 것이다. 1945년의 봉기가 이와 유사했다. 그런 봉기는 변화무쌍하며 창조적이고 민주적이며 종잡을 수가 없다. 이런 점과 비교해 볼 때 베트남 공산당의 전반적 전통은 군사적이었다. 그리하여 1968년에 그들은 도시의 봉기를 오직 군사적 사건으로만 이해했다. 즉, 지휘부의 명령에 따라 일어나고 민중은 군대를 지지하는 그런 사건으로 이해했던 것이다.

그들이 불교 승려들의 시위에서 드러난 것과 같은 운동을 확대하고 심화하는 데 집중했다면 사이공 전역에서 행진을 조직할 수도 있었을 것이다. 1968년이면 미군이 100만 명의 시위대를 향해 발포하는 것은 정치적으로 불가능했을 것이다. 그리고 사병들은 그런 명령을 거부했을 것이다. 그러나 공산당 지도부는 그런 대중을 조직할 수 없었다.

그리하여 구정 공세 이후 게릴라들은 동료 부상병을 운반하며 퇴각해야만 했고, 그들의 은신처는 발각되고 공격받았다. 게릴라들은 많은 지역에서 심각한 타격을 받았다. 사이공 남부 롱 안 지방의 한 부대는 구정 공세 이후 1430명이었던 부대원이 640명으로 줄었다. 또 다른 부대는 생존자가 2018명에서 775명으로 줄었다. B-52까지 출격했다. 남성, 여성, 어린이 등 전체 인구가 35만 명이었던 어느 지방에서 게릴라 부대는 전쟁이 끝날 무렵 8만 4000명의 '전투병'을 잃었다. 4명에 1명꼴로 죽은 셈이다.[16]

꾸 찌 지역 게릴라 부대는 1968년 상반기 동안 사망자 883명, 부상자 3670명을 기록했다. 320명 규모의 정규 부대였던 제7대대는 구정 공세 기간에 사망 122명, 부상 116명을 기록했다. 포로로 잡힌 게릴라 부대의 한 재정 담당 장교는 심문자들에게 이렇게 말했다.

우리는 1968년 공세와 이후 작전 과정에서 다수의 간부를 잃었다. …… 나 자신의 임무도 점점 더 어렵고 위험해졌다. 과세(課稅) 상황이 심각하게 악화된 원인은 사람들이 우리를 현실적으로 보기 시작했기 때문이다. 우리는 [구정] 총공세로 꼭두각시 정부를 전복해 버리겠다고 약속하면서 과중한 세금을 거두었다. 1969년에 내가 다시 세금을 부과하려 하자 사람들은 그때 일을 거론하며 화를 냈다. 우리의 간부들이 몰살당하고 적군은 강화되면서 이런 식의 반응이 늘어났고 결국 거두는 세금도 크게 줄어들었다.[17]

B-52가 꾸 찌를 끝없이 공습했다. 쯔엉 누 땅은 공산당원은 아니었지만 민족해방전선의 고위 인사였다. 그는 구정 공세 이후 한동안 꾸 찌에서 그리 멀지 않은 국경을 넘어 캄보디아의 한 캠프에서 생활했다. 그는 B-52의 폭격을 다음과 같이 회상했다.

…… 우리는 몇 년 동안 날이면 날마다 계속 심리적 공포의 정수라고 할 만한 것을 경험했다. 1킬로미터 밖에서부터 B-52의 파열음이 고막을 찢어놓았다. 정글에 사는 많은 사람들이 영원히 못 듣게 됐다. 1킬로미터 정도로 다가오면 사람들은 충격파로 정신을 잃고 말았다. 0.5킬로미터까지 다가오면 보강하지 않은 벙커의 벽들은 무너졌고, 안에서 공포에 떨던 사람들은 산 채로 매장됐다. 가까이 가서 보면 폭탄 구덩이가 엄청났다. 직경이 30피트[약 914cm — 옮긴이], 깊이도 거의 그 정도였을 것이다.[18]

쯔엉은 운이 좋았다. 그는 베트콩의 지휘부에 머물렀고, 소련 첩보부대가 가끔은 그가 머물던 캠프에 대한 폭격 계획을 사전에 알려주기도 했다.

우리는 가끔 사전에 통보를 받았고 그래서 식량을 챙겨 도보나 자전거로 도망칠 수 있었다. 몇 시간 뒤 돌아와 보면 아무것도 남지 않았다. 몇 번이나 그랬다. 마치 거대한 낫이 정글을 쑥대밭으로 만들고 지나간 것 같았다. 커다란 티크 나무가 한 방향으로 풀처럼 쓰러져 누워 버렸다. 나무는 그냥 쓰러진 것이 아니라 수많은 파편으로 산산조각 났다. 이런 경우…… 기지는 식량, 의복, 보급품, 서류 등 모든 것이 완전히 파괴됐다. 그것은 단순히 기물이나 시설이 파괴되는 것 이상이었다. 정말 끔찍하게 사라져 버렸던 것이다. 집이나 벙커, 오두막이 있던 곳으로 돌아가 보면 정말 아무것도 없었다. 그 자리에는 거대한 구덩이만 남은 채 알아볼 수 없는 풍경이 펼쳐져 있었다.

하지만 우리에게는 겨우 피신할 수 있는 시간밖에는 허용되지 않았다. 처음 몇 번 B-52 폭격을 경험했을 때는 벙커 바닥에 엎드려 숨을 죽이고 있었는데 마치 내가 묵시록의 한 장면에 있는 듯했다. 공포는 가공할 만했다. 어떤 사람은 신체의 기능을 더는 통제할 수 없었던지 넋이 나간 채 탈출하라는 헛된 명령만을 외쳐댔다. 소련 파견단이 우리 진지를 방문한 적이 있었는데 그때 마침 갑작스럽게 경계 경보가 발령됐다. 상황이 종료됐고 다친 사람은 아무도 없었다. 그러나 대표단은 품위에 먹칠을 하고 말았다. 통제할 수 없는 경련과 젖은 바지가 내면의 공포를 너무나도 뚜렷이 보여 주고 말았던 것이다. 소련의 방문객들은 그 당혹스런 감정을 스스로 용인할 수 있었다. 방문자들을 맞이한 우리 역시 이미 동일한 경험을 여러 차례 했던 것이다.[19]

폭격은 폭격만의 독자적인 논리와 힘이 있었다. 1968년 이후 표적은 계속 바뀌었지만 폭격 비율은 바뀌지 않았다. 북베트남 폭격이 일시 중단되면 더 많은 폭탄이 남베트남·라오스·캄보디아에 떨어졌다.

라오스에서는 1954년의 제네바 평화협정으로 수반나 푸마 왕자가 이끄는 중립 정부가 들어섰다. 공산주의 게릴라 조직인 파테트라오의 지도자로 수바나 푸마의 사촌인 수파누봉 왕자도 정부에 참여했다. 그러나 CIA가 고산족인 흐몽족을 기반으로 비밀 군대를 육성했고, 결국 수도에서 우익 군사 쿠데타를 획책하는 데 성공한다. 1968년 11월 존슨은 평화협상을 열기 위한 시도의 일부로 북베트남 폭격을 중단했다. 1969년에 라오스 상공에서는 하루 300번 출격이 있었다. 유엔 관리였던 조지 채플리어는 파테트라오의 주요 근거지인 자르 평원[라오스 중북부의 평원 — 옮긴이]에서 있었던 폭격의 결과를 목격했다.

1967년 이전에 폭격은 강도가 약했고 인구 밀집지에서 멀리 떨어진 곳을 대상으로 했다. 1968년이 되자 폭격의 강도가 세지면서 마을에서 생활하는 것이 완전히 불가능해졌다. 주민들은 주변으로 피신했고 더 깊은 숲 속으로 들어갔다. 폭격은 1969년에 절정에 달했는데, 제트 전투기가 매일 와서 설치 구조물이면 뭐든 파괴했다. 서 있는 건물이 없었다. 마을 사람들은 참호와 구멍, 동굴에서 살았다. 그들은 밤에만 경작을 했다. [내가 이야기를 나눴던] 사람들 전부가 예외 없이 살던 마을이 모두 파괴된 사람들이었다. 막바지에 이르자 폭격은 문명사회의 물질적 기초를 체계적으로 파괴하는 데 초점을 맞추었다. 수확물은 불에 탔고 쌀이 귀해졌다.[20]

라오스 인구의 4분의 1이 난민으로 전락했다. 프레드 브랜프먼은 통역자를 대동하고 난민촌 사람들과 이야기를 나눴다. 자르 평원에서 온 한 남자는 이렇게 말했다.

어느 날 비행기 한 대가 다가와 우리 마을과 논에 폭탄을 퍼부었습니다. 나는 써레질 때문에 아침 일찍 집을 나섰죠. "마을에서 유일한 농사꾼이니까 비행기도 내게 총을 쏘지는 않을 것"이라고 나는 생각했어요. 하지만 그날은 정말로 비행기에서 기총소사가 있었고 나도 물소도 큰 부상을 입었습니다. 그 일로 나는 공포에 질렸고 근심 걱정도 많아졌습니다.[21]

브랜프먼은 사람들에게 폭격으로 연상되는 장면을 그려달라고 요청했다. 성인 남자와 소년을 각각 한 명씩 그린 어떤 사람은 자신의 그림[아래 그림 참조—옮긴이]을 이렇게 설명했다.

이 두 사람은 아버지와 아들인데 항공기에서 투하된 불발탄으로 팔과 다리를 잃었습니다. 그들은 폭탄이 터지지 않을 것이라고 생각하고 다가가서 그것을 집어 올려 자세히 살펴봤습니다. 폭탄이 터져 버렸습니다. …… 이제 그들은 아무것도 할 수가 없어요. 하지만 [그들은] 우리와 함께 떠나지 않았습니다. 아버지는, 자기가 폭탄 때문에 죽는다고 해도 아무 데도 가지 않겠다고 말했습니다. 자신의 토지, 논, 소와 물소를 잃어버린 것이 너무나도 애통했던 것입니다. 그들은 일을 할 수는 없었지만 볼 수는 있었습니다. …… 그 마을에서 죽는 것이 차라리 더 나

왔던 것입니다. 그리고 바로 그것이 이 부자가 내린 결정이었습니다.[22]

바오 닌은 북베트남 육군 제27청년여단의 하급 장교였다. 구정 공세 다음 해인 1969년에 여단 병력 500명이 남쪽으로 파견됐다. 바오는 살아남은 10명의 생존자 가운데 한 사람이다. 그의 소설 ≪전쟁의 슬픔≫은 중부 고지의 정글 속에서 B-52의 폭격 공포를 느끼고 또 실제로 폭격을 당하며 살아가야 했던 생활을 묘사하고 있다.[23] 그 소설의 주인공은 끼엔이다. 1969년에 그가 속한 "불운의" 제27대대는 건기(乾期) 막바지에 폭격을 당한다.

적이 정글 전역에 네이팜탄을 투하했고, 정글은 불바다로 변했다. 그것은 마치 지옥불 같았다. 흩어진 중대원들은 재편성을 시도했지만 결국에는 은신처를 포기하지 않을 수 없었다. 그들은 미쳐갔고, 제 정신이 아닌 상태에서 적이 쏜 총탄을 향해 몸을 던졌고, 지옥의 불구덩이 속에서 죽어갔다. 위로는 헬리콥터가 나무 높이로 날면서 차례로 한 명씩 쏴 죽이고 있었다. 등에서 피가 튀었고, 그 피가 진흙을 타고 흘렀다.

마름모꼴로 풀밭을 쳐내고 헬기 부대의 공격으로 사망한 자들의 시신을 높이 쌓아올렸다. 부러지거나 꺾인 시체, 절단된 시체, 타 버린 시체가 즐비했다.

이 청소 작업으로 다시는 정글이 자라지 못했다. 풀도, 나무도 전혀 찾을 수 없었다.

"형제들, 항복하느니 차라리 죽는 것이 더 낫소! 죽는 것이 더 낫소!" 미쳐 버린 대대 지휘관이 고함을 질렀다. 그는 끼엔 앞에서 권총을 휘두르다 마침내 귀에 대고 직접 자기 머리를 쏘았다. ……

그 전투가 있고 나서 그 어느 누구도 제27대대를 더는 언급하지 않았다. 그 치명적인 패배 속에서 귀신과 악령이 무수히 탄생했다. 그들은 계속 떠돌며 정글의 덤불숲을 배회하고 강을 따라 흐르며 저승으로 떠나기를 거부했다.

그때부터 그곳은 절규하는 영혼의 정글이라고 불렸다. 이름이 속삭여지는 것을 듣는 것만으로도 모골이 송연해졌다. 아마도 절규하는 영혼들이 모여서 특별한 의식을 거행하는 것 같았다. 패배한 대대의 일원들이 그 작은 마름모꼴 풀밭에 모여 인원과 장비를 파악하는 듯했다. 밤이면 흐느껴 우는 소리가 정글 깊숙한 곳에서 들려왔고, 울부짖는 소리가 바람결에 실려왔다. ……

끼엔은, 밤에 이 지역을 지나면 사람처럼 우는 새 소리를 듣게 된다는 말을 들었다. 그 새들은 날지 않고 가지에서 홰를 틀고 울기만 한다는 것이었다. ……

이곳에서는 날이 어두워지면 나무와 식물이 공포스럽게 신음한다. 귀신 같은 음악이 시작되면 얼이 빠지고, 당신이 어디에 서 있든지 모든 나무가 똑같은 곳을 응시한다. ……

여기서 살다가는 미치거나 놀라서 죽을 수도 있었다. 1974년 우기에 이 지역으로 연대가 배치됐다. 끼엔과 그가 이끄는 정찰 부대는 제단을 세우고 비밀리에 제사를 올려서, 절규하는 영혼의 정글에서 여전히 떠돌던 제27대대의 영혼들을 위로했다.

그날부터 제단에서는 밤낮으로 향이 피어올랐다.[24]

그들이 제단을 비밀리에 만든 이유는 그 의식이 베트남의 전통적인 조상 숭배 의식의 일부였기 때문이다. 그것은 고위 장교와 공산당원들에게는 금지된 미신이었다.

B-52는 꾸 찌의 터널 굴착자들이 팔 수 있는 것보다 더 깊은 구덩이를 만들었다. 많은 게릴라들이 터널에서 생매장됐고, 살아남은 사람들에게도 터널의 통로는 이제 하늘을 향해 뻥 뚫려 있었다. 게릴라들은 꾸 찌 터널을 포기하고 떠났다.

게릴라들은 남베트남의 특정 지역에서는 다른 지역보다 더 강력했지만, 전국적으로는 이전보다 약화됐다. 이제 그들은 피닉스 작전에 직면했다.[25] 피닉스 작전은 윌리엄 콜비의 지휘 아래 조직됐다. 그는 당시 CIA 사이공 지국장이었고, 나중에 CIA 국장으로 승진한다. 작전 인력은 CIA 요원, 남베트남 군인, 남베트남 경찰이었다. 작전 목표는 '베트콩의 기반'(민중의 저항)을 분쇄하고 그들을 암살하는 것이었다. [그런데 — 옮긴이] 문제는 그들이 누구인지 서로 안다는 데 있었다. 그래서 피닉스 작전에서는 누구라도 사례금을 받고 익명으로 다른 누군가를 제보할 수 있었다. 이런 방법을 통해 다수의 공산당과 민족해방전선 지도자들을 제거했다. 동시에 다른 사람들도 무수히 많이 죽었다. 착취자들의 낙원이 됐고, 티에우 대통령도 이 방법을 동원해 경쟁자인 '거물' 민 장군의 지지자들을 다수 제거했다. 수만 명이 죽었다. CIA는 어떠한 것이든지 증거가 될 만한 것이 필요하다고 강요했다. 범죄의 증거가 아니라 사람이 죽었다는 증거, 다시 말해 시체를 가져올 것을 요구했다. 어느 요원은, 지역 경찰이 발견하는 시신은 모조리 가져온다며 불평했다. 그런데 피닉스 작전은 도시에 숨어 살고 있던 지주들에게는 복수의 기회이기도 했다. 그들은 마을을 장악하고 있던 자신들의 적이 누구인지를 잘 알고 있었다.

피닉스 작전의 요원들은 미군의 소탕 부대와도 함께 임무를 수행했다. 사병들은 마을로 쳐들어가 주민을 전부 끌어모았다. [그리고 나면—옮긴이] 피닉스 요원들이 의심 가는 사람이나 자신들이 작성한 베트콩 지지자 명단에 올라 있는 사람들을 전부 다 끌고 갔다. 이들 중 일부는 살해당했지만, 대다수는 그 지역의 중심에 있는 고문 장소로 보내졌고 며칠이나 몇 주 뒤에 풀려났다. 그들이 고향 마을이나 다른 마을로 돌아오면 또 다른 소탕 작전으로 다시 붙잡혔고 다시 고문 장소로 가게 됐다. 이런 일이 반복해서 일어났다. 피닉스 요원들이 실수를 하고 있는 것이 아니었다. 그들에게는 책임 할당량이 있었던 것이다.

구정 공세 후 101공중강습사단이 미 투이 퐁에 들이닥쳤다. 자신의 소대원들이 노인의 귀를 잘랐을 때 분노로 절규했던 마이클 클라드펠터는 1965년에 101사단에서 복무하고 있었다. 이제 그 '날카로운 소리를 지르는 독수리들(Screaming Eagles)'이 미 투이 퐁에 캠프 이글(Camp Eagle) 기지를 세웠다.

마을 사람들은 트럴린저에게 미국인들이 잔인하며 프랑스인들만큼이나 겁쟁이라고 증언했다. 가끔 101사단은 미쳐 버린 듯했고, 그들은 한밤중에 허공을 향해 몇 분씩 사격을 하기도 했다. 기지 주변에 논이 있었던 사람들에게는 특히 상황이 안 좋았다. 101사단의 부대원들은 물소에게 총질하는 것을 좋아하는 것 같았고, 어린이들은 물소 등에 타는 것을 그만둬야 했다. 끊임없이 마을을 수색했고, 구타했으며, 일부는 강간을 일삼기도 했다.

캠프 이글이 들어서기 전에는 미 투이 퐁에서 게릴라들이 아주 강력했다. 한 농민의 말했듯이, 마을 사람들은 자신들을 억압하는 사람들에 관해 쑥덕거리다가 드디어 용기를 내어 그 사람들의 이름을 공표하기도 했다. 그러나 1968년에 게릴라들은 마을을 떠나야 했고 가끔 밤에만 잠입할 수 있었다. 트럴린저는, 베트민 그리고 이후로 민족해방전선에 대한 지지가 주민들 사이에서 70~80퍼센트 선을 항상 유지했으리라고 추산한다. 그러나 1968년 이후로 확고한 지지는 약 50퍼센트로 떨어졌다. 대개 5~10퍼센트 선을 유지하던 정부 지지가 15퍼센트로 상승했다. 나머지 35퍼센트는 탈진한 채 수수방관했다.

민족해방전선은 마을 주민들에게 캠프 이글에서 일하지 말라고 지령을 내렸다. 그래서 기지에서 일하는 민간인 노동자 대다수가 다른 마을 출신이었다. 주민들은 미국인들이 믿을 수 없을 만큼 부유하다는 것을 알았다. 미군 병사들은 자신들의 조국에서 가난하고 고된 성장기를 보낸 사람들이었다. 그들의 식량, 그들의 소모품은 전부 바다를 건너온 것이었다. 미군은 그것들을 엄청나게 많이 소비했고 기지 밖 쓰레기장에 아무렇게나 내다 버렸다. 가난한 사람들, 특히 노인들과 어린이들이 매일 쓰레기장을 뒤져 자신들이 쓰거나 팔 만한 물건들을 찾았다. 덤프 트럭이 계속 와도 그들은 쓰레기를 뒤졌고, 불도저가 정기적으로 평탄 작업을 했다. 가끔 미 투이 퐁의 아이들이 죽었는데 그것은 불도저가 다가오는 것을 보지 못했던 탓이다. 아이들은 생매장됐던 것이다.

어떤 의미에서 소모전 전략은 효과가 있었다. 폭격과 포격, 피닉스 작전으로 무고한 민간인이 무수히 희생당했지만, 그 과정에서 그들은 게릴라들을 소탕할 수 있었다. 1968년 이후 베트콩은 사이공에서 어떠한 조직도 거의 갖고 있지 못했다. 1975년 마침내 공산당이 승리를 거두었을 때 많은 마을이 더는 공산당위원회를 조직할 수 없는 지경이었다.

여성의 경험

미군은 마을에서 벌어지는 전투에서 승리하고 있었고 동시에 전쟁은 남베트남 사회를 골병들게 하고 있었다. 베트남은 오랜 성매매의 역사를 갖고 있었다. 가난한 사람들이 부자들에게 제공하는 성매매가 항상 가족의 중요한 덕목이었다. 그런데 미국인들이 들어오고 도시에 새로운 부자들이 생겨나자 성매매는 폭발적으로 증가했다. 여성과 남성, 어린이가 살기 위해 그 일을 해야 했다.

프랭크 스넵은 사이공에 근무하던 CIA의 분석가이자 심문관이었다. 1973년 마지막으로 미군이 철수했을 때에도 남베트남 정부는 여러 도시에서 여전히 권력을 유지하고 있었다. 스넵은 맥주를 한 잔 하려고 미미스 플램보이언트 바에 들렀다.

나는 술집 여자 한 명이 떠나 버린 미군 병사를 그리워하며 징징거리는 소리를 100만 번은 들었다. 그는 가고 없었다. 그 여자는 엄마가 돼 있었다. 그러나 1969년이나 1970년과 달리, 지금은 겨우 열서너 살짜리 여자 애가 질질 짜며 동정을 사려 하고 있었다. 그 여자보다 앞선 다른 많은 사람들이 잊으려고 애쓰는 경험을 그는 이제 겨우 알아가기 시작한 것이다. 그 여자는 말한다. "나는 짐승이 아니에요. 하지만 미국 사람들은 나를 짐승처럼 취급하며 사랑을 강요해요." 그러면서 그는 보여 주겠다는 듯 주먹으로 손을 친다. 그때 그가 제일 좋아하는 손님이 들어온다. 그 여성은 만면에 웃음을 띠고 사근사근해진다. 곧 그는 밤을 함께 보내러 나간다.[26]

스넵은 '뚜 후아(이 이름은 가명이다)'라는 베트남 애인을 두고 있었다. 1975년 공산당이 사이공을 포위했고, 남베트남 공군의 조종사 한 명이 대통령궁을 폭격했다. 대사관에서 근무하고 있었던 스넵은 뚜 후아한테서 전화를 받았다. 그는 뚜 후아에게 무사한지 물었다.

"괜찮아요." 하고 뚜 후아가 말했다. "하지만 무서워요. 커다란 폭발음이 들렸어요. ……."

"괜찮아." 나는 침착하고 태평한 것처럼 보이려고 애쓰면서 그를 달랬다.

"샤워중이었어요."

"그래, 운이 좋은데." 하고 말하면서 나는 웃지 않을 수 없었다. "목욕탕이 안전해. 창문에서 떨어져 있으라구."

"안 돼요. 너무 무서워요." 뚜 후아가 고집을 피웠다. "옷 하나 안 걸치고 죽고 싶지는 않다구요."

나는 한 번 더 웃고 모든 것이 다 잘 될 것이라며 그를 안심시켰다. 그러나 전화를 끊으면서 뚜 후아의 반응이 얼마나 이상한지 놀라지 않을 수 없었다. 뚜 후아는 삼각주의 고향 마을 거리에서 어린 시절의 대부분을 유산탄을 피하며 보냈고, 십대 때는 투 도라는 술집에서 일했다. 그런데 지금, 여전히 세상물정 모르는 아이처럼 벌거벗은 채 죽으면 어떻게 하느냐고 걱정하고 있었던 것이다![27]

스넵에게 이것은 농담 같은 상황이었다. 그는 성매매 여성이 벌거벗은 채로 죽는 것을 왜 두려워하는지를 전혀 이해하지 못했다.

성매매 여성을 찾은 사병들은 분노하거나 상처를 받은 사람들이었고, 그들은 성매매 여성들에게 앙갚음을 했다. 일부는 폭력적으로 굴었고, 학대를 하거나 학대받기를 원했다. 사랑을 갈구하는 사병들도 있었고, 사랑을 베풀고자 하는 병사도 있었다. 아니 그저 누군가가 자기를 붙잡아주기를 바랐을지도 모른다. 일부는 단순한 성 행위만을 원했는데, 왜냐하면 그들이 사지에 있었기 때문이다. 베트남 여성과 연인 관계를 맺은 사람도 일부 있었다. 그러나 전쟁과 불평등 상태가 성매매 여성과 사병 둘 다를 망쳐놓았다.

벌거벗은 채 죽는 것을 두려워한 것은 성매매 여성만이 아니었다. 나중에

작가가 되는 레 민 쿠에는 열다섯 살이던 1965년에 북베트남군에 입대해 그 후 10년 동안 전쟁에 복무했다. 그는 주로 호찌민 루트를 유지하는 일에 종사했다. 라오스의 산악지대를 가로지르는 이 비포장도로를 통해 북베트남이 남베트남으로 물자를 공급했다. 이 보급 행위가 아주 중요했기 때문에 미국의 항공기들이 끊임없이 호찌민 루트를 폭격했다. 레 민 쿠에는 자신의 십대 시절을 이렇게 회고했다.

평화시에는 시신을 묻는 것이 남성들의 몫이었다. 전쟁이 터지자 그 일을 여성들이 해야 했다. 아침이면 일어나서 그날 생겨날 수 있는 시신을 매장하기 위해 흰 천을 준비하고, 관을 만들고, 무덤을 팠다. 이렇게 앞일을 준비하는 것이다. 가끔은 무덤이 폭격을 당해 시신을 끄집어내어 다시 묻기도 했다. 어떤 시신은 조각조각 쪼개져 있었고, 압력 때문에 폭탄처럼 터져 버린 것도 있었다. ……
　하루는 밤에 개울에 가서 목욕을 했다. 어두웠는데, 무엇인가에 부딪혔다. 시체였는데 물 속에 떠 있었던 것이다. 내가 가장 두려웠던 것은 목욕을 하다가 또는 폭격으로 옷가지가 벗겨져 벌거벗은 채로 죽는 것이었다. 많은 소녀들이 그런 일을 당했다. 끔찍한 일이었지만, 우리는 어렸고 농담을 했다.[28]

아울러서 수십만 건의 강간이 자행됐다. 즈엉 투 흐엉은 북베트남 공산당 청년여단의 장교로 남베트남에 파견됐다. 그때 그의 나이 스물한 살이었다. 그는 명령 불복종으로 공산당에서 쫓겨난 뒤 1990년에 전쟁 소설을 한 권 썼다. 그는 이런 수색정찰 경험담을 쓰고 있다.

우리는 끔찍한 냄새가 퍼져나오는 듯한 숲의 한쪽으로 전진해 갔다. 우리는 벌거벗긴 채 버려진 송장 여섯 구를 발견했다. 여자들이었는데, 주위 풀밭에 도려낸 가슴과 성기가 버려져 있었다. 그들은 북베트남 여성들이었다. 낙하산 천으로 만든 견장과 웃옷의 연꽃 모양 칼라로 이 사실을 확인할 수 있었다. 그들은 일단의 지원병이나 길을 잃고 헤매던 기동 부대 소속이었음이 틀림없다. 아마 그들도 우리처럼 죽순이나 야채를 찾아 이곳에 왔을 것이다. 군인들은 죽이기 전에 그들을 강간했다. 시신들은 보라색으로 멍들어 있었다. …… 소녀 같은 앳된 몸뚱아리들이 부패해 부풀어오른 송장으로 변해 있었다. 마치 죽은 두꺼비 같았다. 구더기가 상처 부위와 눈과 입에서 들끓었다. 살이 통통하게 오른 하얀 애벌레들이 보였다. 그것들이 떼를 지어 시체를 기어다녔고, 안팎으로 드나들었다. ……

"묻어줍시다" 하고 내가 말했다.

머리 위로 독수리들이 원을 그리며 날카롭게 울어댔다. …… 우리 얼굴에 땀이 송글송글 맺혀 빛났다. 살 썩는 냄새가 대기에 퍼져 있었다. 우리는 시체를 한데 모으고, 독수리를 쫓아내고, 망자를 위해 구더기도 털어냈다. 우리는 그들을 묻어주었다. 소녀들의 주머니는 텅 비어 있었다. 종이 한 장 나오지 않았다. 빨간색과 파란색의 뜨개실 몇 가닥과 빈랑나무 열매 몇 개가 전부였다. 뜨개실로는 머리를 묶고, 빈랑나무 열매로는 이를 닦았으리라. 그들은 낭군님을 만나게 될 것이라고 믿었을 것이다.

이곳은 땅을 깊이 팔 수 없어서 우리는 작은 원형 구덩이에 시신을 묻어야 했다. 구덩이를 다 파고 다시 시신을 살펴보니 구더기가 덩어리를 이루고 있었다. 란(Lanh)이 그 위에 마른 잎 한 웅큼을 쌓고 불을 붙였다. 구더기가 우지직거리며 타는 소리가 들렸다.[29]

이것은 소설이다. 즈엉이 소설에서 묘사한 현장을 봤을 수도 있고 보지 않았을 수도 있다. 그러나 즈엉과 같은 여성 군인들은 내내 이런 사태를 두려워했다. 미국인들이 기록한 강간 사례도 있다. 1968년 구정 공세 직후 레너드 곤잘레스는 해안선을 따라 펼쳐진 꾸앙 응아이 지방에서 제11보병사단의 '찰리 중대'에 배속돼 어니스트 메디나 대위의 지위를 받으며 거의 매일 수색정찰에 나섰다. 부대원 가운데 일부는 수색정찰을 나설 때마다 강간을 자행했다. 곤잘레스는 이렇게 회고한다.

그러니까, 그곳은 작은 마을이었다. 분대 하나는 뒤에서 접근하고, 다른 분대는 앞에서 접근하고, 나머지는 관통하는 식이다. 그러면 마을을 관통해 유린하는 부대가 재미를 보는 것이다. ……

분대 하나당 여자 한 명, 이런 식이었다. 그들이 내게 "들어가 봐" 하고 말했고, 나는 "아니, 하고 싶지 않아" 하고 말했다. 나는 안으로 들어갔고 그 여성의 상태가 몹시 안 좋다는 것을 확인했다. 그에게 내가 해 줄 수 있는 것이라곤 수통의 물로 닦아주는 것뿐이었다. 그 여성은 비오듯 땀을 흘리고 있었다. 나는 이마를 닦아주었다. 나는 그를 똑바로 세우려고 노력했다. 그는 나를 두려워하고 있었다. 내가 그 놈들과 한 패였으니까. 나는 그에게 해코지를 할 생각이 없다고 말하려 했다. 나는 그가 똑바로 서도록 부축했다. 나는 그를 우물가로 데리고 가서 물을 퍼주었다. ……

이 여성을 상대로 그 짓을 한 놈들이 13명이었다. 얘기를 듣고 달려온 다른 분대원들이 그 여성을 또 겁탈하려 했다. 나는 그 자식들에게 여자를 내버려두라고 말했다. 그러고는 그 여성을 데리고 자리를 떴다. 나는 "빌어먹을" 하고 말했다. 나는 동료들을 죽이고 싶지는 않았다. 나는 그 여성에게 "여기를 떠나세요. 가 버리세요" 하고 말하려 애썼다. 그 여성은 달아나려 했다. …… 하지만 열세 놈한테 능욕당한 뒤라 걷는 것도 어려웠다.[30]

강간은 공포를 불러일으키려는 일관된 정책의 일부였다. 상부에서 묵인하거나 실제로 조장하지 않는 한 군대가 강간을 체계적으로 자행하지는 않는다. 예를 들어, 소련은 1980년대에 아프가니스탄을 침략해 7년 동안 그곳에서 게릴라들과 싸웠다. 러시아 내외의 많은 사람들이 증언하는 바에 따르면, 아프가니스탄은 러시아의 베트남이었다. 그 전쟁은 '자유교전지대' 설정, 폭격, 네이팜탄, 헬리콥터 작전 등 놀라울 정도로 베트남전과 유사하게 진행됐다. 50만~100만 명의 아프가니스탄 사람들이 살해됐다. 그러나 러시아 병사나 아프가니스탄 게릴라들은 거의 강간을 하지 않았다. 강간이 그들의 문화 전통과 맞지 않았기 때문이 아니었다. 소련 군대는 1945년에 독일로 진격해 강간을 자행했다. 아프가니스탄 사람들도 정적을 굴복시킬 요량으로 자주 강간을 했다. 사실 강간은 남아시아 전체에서 흔한 일이었다. 파키스탄의 푸슈툰 족이 그랬고, 1948년 파키스탄과 인도가 분리 독립하는 과정에서 빚어진 인종 청소 때도 양측은 강간을 자행했으며, 1971년 방글라데시에서 전쟁을 치를 때 파키스탄 군대도 강간을 일삼았다. 1990년대에 인도가 카슈미르의 봉기를 진압할 때에도 카슈미르인 여성 수만 명이 인도 병사들에게 강간당했다. 그러나 1980년대 아프가니스탄에서 양측 지휘관들은 강간이 정치적 재앙이 돼 돌아오리라는 점을 잘 알았다. 지지 기반을 잃게 될까 봐 두려웠던 것이다.

강간은 남성들이 형편없는 존재이거나 자신을 통제할 수 없어서 일어나는 것이 아니다. 지휘관이 강간을 장려할 때 강간이 일어난다. 곤잘레스가 목격한 강간 사례는 찰리 중대에게 뭔가 사악한 임무를 부과하려던 정책의 예비적 일부였다. 반복되는 수색정찰 과정에서 1968년 3월 어느 날 밤 메디나 대위가 찰리 중대를 소집해 다음 날 그들이 베트콩의 근거지인 마을 하나를 접수하게 될 것이라고 말했다. 그는 그들에게 미 라이 마을의 주민을 전부 죽여 버리라고 명령했다.

버나도 심슨은 찰리 중대의 소총수였다. 다음 날 그는 마을에 진입했는데, 그의 나이가 열아홉 살이었다. 그는 한 여성에게 총을 쏘았다. 몇 년 뒤 그는 이렇게 회고했다.

나는 가서 그 여성을 뒤집어 봤는데, 갓난아기가 보였다. 내가 애까지 죽였던 것이다. 아이의 얼굴이 반밖에 남아 있지 않았다. 나는 제 정신이 아니었다. 훈련받은 지침이 떠올랐고 나는 마구 살인을 저지르기 시작했다. 노인, 여자, 아이, 물소, 모든 것을 말이다. 우리는 아무것도 남겨둬서는 안 된다고 명령을 받았다. 우리는 민간인이든 아니든 상관없이 우리가 들은 대로 했다. 그들은 적이었다. 이상 끝. 죽여라. 명령을 따르지 않으면 총살당할 수도 있다. 이제 내가 무엇을 해야 할까? 해도 비난을 피할 수 없고 안 해도 비난을 면할 수 없다. 죽여야 할 사람들을 찾을 필요도 없었다. 그냥 거기 다 있었으니까. 나는 그들의 목을 따고, 손을 자르고, 혀와 머리카락을 잘라내고, 머릿가죽을 벗겼다. 내가 정말로 그렇게 했다. 많은 사람들이 그 짓을 하고 있었고, 나도 따라서 그렇게 했다. 나는 완전히 제 정신이 아니었다.

심슨 혼자서만 약 25명을 살해했다. 그날 작전의 책임자였던 '말썽군' 캘리 중위는 100명 이상을 총으로 쏴 죽였다. 강간과 살인이 함께 일어났는데, 그 둘은 더 큰 테러의 일부였다. 심슨은 나중에 이렇게 말했다.

몇 시간 만에 500명을 죽이는 것이 어떤 것인지 아는가? 그것은 꼭 가스실 같다. 히틀러가 했던 것 말이다. 여자, 노인, 아이 할 것 없이 50명씩 세워놓고, 그냥 쓸어 버리면 된다. 그렇게 했다. 25명, 50명, 100명씩 말이다. 그냥 죽였다. 그들을 모아놓고, 나와 동료 몇 명이 M-16 소총을 자동으로 한 다음 다 쏴 죽여 버렸다.[31]

그날 레너드 곤잘레스는 500미터쯤 떨어진 곳에서 다른 소대와 함께 있었다. 그는 하사 한 명이 열여섯 살쯤 돼 보이는 소녀를 어떤 집으로 끌고 들어가는 것을 목격했다. 그 소녀가 나왔을 때는 바지를 입고 있지 않았다. 곤잘레스는 뭘 해야 할지 모른 채 두 시간 동안 자행된 학살을 지켜봤다. 그는 소녀의 어머니에게 영어로 딸에게 바지를 좀 갖다 주라고 부탁했다. 그러나 다른 군인들이 그 소녀에게 다가갔다. 미 라이 학살 사건을 연구한 역사가들인 마이클 빌튼과 케빈 심에 따르면,

사병 3명이 그 소녀와 함께 있는 것을 목격한 병사가 여럿 있었다. 한 사람이 이미 그 소녀를 강간했고, 한 사람은 오럴 섹스를 시키고 있었다. ……
초가집 바깥에 있던 건초더미에서 [곤잘레스는] 열여덟 살에서 서른다섯 살

사이의 벌거벗은 여성 7명을 발견했다. 시신 전체에 미세한 검은 구멍들이 있었다. 그 광경을 보고 그는 정말 토할 것 같았다. …… 로쉐비츠가 근처에 서 있던 한 무리의 병사들에게 그 여성들이 어떻게 벌거벗겨진 채 있게 됐는지 설명해주었다. 그는 여성들에게 옷을 벗고 자기들 전부와 섹스를 해야 한다고 강요했다. 그는 옷을 벗지 않으면 쏴 죽여 버리겠다고 그들을 위협했다. 그는 여성 하나를 골라 오럴 섹스를 시켰다. 그 여성은 이성을 잃었고, 다른 여성들도 공포에 질려 소리치고 울부짖으며 살려달라고 간청했다. 로쉐비츠는 자비를 베풀기로 했다. 그는 산탄을 몇 차례 발사해 여성들을 전부 죽여 버렸다.

　이윽고 그들은 마을을 떠났다. …… 곤잘레스는 강간당한 그 소녀를 봤다. 여전히 그 소녀는 바지도 입지 못한 채 군인들과 함께 걷고 있었다. 곤잘레스는 그 소녀가 군인들에게 딱 붙어 있으면 아마도 자신을 죽이지는 않을 것으로 판단했으리라고 생각했다.[32]

미 라이 학살 사건은 장교들의 지령으로 벌어졌고, 나중에는 장군 이하 모든 장교가 그 사건을 은폐했다. 1년 후 미국에서 마침내 그 사건이 폭로되자 오직 캘리 중위 한 사람만 혐의가 인정돼 기소됐다. 그는 넉 달 보름 동안 복역하다가 가석방됐다.

　게릴라 부대는 미군과 다르게 행동하려고 노력했다. 그들의 포격으로 가끔 마을의 가옥들이 파괴됐고 사람들도 죽었다. 그러면 해당 지휘관이 가족을 잃은 사람들을 방문해 면전에서 용서를 구하고 분노를 달랬다.

　민족해방전선은 그들의 모든 담화와 선전물에서 자유 베트남에서는 남녀가 모두 동등한 권리를 누리게 될 것이라고 선언했다. 오늘날 베트남에서 남녀는 평등하지 않다. 게릴라들이 약속했던 것은, 보 티 모와 같은 여성들이 터널로 들어가면서 이해했던 것, 그러니까 강간과 성매매의 희생자가 되지는 않으리라는 점이었다.

　무토지 농민들은 토지를 쟁취하려고 전쟁에 뛰어들었다. 이제 그들은 더 나은 삶을 위해서도 싸우고 있었다. 그들은 자신들의 힘으로 투쟁을 시작했다. 이제 그들은 인간다운 삶을 목표로 싸우고 있었다.

1967년에 열아홉 살의 여성 게릴라 한 명이 사로잡혀 고문당했다. 그때 미국의 랜드 재단에서 온 연구자들이 그와 이야기를 나누었다. 그 여성이 그들에게 말한 바에 따르면, 마을 해방 여성위원회의 지도자가 "그 여성의 가족의 의사를 거슬러" 그 여성을 해방전선에 가입시켰다고 한다. 그가 가담한 이유는 자신이 만난 민족해방전선 사람들이 "우리의 신화에서 나오는 영웅들의 화신으로서 살아가고" 있었기 때문이었다. "그들은 민중을 보호하기 위해 결연히 일어나 악과 싸우는 전사들이었다."**33** 따라서 석방되면 그 여성은 다시 곧바로 그들과 합류할 것이었다.

1966년 하이퐁, 게릴라들이 하이퐁 인근의 도 쏜 외곽을 수상정찰하고 있다. 하노이와 하이퐁은 1967년에 대규모 폭격을 당했다. 종전 무렵까지 미국은 약 800만 톤의 폭약을 투하했는데, 이것은 제2차세계대전 중에 모든 전선에서 사용된 폭탄의 3배에 달하는 양이었다. [마이 남(Mai Nam)]

디엔 비엔 푸에 있는 포위된 프랑스 요새를 지원하기 위해 낙하산이 떨어지고 있다. 디엔 비엔 푸 전투를 통해 베트남은 프랑스를 몰아
내게 된다.

1968년 1월~ 2월 사이공. 구정 공세 당시 미군이 헬리콥터에서 쏜 총에 맞아 죽은 동생을 보고 절규하는 소년.

1966년 다낭. 미군 해병대원 한 명이 베트콩 혐의가 있는 여성을 눈을 가려 어깨에 메고 운반하고 있다. 이 여성과 다른 재소자들은 베트남-미국 합동으로 실시된 맬러드 작전 기간에 검거됐다.[응우옌 딴 따이(Nguyen Tanh Tai)]

1966년 9월 4일 빈 후 지방. 미군 F-105 전폭기 한 대가 홍강 삼각주 지역에서 격추돼 지상으로 추락하고 있다. 위 오른쪽으로 낙하산을 탄 조종사가 보인다. 북베트남에서는 이런 사진이 전형적인 이미지로 자리잡았고 연하장으로 인쇄되기도 했다.[마이 남]

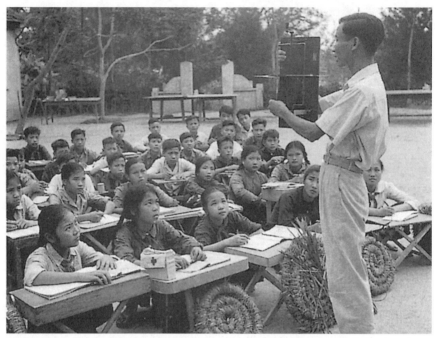

1965년 후앙 오아이 지구. 하 따이 지방 빈 다 마을의 전시(傳尸) 이동 학교.[마이 남]

1968년 꾸아이 찌 지방. 빈 린의 농부들이 폭탄 구덩이를 물로 채우고, 돼지우리 겸 히아신스 재배지로 만들고 있다.[마이 남]

1966년 남 하 지방. 따인 리엠 마을 사람들이 전선으로 향하는 병사들에게 작별 인사를 하고 있다. 청년 신병 가운데 일부는 너무 가난해서 신발을 장만할 수 없었다. 그러나 군 입대는 명예로운 행동이었고, 그래서 사기가 높았다.[마이 남]

1968년 1월 피스 사인(peace sign) 목걸이를 달고 있는 미군 병사. 대부분의 군인들은 진심으로 평화를 원했다.

1982년 미국 워싱턴. 전쟁에 반대하는 베트남 참전군인회(VVAW)가 고엽제 피해 군인들의 시위를 이끌고 있다.

그물 침대 위에서 휴식을 취하고 있는 젊은 베트콩 군인들.

1967년 4월 15일 뉴욕. 베트남 전쟁 항의 시위 도중 센트럴파크에서 한 남자가 자신의 징집영장을 불태우자 시위대가 박수를 보내고 있다. 이날 뉴욕에서 30만 명이 전쟁 반대 행진을 벌였다.

1968년 남 하 지방, 한 여성이 북베트남의 중앙 해안 지역 마을 사람들에게 생선 소스를 배급하고 있다. 배급이 일상으로 자리잡았다. 그러나 이런 사진은 선전전에 적합하지 않았기 때문에 전쟁중에는 공개되지 않았다.

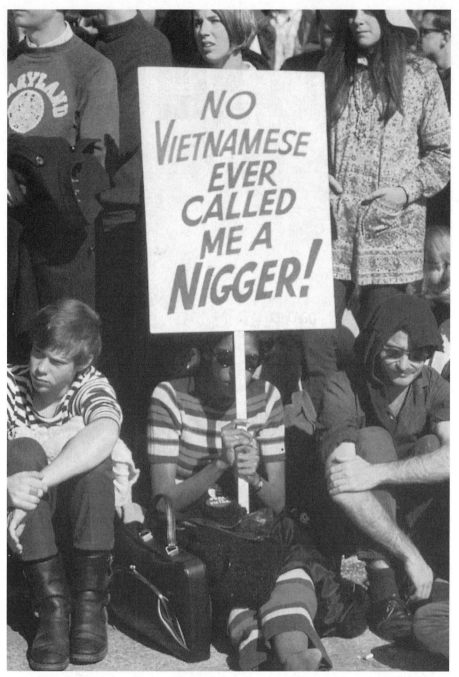

1967년 워싱턴 DC. 반전 시위대원 한 명이 무하마드 알리가 한 말을 적은 팻말을 들고 있다.[나를 깜둥이라고 부른 베트남 사람은 한 명도 없다.] 1970년까지는 전체 국민 가운데서 그 계층 구성원의 대다수가 베트남 철군을 지지한 계층은 아프리카계 미국인, 저소득층, 중장년층뿐이었다.[리프 스쿠그포스(Lief Skoogfors)]

1968년 7월 7일 런던. 그로스버너 광장에서 벌어진 베트남 전쟁 반대 시위. 전 세계적으로 벌어진 반전 시위는 베트남 전쟁을 끝내는 중요한 요인이 된다.

5장

저항 운동

저항 운동

해병대가 베트남에 도착해 대규모 부대 편성을 시작하기 3주 전에 전쟁에 반대하는 미국의 학생 운동도 시작됐다.

1965년 3월 미시간 대학교에서 교수 30명이 만났다. 그들 대부분이 골드워터에 반대해 존슨을 지지했었다. 그들은 자신들이 평화를 지지하고 반전 운동을 전개하고 있다고 생각했다. 그런데 이제 존슨이 그들에게 전쟁을 강요하고 있었다. 그들은 하루 동안 정규 수업을 하지 않고 대학을 "전쟁에 반대하는 대형 교실"[1]로 만들자고 결의했다. 그들은 교수 50명의 지지 서명을 받았고, 그러자 대학 당국이 위협적으로 나오기 시작했다. 교수들은 겁을 집어먹고 다시 모였다. 그들 중 젊은 인류학 강사 마셜 샐린스가 타협안을 제시했는데, 그것은 이른바 토론회(성토대회)였다. 교수들은 방과 후 저녁 시간에 관심을 보이는 학생들과 만났다.

3000명의 학생이 나왔고, 그들은 다음 날 오전 8시까지 전쟁 문제를 토론했다.

그해 봄 100개 이상의 대학교에서 토론회가 열렸다. 또 다른 급진화의 거점이었던 캘리포니아 대학교의 버클리 캠퍼스에서는 토론회가 무려 36시간 동안 계속됐다. 연인원 3만 명의 학생이 참석했고, 한 번에 최대 1만 2000명까지 강연을 들었다.[2]

민주학생연합(SDS)은 1965년 4월 17일 워싱턴에서 전국 시위를 벌이자고 호소했다. SDS는 대학생 10만 명을 회원으로 거느린 최대 좌파 조직이었다. 그들 다수가 자기 자신을 혁명가로 생각하기 시작하고 있었다. 그러나 워싱턴에서 벌어진 시위 규모에 모두 깜짝 놀라고 말았다. 거기에 2만 5000명이 모였던 것이다.

지금 생각해 보면 그것은 대단하지 않은 규모처럼 보인다. 하지만 당시로서는 놀라운 규모였다. 더그 다우드는 코넬 대학교의 교수로서 1950년대 내내 급진주의자였다.

한국 전쟁 당시 나는 버클리에서 가르치고 있었다. 오, 하느님, 당시에는 어느 누구도 한국 전쟁에 반대한다는 소리를 입 밖에 내지 못했다. …… 자신이 전쟁에 반대한다고 오해받을까 봐 모두 공포 속에서 숨죽이며 살았다. 전쟁 반대가 곧 공산당원임을 의미했기 때문이다. …… [1965년에] 상황은 마치 길고 쓰라린 겨울이 지나가고 마침내 봄이 온 듯했다.[3]

10월 15일과 16일의 주말에 뉴욕에서 2만 5000명, 샌프란시스코에서 1만 5000명이, 전국에서 10만 명이 시위를 벌였다. 11월에는 3만 명이 뉴욕에서 시위를 벌였고, 1969년 3월에는 5만 명이 뉴욕에서 행진했다.

한국 전쟁 이후 미국 사회를 바꿔놓은 것은 공민권 운동이었다. 이의를 제기하는 것이 정당화됐다. 흑백에 관계없이 많은 사람들이 그 운동에 참여했다. 대다수의 백인과 일부 흑인들이 자유주의적인 중간 계급의 학생으로서 운동을 시작했다. 그들은 미국이 평등을 전파해야 한다고 생각했다. 남부에서 그들은 연방정부가 지방 보안관과 쿠 클랙스 클랜(KKK)으로부터 자신들을 보호해 줄 것이라고 기대했다. 하지만 그들이 확인한 사실은, FBI가 뒤쫓고 감시하는 대상은 쿠 클랙스 클랜이 아니라 자신들이라는 것이었다. 미시시피 주에서 흑인들이 테러 위협을 받으며 선거에서 배제됐다. 공민권 운동가들은 미시시피 자유민주당을 결성하고 1964년에 민주당 전당대회에 대표단을 파견했다. 그러나 민주당은 전통적으로 백인 우월주의를 표방해 온 미시시피당에게 자리를 내주었다.

한때 민주당을 지지했던 많은 자유주의자들은 미국이 체계적으로 인종 차별적이며 불공정한 사회이고, 정부와 민주당이 대중을 상대로 거짓말을 일삼았으며, 따라서 사회를 바꿀 수 있는 유일한 방법은 조직하고 농성하고 시위하는 것뿐임을 깨달았다.

베트남 전쟁이 발발하자 그 전쟁의 인종 차별적 본질을 깨닫는 것은 그리 어렵지 않았다. 급진적 공민권 운동 단체였던 학생비폭력조정위원회(SNCC)의 스토클리 카마이클은 1967년에 징집은 "백인이 홍인종[아메리카 원주민을 말한다 ― 옮긴이]한테서 훔친 땅을 지키기 위해 흑인을 보내 황인종을 상대로 전쟁을 벌이는 짓"[4]이라고 성토했다.

무하마드 알리는 세계 헤비급 권투 챔피언이자 흑인이었고 무슬림이었다. 그는 징집을 거부하면서 자신은 베트콩과 싸우지 않겠다고 선언했다.(이 말은 그가 어떤 다른 세력과 싸울 것이라는 의미였다.) 그는 감옥에 처넣겠다는 위협을 받았고, 챔피언 타이틀을 박탈당했으며, 권투를 하는 것도 금지당했다. 그러나 그는 자신의 신념을 지켰다.[5]

그렉 페이튼은 1968년에 베트남 주둔 해병대원이었다.

하루는 일등상사가 내게 베트남 사람들에 대해 이야기했다. …… 베트남 사람들은 이렇다, 저렇다. 그때 나는 처음으로 …… "베트남 사람들이 깜둥이와 똑같다"는 사실을 [깨달았다.] 내가 그에게 그런 말을 하자 그는 "자넨 정말 똑똑한 깜둥이로군" 하고 말했다. 그는 내게 나하고 자기만 아는 얘기라는 투로 말했다.[6]

마틴 루터 킹은 개인 자격으로 전쟁에 반대했다. 어쨌든 그는 평화주의자였다. 그러나 그의 전반적인 정치 전략은 자유주의자·노동계 지도자·공민권 운동 지도자들을 하나로 결집해 민주당을 변화시키는 것이었다. 따라서 그의 자금줄도 자유주의자들과 노동계 지도자들이었다. 그들은 마틴 루터 킹에게 1966년 내내 반복해서 만약 그가 베트남 문제를 공공연히 언급했다가는 공민권 운동의 대의가 타격을 입게 될 것이며 워싱턴의 실력자들이 그를 중요한 세력으로 간주하지 않을 것이라고 경고했다. 킹은 입을 다물고 있었다. 그러나 잡지 ≪성벽≫에서 봤던, 네이팜탄에 피폭된 어린이들의 사진이 그의 머리에서 떠나지 않았다. 흑인들의 투쟁이 남쪽에서 북쪽으로 번지고 있었고, 북쪽에서 게토[흑인들이 거주하던 도시의 빈민 지구 — 옮긴이]의 봉기는 비폭력적이지 않았다. 젊은 흑인 노동자들은 킹 목사를 존경했지만 — 그의 연설을 들으면서 그들은 울었다 — 정치적으로는 그를 뛰어넘고 있었다. 킹의 비폭력과 민주당 추종 노선을 말이다. 흑인 대중의 압력과 자신의 양심에 따라서 킹은 1967년 4월 4일 뉴욕 리버사이드 교회에서 연설을 했다.

나는 절망하고 [사회에서 — 옮긴이] 거부당하고 분노한 젊은이들과 함께 걸으면서 그들에게 화염병과 소총으로는 문제를 해결할 수 없다고 말했다. …… 그들은 내게 우리 조국이 문제를 해결하기 위해, 원하는 변화를 이루기 위해 대규모 폭력을 동원하고 있지 않느냐고 따져 물었다. 그들의 문제제기가 나의 폐부를 찔렀다. 오늘날 전 세계에서 최고로 폭력을 많이 전파하는 자들 — 우리 정부 — 에 대해 먼저 분명한 태도를 취하지 않는다면 게토에 사는 피억압자들의 폭력을 다시는 비난할 수 없다는 점을 나는 깨달았다. ……

[흑인들은] 전체 인구를 구성하는 다른 인종과 비교해 볼 때 예외적이라고 할 만큼 높은 비율로 [죽어가고 있다.] …… 그들이 미국 남서부와 조지아 주, 이스트할렘에서는 맛본 적이 없는 자유를 동남아시아에 가져다 주기 위해서 말이다.[7]

백악관의 자유주의자들은 킹의 연설 내용이 대수롭지 않은 것이라고 말했다. 그러나 그 연설이 장군들에게는 치명적인 효과를 낳았다. 그들은 공개적으로는 아무 말도 하지 않았다. 그러나 1965년 전투 사망자의 거의 4분의 1이 흑인이었다. 1966년에는 16퍼센트였다. 킹의 연설이 있은 후인 1968년에는 13퍼센트였고, 1970년에는 조금 감소해 9퍼센트, 그리고 1972년에는 겨우 7.6퍼센트였다. 해를 거듭하면서 장군들은 흑인을 전투 현장에서 빼냈다. 전체 베트남전 전투 사망자 가운데서 흑인이 차지하는 비율은 12.6퍼센트로, 이것은 전체 인구에서 흑인이 차지하는 비율과 대체로 일치한다.[8]

백인 급진주의자들 역시 그 전쟁이 인종 차별적임을 알아챌 수 있었다. 그들은, 베트남 사람들이 백인이었다면 그 정도 규모로 잔혹 행위와 살인을 당하지는 않았을 것이라고 생각했다.(물론 이 점에서 그들은 틀렸을 수도 있다.)

게다가 1964년부터 흑인 운동이 전국화하면서 분리주의 경향을 띠기 시작했다. 흑인 급진파 학생들은 킹과 남부기독교지도자회의(SCLC)한테서 백인들이 달가워하지 않을 것이기 때문에 너무 멀리 나아가서는 안 된다는 얘기를 끊임없이 들었다. 이런 식으로 그들[킹과 SCLC ― 옮긴이]은 워싱턴의 백인들과 전국자동차노동조합(UAW) 지도자들을 의식했던 것이다. 그러나 흑인 급진파는 모든 백인과 절연했다. 공산당은 노동 계급 내에서 중요한 조직이었다. 흑인 지도자들과 흑인 활동가들이 현장에 남아 있었기 때문이다. 그러나 1950년대 이후로는 더는 그렇지 않았다. 게토에서 살아남은 급진주의의 전통은 마커스 가비의 흑인 민족주의와 이슬람 국가였다. 1950년대와 1960년대에 전 세계를 뒤흔들었던 주요한 운동은 식민지의 자유를 쟁취하기 위한 운동이었다. 그리하여 스토클리 카마이클이 미시시피 행진에서 하늘을 향해 주먹을 내뻗으며 "블랙 파워"를 외쳤을 때 그것은 상당한 호소력이 있었다.

이런 상황은 공민권 운동에서 배출된 많은 백인 급진파 학생들에게 그들이 할 일이 없다는 느낌을 갖게 만들었다. 그들은 자신들과 같은 백인을 조직해야 한다고 생각했다. 전쟁이 발발했다. 공민권 운동을 통해 연좌농성을 해봤기 때문에 토론회를 조직하는 것은 자연스럽고도 당연한 행동이었다. 회합을 갖고 시위를 벌이고 워싱턴으로 결집해 행진하는 일이 자연스런 수순으로 진행됐다.

이 급진주의자들은 준비된 청중을 발견했다. 그들이 이야기를 나누었던 학생들은 애국적 자유주의자들이었다. 그러나 그들의 머리 속에는 한 가지 모순이 존재했다. 많은 사람들은 이제 언론이 끊임없는 거짓말로 모든 사람을 세뇌시키고 있다고 말했다. 이것은 부분적으로 사실이다. 언론은 정말로 엄청난 규모의 거짓말을 했다. 그러나 그들이 거짓말을 해야만 하는 이유는 사람들이 세뇌되지 않기 때문이다. 우리 대부분은 기본적으로 지배 계급과 다른 가치를 가지고 있다. 백악관의 인사들은 남베트남이 독재 체제이며 그 곳에서 대량 살상이 일어나고 있음을 알았다. 그들은 쿠데타를 조직했고, 사상자 수를 세고 있었다. 그러나 정부와 언론은 미국이 민주주의를 수호하고 있으며 대량 살상을 저지르지 않고 있다고 말해야만 했다. 왜냐하면 대다수 미국인이 독재와 대량 살상에 반대했기 때문이다. 그래서 급진주의자들은 남베트남이 독재 체제이고 그 전쟁이 참혹하다는 것을 아주 쉽게 입증할 수 있었다.

1965년에 열다섯 살 소년 크레이그 맥나마라는 자신이 다니는 사립 고등학교에서 전쟁에 대해 친구들과 논쟁을 벌였다. 그는 국방장관인 아버지에게 전화를 걸어, 친구들이 틀렸다는 것을 입증할 수 있도록 더 자세한 정보를 달라고 부탁했다. 아버지는 그에게 더 많은 자료를 보내주었지만 그 자료가 크레이그를 납득시키지는 못했다. 얼마 뒤 그는 스탠퍼드 대학교에 입학했고, 마침내 반전 시위에 참여하게 됐다.[9]

중간 계급보다 노동 계급의 반전 정서가 더 강했다. 이것은 부분적으로, 돈을 더 많이 가진 사람들이 현 상태를 유지하는 데 더 관심을 가지기 때문이다. 한편으로 그들은 교육받을 가능성이 더 많고, 그래서 사람들은 그들이 전쟁에 더 반대할 것이라고 생각하기도 한다. 교육을 통해 사람들이 더 자유주의적으로 바뀌고 관용적으로 된다고 모든 사람이 배운다. 그러나 유럽과 북아메리카에서 실시되는 여론조사 결과를 보면 이렇게 널리 유포된 견해가 입증되지 않음을 알 수 있다.

역사가 매릴린 영은 이렇게 쓰고 있다.

…… 처음부터 전쟁 반대 의견은 더 가난한, 더 교육받지 못한 미국인들 사이에서 가장 강력했다. 그들이 싸우고 죽어야만 했기 때문이다. 1966년 미시간 대학교에서 실시된 한 조사에 따르면 대학 교육을 받은 사람의 약 27퍼센트만이 베트남 철수를 지지했다. 반면 초등학교만 마친 사람들은 41퍼센트가 베트남 철수를 지지했다.[10]

1966년의 한 조사에서 디트로이트 교외의 백인 노동 계급 거주 지역인 디어본 주민의 41퍼센트가 미군 철수에 찬성했다. "추가 조사로 밝혀낸 바에 따르면, [투표 행태가] 시민의 사회경제적 수준과 반비례 관계가 있음이 드러났다. 전문직업인과 경영자들보다 블루칼라 노동자들이 전쟁에 더 비우호적이었던 것이다."[11]

교육 수준이 높은 좌파 인사들은 자주 이 점을 이해하는 데서 어려움을 겪는다. 역사가 마이크 마커시는 이렇게 말한다.

1970년까지 전체 인구에서 흑인, 저소득 가정, 그리고 60대 이상은 그 구성원의 압도 다수가 확전보다는 철수를 지지했던 유일한 세력이다. 그러나 반전 정서는 주로 백인 중간 계급 출신 학생들의 현상이었다는 관념이 [반전 운동 — 옮긴이] 비판자는 물론 운동의 일부 (백인, 중간 계급) 활동가들 사이에서도 폭넓게 받아들여지고 있다.[12]

역사가 제임스 로웬은 미국사 교과서를 분석한 매우 유용한 저서 ≪선생님이 가르쳐 준 거짓말≫에서, 버몬트 대학교에서 자신이 교과과정 중에 학생들과 함께 실시한 실험 하나를 소개한다. 그는 학생들에게 베트남전 말엽에 실시된 여론조사에서 미국의 개입을 지지한 사람들의 비율이 대학 졸업자·고등학교 졸업자·고등학교 중퇴자에서 각각 어떻게 나왔을지를 추측해 보라고 했다. 학생들은 시종일관 교육을 더 받은 사람들이 더 확고하게 전쟁에 반대했을 것이라고 추론했다.[13] 내 친구 낸시 린디스판도 다트머스 대학교에서 같은 실험을 했는데 학생들의 반응은 똑같았다. 두 경우 모두 학생들의 결론이 같았던 이유는, 중간 계급의 전문직업인들이 노동 계급보다 더 자유주의적이라고 가정했기 때문이다.

노동 계급의 자식들이 베트남에서 돌아오고 있었다. 그들은 친구와 친지들에게 그곳에서 존경할 만한 사람은 적뿐이었다고 말해 주었다. 그 사람들이 노동 계급 거주 지역과 일터로 돌아오고 나서 한참 뒤에야 텔레비전이 전쟁 반대로 돌아섰다. 태도를 바꾼 중간 계급의 대다수는 사람들을 움직인 것은 텔레비전이라고 생각했다. 그러나 베트남에 다녀온 누군가와 가까웠던 사람들은 이와는 다르게 생각했다.

그리고 중간 계급 젊은이들이 베트남에 갈 필요가 없었다고 할지라도 그들은 자신들이 결국 베트남에 가야만 할 것이라고 생각했다. 그들은 두려웠다. 그러나 더 중요한 점은 그들이 잔혹 행위를 원하지 않았다는 것이다. 그들 대다수가 교사나 사회복지사가 되거나 하급 사무원이 되고 싶어했다. 미국에서는 당시뿐 아니라 지금도 젊은이들의 약 절반이 대학에 입학하지만 4분의 1가량만 학업을 마친다. 그 4분의 1은 좀더 나은 삶을 누리지만 그들은 지배 계급이 아니다. 그들 대다수는 여전히 팍팍한 삶을 꾸려가야 한다.

1967년 4월 15일 30만 명이 뉴욕에서 반전 행진을 벌였다. 반전 운동의 지도자이자 경험 많은 사회주의자였던 프레드 홀스테드는 너무나 기뻤다. "이것은 엄청난 사건이다."[14]

10월 20일 시위대는 워싱턴으로 결집하기 시작했다. 그들은 펜타곤까지 행진할 예정이었다. 백인 젊은이들로 느슨하게 구성된, 마약을 하는 히피풍의 아나키스트들, 곧 이피[yippie, 히피와 신좌파의 중간을 자처하는 미국의 젊은이 ― 옮긴이]들이 펜타곤을 박살내겠다고 선언했다.

지배 계급은 두려움에 떨었다. 그날 밤 펜타곤으로 군대가 출동했다. "소총, 최루가스 발사기, 헬멧, …… 제1군의 트럭과 지프들"이 배치됐다. 백악관에서는 영부인인 레이디 버드 존슨이 일기장에, 저녁식사 시간에 "내일 무슨 일이 벌어질지에 관해 많은 얘기가 오갔다"고 적었다. "공포스런 흥분이 허공에 파문처럼 일고 있다. 완전히 포위된 느낌이다."[15] 다음 날 15만 명의 시위대가 "협상하라"와 "오스왈드[케네디 암살범으로 알려진 인물 — 옮긴이]가 필요한데 그는 어디 갔는가?"라는 문구가 적힌 플래카드를 들고 워싱턴을 행진했다. 그들은 연설을 듣고 펜타곤까지 행진했다. 그곳에서 그들은 군대와 맞닥뜨렸다. 시위대원 한 명이 도열해 있는 군인들의 저지선을 뚫고 들어가 총구에 꽃을 꽂았다. 시위대가 긴장한 군인들을 돌파하려고 시도하면서 밀고 당기는 육탄전과 구타가 자행됐고 대대적인 체포가 이루어졌다.

펜타곤 옥상에서 장군들은 이를 지켜봤고, "저격수들은 손에 화기를 든 채 불편하게 몸을 웅크리고 대기했다." 지배 계급은 창문 너머로 이 사태를 지켜봤다. 리처드 헬름스는 CIA 국장이었다. 훗날 그는 역사가 톰 웰스에게 이렇게 말했다. "그들이 펜타곤을 에워싼 군중을 지켜봤으며 그들 중 그 광경을 반긴 사람이 아무도 없었다는 것은 의심의 여지가 없다. 그리고 그것은 나 또한 마찬가지였다. 나는 전 세계에서 그런 폭도들과 마주쳤고, 당연히 그런 광경과 아우성이 싫었다." 육군 참모총장 스탠리 레소르는 웰스에게 이렇게 말했다. "아주 인상적인 사건이었다. 3만 5000명이 바로 코앞에 있다고 상상해 보라." 폴 니체는 그날 펜타곤 경비 책임자였다. 그의 자식 4명 가운데 3명이 시위대 안에 있었다.[16]

대다수는 아니라 할지라도 다수의 장군들에게는 전쟁에 반대하는 자식이 적어도 한 명은 있었다. 그들은 이 사실에 상심했다. 딘 러스크의 아들 리처드는, "아버지에 대한 사랑과 계속되는 베트남의 참극 사이에서 방황하다가" 신경쇠약에 걸렸다. 1969년 10월 윌리엄 워츠는 백악관에서 "확전 계획을 발표하는" 대통령 닉슨의 연설문을 작성하고 있었다. 그는 잠시 일손을 놓고 백악관의 정원을 산책했다. 그는, 전국적 마비 행동의 일부로서 밖에서 시위를 벌이고 있는 사람들을 자세히 살펴보려고 문쪽으로 걸어갔다. 그는 거기서 아내와 아이들이 "손에 촛불을 들고" 걷고 있는 것을 목격했다. 그는 일을 그만두어야겠다고 생각했다. "담장을 사이에 두고 다른 쪽에 있다는 것이 매우 고통스러웠다."[17]

시위가 위력을 발휘했다. 그것은 단순히 가족의 고통이 아니었다. 물론 거의 모든 사람이 자신의 경력을 망치기보다는 차라리 고통스럽게 사는 쪽을 택했다. 대중이 저항했고 미국은 갑작스럽게 국내에서 취약점을 드러내고 말았다. 리처드 헬름스는 CIA에서 일했으므로 이전에 더 성난 군중을 목격했으리라는 점은 분명하다. 펜타곤을 에워싼 군중은 폭력을 사용하지 않았다. 그러나 헬름스조차도 그런 일이 미국에서 일어나리라고는 감히 상상도 하지 못했다.

1966년 후반에 펜타곤의 전문가들은 린든 존슨에게 그들이 하노이와 항구 도시 하이퐁을 융단 폭격함으로써 미군의 인명 손실을 줄이고 그렇게 하지 않을 때보다 더 빨리 전쟁을 끝낼 수 있다고 설명했다. 그들은 자신들의 컴퓨터에 자료를 집어넣고는, 1945년에 히로시마와 나가사키에 원자폭탄을 투하함으로써 75만 명의 무고한 생명을 구해냈다고 계산했다. 존슨은 그들에게 이렇게 말했다. "자네들 컴퓨터에 물어볼 문제가 하나 더 있네. 대통령이 그런 짓을 할 경우 50만 명의 성난 미국인이 저 넘어 백악관 담장을 기어올라 나에게 린치를 가하는 데 얼마나 걸릴지도 그 컴퓨터에 한번 물어봐 주겠는가?"[18]

대중 시위 때문에 전쟁 반대 행동이 정당화됐다. 매번 벌어지는 대규모 집회를 통해 시위의 대의를 옹호하는 사람들이 다시금 가정으로 돌아가 가족과 친지들을 설득했고, 그들은 이 주장을 경청했다. 1970년 11월에 실시된 여론 조사에서는 대다수가 베트남 전쟁이 잘못이라고 생각했다. 대통령의 "전쟁 수행"을 인정한 사람은 35퍼센트에 불과했다. 그리하여 맥조지 번디는 존슨에게 보내는 메모에서 이렇게 썼다. "전쟁을 반대하는 대중의 정서는 현재 광범하고도 깊다."[19]

그리고 1968년 1월에 구정 공세가 시작됐다. 우리가 이미 본 것처럼, 구정 공세는 베트콩에게 괴멸적인 타격을 주었다. 그러나 미국에서, 그리고 전 세계에서 텔레비전 시청자들은 그들이 믿도록 조장당해 온 것보다 사실은 게릴라들이 훨씬 더 강력하며 베트남인들의 폭넓은 지지를 받고 있다는 점을 깨달았다. 게릴라들이 구정 공세 이후 몰살되고 있었지만 미국의 지배 계급도 전쟁을 축소해야 한다고 결정했다. 국방장관 맥나마라는 미군이 지고 있다는 사실을 1967년에 깨달았다. 그는 존슨 대통령에게는 직접, 의회에는 에둘러서 이 사실을 말했다. 그 후 그는 세계은행을 관리하는 한직으로 쫓겨났다.

후임 국방장관 클라크 클리퍼드는 구정 공세에 직면해 베트남의 웨스트멀랜드 장군이 20만 6000명의 추가 병력을 요구하는 상황에 부딪혔다. 그렇게 되면 전체 병력이 70만 명에 달한다. 클리퍼드는 오랫동안 지배 계급의 일원으로 일해 온 자였다. 1968년 3월 그는 동료들에게 상황을 이렇게 설명했다.

> 나는 미국 전역의 재계와 법조계 친구들과 지속적으로 관계를 유지하고 있다. 나는 다양한 쟁점들에 관해 그들의 조언을 구한다. 몇 달 전까지만 해도 그들의 태도는 전쟁 지지가 일반적이었다. 그들은 경기 과열과 금 유출에 약간 화를 내기도 했지만 이런 사태도 곧 통제할 수 있으리라고 판단했다. 더불어 그들은 어쨌든 베트남에서 공산주의를 저지하는 것이 중요하다고 생각했다. 그런데 이제 그 모든 것이 바뀌었다. …… 수렁에 더 깊숙이 빠져 버렸다는 생각이 그들을 미치게 만들고 있다. 그들은 우리가 베트남에서 빠져나오기를 원한다. 그들은 저마다 자신의 공동체에서 여론 주도층이다. …… 대통령이 그들의 지지 없이 대중의 지지를 받기는 아주 어려울 것이다. 나는 불가능하다고 생각한다.[20]

이것이야말로 지배 계급의 진정한 목소리, 즉 짧은 언급과 완전한 후안무치이다.

"경기 과열과 금 유출"은 진짜 걱정거리였다. 전쟁 때문에 정부는 엄청난 돈을 지출하고 있었다. 이것 때문에 풍족한 생산과 완전고용 등 미국의 경기 호황이 가능했다. 그러나 전쟁이 대중의 지지를 못 받았기 때문에 의회가 전쟁 비용을 위해 세금을 인상할 수 없었다. 그런 세금도 없고 완전고용 상태에서 미국인들은 가외 소득으로 외국산 물품을 구매했고, 미국 정부는 해외에서 돈을 빌리고 있었다. 이 두 가지 현상이 복합적으로 작용해 미국의 국제수지가 악화됐다. 달러는 세계의 기축통화였다. 제2차세계대전 이후로 다른 나라들은 국제 무역에서 달러를 사용했고, 달러는 금 가격과 연동돼 있었다. 1967년쯤에 미국은 자신이 빌려주는 것보다 더 많은 돈을 빌리고 판매하는 것보다 더 많은 제품을 구매하고 있었다. 다른 나라의 은행들과 무역업자들은 그들의 달러를 미국의 금 보유량에 맞추어 거래하고 있었다. 미국의 금 보유량이 감소했고, 미국 정부는 달러가 더는 금과 연계될 수 없는 지점에까지 이르고 말았다.

대중이 전쟁을 지지하지 않았고 그래서 세금을 인상할 수 없었기 때문에 이것이 문제가 됐다. 다른 중요한 문제들도 있었다. 다른 나라 경제가 더 빠르게 성장하면서 미국의 경제 지배력이 꾸준히 침식됐다. 아울러 주요 산업 열강 전체가 1966년 무렵 이후로 이윤율이 감소하고 있음을 발견했다. 그러나 이런 문제들이 베트남 전쟁에서 비롯한 것도 아니었고, 종전으로 해결되지도 않았다. 그리고 닉슨이 마침내 금본위제와 결별한 뒤에도 달러는 여전히 세계의 주요 통화였다.

이 때문에 경제 상황과 금본위제가 1967년에 미국의 자본가들에게 중요한 걱정거리였지만, 그렇다고 결정적인 것은 아니었다. 가장 중요한 걱정거리는 구정 공세였다.

그러나 클라크 클리퍼드와 지배 계급이 전쟁에 반대하기로 작정했음에도 린든 존슨은 여전히 전쟁을 고집했다.

1968년은 선거의 해였다. 그 해에 상원의원 유진 매카시가 완고한 보수 성향의 뉴햄프셔에서 시작된 민주당 예비선거에서 평화 후보를 자임하며 존슨의 경쟁자로 나섰다. 존슨이 승리하기는 했지만 그 차가 겨우 230표에 불과했다. JFK의 동생 바비 케네디가 대기하고 있었다. 바비는 상원의원 조 매카시('매카시즘'의 그 매카시) 밑에서 일했고, 처음부터 베트남 전쟁을 지지했으며, 1965년에는 파병에도 찬성했다. 그러나 여러 가지 이유로 존슨과는 불편한 관계를 유지했던 바비는 1967년에 돌연 전쟁 반대로 돌아섰다. 뉴햄프셔 예비선거 이후 그는 존슨을 물리칠 수 있음을 간파하고 대통령 선거전에 뛰어들었다. 그가 민주당의 지명을 받을 수 있을 듯했다.

클라크 클리퍼드는 나중에 "날마다 불안정한 국내 상황을 더욱 의식하게" 됐다고 술회했다. 그는 "원로들", 곧 국무부의 고위 자문단을 소집했다.

원로들이 지배 계급에게 조언을 했다. 그들은 "금융계·법조계·기업계와 밀접한 관계를 맺고 있는 사람들을 포함해"[21] 전직 합참의장, 전직 국방장관 등이었다. 트루먼 정부 시절에 국무장관으로 재직하며 냉전을 기획했던 딘 애치슨이 원로들을 이끌었다. 원로들은 1965년에 이미 존슨과 만난 적이 있었다. 당시 존슨은 베트남 파병을 주저하고 있었다. 그때 그들은 미국의 세계 패권을 위해 그가 베트남에 개입해야 한다고 조언했다. 1967년에 그들은 한 번 더 만나서 전쟁을 지지하는 얘기를 했다. 이제 그들은 이구동성으로 평화를 원했다. 이유는 똑같았다. 어떤 사람이 말한 것처럼, "국가의 분열이 미국을 산산조각 내 버릴 수도 있음을 여실히 보여 주고 있었"[22]던 것이다.

딘 애치슨은 <윈스턴-세일럼 저널>에서 오려낸 사설을 주머니에 넣고 그 회의에 갔다. 그 사설은, 전쟁 때문에 미국인들이 "국가 중대사의 우선 순위를 놓쳐 버렸으며, 당연한 얘기지만 가장 중요한 과업은 국내 문제"라고 주장했다.

애치슨은 "나라도 그렇게 썼을 것"이라고 말했다.[23]

[베트남 — 옮긴이] 공격이 난관에 봉착하자 미국 지배 계급에게 1순위 과제는 미국을 통제하는 것이었다. 이제 내부 반란을 살펴볼 때가 됐다.

시카고

린든 존슨은 원로들에게 굴복했다. 그는 베트남으로 20만 6000명을 추가 파병해 달라는 웨스트멀랜드 장군의 요청을 거절하고, 텔레비전 연설을 통해 대통령의 두 번째 임기에 도전하지 않겠다고 선언했다.

나흘 뒤 마틴 루터 킹이 테네시 주 멤피스에서 살해당했다. 흑인들 대부분이 그 암살은 모종의 백인 권력, 다시 말해 FBI나 백인 기업가, 쿠 클랙스 클랜 따위의 소행이라고 생각했다. 그들은 이 사건에 대한 공정한 조사를 기대하지 않았다.(지금까지도 제대로 된 조사가 이루어지지 않았다.)

킹은 자신을 따르던 민중의 희망을 대변했다. 그가 죽은 뒤 한 흑인 급진주의자가 내게 말했다. "자네도 알다시피, 나는 킹 박사의 견해에 동의하지 않아. 우리는 더 나아가야 해. 하지만 그의 연설을 들을 때마다 난 눈물이 나네." 많은 사람들이 이렇게 느꼈다. 그의 죽음은 비폭력과 타협을 표방한 그의 정치가 효과적이지 못하다는 점을 입증해 준 셈이었다. 그러나 그를 따르던 민중은 그 주말에 그들이 할 수 있는 유일한 방식, 곧 분노와 슬픔 속에서 방화와 폭동으로 그에게 경의를 표했다. 전국에서 도시의 흑인 빈민 거주 지역이 화염에 휩싸였다. 100개 이상의 도시에서 폭동이 발생했다. 이제 지배 계급은 반전 운동뿐 아니라 성난 흑인 운동에도 대처해야 했다.

그러나 그 순간 전쟁에 항의한 대다수 사람들은 평화가 곧 도래할 것이라고 판단했다. 미국은 이미 북베트남 폭격을 중단했다. 워싱턴은 하노이와 회담을 하고 있었다. 바비 케네디는 평화 후보였고, 그는 예비선거에서 승리를 거두고 있었다. 6월에 로스앤젤레스에서 난민 자격으로 머물고 있던 팔레스타인 출신의 한 노동자가 케네디를 저격했다. 케네디가 이스라엘을 지지한 냉전의 전사였기 때문이다. 그리하여 유진 매카시가 다시 반전 후보로 부상했다. 학생들과 젊은 자유주의자들이 그에게 몰려들었다.

대통령 후보 지명은 8월에 시카고에서 열리는 민주당 전당대회에서 결정될 예정이었다. 이피(Yippie)들과 SDS의 급진주의자 일부는 대회장 밖에서 일주일 동안 시위를 벌이자고 호소했다. 호소에 응한 시위대는 겨우 수천 명뿐이었다. 사태가 이렇게 진행된 것은 [시카고—옮긴이] 시장 데일리와 시카고 경찰이 이미 집회 불허 방침을 분명히 했고 경계령을 강화했으며, 전당대회 전날 아메리카 원주민 시위대원 한 명이 총격으로 사망하는 사건이 부분적으로 작용했기 때문이었다. 평화 운동 진영의 자유주의 분파가 대중이 시카고로 결집하는 것을 방해하기도 했다. 그들은 그런 행동이 민주당을 나쁘게 보이도록 만들 수 있다면서 사람들을 말렸다. 그러나 시위의 규모가 그토록 작았던 주된 이유는 대다수 평화 운동가들이 이제 곧 전쟁이 끝나리라고 판단했던 데 있었다.

사람들은 예비선거에서 평화를 지지했다. 전당대회에서 존슨의 부통령이자 충성스런 전쟁 지지자인 휴버트 험프리가 후보로 지명됐다. 규모는 작았지만 수천 명의 시카고 시위대는 경찰 저지선을 뚫고 미시간 대로(大路)로 진출했다. 그곳에 전당대회장과 전국에서 온 대표자들이 머물던 호텔이 있었다. 경찰은 최루가스를 사용했고 그들을 구타했다. 전당대회장에서 가스 냄새가 나자, 코네티컷 주 상원의원 에이브러햄 리비코프는 생중계되는 텔레비전을 통해 전당대회 참석자들에게 경찰이 "시카고의 대로에서 게슈타포[나치 독일의 비밀경찰—옮긴이]의 전술"[24]을 사용하고 있다고 말했다. 밖에서는 주 방위군 차량이 총으로 무장한 채 거리를 순찰했다. 시위대는 외쳤다. "전 세계가 지켜보고 있다! 전 세계가 지켜보고 있다!" 그리고 실제로 그랬다.

1968년은 점점 "68의 해"[전 세계적 저항과 반란의 해—옮긴이]가 돼 가고 있었다. 미국에서는 마틴 루터 킹을 지지하는 폭동과 시카고 시위가 벌어졌다. 멕시코의 대중적 학생 운동은 멕시코시티에서 수백 명이 총격으로 사망한 뒤에야 겨우 진압됐다. 5월에 프랑스에서 벌어진 학생 시위는 세계 역사상 최대 규모의 총파업으로 이어졌다. 체코슬로바키아에서는 집권 공산당의 개혁파가 "인간의 얼굴을 한 사회주의"를 도입하려고 시도했다. 8월에 러시아 탱크가 프라하로 밀고 들어오자, 학생들과 노동자들이 탱크를 에워싸고 항의했다. 파키스탄에서는 카라치의 학생 시위와 노동자 파업으로 군사 독재가 무너졌다. 이탈리아에서는 파업이 속출할 붉은 2년이 시작됐다. 독일·폴란드·아르헨티나·일본·타이·스리랑카·아프가니스탄·이란·터키·유고슬라비아·볼리비아·칠레에서 학생들은 시위를 벌였고, 노동자들은 파업에 돌입했다. 혁명의 분위기가 고조됐던 것이다.[25]

그 모든 것이 구정 공세와 함께 시작됐다. 전 세계 사람들은 세계 최강대국인 미국이 패배할 수 있음을 봤다.

미국의 지배 계급은 모순에 봉착했다. 그들은 베트남에서 철수하고 싶었다. 그러나 1968년의 분위기에서 공개적 굴욕과 패배라는 결과를 받아들이고 싶지는 않았다. 만일 구정 공세가 그 모든 투쟁을 촉발시켰다면, 미군이 철수하고 게릴라들이 보무도 당당하게 사이공에 입성하는 TV 화면이 미국은 물론 전 세계에서 더 광범한 투쟁에 영감을 불어넣을 것이기 때문이었다.

그리하여 1968년에 미국 정부는 파리에서 북베트남·민족해방전선과 평화협상을 개시했다. 미국은 북베트남 폭격을 중단했다. 그러나 미국은 남베트남·라오스·캄보디아를 그 후 7년이나 더 폭격했다. 미군은 그 후로도 5년 더 남베트남에 주둔했다.

공화당원 리처드 닉슨은 1968년에 자신에게 전쟁을 끝낼 수 있는 비밀 계획이 있다고 선언하면서 대통령 선거에 뛰어들었다. 민주당의 휴버트 험프리는 자신의 공약에 종전을 내걸면 선거에서 승리하리라는 것을 알고 있었다. 존슨과 지배 계급의 충복이었던 험프리는 전쟁을 지지했고, 닉슨이 승리를 거두었다. 유권자들은 공식적으로 전쟁을 계속하겠다는 계획을 밝히는 사람보다는 전쟁을 끝낼 수 있는 비장의 카드를 가지고 있다는 사람을 선택했다. 그러나 일단 당선되자 닉슨도 존슨과 똑같은 문제에 부딪히고 말았다. 닉슨은 평생 동안 반공주의자로 살아온 인물이었다. 그는 측근인 밥 홀드먼에게 자신의 계획을 이렇게 설명했다.

난 그것을 미치광이 이론이라고 부르고 싶어, 밥. …… 전쟁을 중지하기 위해서라면 내가 무엇이라도 할 수 있는 단계까지 와 있음을 북베트남 사람들에게 확실히 알려주고 싶어. 우리가 그들에게 이런 말을 흘릴 수도 있을 거야. "아무쪼록 당신들은 닉슨이 공산당이라면 진저리를 친다는 사실을 알아야 할 거요. 그가 화를 내면 우리도 그를 말릴 수 없어요. 게다가 지금 그는 핵 미사일 발사 단추에 손을 올려놓고 있다구요." 그러면 호찌민이 이틀 안에 직접 파리로 와서 평화를 간청할 거야.[26]

닉슨은 패배하지 않고 전쟁을 끝내려 애쓰고 있었다. 백악관은 덕 훅[Duck Hook : 원래는 골프 용어로서 코스에서 많이 벗어나는 훅을 말한다 — 옮긴이] 작전을 계획하기 시작했다. 캄보디아와 북베트남을 집중 폭격하고, 캄보디아와 라오스를 침공하며, 필요하다면 북베트남에 핵 공격을 하는 것이 그 작전의 내용이었다.

'덕 훅'은 미국 국민에게는 비밀로 하기 위해 만든 작전명이었다. 그러나 그 작전은 북베트남 지도부에게는 명백한 위협이었다. 1969년에 대다수 미국인은 닉슨이 평화를 진척시키기를 기다렸다. 그가 그렇게 하지 않으리라는 것이 곧 드러났다. 파리 평화협상은 협상 테이블을 구성하는 문제부터 설전을 벌이며 무의미한 교착 상태에 빠져 버렸다. 항의 시위대들이 돌아왔다.

1969년 11월에 50만 명이 워싱턴에서 시위를 벌였다. 미국 역사상 최대 규모의 시위로 기록됐던, 워싱턴에서 마틴 루터 킹이 이끌었던 1963년의 공민권 행진보다 그 규모가 더 컸다. 사람들이 알링턴 국립묘지에서부터 일렬 종대로 30시간 동안 행진했다. 모든 사람이 파괴된 베트남 마을이나 베트남에서 사망한 미국인의 이름을 적은 팻말을 하나씩 들었다. 빈 버스들이 꼬리에 꼬리를 물며 백악관을 향해 경적을 울려댔다. 무장한 군대가 버티고 있는 가운데 50만 명의 시위대가 지나갔다. 급진주의자들은 법무부 밖에서 시위를 벌였다. 경찰은 방독면을 착용하고 나타나 시위대를 구타하고 최루탄을 난사했다. 그때 나도 시위대에 있었는데, 최루가스가 어찌나 독했던지 구토를 했다. 법무장관 존 미첼은 창문을 통해 밖을 내다보고는 사태가 러시아 혁명과 같다고 생각했다.[27] 물론 러시아 혁명은 아니었다. 그러나 사태는 미첼이나 내가 그동안 본 것과는 완전히 달랐다.

닉슨은 시위대를 잠재우고 전쟁에도 지지 않으려 했다. 1969년 4월 20일에 그는 다음 해에 베트남에서 15만 명을 철수시키겠다고 발표했다. 그러나 동시에 덕 훅 작전이 계속됐다. 열흘 뒤 닉슨은 캄보디아를 침공했다. 베트남 전쟁은 이미 인도차이나 전체를 집어삼키고 있었다. 캄보디아와 라오스 두 나라에서 공산당 게릴라들은 정부에 맞서 투쟁하고 있었다. 미군 전투기가 민중을 폭격하면서 두 나라 정부를 지원했다. 베트콩은 베트남 국경 인근의 캄보디아를 피난처로 활용하고 있었으며, 북베트남의 군대와 보급품이 라오스의 '호찌민 루트'라고 알려진 비포장 도로를 따라 내려오고 있었다. 캄보디아 국왕 노로돔 시아누크는 처음에는 전쟁에 개입하지 않으려 했다. 그러나 곧 암암리에 캄보디아에 머물던 베트콩과 크메르루주('붉은 캄보디아인'이라는 뜻)를 표적으로 하는 미국의 비밀 폭격 작전을 승인했다. 미국 정부는 이것만으로는 성에 차지 않았던지 시아누크의 국방장관인 론 놀의 쿠데타를 후원했다. 쿠데타는 캄보디아인들의 지지를 받지 못했다. 크메르루주가 반사이익을 얻었고, 미국의 캄보디아 폭격은 늘어났다. 닉슨의 캄보디아 침공은 하노이에 보내는 메시지였을 뿐 아니라 론 놀을 지원하려는 시도이기도 했다.

닉슨은 텔레비전 연설을 통해 캄보디아 침공 사실을 발표하면서 이렇게 말했다. "만약, 주사위가 던져진 이때, 세계 최강대국인 미국이 보잘것없는 거인처럼 무력하게 행동한다면 전체주의적 아나키스트들이 전 세계의 자유 국가와 자유 제도를 위협할 것이다."[28] 이 말은 우스갯소리로 받아들여졌다. 그러나 닉슨은 그렇게 말했고, 지배 계급의 절반도 그렇게 느끼고 있었다. 만약 그들이 베트남에서 패배한다면 공산주의와 '아나키즘'이 자유 기업을 위협할 것이다. 닉슨이 말한 아나키즘은 아래로부터의 민주주의였다.

전직 인도네시아 대사 마셜 그린이 닉슨의 캄보디아 연설 뒤에 귀국했다. 그린은 국무부 내에서 극동 아시아 담당자였고, 이제 베트남과 관련해서는 비둘기파였다.

집에 돌아왔더니, 아들이 방으로 들어와 나와 아내의 대화에 끼어들었다. 그는 대통령이 취한 입장을 비난했다. 그는 "다시는 아버지를 보지 않겠어요" 하고 말하고는 나가 버렸다. 우리는 몇 주 동안 그를 다시 보지 못했다. …… 사람들이 자살 상황으로까지 내몰렸다. 정말이다.[29]

학생들의 동맹휴업과 점거 투쟁이 대학을 휩쓸었다. 나는 녹스빌에 살고 있었다. 나는 테네시 대학교에서 함께 소규모 반전 운동을 이끌던 50명가량의 백인 급진주의자·히피·마약 상용자들 가운데 한 명이었다. 닉슨이 [캄보디아―옮긴이] 침공을 발표하자 우리는 다음 날 저녁에 시위를 벌이자고 호소했고, 수백 명이 참가할 것이라고 예상했다. 대학 광장은 수천 명이 모여들어 인산인해를 이루었다. 남자들은 전부 짧은 머리를, 여자들은 퍼머 머리를 하고 있는 것 같았다. 형제애와 자매애가 넘쳤다. 닉슨은 "침묵하는 다수"가 자기를 지지하고 있다고 말했다. 그러나 그는 평화를 약속하고 나서 전쟁을 벌이고 있었고, 이제 침묵하는 다수는 우리 편이었다.

오하이오 주의 켄트 주립대학교 역시 보수적인 곳이었다. 닉슨이 캄보디아 침공을 발표하고 나서 이틀 후인 토요일 밤에 2000명의 군중이 캠퍼스에 짓고 있던 예비역 장교 훈련단(ROTC) 건물을 방화했다. 주지사가 주 방위군을 투입했다. 월요일 정오에 1000명이 캠퍼스에서 집회를 열었다. 학생 몇 명이 주 방위군에게 돌을 던졌다. 역사가 케네스 히니먼은 그 상황을 이렇게 전한다.

군인들은 집합해서 의논한 후 학생들을 두고 블랭킷힐로 올라갔다. 탑 근처에 있는 언덕 꼭대기에 도착하자 그들은 방향을 바꾸어 군중을 향해 발포했다. 13초 만에 주 방위군은 일제히 61발을 쏘았다. 수백 피트 떨어진 주차장에서 앨리슨 크라우즈가 치명적인 부상을 입었다. 댄 포라는 손목에 총상을 입었고, 발에 총을 맞은 그레이스는 고통으로 몸부림쳤다. 그레이스는 구급차에 실려가면서 의료진이 샌디 쉐어의 머리를 담요로 덮는 것을 봤다. …… 도망치던 한 젊은 여성은 밀러 옆에서 고꾸라졌고 팔을 내뻗으며 울부짖었다.

아연한 침묵이 흘렀다. 곧 사람들이 울부짖으며 이성을 잃었다. 매릴린 해먼드는 실성한 사람처럼 남편을 찾았다. 이윽고 남편이 무사함을 확인한 매릴린은 실신해 버렸다. 전쟁에 반대하던 학생이자 베트남에 참전했던 퇴역군인 한 사람은 피범벅이 된 채 먼 산을 응시했다. 학생들은 무의식적으로 땅바닥에 주저앉았다. 주 방위군의 지휘관이 학생들에게 해산하라고 명령하고 말을 듣지 않으면 다시 총을 쏘겠다고 했을 때, 1학년생 밈 잭슨은 냉정하게 죽음을 기다렸다.[30]

보수적인 지질학 교수이자 제2차세계대전 참전군인였던 글렌 프랭크는 금요일 밤에는 학생들로부터 ROTC 건물을 지키려고 했었다. 이제 그는 학생들이 총에 맞아 죽는 것을 지켜봤고, 곧 또다시 총격이 벌어질 상황이었다.

글렌 프랭크는 장교에게 그만두라고 간청했지만 냉정하게 거절당했다. 그는 눈물을 떨구며 일그러진 목소리로 학생들에게 구내식당을 떠나라고 호소했다. "저들이 우리에게 다시 총을 쏠 것이고, 우리는 쓰러져갈 것입니다. 저들은 총을 가졌고, 그 총이 우리의 목구멍을 노리고 있습니다." 학생들은 천천히 일어나 해산했다. 이윽고 동료 한 명이 그 망연자실해 있는 교수를 집으로 모셔갔다.[31]

얼마 후 프랭크 교수는 진심에서 우러나와 시위대들과 합세했다. 그는 "저들"과 "우리"라는 말을 썼다. 앨리슨 크라우즈는 열아홉 살, 제프리 밀러는 스무 살, 수전 쉐어도 스무 살, 윌리엄 슈뢰더는 열아홉 살에 죽었다. 슈뢰더는 ROTC 장학금을 받으며 대학에 다니고 있었다.[32]

정말이지, 네 사람이 죽은 것과 베트남이 당한 고통을 비교하면 전자는 아무것도 아니었다. 베트남 주둔 미군에게 일어난 일과 비교해도 그것은 마찬가지다. 로스앤젤레스와 디트로이트 폭동 와중에 경찰이 살해한 흑인들과 비교해 보더라도 마찬가지다. 그러나 사태가 새롭게 전개됐다. 닉슨과 지배 계급은 상황을 더 심각하게 만들고 있었다. 켄트 주립대학교 학생들은 캄보디아와 베트남, 그리고 그 모든 살육에 항의하고 있었다. 정치적 살인극이 단순한 실수일 때도 있지만, 그런 사건은 대중이 기꺼이 역사를 바꾸겠다고 마음먹고 있을 때 일어나기도 한다. 대충 추산해 435만 명의[33] 학생이 1350개 대학에서 행진과 시위를 벌였으며, 536개 대학은 학생 전체가 동맹휴업에 들어갔다. 캘리포니아 주지사 로널드 레이건은 주립대학교 전체를 폐쇄했다. 미국 주(州)·군(郡)·시(市) 공무원 연맹이 전쟁 반대를 표명했다.

일주일 예고로 15만 명이 워싱턴에 모여 시위를 벌였다. "켄트 주립대학교 사건 뒤 며칠 동안이 내 대통령 임기중 최악의 나날이었다"고 리처드 닉슨은 나중에 썼다. 헨리 키신저가 사실상 대외 정책을 담당하고 있었다. 그는 그 시절을 이렇게 적고 있다.

엄청난 스트레스에 시달리던 때였다. 워싱턴은 포위당한 도시 같았다. …… 정부 조직이 산산조각 나고 있었다. 집행 부서는 마비돼 버렸다. …… 우리는 모두 극도로 기진맥진한 상태였다. 나는 잠이라도 조금 자려면 시위대가 상주하며 소란을 피우던 내 아파트를 떠나 백악관의 지하실로 가야만 했다. …… 시위대의 분노에 깊이 상처받은 [닉슨은] …… 고문들이 걱정할 만큼 힘들어 했다. …… 신경쇠약 직전 단계까지 이른 [것 같았다.][34]

덕 훅 작전은 끝났다. 닉슨은 미군 전원이 6월 말까지 캄보디아에서 철수할 것이라고 발표했다. 항의 시위는 성공을 거두었다.

그러나 전쟁의 전 과정에서 시위대의 다수는 그들의 항의 시위가 성공적이라고 생각하지 않았다. 그들 대다수는 체제가 제대로 작동하기를 원하던 자유주의자들이었다. 미국은 정부가 국민의 소망에 따라 움직이는 민주 국가라는 신념에 따라 그들이 행동한 것은 사실이다.

한편 지배 계급은 백악관의 창문을 통해 항의 시위를 관찰하면서 자신들이 무엇을 스리슬쩍 할 수 있으며 또 대중의 의지에 언제쯤 고개를 숙이며 대응해야 할지를 판단했다. 그들이 시위대들에게 양보하며 타협을 시작할 때조차도 그들은 자신들이 시위대에 끌려다니고 있지 않다고 주장했다.

자유주의 성향의 시위대들은 어느 정도의 만족과 어느 정도의 진실을 기대했지 중단 없는 계급 투쟁을 원하지는 않았다. 그러나 전쟁은 여전히 계속되고 있었고 살육도 마찬가지였다. 그리하여 그들 대다수가 기본적으로 선한 이 체제를 개혁할 수 있다는 생각에서, 사회의 아무것도 바꿀 수 없다는 생각으로 옮아갔다.

그들은 두 가지 대안을 보았다. 체제가 대중의 의사에 호응하든가 아니면 그에 반한다는 것이었다. 그들에게는 계급 투쟁에 대한 인식이 전혀 없었다. 체제를 운영하는 자들은 언제나 다수 대중의 의지를 무시하지만 그 대중이 충분히 강력하게 밀어붙이면 억지로라도 강요당한 일을 하게 된다는 생각을 하지 못했다. 그들 대다수는 자신들이 대다수 미국 국민의 태도를 바꿀 수 없다고 생각했다. 이런 태도는 노동 계급에 대한 경멸에서 비롯한 것이다. 이피의 지도자였던 애비 호프먼은 나중에 TV에 출연해 우파 성향의 노동자였던 아치 벙커를 소개하면서 그런 생각의 일부분을 이렇게 드러냈다.

우리는 차라리 벙커 씨의 자녀들에게 접근하기로 했다. 벙커 씨는 도저히 획득할 수 없었기 때문이다. 그 계급의 미국인들에게는 …… 호소하는 것이 좀 어려웠다. 그들 가운데 많은 사람들이 우리를 흠씬 두들겨 팬 다음 감옥에 처넣었기 때문이다. …… 대다수 미국인은 정치에 전혀 관심이 없다. 이상이다. …… 나는 확신하는데, …… 보스턴 항에서 차를 내던졌던 사건[보스턴 차 사건. 이 사건으로 미국의 독립전쟁이 시작됐다 — 옮긴이]에 관심을 가졌던 미국인은 그 당시

에 거의 없었을 것이다.[35]

1969년 녹스빌에서 열린 한 자그마한 학생 집회에서 1956년 헝가리 노동자 봉기에서 탈출해 온 난민 한 명이 일어나 발언했다. 그는 우리가 오크리지의 공장지대로 달려가 전쟁에 반대하면서 노동자들에게 전단을 나누어주자고 제안했다. 우리는 미친 것 아니냐는 듯이 그를 쳐다봤다. 전단을 나누어준다는 생각에 우리는 겁을 집어먹었다. 우리는 노동자들이 전쟁을 지지하고 있다고 확신했는데, 이것은 매우 그릇된 관념이었다. 그가 다시금 자신을 지지하는 소매상인들과 함께 가게라도 돌자고 제안하자 우리는 그건 좀 낫겠다고 생각했다.

그러나 노동자를 경멸하지 않은 학생들도 많았다. 다수가 노동 계급 출신이었고, 일하면서 대학에 다니는 사람도 많았을 뿐더러, 무엇보다 시위에는 언제나 노동자 개인들이 참여하고 있었다. 문제는 정치였다. 반공주의 때문에 노동조합으로 조직된 노동 계급 내에서 사회주의가 박살나 버렸던 것이다. 수많은 사람들이 머리 속에서는 혁명을 그리며 전진하고 있고 "나는 혁명가다"라고 생각했다. 그러나 그들은 그것이 노조 활동을 의미한다고 생각하지도 않았을 뿐더러 미국의 노동자들이 세상을 바꿀 수 있다고도 생각하지 못했다. 이것은 노동자들도 마찬가지였다.

예를 들어보자. 켄트 주립대학교 사건 뒤 나는 녹스빌 대학에서 강사로 일하고 있었다. 그 도시형 단과대학은 대개 백인 위주였던 테네시 대학교와는 달리 주로 흑인이 다녔다. 녹스빌 대학의 학생들은 노동 계급 출신이었다. 흑인 상층 중간 계급은 녹스빌 대학 같은 곳에 자녀를 입학시키지 않았다. 우리 학교의 많은 학생이 여름이면 학비를 벌기 위해 디트로이트의 자동차 공장에서 일했다. 운이 좋아 졸업까지 하게 되면 그들은 걸 스카우트의 지역 조직자나 조지아 주의 가석방 담당 공무원, 항공사 승무원 따위의 일자리를 기대할 수도 있었다. 그들은 노동자였다.

켄트 주립대학교 총격 사건 이후 그들은 며칠 동안 주춤했다. 그들은 "그건 백인들의 일이야. 우리는 끼고 싶지 않아" 하고 말했지만 속으로는 행동해야 한다고 느끼고 있었다. 마침내 체육관에서 회합이 열렸다. 그 대학 학생 약 810명 가운데 800명이 회합에 참석했다. 주로 백인들이 다니는 테네시 대학교 학생회장이 와서 연설했다. 그는 흑인으로서 베트남전 참전군인이었는데, 그 사실이 테네시 주가 어떻게 바뀌고 있는지를 말해 주는 듯했다. 그는 녹스빌 대학의 학생들에게 켄트 주립대학교 문제를 쟁점 삼아 동맹휴업에 참여하자고 촉구했다. 그들은 800대 0으로 동맹휴업을 결의했다.

다음 날 아침 800명 학생 전원이 피켓라인을 형성하고 대학 진입로 전체를 차단했다. 그들은, 우리가 교수협의회 모임인 미국 대학교수 협회에 가서 동맹휴업에 가담하는 문제를 표결 처리한다는 조건을 달고 교수들의 통행을 허락했다. 우리는 2대 1로 동맹휴업을 성사시켰다. 백인 감리교 성직자 12명으로 구성된 대학 이사회도 모임을 열고서 12대 0으로 동맹휴업에 동참하기로 결정했다.

그들이 그렇게 한 이유는 학생들이 기숙사에 총을 갖고 있다는 것을 모두 알고 있었기 때문이다. 경찰이나 주 방위군이 캠퍼스로 들어오면 학생들도 총을 사용하게 될 것이고 그러면 경찰이나 주 방위군이 우리를 살해할 수도 있었던 것이다.(일주일 뒤에 경찰은 미시시피 주의 흑인 대학 잭슨(Jackson)에서 비무장 군중을 향해 발포했고, 스물한 살의 필립 깁스, 짐힐 고등학교의 학생이었던 열일곱 살의 제임스 얼 그린이 총에 맞아 죽었다.[36] 켄트 주립대학교 사건이 발생한 뒤에도 그들은 흑인들에게 그런 짓을 저지를 수 있었다.)

우리의 동맹휴업은 백인들보다 훨씬 더 전투적이었고 더 단결돼 있었다. 녹스빌 대학의 학생들은 흑인 노동 계급으로서 더 억압받았고 그래서 모든 것에 더 분노하고 있었기 때문이다. 그러나 한 가지 약점이 있었다. 학생들의 피켓라인이 교수진은 막았지만, 식음료 서비스 노동자들은 통과시켜 주어서 그 노동자들이 학생들의 식사를 준비하고 제공할 수 있게 됐다. 반공주의 성전의 유산 때문에 동맹휴업을 벌이던 흑인 노동 계급 학생들은 노동 계급을 동원하는 문제를 감히 생각하지 못했던 것이다.(나 역시 마찬가지였다.)

앞 장에서 나는 랠프라는 아들을 베트남에서 잃은 소방관 얘기를 했다. 랠프의 어머니, 곧 그의 아내가 1970년에 한 인터뷰 석상에서 이렇게 말했다.

제가 보기에, 제 남편과 저는 우리 아들이 아무것도 아닌 일에 목숨을 바쳤다고, 무의미하게 죽었다고 생각하지 않을 수 없습니다. …… 나는 남편에게 [시위대들이] 전쟁을 끝내기를 원하는 것 같고 그렇게만 된다면 더는 랠프와 같은 무의미한 죽음이 없을 것 같다고 말했습니다. 하지만 남편은 아니라고 말했죠. 그들은 랠프나 그 비슷한 부류의 사람들을 결코 생각해 본 적이 없다는 것입니다. 이제 저는 남편 말을 알 것 같아요. 그들은 자신들이 그렇게 한다고 말하고 저도 그들의 말을 듣고 지켜봐 왔습니다. 랠프가 죽은 후로 저는 되도록 주의 깊게 그들의 말을 듣고 지켜봤습니다. 그들의 관심은 다른 사람들에게 가 있습니다. 그것은 미국의 민중, 이 나라의 보통 사람들과는 거리가 먼 것입니다. 저는, 누군가가 저와 제 자식들을 걱정해 주고 또 그가 자신의 마음도 그러하다고 얘기는 하지만 사실은 다른 마음을 품고 있다는 것을 알아요. 그런 사람들은, 그 가운데 많은 사람들은 교외의, 부유한 교외의 잘 사는 여자들입니다. 그런 주장을 펴는 아이들은, 그들은 대학생입니다. …… 그들은 이곳 출신도 아니고 우리와 얘기하려고도 하지 않습니다. …… 저도 이 전쟁에는 반대합니다. 군대에 간 자식을 잃어버린 어머니가 그 안에서 싸우는 것을 이해합니다. 세상은 저런 시위대가 시끄럽게 떠들어대는 소리를 들어줍니다. 하지만 세상은 제 얘기는 들어주지 않아요. 단 한 사람의 얘기는 들어주지 않습니다. 적어도 제가 보기에는 그렇습니다.[37]

어찌 보면 그가 틀렸다. 그와 같은 처지의 많은 사람들이 반전 운동에 참여했다. 하지만 그의 말은 기본적으로는 옳았다. 그와 같은 민중의 목소리는 들리지 않았다.

그러나 저항하는 사람들이 없었다면, 계급적 경멸이나 혼란이 없었다면,

조바심과 흥분, 자만심에 빠져 있던 지도자들, 허튼소리와 분파 투쟁이 없었다면, 그 모든 혼란과 넘치는 에너지가 없었다면 그 부인이 자기 자식이 무의미하게 죽었음을 알았다고 해도 그 사실을 큰 소리로 외치지는 못했을 것이다.

학생 반란이 전쟁을 끝내지는 못했다. 그러나 살인극을 조금이나마 막은 것은 사실이다. 우리 중에 노동자를 조직하려고 애쓴 사람은 거의 없었다. 그것은 반공주의의 유산이었다. 그러나 우리의 활동이 군대 내에서 전쟁에 반대하는 노동 계급의 반란을 촉발시킬 수는 있었다. 다음 장의 주제가 바로 이것이다.

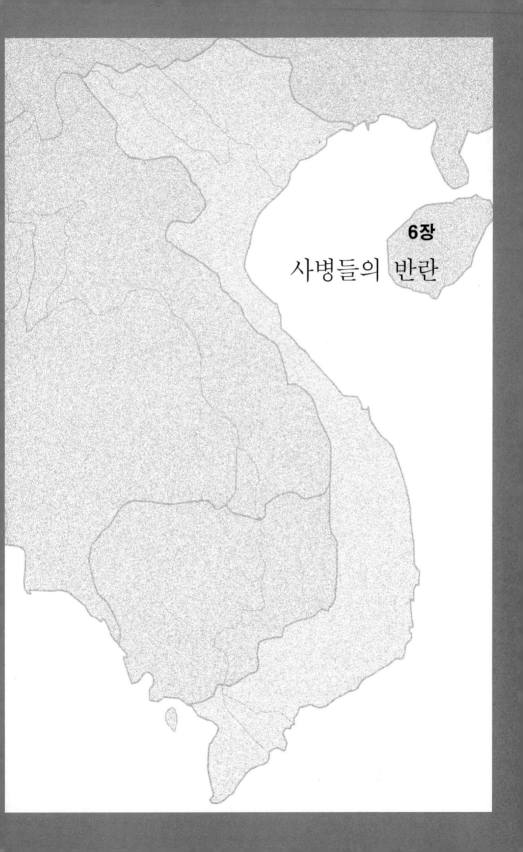

6장

사병들의 반란

사병들의 반란

론 코빅의 아버지는 뉴욕 주 롱아일랜드의 A&P 슈퍼마켓에서 근무하는 현금 출납원이었다. 그는 가족을 부양하기 위해 오랜 시간 고되게 일했다. 코빅이 고등학교를 졸업하기 전 봄에 아버지는 그에게 사회에 발을 들여놓는 첫 일자리로 슈퍼마켓에서 짐 정리하는 일을 맡겼다. 그러나,

매일 밤 나는 A&P에서 집으로 돌아오면서 아버지처럼 되지는 않겠다고 다짐했다. 아버지는 강했고 좋은 분이셨지만 항상 그 일로 지쳐 계셨다. 그 일이 아버지의 모든 정력을 소진시켰던 것이다. 나는 그 지독한 A&P에 처박혀 일주일에 6일, 하루 12시간씩 일하고 싶지 않았다. 나는 뭔가 다른 일을 하고 싶었다.[1]

론 코빅은 고등학교를 졸업하고 해병대에 입대해 베트남으로 갔다. 그는 하사관이 됐다. 미군 병사들은 베트남에서 1년씩 순환 근무를 했다. 그들은 남은 날짜만 셌고, 2년차 근무를 지원하는 사람은 거의 없었다. 코빅은 그 소수 중 한 명이었다. 그는 2년차 근무중에 부상을 입어 하반신이 마비되고 말았다. 미국으로 돌아온 그는 재활 치료를 받으며 삶을 위해 분투했고 결국 휠체어에서 사는 법을 배웠다. 나중에 그는 자신의 경험을 책으로 써냈다. 그 책이 바로 ≪7월 4일생≫이다.

그 책에서 코빅은, 멕시코의 과달라하라에 있다는, 불구가 된 미 퇴역군인

들의 휴양지, 곧 '햇빛 가득한 마을'에 관해 들은 얘기를 전해 준다. 그는 거기 갔고 그곳은 굉장했다. 다른 사람도 전부 휠체어 신세를 지고 있었다. 그곳에서 그는 다른 사람들이 겪는 불편에 대해 사과할 필요가 없었다. 그는 거기서 대체로 점잖으며 동정심 따위는 보이지 않는 성매매 여성을 만났다. 그 여성에게 자식이 있으며 단지 돈을 벌기 위해 그 일을 하는 것이라는 얘기를 들었을 때 코빅은 매우 쓸쓸한 느낌이 들었다. 그러나 또 다른 육체를 가지고 노는 것이 좋았고, 자신을 사로잡은 여자가 있다는 것도 좋았다.

어느 날 밤 그는 찰리라는 베트남 퇴역군인과 함께 외출했다. 그들은 술을 많이 마셨고, 마약도 했다.

매음굴에 갔는데 찰리가 어떤 창녀와 싸우고 있었다. 그가 그 여자 얼굴에 주먹을 날렸다. 왜냐하면 찰리가 바지를 내리고 더는 자신의 남근을 느낄 수 없다고 하자 그 여자가 비웃었기 때문이다. 그는 미치도록 마셔댔고, 계속 고함치며 절규했고, 사람들을 향해 팔과 주먹을 휘둘러댔다. …… "저 후레아들 년! 제가 나를 비웃어. 저 갈보년을 죽여버릴 거야. 저 개 같은 년이 내 좆이 안 움직이는 걸 비웃었어. 빌어먹을. 씨발 년! 그 자식들이 내게 아이들을 죽이라고 시켰어! 그 자식들이 내게 아이들을 죽이라고 시켰어!" 찰리는 계속 울부짖었다.[2]

매음굴의 주인은 화가 나서 코빅과 찰리를 위협했다. 코빅은 두려웠다. 그러나 그는 움직일 수 없었다. 자신이 오래 전부터 생각해 오던 것을 찰리가 대신 말하고 있었던 것이다.

코빅은 베트남에서 겪었던 특별한 하룻밤을 깊이깊이 숙고했다. 그의 부대가 수색정찰을 나갔다. 그들은 두려웠고, 자신들이 오두막 안에서 무언가를 봤다고 판단했다. 적이었는지도 모른다. 누군가가 발포했고, 그러자 모두 미친 듯이 총을 쏘아댔다. 그들이 사격을 중지하자 오두막 안에서 비명 소리가 들려왔다. 코빅 하사와 부하 다섯 명이 오두막 안을 확인했다.

이 일을 적으면서 코빅은 자신을 '그'로 지칭한다.

몰리녀가 후레쉬 불빛을 오두막 안으로 비췄다. 그가 "으, 맙소사" 하고 말했다. "오, 하느님 맙소사." 그가 울기 시작했다. "애들을 무더기로 죽여 버렸어."

　작은 오두막 바닥이 널부러진 아이들로 가득했다. 아이들은 울면서 몸부림치며 피가 흥건한 바닥에 쓰러져 있었다. 그들은 거칠게 울며 계속 비명을 질렀다. 얼굴과 가슴, 다리에 총을 맞은 아이들이 그렇게 신음하며 울어댔다.

　그는 중위가 자신들에게 외치는 소리를 들을 수 있었다. 자기들이 몇 명이나 죽였는지 알고 싶었던 것이다. …… 소년 한 명이 …… 몇 발이나 총을 맞았는데도 아직 살아 있었다. 그는 피범벅 속에 누워 조용히 눈물을 흘리고 있었다. 그의 작은 발이 총격으로 거의 떨어져나간 상태였고, 실핏줄과 근육이 겨우 붙어 있는 것 같았다. …… 그는 또 소녀 한 명이 흐느끼는 소리를 들을 수 있었다. 그 애는 배에 관통상을 입어 등 뒤쪽으로 피를 흘리고 있었다. ……

해병대원들은 현장을 목격하고 큰 충격에 휩싸였다. 코빅은 응급처치 도구를 꺼내 피를 내뿜는 상처 부위를 붕대로 지혈하려 했다. 다른 병사들이 그를 돕거나 옆에서 멀거니 서 있었다.

중위가 그들에게로 다가왔다. "도와주세요" 하고 그[코빅]가 외쳤다. "누구 좀 도와주세요!" "뭐 하는 거야, 하사! 대단치도 않구만. 몇 명이나 사살한 거지?" "애들이라구요." 그가 중위를 향해 외쳤다. ……

　"오, 제발, 신이시여! 우리가 한 짓을 용서해 주세요!" 그의 귀에 몰리녀가 울부짖는 소리가 들려왔다.

　"일어나." 중위는 강경했다. "이게 뭐 하는 짓들이야. 전원, 일어섯."

　병사 일부가 느릿느릿 시신 사이를 빠져나왔다. 어정쩡하게 손에 붕대를 쥔 채 말이다. 그때 마을 사람들이 하나둘씩 오두막 밖으로 모여들었다. 그는 그들의 성난 목소리를 들을 수 있었다. ……

해병대원들은 중위에게 후송 헬기를 요청해 아이들을 병원으로 옮기게 했다.

오두막에 남은 병사들은 멍하니 앉아서 울고 있었다. 그들은 움직일 수가 없었다. 그들에게는 중위의 명령이 들리지 않았다. ……

"제군들! 내 말 잘 들어라. 애들처럼 울지 말고 해병대원처럼 굴어라!" 중위는…… 병사들을 난폭하게 떠밀면서 명령에 따르라고 필사적으로 호소했다. "너희들은 군인이다. 애가 아니란 말야. 내 말 이해 못 하겠나. 이런 빌어먹을!"

의료 지원 헬기가 도착하자 그는 그 소년을 태웠다. …… 덜렁덜렁 떨어지려고 하는 발을 [코빅이] 재빨리 붙잡고 붕대를 다리 말단부에 묶어주었다. 코빅은 겁에 질린 소년의 눈을 바라보며 그를 안고 헬리콥터로 달려갔다.[3]

그날 밤과 다른 나날들을 돌이켜보던 코빅은 자신이 이용당했음을 깨닫기 시작했다.

자신이 여전히 이용당하고 있다는 것을 분명히 해 준 사건이 있었다. 그는 미국 독립 기념일인 7월 4일생이었고, 그리하여 재향군인회가 지역의 7월 4일 독립 기념일 퍼레이드에서 그를 연단에 앉혔던 것이다. 불구가 돼 휠체어에 탄 퇴역군인의 상징성을 노린 것이었다. 그러면서도 그들은 그에게 연설할 기회를 주지 않았다.

그는 대학에 입학했고 운동을 시작했다. 그런데 운동을 하다가 다리가 부러지고 말았다.(사실 그는 느낄 수도 없었다.) 그는 브롱크스에 있는 재향군인 병원으로 다시 갔다. 그는 그곳의 처우가 불만이었다. 간병인도 충분하지 않은 데다 있는 간병인마저도 환자를 제대로 돌보지 않았던 것이다. 그들이 목격하던 고통의 규모를 생각해 볼 때 그들이 환자를 제대로 돌볼 수 없었던 것은 당연하다. 베트남의 미군에게는 비상 의료 소개(疏開) 프로그램이 적용됐다. 이전의 어떤 전쟁에서도 이런 프로그램이 없었고, 효과적이었다고 할 수 있었다. 과거의 전쟁이었다면 5만 8000명이 아니라 20만 명은 죽었을 것이다. 하지만 그렇다고 해도 그 의료 프로그램 때문에 많은 군인들이 평생 불구로 살아야 했고, 그들 다수가 브롱크스의 재향군인 병원에 머물러야 했다.

미국 정부는 재향군인 병원에 충분한 재원을 배정하지 않는다. 의사들은 그곳이 최첨단 의료시설이 아니라는 점을 잘 알고 있다. 코빅은 마루바닥의 토사물을 치워달라고 직원들에게 계속 소리쳤다. 그는 목욕시켜 달라고 울부짖었다. "나를 인간으로 대우해 달라고 요구했다." 그들은 그를 독방에 집어넣었다.

부러진 다리가 부풀어오르자 의사는 잘라낼 것을 제안했다. 코빅이 거부하자 그들은 다른 시술을 했다. 나중에 그들은 중환자실에서 코빅에게 튜브를 끼워넣고 상처 부위에 액체를 주입하고 배설물도 받아냈다. 상태가 호전됐다. 다리를 잃지 않아도 될 것 같았다.

그런데 펌프가 멈춰 버렸다. 병원 인력으로는 그 기계를 작동시킬 수가 없었다. 의사는 그 펌프가 낡았고 그래서 직원들도 어쩔 수 없었을 것이라고 설명해 주었다. 코빅은 그들에게 새 펌프를 달라고 요구했다. 의사는 병원에 다른 펌프가 없다고 말해 주었다. 코빅은 그 말을 믿을 수가 없었다. 이렇게 큰 브롱크스 병원에 펌프가 단 한 대라니. 의사가 전쟁 때문이라고 설명해 주었다. 재원이 전부 전쟁에 집중되는 통에 병원에는 예산이 배정되지 않는다는 것이었다. 의사는 상황이 공정하지 못해서 유감이라고 말했다. 이제 코빅은 다리를 잘라내야 할 운명이었다.

한 시간이 조금 더 지났을까, 누구도 예상하지 못한 가운데 펌프가 다시 작동하기 시작했다. 코빅은 다리를 자르지 않아도 됐다. 퇴원한 그는 다시 대학으로 갔다. 바로 그때 닉슨이 캄보디아를 침공했고, 대학생 4명이 켄트 주립대학교에서 총에 맞아 사망했다. 코빅이 다니던 학교에서도 시위가 벌어졌다. 베트남에서 복무하던 시절에 코빅은 히피 시위대들을 늘 증오했다. 이제 그는 시위에 참여했다. 그는 부끄러움을 느꼈다. 정치 때문이었을지도 모르고, 휠체어 때문이었을지도 모른다. 아마 둘 다였을 것이다. 그는 시위 장소

한쪽 끝에 차를 세워두고 하루 종일 앉아 있었다. 그는 밖으로 나오지는 못했지만 경적을 울리며 지지 의사를 표명했다.

세 가지 원인이 코빅을 항의 시위로 이끌었다. 첫째는 그가 베트남에서 목격하고 수행했던 전쟁이었다. 둘째는 반전 운동이었다. 셋째는 계급이었다. 그가 해병대에 지원한 이유는 그의 가족 때문이었다. 아버지가 해병대 출신이었고 그의 미래 역시 마찬가지였다. 계급은 베트남에도 있었다. 중위가 오두막에서 울부짖던 병사들을 제지한 것도, 사건이 대수롭지 않다고 설득했던 것도, 명령을 강제했던 것도 다 그런 이유 때문이었다. 그것은 계급 투쟁이었다. 중위는 자신의 계급과 그 계급의 명령을 위해 투쟁했던 것이다. 그리고 해병대원들이 중위를 강제해서 의료 지원 헬리콥터를 요청하도록 만든 것도 그들의 계급 투쟁이었다. 이윽고 코빅은 고향으로 돌아왔는데 그곳에도 여전히 계급이 존재했다. 병원이 그런 식으로 돌아갈 수밖에 없었던 이유가 바로 그것이다. 미국에서 코빅과 같은 사람들은 대수롭지 않은 존재였다. 그가 시위 장소에서 자동차 안에서 경적을 울릴 수밖에 없었던 까닭은 마음 속에 전쟁과 계급을 함께 품고 있었기 때문이다.

그 후 그는 워싱턴의 대중 시위에 참여했다. 나중에 그는 '전쟁에 반대하는 베트남 참전군인회'(VVAW)에 가입했다.[4] 이 단체는 그와 같은 처지의 사람들이 꾸린 조직으로 전체 평화 운동의 일부였다. 그들은 다른 단체들과 함께 시위에 나섰다. 그들은 함께 행진했고, 따로 시위를 조직하기도 했다. 1970년부터 그들은 운동의 일부를 구성했다. 1971년 4월, 워싱턴에서 전국적 시위가 열리기 며칠 전에 그들은 평화 캠프를 차렸다. 그들은 군모를 쓰고 그곳을 병영처럼 운영했다. 정부는 그들에게 철수를 요구했고 말을 듣지 않으면 강제로 철거하겠다고 협박했다. 철거를 담당해야 했던 부대에서 파견된 대표가 캠프를 방문해서 강제 철거를 하지 않겠다고 참전군인들에게 약속했다. 참전군인들은 철수를 거부했다. 정부는 허세를 부리고 있었다. 정부는 캠프를 철거하는 과정에서 불구의 재향군인들이 비명을 지르거나 다리를 질질 끌며 끌려가는 모습이 텔레비전 화면으로 방송될 때 받게 될 정치적 타격을 잘 알고 있었다. 결국에 정부는 참전군인들이 머무는 것을 용인했다.

약 1200명의 참전군인이 제복과 군모를 갖춰 입고 수도로 행진했다. 그들은 받은 훈장을 해당 지역구 하원의원들에게 반납하려 했다. 그들은 자신들을 저지하기 위해 의사당 계단 앞쪽으로 담장이 설치돼 있음을 알았다. 경찰이 그 담장을 호위하고 있었다. 재향군인들이 한 명씩 앞으로 걸어나가 담장 너머 의사당 쪽으로 훈장을 던져 버렸다. 각자 한 걸음씩 걸어나가 훈장을 던지면서 무언가를 말해야겠다고 생각했다.

"내 이름은 피터 브래너건이다. 나는 명예 전상장(戰傷章)을 하나 받았다. 이제 저기 저 빌어먹을 자식들과 싸우다가 하나 더 받았으면 좋겠다."

"시간이 흘러서 나와 내 동료들이 저지른 행위가 용서받기를 바란다."

"2대대, 제1해병대 — 민중에게 권력을."

필라델피아에서 온 론 페리치는 이렇게 말했다. "내가 이 훈장들을 반납하겠다고 했더니 아내는 이혼을 하자고 한다. 아내는 내가 이것들을 고이 간직하기를 원한다. 내 아들들이 나를 자랑스럽게 여길 것이라고 생각하는 것이다. 하지만 내 가장 절친한 전우 3명이 죽었고 그래서 나는 이 훈장을 받을 수 있었다."

또 다른 사람이 의회 계단을 가리키며, "우리는 더는 싸우지 않을 것이다. 그러나 우리가 다시 싸워야 한다면 그 싸움은 저 계단을 장악하기 위한 것이 될 것이다."[5]

그 행사는 무려 3시간 동안 계속됐다. 일부는 던져버릴 훈장이 너무나 많았는데, 왜냐하면 현장에 올 수 없었던 동료들이 자기들 것도 반납해 달라며 맡겼기 때문이었다.

다음 달인 1971년 5월에 전쟁에 반대하는 베트남 참전군인회 매사추세츠 지부가 전몰 장병 기념일을 맞이해 주말 항의 시위를 벌였다. 그들은 폴 리비어에 경의를 표한다는 의미로 콩코드에서 보스턴까지 행진하기로 했다. 폴 리비어는 1775년 4월 18일 밤 영국에 반기를 든 대륙의 식민지인들에게 영국 군대가 무기를 압수하려고 이동을 개시했음을 알리기 위해 보스턴에서 콩코드까지 말을 달려왔던 역사적 인물이다. 항의 시위 첫날 밤에 500명의 재향군인이 콩코드의 올드노스브릿지 인근에서 야영을 했다. 그곳은, 식민지인들이 리비어의 전언에 따라 그날 아침 영국군에 발포함으로써 혁명이 시작됐던 장소다. 콩코드 시 관리들은 캠프 설치를 불허했고 철거하겠다고 위협했다. 재향군인들은 전화 통화와 지역 라디오 방송국을 통해 지지자들을 규합했다. 그날 밤 늦게 경찰이 현장에 접근했을 때는 재향군인과 지지자들이 이미 1000명으로 불어나 있었다. 경찰은 485명을 체포했다. 485명 가운데 다수가 경찰에 이름과 군번, 그리고 생년월일만을 말했다. 1775년 4월 19일처럼 말이다.[6]

군대에서 일어난 운동

전쟁에 반대하는 베트남 참전군인회(VVAW)는 규모보다는 그 존재 자체로서 큰 의미가 있었다. 그들이 나머지 평화 운동 진영에 정당성을 부여했던 것이다. 그들은 "베트남에 있는 우리 자녀들"에 반대한 것이 아니라 그들 자신을 위해 싸웠다. 그러나 VVAW는 군대 내에서 일어난 훨씬 더 큰 운동과 비교해 볼 때 미미한 수준이었다.

그 운동은 군대에서 조직하는 것의 중요성을 이해한 소수의 급진주의자들과 함께 시작됐다. 예를 들어, 소수의 트로츠키주의자 조직이 시카고에서 제작된 신문 〈베트남 사병 *Vietnam GI*〉에 중요한 기여를 했다. 1만 5000부를 발행한 그 신문은 3000명의 베트남 구독자를 갖고 있었다.[7] 최대의 트로츠키주의 조직이었던 사회주의노동자당(SWP)은 1966년부터 군사 기지 주변에서 체계적인 작업을 수행했다. 그들의 정책은 징집을 거부하지 말라는 것이었다. 이 정책은 제1차세계대전에서 러시아 볼셰비키의 경험을 바탕으로 한 것이었다. 노동 계급의 일부였던 볼셰비키는 군대 내에서 전쟁 반대 활동을 조직해 장교들을 타도하고 러시아를 전쟁에서 구출했다. SWP는 베트남에서도 이런 과업을 성취해야 한다고 생각했다.

SWP는 작은 조직이었다. 군대는 SWP 당원들의 징집을 회피하거나 이유를 달아 강제 전역시키기 시작했다. 그러나 많은 사람들이 군대에서 썩 훌륭하게 일을 해냈다. 예를 들어, 조 마일스는 1969년에 포트잭슨으로 징집됐는데, 거기서 운동을 시작했다. 그는 "동료 흑인 병사들을 모아놓고 맬컴 X의 연설 녹음 테입을 들려준 다음, 사병 조직의 필요성을 토론했다." 마일스는 노스캐롤라이나 주 포트브래그로 전출됐는데, 고작 3시간 전에 통고를 받았다. 하지만 그가 떠난 뒤 남은 사람들은 '전쟁 반대 사병연합'을 결성했다. 그들은 주둔지 지휘관에게 전쟁 문제를 토론할 수 있게 기지에서 모임을 열 수 있도록 허가해 달라고 요청하는 탄원서에 300명 이상의 서명을 받았다. 사령관은 그 요청을 거부했고, 그래서 사병들은 변호사를 고용했다. 이 가운데 8명이 군대가 언론의 자유를 부인하고 있다며 고발했다.

한편 포트브래그에서 마일스는 전쟁 반대 사병연합의 제2지부를 막 탄생시켰다. 그들 대부분이 베트남 전쟁 참전군인이었다. 그들은 <브래그 소식 *Bragg Briefs*>이라는 신문을 발행했다. 이번에도 군대는 마일스를 알래스카 주 포트리처드슨으로 전출했다. 그는 그곳에서 다시 사병연합 제3지부를 결성했고, 그들은 신문 <앵커리지 부대 *Anchorage Troop*>를 발간했다.[8]

그러나 조직된 사회주의 좌파는 그다지 많지 않았다. 초기 조직 활동의 대부분은 급진주의자들이 주도한 것이지 당 활동의 산물은 아니었다. 그들은 군사 기지 주변의 소도시들에서 커피하우스를 차리는 정도였다. 그들은 커피와 조용하고도 우아한 분위기, 그리고 반전에 관한 이야기를 제공했다. 많은 사병들이 커피하우스를 찾았고 이야기를 나누었다. 이를 통해 커피하우스의 사람들과 사병들이 조직되기 시작했고 인근 기지에 배포할 반전 신문 제작에 착수할 수 있었다.

커피하우스가 운동에 불을 당기며 모범적 사례로 소개되자 다른 많은 기지에서도 군인과 그 아내들이 독자적인 조직을 결성하고 자신들의 신문을 발행했다. 전쟁중에 군대 내에서 그런 신문이 약 300종 제작됐다.

프랭크 코트라이트도 그 운동의 일원이었는데, 그는 훗날 신문 245종의 목록을 작성했다. 그 신문의 대다수는 1호 또는 몇 호만 나왔을 뿐이다. 그 신문을 제작한 사람들은 조사를 받았고, 전출됐고, 베트남으로 파견됐고, 군법회의에 회부돼 장기형을 선고받았고, 불명예 제대를 했고, 다른 건으로 모함을 당했다. 그러나 신문은 계속 나왔다.

육군과 해병대에서 나온 신문들을 일부 소개해 보자. 텍사스 주 포트후드의 <퍼티그 프레스 *Fatigue Press*>, 켄터키 주 포트녹스의 <빌어먹을 군대 *FTA(Fuck the Army)*>, 조지아 주 포트고든의 <최후의 일격 *Last Harass*>, 미주리 주 포트레너드우드의 <졸(卒)의 졸 *Pawn's Pawn*>, 뉴저지 주 포트딕스의 <궁극의 무기 *Ultimate Weapon*>, 캘리포니아 주 캠프펜들턴의 <태도 확인 *Attitude Check*>, 알래스카 주 포트그릴리의 <그린 머신 *Green Machine*>, 테네시 주 포트캠벨의 <네이팜 *Napalm*>, 알래스카 주 포트그릴리의 <북극 무기고 *Arctic Arsenal*>, 앨라배마 주 포트맥렐런의 <블랙 보이스 *Black Voice*>, 포트딕스의 <프래깅 액션 *Fragging Action*>, 루이지애나 주 포트폴크의 <포트폴크의 구토 *Fort Polk Puke*>, 캔자스 주 포트라일리의 <커스터즈 라스트 스탠드 *Custard's Last Stand*>, 여군 학교 여군들이 제작한 <퍽! *Whack!*>, 애리조나 주 포트후아추카의 <우리는 어디에 있는가? *Where Are We?*>.

해외 기지들, 곧 파리, 카이저라우텐, 바움홀더, 슈투트가르트 등의 기지에서도 각각 신문이 발행됐다. 하이델베르크에서도 <FTA 위드 프라이드 *FTA With Pride*>를 포함해 여러 종의 신문이 발행됐다. 프랑크푸르트에서도 "흑표범당과 특별한 관계를 맺고 있던" <룸펜의 목소리 *Voice of the Lumpen*>를 포함해 여러 종이 간행됐다. 베를린에서도 맥네어 기지의 <맥네어를 지킬 수 있을까? *Can You Bear McNair?*>를 포함해 여러 종이 발행됐다. 필리핀에서는 수빅 만의 <배멀미 Seasick>를 포함해 다른 신문들이 있었고, 오키나와에서는 <이를 악문다고 해도 이길 수 없다 The Man Can't Win If You Grin>를 포함해 여러 종이 발행됐다. <한국 자유 언론 Korea Free Press>이 있었고, 일본에서도 <셈퍼 피 Semper Fi>와 캠프드레이크의 <평화를 위해 산화하라 Kill For Peace>를 포함해 많은 신문이 발행됐다. 이 가운데 <셈퍼 피>는 호빗 커피하우스를 근거로 활동하던 일본인 평화 운동가들과 해병대원들이 공동으로 제작한 것이다. 영국에는 <남부연맹기 Stars and Bars>와 "댄 프루잇 하사의 두 발 규정 위반 사건에서 비롯한" <세퍼레이티드 프롬 라이프 Separated from Life>가 있었다.

미국 내의 공군과 해군에만 적어도 84종의 신문이 있었다. 샌디에이고의 <덕 파워 Duck Power>, 일리노이 주 커뉴트 공군 기지의 <해러스 더 브래스 Harass the Brass>, 로드아일랜드 주 뉴포트의 <올 핸즈 어밴던 쉽 All Hands Abandon Ship>, 롱비치의 <이 얘기를 들어보라 Now Hear This>, 포스톨호의 <포템킨 Potemkin>, 오하이오 주 라이트-패터슨 공군 기지의 <스타 스팽글드 버머 Star Spangled Bummer>, 찰스타운의 <팻 앨버츠 데스 쉽 Fat Albert's Death Ship>, 에이저홀름호의 <피그 보트 블루스 Pig Boat Blues>, 뉴멕시코 주 커틀랜드 공군 기지에서 발행된 세 가지 신문 <특별한 무기들 Special Weapons>, <어떤 악도 두렵지 않아 I Will Fear No Evil>, <제국에 가하는 일격 Blows Against the Empire>.

반전 운동은 어디에나 있었다. 비록 규모가 작더라도 거의 모든 기지에 존재했다. 예를 들어보자. 1969년 8월 텍사스 주 엘파소에서 군인 수백 명이 모여 '평화를 염원하는 사병들'을 결성했는데, 그들 중 다수가 포트블리스의 국방언어연구소에서 왔다. 그들의 목표는 "평화를 증진하고, 현역 군인의 헌법에 보장된 권리를 방어하고, 인종 차별과 싸우고, 사병들의 생활수준을 개선하고, 인근의 치카노(Chicano) 공동체를 돕는 것"이었다. 참여자 가운데 10명이 그 후 5개월 안에 전출됐다. 그들의 신문 <긱라인 Gigline>의 편집자는 베트남으로 파견됐다. 그러나 남은 사람들이 그들의 역할을 이어받았다. 1969년 11월 포트블리스의 군인들 다수가 엘파소의 재향군인의 날 행사 열병식에서 행진하도록 강요받았다. 사병 100명이 길 맞은편에서 정면의 관람석을 향해 "평화를 염원하는 사병들"이라고 쓰인 커다란 배너를 들고 서 있었다. 포트블리스에서 차출된 병사들은 행진하면서 정면의 관람석 쪽으로 경례를 하지 않았다. 그들은 평화를 나타내는 V표시와 움켜쥔 주먹으로 항의 시위대들에게 경의를 표했다.

국방언어연구소에서 베트남어 학급의 분대장을 맡았던 제4기술하사관 폴 푹스는 평화를 염원하는 사병들 속에 잠입하라는 명령을 받았다. 그는 그렇게 했다. 그는 평화를 염원하는 사병들의 조직자가 됐고, 군 정보기관에는 거짓 정보를 올렸으며, 공작을 위한 예산을 평화를 염원하는 사병들의 활동 자금으로 전용했다. 그 지역에서 "멋지고 오싹한 괴물 형제"로 통하던 그와 그의 친구 데니스 올니는,

…… 학급 동기병들, 1급 비밀문서 취급 인가를 갖고 있던 군대 내의 모든 보안 교육생들에게 베트남 파병 명령을 거부하라고 설득했다. 푹스가 학급 대표 자리에서 쫓겨났을 때(그가 양심적 반대자 지위를 요청했을 때 군 기관도 마침내 뭔가가 잘못됐다는 것을 깨달았다) 원래 21명이던 학급 성원 가운데 12명이 직무를 포기하거나, 임무 면제를 획득하거나, 양심적 반대자의 지위를 신청했다.[9]

푹스는 법정 명령으로 군대에서 쫓겨났고, 올니는 "누가 내 머리에 LSD[환각제의 일종―옮긴이]를 주사했다"[10]고 증언한 후 의가사 제대 처분을 받았다.

포트블리스 기지는 일조 점호를 없애 버렸다. 절반 이하의 병사만이 오전 6시 아침 구보에 참여했다. 1970년 1월 육군 참모총장이자 전 베트남 사령관이었던 웨스트멀랜드 장군이 참석한 엘파소 간담회에서 약 80명의 사병이 피

켓팅을 벌였다. "충돌이 일어나 공개적으로 망신당하는 것을 피하기 위해 장군은 호텔 뒷문으로 몰래 들어가야만 했다."[11]

3월 15일에는 "800명 이상의 현역 군인을 포함해 약 2000명이 함께 모여 정치 연설과 락 음악 축제를 열었다."[12]

이런 회합·조직화·신문은 훨씬 더 큰 운동의 일부였다. 대중의 정서가 바뀌고 있었던 것이다. 샌프란시스코의 베이 지구에서 학생 시위대는 1967년 오클랜드 징집 사무소를 봉쇄하려 했다. 그들은 연좌농성과 가두 시위를 벌였다. 최루탄과 곤봉이 난무했으며, 그들은 체포됐다. 그들은 사무소를 폐쇄하는 데 실패했지만, 자각은 고양됐다. 1969년 10월부터 1970년 3월까지 오클랜드 징집 사무소에 출두하도록 통지받은 징집 대상자의 50퍼센트가 출석하지 않았다. 출두한 사람 가운데 11퍼센트도 징집을 거부하겠다고 선언하려고 나왔을 뿐이었다.

전체 전쟁 기간 동안 20만 6000명이 징집 거부 혐의로 연방 법원에 출두했다.[13] 내가 생각하기로, 이들 중 다수는 중간 계급과 상층 계급 출신의 학생들이었다. 그러나 1968~75년에 9만 3000명 이상이 미국 군대에서 탈영했다. 그들은 평균적 군인보다 교육 수준이 떨어졌다. 한 정부 조사 보고서에 따르면, 41퍼센트가 고졸 이하 학력 소지자였다. 그들은 징집을 거부할 기회조차 갖지 못한 노동 계급이었다.

로저 윌리엄스는 1969년과 1970년에 캐나다로 도피중이던 탈영병들을 조사했다. 그는 그 중에 정치 활동가 소수 있다는 것을 확인했다. 그들은 교육 수준도 높았고 입대 전부터 전쟁을 반대하고 용납하지 않았다. 그러나 과반수는 "전형적인 미국 아이들"이었다. "그들은 베트남 전쟁이 부당하다는 것을 알"고 전쟁에 복무하느니 차라리 탈영하는 쪽을 선택했다. 30퍼센트는 혼란스러워 했는데, "그들이 선과 자유의 고귀한 수호자라고 배운 군대가 추악하고 잔인하며 부도덕하다는 것이 드러났기" 때문이었다. 개인적 이유와 가족 문제, 형사 사건으로 탈영한 병사는 전체의 5퍼센트 미만이었다.[14]

물론 미군 병사들은 거의 언제나 탈영을 해 왔다. 그러나 베트남 전쟁중에는 탈영 비율이 3배로 증가했고, 최고를 기록했을 때 그 비율은 한국 전쟁 기간에 특정 시기의 탈영 비율보다 3배나 많았다.[15]

1971년에 탈영(30일 이상 허가 없이 무단으로 이탈한 상태)은, 육군이 1000명당 73명, 해병대는 1000명당 56명을 기록했다. 이것은 육군의 7퍼센트, 해병대의 거의 6퍼센트가 탈영했음을 의미한다. 그리고 그것이 전부는 아니었다. 그 해에 현역 남녀 사병 25만 명이 해당 지역구 의원들에게 불만을 토로하는 편지를 써 보냈다. 1971년에 육군에서는 군인 100명당 7명이 탈영했고, 17명이 허가 없이 무단으로 이탈했으며, 12명은 의회에 탄원서를 썼고, 2명은 징계를 받아 강제 전역을 당했고, 18명은 군법 회의를 거치지 않고 처벌받았다.(이 수치는 약간 과장됐다고 보는 것이 정확한데, 그 해에 일부 병사들이 앞에서 언급한 사항들을 중복해서 실행하거나 그런 일들을 겪었기 때문이다. 즉, 처벌받고, 무단 외출을 한 다음, 복귀해서, 의회에 탄원서를 쓰고, 탈영하는 식이었을 수도 있다.)[16]

전쟁 초기에는 기초 군사 훈련이 언제나 지독하고 악질적이었다. 신병 훈련소는 사병들이 말도 안 되는 명령에 복종하는 법을 배우는 곳으로 지옥이나 다름없었다. 전쟁이 끝날 때쯤 되자 신병 훈련소는 점점 더 해이해졌다. 훈련 교관들은 사병들과 타협하지 않을 수 없었다. 군 기관은 그들이 그냥 탈영해 버릴까 봐 전전긍긍했다.

그러한 불안은 미국에서 벌어지고 있던 더 광범한 운동의 일부였다. 군 기지에서 신문이 발행되고 조직들이 꾸려지는 것들은 민간의 평화 운동이 없었더라면 결코 일어나지 않았을 일들이었다. 그 운동으로 반전 주장이 주도권을 쥐게 됐다. 1970년이 되면 미국인의 과반수 이상이 확고하게 전쟁을 반대하게 된다. 그리고 그들 대다수는 군에 입대한 노동 계급이었다.

그러한 불안은 문화적 형태를 띠고 등장한 더 광범한 운동으로 이어졌다. 미국의 운동은 마약, 장발, 히피, 아나키즘으로 가득 차 있었다. 베트남에서 사병들은 철모에 피스 사인(peace sign)을 그렸고, 철모와 그 밖의 다른 모든 곳에 FTA(Fuck the Army)를 휘갈겨 썼다. 그들은 잠시나마 현 상황에서 벗어나고자 마리화나·아편·헤로인을 피웠다. 많은 병사들이 남은 날짜를 세면서 하루하루를 지워나갔다. 그러나 마약은 일종의 문화적 반란이기도 했다. 공개 석상에서 마리화나를 피우는 것은 그 자체로 반란이었다. 베트남에 파병된 사병들이 벌인 몇 안 되는 시위 가운데 하나를 살펴보자. 1971년 7월 4일 1000명 이상이 쭐 라이 해변에 모여 전쟁에 항의했다. 그들은 거기 모여서 뭘 해야 할지를 몰랐다. 그래서 그들은 전쟁사상 최대 규모의 마리화나 파티를 벌였다.[17]

반란을 표현하는 또 다른 수단은 음악이었다. 베트남에서 그리고 독일의 [미군 — 옮긴이] 기지들에서 병사들은 전쟁에 대한 자신들의 태도를 드러내는 음악을 골랐다. 다수였던 백인 반란자들은 "술고래"로 불리며 로큰롤에 심취했다. 흑인은 소울(Soul)을 좋아했다. "술고래들"과 흑인들은 장기근속 백인 하사관들을 "좀도둑"이라고 불렀는데, 그 좀도둑들은 컨트리와 웨스턴 음악을 좋아했다. 아무도 음악 갖고는 싸우지 않았다. 그들은 어쨌든 거기에서는 일치단결해야 했기 때문이다. 흑인들은 백인 로큰롤 팬과 결코 다투지 않았다. 그러나 후방에서, 특히 독일에서 많은 사람들은 "흑인이 전체 전사자의 22퍼센트에 육박한다면, 적어도 그들이 주크박스[동전을 넣어 원하는 음악을 듣는 장치 — 옮긴이]의 22퍼센트를 차지해야 하는 것 아니냐"[18]고 생각했다. 말다툼이 발생했고 곱지 않은 시선이 오갔으며 가끔은 주먹질을 하기도 했다.

대다수 흑인 병사는 1960년대에 폭동이 일어난 대도시 출신이었다. 그들은 십대 때 그 사건들을 목격했다. 마틴 루터 킹이 1968년 살해됐을 때 미국 대도시의 빈민가에서는 화염이 타올랐다. 역사가 제임스 웨스트헤이더는 킹이 죽었을 때 베트남에 있었던 흑인 참전군인 두 명과 인터뷰를 했다.

"일부 젊은이들은 그냥 화가 났고 누군가에게 상해를 입히고 싶었습니다." 앨런 토머스 주니어의 말을 계속 들어보자. "백인과 흑인 사이에 싸움이 벌어지기도 했어요. 그러나 사병들 대부분은 충격 속에서 할말을 잃고 있었습니다. 병사 수백 명이 그냥 바닥에 주저앉아 술을 마셨고 마리화나를 피워댔죠. 하지만 대개는 이야기를 나누었습니다." 심각한 폭력 사태는 없었다. 흑인 하사관(NCO)이 지휘관들에게 며칠 동안 "뒤로 물러나 있으라"고 설득하며 병사들 스스로 자신들의 분노와 좌절을 다스리도록 조치했기 때문이다. "하여튼 부대는 일시적으로 활동을 중단한 상태였고, 병사들은 어쩌면 분노를 폭발시킬 수도 있었습니다. 알다시피 경험 많은 군인들에게는 총까지 있었으니까요." 제임스 호킨스도 이에 동의했다. "킹 목사의 죽음으로 사태가 완전히 달라졌습니다. 많은 사람들이 분노했습니다. 게다가 분노한 병사들 손에는 무기가 들려 있었습니다."[19]

군대 내의 흑인들은 대도시 빈민가 출신이었다. 그들이 군대 내에 흑인 민족주의를 끌어들였다. 다시 웨스트헤이더의 말을 들어보자.

베트남에서 많은 흑인들이 블랙 파워 깃발을 만들어 내걸기 시작했다. 다낭에서 흑인 해병들이 깃발을 하나 만들자 다른 병사들이 곧 그것을 따라했다. 그 깃발의 바탕색은 붉은색이었는데, 아프리카계 미국인들이 전쟁에서 흘린 피를 상징했다. 전면(前面)의 검은색은 흑인 문화를 상징했다. 중간에는 화환에 둘러싸인 방패 위로 창 두개가 엇갈려 그려졌는데, 이것은 "가능한 한 평화를 지향하지"만 "필요시에는 폭력을 동원할 수도 있다"는 뜻이었다. 깃발에는 "나의 두려움은 당신 때문이다"라고 주장하는 스와힐리어 명문이 쓰여 있었다. 남한과 독일은 물론 베트남 각 주둔지에서 다양하게 변형된 깃발이 출현했다.[20]

1966년에는 평균 3분의 2정도의 흑인 병사들이 병역이 끝날 때쯤 복무 기간 연장 신청을 했다. 민간인 신분으로 얻을 수 있는 것과 비교해 볼 때, 군 복무는 흑인 노동자에게 좋은 직장이었던 것이다. 1970년이 되면 흑인 병사의 13퍼센트 이하만이 복무 연장을 신청한다.[21] 1970년에는 흑인들의 정치·문화 단체들이 독일의 거의 모든 주둔지에 생겨난다. 슈투트가르트 팬저 기지의 '흑인 행동 그룹', 카를스루에에 있는 스마일리 기지의 '흑인 이견 단체', 하이델베르크 주변의 '불만에 찬 흑인 병사들'이 그 예들이다. 그들에게는 중앙 단위의 방어위원회가 있었다. 그리하여 1970년 7월 4일 독일 각지에서 현역 복무중인 미군 병사 약 1000여 명 — 대부분 흑인이었지만 백인도 소수 참여했다 — 이 하이델베르크에 모여 집회를 열었다. 그 집회는 다른 요구 조건과 더불어 흑인 사병들에게 동등한 진급 기회와 가족 주택을 보장할 것, 병사들이 감옥에 가는 것을 거부할 수 있도록 사병위원회를 설치할 것, 모든 사병에게 대학 입학 준비 교육을 제공할 것, 그리고 동남아시아에서 모든 미군이 즉각 철수할 것과 아프리카에서 미국의 모든 이권을 포기할 것을 요구했다.[22]

그 후 흑인과 백인 사병들은 함께 독일의 넬리겐 육군 기지에서 조직 활동을 시작했다. 새로 부임한 엄격한 지휘관이 부대를 정상으로 돌려놓으려했다. 괴롭히기, 징계, 부당한 투옥이 잇따랐다. 병사들은 화염병으로 응수했다. 7월 21일, 8월 10일과 14일에 화염병 투척 사건이 발생했다. 그들은 폭탄을 터뜨리겠다고 전화로 위협했고, 장교들의 자동차 타이어를 펑크냈다. 이런 일이 반복해서 일어났다. 9월 21일 "장교들과 협상하려던 시도가 좌절되면서 불화가 고조되던 주말이 지난 후, 흑백의 사병들은 부대 전체를 폭파해 버리겠다고 위협했다." 그날 아침 폭발 사고가 두 건 더 일어났다. 그러자 부대측은 오후 6시 30분부로 외출 금지 명령을 내리고 무장 헌병대를 투입했다. 그러나 오후 9시에 사병 100명이 기지 내에서 행진을 벌였다. 그 사병들은 헌병들의 존재에 굴하지 않고 이렇게 외쳤다. "혁명이다." "우리와 함께하자." "몇 시간 후 그들은 헌병 사령관인 중령 R 매카시에게서 자신들에 반하는 어떤 행동도 취하지 않겠다는 언질을 받고 나서야 막사로 돌아갔다." 활동가들에 대한 전반적인 괴롭힘이 여전히 계속됐지만 그 행진 때문에 처벌받은 사람은 없었다. 그 행진에는 흑인과 백인 모두 참여했다. 한 흑인 병사는 〈주간 해외 소식>에, "E-5[미군 하사관 계급 중에서 가장 낮은 계급의 코드—옮긴이]와 이하 [계급—옮긴이] 사이에 인종적 문제는 전혀 없다. …… 그것은 우리가 벌인 시위로도 입증됐다."[23]

1970년부터 반전 투쟁이 대학에서 병영으로 이동하고 있었다. 대학이 먼저 나서야만 했다. 대학은 조직하기 쉬운 장소다. 학생들이 많은 것을 마음대로 할 수 있는 이유는 바로 그들이 중간 계급이기 때문이다.

작업장은 더 고되다. 노동자, 특히 산업 노동자들은 경영진에게 끊임없이 채근당한다. 군대가 가장 힘들다. 지배 계급은 국내의 봉기로부터 자신을 보호하기 위해 군대를 유지한다. 그들의 군대는 비인간적인 명령에 따라 대외 전쟁에서 목숨까지 바칠 것을 요구받는다. 사람들이 극도의 공포 상태에 놓이지 않는다면, 왜 죽어야 하는지 묻지도 않고서 그냥 죽지는 않을 것이다. 군대에서 낮은 수준이라도 불안과 동요가 발생하면 그것이 곧 항명으로 비치게 되고, 결국 항명은 부자들의 전반적인 사회 지배를 위협하게 된다.

이것은 추상적인 얘기가 아니다. 산업의 힘과 전쟁 수행 능력이 세계를 호령하는 미국 패권의 기초였다. 대규모 파업과 학생 시위, 폭동이 일어나면 그들은 주 방위군을 소집한다. 캘리포니아 주 버클리에서 학생들은 베트남 전쟁 기간 동안 세 번이나 주 방위군을 자기 편으로 돌려놓았다. 학생들은 그 군인들이 징집을 피하려고 주 방위군에 들어갔다는 것을 알았고, 이를 바탕으로 그들과 대화를 시도했다.

주 방위군 뒤에는 군대가 있다. 1967년에 도미니카공화국의 민주 혁명을 진압하기 위해 파병됐던 군대가 갑자기 소환돼 디트로이트의 가두로 투입됐다. 그곳의 흑인 봉기를 진압하기 위해서였다. 투입된 병사들의 다수가 흑인이었다. 같은 시기 캘리포니아 주 캠프펜들턴에서는 윌리엄 하비와 조지 대니얼스가 동료 해병대원들을 조직해 "백인들의 전쟁에 왜 흑인들이 베트남까지 가서 싸워야 하는지"를 모여서 토론했다. 하비는 6년 형을, 대니얼스는 10년 형을 선고받았다.

텍사스 주 킬린의 포트후드에서는 올레오스트럿이라는 반전 성향의 커피하우스가 1968년 7월 5일 히피식의 사랑의 모임(love-in)을 열었다. 여기에 200명 가까운 백인 병사들이 모였다. 8월 말에 제1기갑부대원들은 자신들이 시카고 민주당 전당대회장의 반전 시위대를 진압하기 위해 파견될 예정이라는 소식을 접했다. 제1기갑부대 소속 흑인 병사 100명 이상이 모여서 "군대의 인종 차별과 민간인을 상대로 한 군대의 동원" 문제를 밤새 토론했다. 당시 그들의 지휘관이었던 파월 장군이 어느 순간 그 모임에 모습을 드러냈다. 다음 날 아침 43명이 "명령 불복종" 혐의로 체포됐다. 올레오스트럿 커피하우스와 흑백의 병사들은 포트후드의 43인을 석방시키기 위해 광범한 캠페인을 펼쳤다. 그들 대다수가 단기형만을 받고 풀려났다. 그러나 백인으로 포트후드 <퍼티그 프레스>의 첫 번째 편집자였던 브루스 헨더슨 일병은 바지 주머니의 보푸라기에 미세한 마리화나 흔적이 있다는 이유로 기소돼 8년 중노동형을 선고받았다.(항소가 받아들여져 결국에는 2년 중노동형으로 감형됐다.)[24]

이런 반란은 중요했다. 거대한 국내 충돌 상황에서 군대가 민중의 편에 서게 되면 그것이 바로 혁명이다. 1917년 러시아에서, 1918년 독일에서, 1981년 이란에서, 그리고 1986년 필리핀에서 그런 일이 일어났다. 미국에서도 그런 일이 발생할 수 있었다. 모든 무장 세력의 규율이 그토록 엄격한 이유는 사악한 명분을 위해 대중을 희생시켜야 할 필요성 때문이다. 군대 반란이 학생 반란의 뒤를 이어 발생한 한 가지 이유가 바로 그것이다.

두 번째 이유는 1960년대에 노동 계급 속에 노동조합은 존재했지만 정치 조직은 부재했기 때문이다. 대부분의 급진파들과 혁명가들이 학생 운동과 공민권 운동 속에 머물고 있었다. 그들은 군대 내에서 조직해야 할 필요성과 중요성을 이해하지 못했다. 그러나 군대의 불안과 동요는 단순히 민간 사회의 불안과 동요를 반영하는 수준이 아니었다. 베트남에서 귀환한 사병들이 줄곧 이를 추동했던 것이다. 그들 대다수가 운동에 가담했으며 그들과 관련된 모든 사실이 다른 병사들에게 전쟁이 부당하다는 것을 입증해 주었다.

그러나 사병 반란이 가장 거세게 일어났던 곳은 베트남이었다.

프래깅(Fragging)

베트남에 파병된 사병들은 가난한 농민들의 반란을 분쇄하라는 명령을 받은 노동 계급 대중이었다. 그들은 이 사실을 알았다. 그들은 잔인한 전쟁에 내몰렸고, 살인하기를 강요당했으며, 적 전사자 수를 헤아려야만 했다. 그들을 에워싸고 있던 모순적 상황, 다시 말해 부당한 편에 서 있음으로써 생기는 고통과 혼란이 그들 다수를 잔혹 행위로 내몰았다. 그러나 동시에 이와 동일한 힘이 사병들이 전쟁에 반대해 저항하게 만들 수 있었고 만들었다. 이것은 평화를 사랑한 선하고 친절한 병사들이나 전쟁을 좋아한 잔혹한 악마들의 문제가 아니다. 같은 부대에서 같은 처지에 놓였던 사병들, 그리고 같은 병사들이 종종 어떤 근무 기간에는 끔찍한 짓을 자행했고 어떤 때는 그런 명령 수행을 거부하기도 했다.

1968년에 팀 오브라이언은 베트남 중부 해안의 후에 근처에 주둔하고 있던 제46보병사단에서 사병으로 복무하고 있었다. 그는 나중에 자신의 경험을 소개한 훌륭한 책을 한 권 썼다. 그 책은 바로 ≪내가 전장에서 죽으면 상자에 담아 고향으로 보내주세요≫[25]다.

그의 부대가 미군들이 '핑크빌'[Pinkville, 분홍색 마을이라는 뜻으로 베트콩과 내통하거나 암암리에 지원하는 것으로 판단됐던 마을이다 — 옮긴이]이라고 부르는 한 마을을 수색정찰했다. 그 전 해에 핑크빌로 분류됐던 마을 가운데 하나가 바로 앞 장에서 언급한 미 라이 학살 사건의 현장이었다.

1년 후 팀 오브라이언과 알파 중대는 미 라이 사건을 유야무야시키며 여전히 핑크빌을 수색정찰하고 있었다. 오브라이언 역시 수색정찰 도중 지뢰 때문에 내내 공포에 떨어야 했다. 그는 내딛는 발걸음에 모든 신경을 집중하며 지뢰를 매설한 자와 두뇌 싸움을 벌였고 두려움으로 탈진했다. 그가 소속된 부대는 그런 공포를 내놓고 얘기하지는 않았지만 항상 두려움에 떨었다.

작전중에 우리는 내내 핑크빌의 주민들과 마주쳤다. 그들은 비전투원들이었다. 열 살 이하의 아이들과 여자들, 노인들은 시선을 바닥으로 향한 채 아무 말도 없었다. "VCP[베트콩—옮긴이]는 어디 있는 거지?" 요한슨 중위는 친절하게 이렇게 물었다. "남자들은 전부 어디 있냐구? 아빠는 어디에 있지?" 마을 주민한테서는 어떤 대답도 들을 수 없었다. 우리가 그들이 쏟아붓는 탄환에 머리를 처박거나 지뢰를 밟을 때까지는 말이다. ······

다음 날 우리가 지포 라이터의 부싯돌을 튀기는 데에는 별다른 도발이 필요하지 않았다. 이엉을 얹은 지붕은 곧 화염에 휩싸였다. 운수가 사나운 날이면 핑크빌의 작은 마을들이 불탔다. 우리는 불을 질러 복수했던 것이다. 핑크빌을 벗어나 알파 중대 뒤로 타오르는 불길을 지켜보는 것은 기분 좋은 일이었다. 순수한 증오가 좋은 것처럼 그 일도 좋았다.

우리는 다른 마을로 이동해 들어갔다. 베트콩 제48대대가 우리를 유령처럼 뒤따르고 있었다. 인기 있던 동료 병사 두 명이 부비트랩에 당하자 사병들은 가장 가까운 데 있는 베트남 사람들을 구타하기 시작했다. 죄값을 뒤집어쓰게 된 마을 여성 두 명이 혼비백산했다. 부대원들이 그들을 앞세우고 마을로 진입했는데 검은 머리채는 이미 싹둑 잘린 상태였다. 사병들은 울부짖으면서 그렇게 하고 있었다. 장교 한 명이 권총을 꺼내 포로의 머리를 마구 내려쳤다.[26]

그러나 바로 이 병사들이 전쟁을 거부하기 시작했다. 오브라이언이 알파 중대에 배속됐던 첫 주 어느 날 밤에 그들은 박격포 공격을 받았다. 오브라이언은 소총과 철모, 전투화를 집어들고 황급히 막사를 빠져나와 전투 준비 태세를 갖추었다.

다른 사람은 아무도 막사 밖으로 나오지 않았다. 나는 기다렸고, 마침내 한 사람이 나오기는 했다. 그는 손에 맥주를 들고 있었다. 그리고 또 한 명이 나타났는데, 그도 손에 맥주를 쥐고 있었다.

그들은 속옷차림으로 모래주머니 위에 앉았다. 그들은 맥주를 마시며 웃고 떠들었다. 그들은 논을 가리키며 우리가 박격포 공격으로 쑥대밭을 만들어 버린 지역을 바라봤다.

잠시 뒤 두세 명이 더 나타났다. 철모도 화기도 구비하지 않은 채였다. 그들은 농담을 주고받으며 웃었고 술을 마셨다. 일등상사가 외쳐대기 시작했다. [그는 그들이 싸우기를 원했다.] 그러나 사병들은 낄낄거리며 속옷 바람으로 그냥 모래주머니 위에 앉은 채 꼼짝도 안 했다. ……

중위가 나타났다. 그가 병사들에게 장비를 갖추라고 명령했다. 그러나 움직이는 사람은 아무도 없었다. 중위는 사라져 버렸다. ……

중위가 곧 다시 나타났다. 그는 소대 상사와 언쟁을 벌였다. 그러나 이번에는 중위도 확고했다. 그가 우리에게 방어선까지 구보로 갈 것을 명령했다. 중대 상황에 대해 뭐라도 불평하려면 휴식이 필요했고 이것은 장시간 휴식으로 변해 버리기 일쑤였다. 그래서 그들은 차라리 숲 속에 머물고 싶었다. [하여튼] 사병들은 철모를 쓰고 소총을 잡고 중위를 따라 식당을 뒤로 하고 방어선까지 갔다.

사병 세 명은 이를 거부했고 막사로 들어가 자 버렸다.[27]

그리고 그들에게는 아무 일도 일어나지 않았다. 장교들은 이제 감히 더는 사병들에게 명령하지 못하고 있었다. 그들은 타협해야만 했다.

알파 중대의 일등상사는 백인이었다. 그의 일 가운데 하나는 일부 사병들을 전투 행위에서 차출해 사역을 시키는 것이었다. 전투원들은 그런 동료 병사들을 놀렸고 "망할 놈의 후방군"이라고 비아냥거렸다. 그러나 그들도 그런 전속 작업병이 되기를 간절히 원했다. 일등상사는 흑인 사병들을 차출하려 하지 않았다. 하루는 교전으로 4명이 사망해서, 하는 수 없이 일등상사가 대신 수색정찰에 참여했다. 그는 죽었는데, 지뢰를 밟은 것 같았다.

그날 밤 우리는 간이호를 파고 C레이션을 요리해 먹었다. 그날 밤은 무척 더웠다. 나는 잠이 안 와서 경계 근무를 서던 흑인 동료 한 명과 함께 앉아 있었다. 그가 내게 흑인 친구 중 한 명이 그 일등상사를 손봐준 것이라고 알려 주었다. 유탄발사기에서 꺼낸 M-79 한 방으로 보내 버린 것이었다. 그냥 겁만 주려고 했지만 일이 잘못 돼 그가 죽어 버렸다고 한다. 하지만 흑인 병사들은 슬퍼하지 않는다고 그가 말했다. 그가 내게 어깨동무를 하면서, 여차하면 그것이 백인들을 다루는 방식이 될 거라고 말했다.

2주 뒤 흑인 일등상사가 알파 중대로 배속돼 왔다.[28]

윗선의 누군가가 낌새를 알아챘던 것이다.

'프래깅'이 시작되고 있었다. 프래깅은 계속 위험한 수색정찰 임무로 내모는 호전적인 장교나 하사관의 숙소에 폭탄을 던져넣는 행위다. 그것은 장교들을 응징하는 방법이었다.

장교들은 대개 경고를 받았다. 라몬트 스텝토는 1969년과 1970년에 꾸 찌에서 제25보병사단 장교로 근무했다.

일반적인 유형이 있었다. 장교들이 사병들을 계속 못 살게 굴면 대개는 사병들이 장교에게 경고를 한다. 잠자리로 돌아와 보면 최루가스 탄통이 놓여 있는 식이다. …… 그 다음에는 부비트랩일 가능성이 높다. 실수로 건드려서 그것이 진짜일 수도 있었다는 사실을 깨달으며 놀란 가슴을 진정하게 되는 것이다. 세 번째는 진짜일 가능성이 많다. 이번에는 경고로 끝나지 않는 셈이다.[29]

침상에 수류탄 안전핀을 놓아두거나 텐트 안으로 연막탄을 던져넣는 식으로 다른 장교들도 협박을 받았다. 목적은 죽이는 것이 아니었다. 살인을 중단시키는 것이 목표였다.

≪내가 전장에서 죽으면 상자에 담아 고향으로 보내주세요≫에는 프래깅처럼 보이는 사건을 대하는 사병들의 태도를 묘사하는 대목이 나온다. 알파 중대는 새 연대장 도드 대령을 맞이했는데, 그는 전쟁광이었다. 그는 헬기를

타고 출동해 목표지점으로 이동한 후 위용을 자랑하며 공포스럽게 산개해 마을을 수색정찰하는 식의 공격 전투를 좋아했다.

다음 며칠 동안 추가로 계속 공격 전투를 수행했다. 우리는 도드 대령과 그의 헬리콥터 부대를 증오하게 됐다. 한밤중에 적전(敵前) 공작병의 기습으로 그가 살해됐다는 소식이 라디오를 타고 흘러나왔다. 중위 한 명이 주동해서 우리는 노래를 불렀다. 그 노래는 <딩-동, 사악한 마녀가 죽었다>라는 재미있어 따라 부르기 쉬운 즐거운 축가였다. 우리는 멋진 화음으로 노래를 불러제쳤다. 마치 성가대 같았다.[30]

그때가 1968년이었다. 이미 장교들은 사병들과 타협을 해야 했고, 프래깅이 막 시작되고 있었다. 해가 거듭될수록 프래깅이 증가했다. 공식 자료 가운데 하나에 따르면, 베트남 현지 미군에서만 800~1000번의 프래깅 시도가 있었다고 한다. 육군 자료를 보면, 1969~70년에 프래깅이 563차례 있었다. 그리하여 1970~72년에 프래깅을 심리하는 군법회의가 363번 열렸다. 이 프래깅의 압도 다수가, 한 통계자료에 따르면, 80퍼센트가 장교들과 하사관들을 대상으로 한 것이었다. 대부분의 프래깅은 사망보다는 부상으로 이어졌다. 그러나 공식 자료에서는 사망한 사례가 대부분 빠져 있다. 공식 자료는 총기 사례는 빼 버리고 폭발물을 사용한 프래깅 시도만을 담고 있었는데, 그것은 취합하기가 더 쉬웠기 때문이다. 아무도 기소되지 않은 경우가 부지기수였다. 상황은 명백했다. 누군가를 잡아서 기소하면 반항심만 더 키우는 꼴이 되고, 따라서 프래깅의 가능성이 더 높아질 것이었기 때문이다. 현명한 지휘관은 상황을 묵인했다. 사실 그가 상황을 묵인하지 않으려 해도 어떻게 범인을 색출해 낼 수 있었겠는가?

이것이 다가 아니었다. 군대에서 장교를 살해하는 가장 흔한 방법은 수색정찰중에 그들을 쏴 죽이는 것이다. 이런 일이 베트남에서 일어났다는 데에는 의심의 여지가 없다. 알파 중대 일등상사한테 일어난 일이 바로 이것이며, 그런 사태는 다른 부대에서도 마찬가지였다. 미켈 레무스는 제25보병사단에서 복무했다. 한번은 그의 부대가 힘겨운 임무를 마치고 귀대했다. 그들은 두렵고 피곤한 상태에서 90명가량이 함께 마리화나를 피우고 있었다.

파티 시간이었다. …… 그런데 한 장교가 영웅이 되고 싶었던 모양이다. 90명 전원을 현행범으로 체포해 버렸던 것이다. …… 우리는 참호를 따라 쭉 늘어서 있었다. 그들이 그를 총으로 쏴 버렸다. 그러고 나서 참호 밖으로 시신을 내던지고 다시 기관총으로 쏴 버렸다. 아무도 그 사실을 입 밖에 내지 않았다. 누군가가 무선으로 본부에 대장이 베트콩의 총격으로 사망했다고 보고했다. …… 그것을 본 사람이 누구이겠는가? 그것을 본 사람은 아무도 없었다.[31]

1000명 이상의 장교와 하사관이 휘하 사병들에게 살해당했다는 것이 정확한 추측일 것이다. 군 법무관 데이빗 애들스턴은 173공중강습사단의 다른 법무관들이 "1970년과 1971년에는 [장교에 대한] 폭력적 공격 행위가 거의 매일 일어났다고 말했다"[32]고 증언했다. 1969년에 173공중강습사단의 허버트 중령은 《플레이보이》와 한 인터뷰에서 자기 대대의 상황을 다음과 같이 전했다.

지휘관의 목숨을 노린 공격 미수 행위가 두 차례 있었다. 대대에는 장교와 하사관에 대한 프래깅이 상당히 많았다. 한 병사는 두 다리를 잃었고, 수류탄 투척으로 부상을 입은 사람도 일곱 명이나 됐다. 클레이모어를 전술 지휘소에 던져 그 안에 있던 참모들이 몽땅 죽을 뻔하기도 했다. 천만 다행이었다.[33]

하사관을 상대로 많은 프래깅 시도가 있었다. 그들은 '직업군인'으로 군대에 충성했고 사병들을 죽음으로 내몰 수도 있었기 때문이다. 존 린드키스트는 1969년에 제3해병대에서 근무했다.

한번은 사병들이 하사관의 막사를 프래깅하려 했다. 그런데 수류탄이 터지지 않는 바람에 일이 꼬이고 말았다. 하사관들은 소총으로 경계를 서며 뜬 눈으로 밤을 세웠다. 누군가 다시 나타나면 날려버릴 태세였다. ……

그들은 CID[범죄수사대]를 데려오려고 했다. 그런데 그 일과는 아무 상관 없이 특무상사가 수류탄 사고로 다리를 잃고 말았다. …… 그 일에 나는 몹시 화가 났다.

내가 꾸앙 찌에 갔을 때 제3사단에서 일등상사에 대한 프래깅이 세 차례 발생했다. …… 상황이 매우 안 좋았다. 그래서 각 대대는 싸움이 발생하지 않도록 부대 활동을 축소하고 서로간의 교류도 차단했다. ……

[우리는] 딥퍼플[Deep Purple, 1968년 결성돼 레드 제플린과 함께 헤비메틀 장르를 주도한 밴드―옮긴이]을 듣고 있었다. 그런데 우리 막사 위쪽으로 M16 소총 소리가 다섯 발가량 들려왔다. 그들은 더 낮게 쏠 수도 있었다. …… 누군가 다른 해병대원들과 함께 바로 옆문에서 싸우고 있었기 때문에 누군가가 죽거나 다칠 수 있었다. 지상전은 이제 더는 제대로 돌아가고 있지 않았다.[34]

또 다른 해병대원이 익명으로 적어놓은 이야기를 살펴보자.

우리는 전투 점호를 하기 시작했다. 그것은 이런 것이다. 한밤중에 부대원 전체가 "베트콩이 나타났다"고 고함치기 시작한다. …… 그러면 사병들은 평소 싫어하던 직업군인들을 아무나 죽이려 한다.

그래서 우리는 여러 번 기관총으로 그 지휘관을 죽이려 했다. 한번은 그의 관물대에 총구멍을 9개나 냈다. 그의 침상에도 탄환 구멍이 9개 생겼다. ……

어느 날 밤 H 병사가 그의 텐트에 부비트랩을 설치했다. 그런데 아침에 일어나니 그것을 건드린 놈은 지휘관이 아니라 최고 장교 J였다. …… 우리가 죽이려고 했던 자는 K 중위였다. 하지만 J, 그 놈이 죽은 것도 나쁘지 않았다. 그 자식은 고주망태가 돼 있었던 것이다. 그들은 부대 전체를 항명죄로 기소하겠다고 위협했다. 그들은 그것을 극비로 할 수 있는 방법을 찾기 위해 애쓰고 있었다. 해병대에서 반란이 일어났다는 사실을 알고자 하는 사람은 아무도 없다.[35]

마크 주어리는 1969년과 1970년에 베트남에서 군 소속의 사진사였다. 그는 여러 지역을 두루 여행했다.

프래깅은 베트남에서 이제 하나의 확고한 관례로 자리 잡았다. 직업군인들이 사병들을 못살게 굴면 그들은 먼저 CS탄(최루가스)으로 위협한다. 그래도 직업군인들이 말을 듣지 않으면 사병들은 이번에는 진짜 폭탄으로 '프래깅'을 한다. ......

현장에서는 문제가 전혀 드러나지 않는다. 직업군인이 전투 중대로 배속되면 정신을 바짝 차려야 한다. 사병들이 교전중에 언제라도 그를 간단히 해치워버릴 수 있기 때문이다. 어느 부대에 일등상사가 새로 부임했는데, 그때 사병들이 사령부 건물을 방어하기 위해 '근위병'처럼 근무를 서고 있었다. 그런 보초 근무는 대개는 휴식 시간인 법이다. 그런데 이 새로 부임한 작자가 직업군인의 기질을 발휘해 "군인답지 못한 처신"과 아편 흡입을 꼬투리 삼아 징계하겠다고 위협했다. 그 첫날, 부대는 야지로 수색정찰을 나갔다. 장발을 하고 평화의 상징을 달고 있던 6피트 3인치[약 190.5cm — 옮긴이]의 거구인 사병 한 명이 "이거 봐" 하고 말했다.

그는 그 직업군인이 AK-47 소총(북베트남군이 사용한 자동 소총) 한 정을 들고 있는 곳으로 걸어갔다. 그러고는 큰 소리로 이렇게 말했다. "야, 내일은 전투가 벌어질 것 같으니까 나도 내 구식 AK를 휴대할 거야." 그리고서 그는 휙 돌아 방향을 바꾸고는 상사의 눈을 똑바로 쏘아보며 천천히 AK의 총구를 똑바로 세웠다. "이봐 상사 양반, 내일 전투가 벌어지면 정말 조심해야 할 거야. 새로 온 자식들은 항상 겁을 집어먹고 멍청한 짓을 하다가 골로 가거든. 그러니까, 상사 양반, 이 AK가 당신한테 굉장한 일을 해 줄 거야."

다음 번에 그 부대에 가봤더니 그 상사가 사병들에게 알아서 척척 기다가 결국은 죽어서 미국으로 송환됐다는 얘기가 들려왔다.[36]

사병들은 특별히 위험한 장교의 목에는 현상금을 걸기도 했다. 햄버거힐 ─그곳을 공격한 사병들이 계속 죽어 그 시체가 산더미처럼 쌓였다고 해서 그런 이름이 붙었다 — 의 지휘관 목에는 1만 달러가 걸렸다. 그는 베트남에서 살아 돌아왔다. 그 밖의 다른 사람들이 전부 살아 돌아온 것은 아니다. 배리 로모는 제196경보병여단의 소대장이었다. 그는 이렇게 회상했다.

우리 중대장의 목에는 500달러가 걸렸다. 그 이유는 그가 겁쟁이였기 때문이었다. …… 북베트남군이 우리를 매복공격해 왔다. 우리 중대장은 교전 장소에서 도망쳤다. 후방에 있었던 다른 두 개 소대를 이끌고 우리만 남겨놓은 채 산 아래로 달아나 버린 것이었다. 우리는 퇴로를 개척하면서 우리 힘으로 싸워야만 했다. …… 그 일이 있고 나서 우리 소대원들은 500달러를 모았다.[37]

프래깅에는 또 다른 측면이 있었다. 에드 소더스는 1968년 꾸 찌 터널 위에 세워진 기지 병원에서 위생병으로 근무했고, 반전 활동을 조직하고 있었다.

우리는 모두 프래깅에 관한 소식을 들었다. 우리는 그것이 무엇인지 잘 안다. 그래서 나는 이 문제에 관해 솔직해지려 한다. 프래깅은 양방향으로 통하는 길이라고 할 수 있다. 하사관들과 장교들을 상대로 한 민중의 반란인 프래깅이 꼭 사병들의 몫인 것만은 아니다. 그것은 동시에 말썽꾼 사병을 제거해 버릴 수 있는 편리한 수단이 되기도 한다. 나는 그 점이 두려웠다. 군 정보기관이 이미 내 뒤를 쫓고 있다. 그들은 진작부터 내 파일을 만들어 왔다. 그들은 이미 나를 염탐하고 있었던 것이다.[38]

프래깅이 전투 부대에서 후방으로 확산됐다. 사례를 하나 살펴보자.

우리는 흑인 백인 할 것 없이 단결했다. 우리는 함께 외쳤다. "그 자식을 보내버려야 해, 그 상사 놈을 없애자. …… 그들에게 계속 우리 소대를 맡길 수는 없어."
우리는 기본적으로 반란을 일으켰던 셈이다. 처음에는 살인이 해결책이라고 생각했다. …… 그것은 제비를 뽑아 그 개자식을 죽여 버리는 식이 됐을 것이다. 하지만 웬일인지 그런 일은 일어나지 않았다. 다음 단계는 부대 전체가 군 감찰감을 찾아가 탄원하는 것이었다. 우리가 동의할 수 없는 제반 부대 운영 사항들을 일일이 작성해야 할 것이었다. …… 부대의 대형도 갖추어야 하고 구두도 닦아야 하고, 뭐 그딴 일들이 생겨났다. 우리는 하사관이었고 나는 병장이었기 때문에 우리의 실정을 알리곤 했다. 그것이 바로 우리가 한 일이다. 그들은 새로운 사람을 투입했다. 그것은 하나의 방식 또는 더 폭력적인 방식으로 상관을 처리하는 문제였다.[39]

프래깅과 프래깅 위협은 지각없는 복수 행위가 아니었다. 그것은 장교들을 응징해 그들이 타협하도록 만드는 방법이었다. 군 재판관 배리 스틴버그 대위가 말한 것처럼, "일단 프래깅 위협을 받고 겁을 집어먹은 장교는 더는 명령을 수행할 수 없기 때문에 군대에서는 쓸모가 없게 된다."[40]

그러나 프래깅이 모든 장교를 대상으로 한 공격은 아니었다. 고위 장교들은 프래깅 협박을 받아도 계속 군대에 충성을 바치며 출세를 도모했다. 장교들과 하사관들이 분열했다. 하급 장교들 대다수는 군대 문제를 쉽게 풀어보려고 대학에서 ROTC 활동을 했다. 모든 거대한 노동 계급 운동은 중간 계급을 분열시키기 마련이다. 사병들을 주동해 <사악한 마녀가 죽었다>라는 노래를 불렀던 오브라이언 부대의 중위를 상기해 보라. '우려하는 장교들 운동'이 1970년 워싱턴 DC에서 설립됐다. 이 단체는 특히 해군 장교들 사이에서 강한 영향력을 발휘했다. 1971년이 되면 이 단체는 20개 지부에 3000명의 회원을 갖게 된다. 아이슬란드 케플라비크 공군 기지의 지부는 독자적으로 반전 신문 <스터프트 퍼핀 *Stuffed Puffin*>을 발행했다.[41] 프래깅의 압박은 장교들과 하사관들의 분열을 더욱 심화시켰다. 전투를 회피하거나 서로 짜고 상부에 거짓 보고를 올리는 일이 점점 더 많아졌다.

오브라이언의 부대는 1968년에 이미 그런 일을 하고 있었다. 그들은 수색정찰 명령을 받으면 주도로에서 살짝만 벗어나 야영을 하면서 거짓으로 무선 보고를 했다.

민족해방전선은 파리 평화협상에서 자신들에게 총을 쏘지 않는 부대에 대해서는 그들도 사격을 하지 않겠다고 공개적으로 천명했다. 물론 그들이 항상 그 약속을 지켰던 것은 아니다. 그러나 많은 병사들이 붉은색 완장을 차고 자기들도 싸우고 싶지 않다는 신호를 베트콩에게 보냈다. 그들은 반복해서 받게되는 수색정찰 명령을 계속 거부했다. 명령 거부 횟수가 베트남 전역에서 수십만 번은 될 것이다. "사이공에서 변호 일을 하던 해에 데이빗 애들스턴은 말 그대로 수십 차례의 전투 거부 소식을 들었다. 그리고 거의 모든 사건이 처벌이 아니라 지휘관과 사병들 사이의 타협으로 끝이 났다."[42]

예를 들어 꾸 찌에서는 1969년 11월 수색정찰중이던 21명의 소대원들이 프랭크 스미스 대위의 전진 명령을 거부했다. 그들은 어느 기자에게 자신들이 전부 단기 근무 사병으로서 베트남 복무 기한이 얼마 남지 않았다고 말했다. 그들은 살고 싶었던 것이다. 1970년 4월 제7기병연대의 사병들이 알 라이스 대위의 위험한 길을 개척하라는 명령을 거부했다. TV 카메라가 수색정찰 부대와 동행 취재하고 있었기 때문에 미국인 시청자들은 라이스 대위와 사병들이 타협을 통해 "문제를 해결하고" 목숨을 부지하는 과정을 보게 됐다. 1970년 12월에는 501보병사단의 프레드 피츠 중위와 선임하사를 포함해 소대원 전체가 진격 명령을 거부했다.[43]

게다가 제1기병연대에서는 1970년에 전투 거부 행위가 35차례 발생했다. 육군과 해군에서 전체 전쟁 기간 동안 전투 거부 행위가 수천 회에 달했다. 1971년과 1972년에 미군은 베트남에서 철수하고 있었다. 그러나 주둔군의 규모가 50만 명일 때보다 20만 명 일 때 프래깅이 더 자주 일어나고 있었다. 베트남에 끝까지 남아서 싸우다가 죽는 마지막 미국인이 되기를 원하는 사람은 아무도 없었다.

1971년에 베트남의 농촌 지역에 새겨진 거대한 평화의 상징을 찍은 항공

사진[오른쪽 사진 참조 —옮긴이]이 사병들이 발행하던 많은 반전 신문들에 소개됐다. 이것은 불도저로 땅을 깎아 만든 것 같았다. 그 평화의 상징은 후에(Hue) 바로 남쪽에 위치한 미 투이 퐁 마을의 논을 101공중강습사단 사병들이 깎아 만든 것이었다.[44] 1972년 1월 101공  중강습사단은 철수했다. 사병들의 반란이 그 한 원인이었다.

사이공 함락

프래깅과 전투 거부는 동시에 일어났다. 군대의 규율은 가혹하다. 따라서 평화주의는 전장에 파견된 병사들이 쉽게 선택할 수 있는 사항이 아니다. 그들이 전투를 거부하면 총살 위협을 받거나 군법 회의에 회부된다. 전쟁을 중단시켜 살아남고자 하는 병사들은 기꺼이 그들의 장교를 사살해야만 한다. 왜냐하면 그들의 장교 역시 그들을 사살할 준비가 돼 있기 때문이다. 사병들이 한 일이 바로 그것이었다.

닉슨과 키신저 그리고 펜타곤은 여전히 베트남에 머무르려 했다. 북베트남군의 주력 부대는 정글과 산악지대에 주둔하면서 계속 저항했다. 그들은 탈진했고 약화됐으며 점점 더 절망적인 상황이었지만 계속 저항했다. 반면 남베트남의 게릴라들은 의미 있는 저항 세력이 되지 못했다. 마을 사람들 대다수가 여전히 그들을 정치적으로 지지하고 있었지만 말이다. 미국이 조금만 더 주둔했더라면, 그리고 미군이 기꺼이 싸울 의지가 있었다면, 200~300만 명이 더 죽는 희생을 치렀겠지만 아마도 승리할 수는 있었을 것이다.

그러나 1970년부터 사병들이 전투 행위를 거부하자 펜타곤은 절망감을 느끼며 부대를 철수시키기 시작했다. 1971년 6월호 ≪군대 소식≫에서 해병대 역사가인 콜 로버트 헤이늘은 당시 장교들의 느낌을 이렇게 말했다.

미군의 사기·규율·전투 수행 능력이 — 몇몇 예외가 있기는 하지만 — 이 세기의 그 어느 때보다 약화됐고 형편없어졌다. 아마도 미국 역사상 최악일 것이다.

생각할 수 있는 모든 지표로 판단해 볼 때, 현재 베트남에 주둔하고 있는 우리 군대는 붕괴 직전 상태에 와 있다. 개별 부대는 전투를 회피하거나 거부하고 있다. 지휘관은 물론이고 하사관들도 피살되고 있다. 반란이 일어나지 않은 부대라도 사병들은 마약에 절어 있거나 완전히 사기가 꺾여 있다.

베트남 이외의 지역에서도 상황은 매우 심각하다. ……

앞서 언급한 모든 사실들 — 그리고 최악의 군사적 재앙을 드러내는 더 많은 지표들 — 이 베트남 주둔 미군의 전반적인 상황을 알려 준다. 그리고 이 상황을 능가한 경우는 이 세기에 프랑스 군대의 니벨르 폭동과 1916~17년 짜르 군대의 와해 사례뿐이었다.[45]

1917년 짜르 군대에서 일어난 반란으로 러시아 혁명이 시작됐다. 콜 헤이늘은 혁명의 위험성을 경고하고 있었던 것이다. 그가 베트남 이외 지역의 군대 상황도 마찬가지로 좋지 않다고 언급한 사실에 주목해야 한다. 참전군인들이 위기를 확산시키고 있었다. 더불어서 그가 이 사실을 군대의 공식 저널인 ≪군대 소식≫에서 밝히고 있다는 점에도 주목해야 한다. 이것은 엄살로 그냥 하는 소리가 아니었다. 이것은 장교 집단이 자신들이 느끼던 바를 공식적으로 언급한 것이었다.

펜타곤과 긴밀한 관계를 유지했던 우익 저널리스트 스튜어트 앨섭은 1970

년 12월에 ≪뉴스위크≫에 이런 사설을 썼다. "행정부의 정책 입안가들은 철수 과정을 신속히 완료하는 것이 좋겠다는 쪽으로 점점 더 기울고 있다. ……
베트남에 주둔하고 있는 미군의 사기와 규율의 와해 정도가 심각한 수준이기 때문이다." 1971년 초에 "사병들의 불만"이라는 제목의 기사를 게재한 ≪타임≫은 이렇게 말했다. "육군 참모총장 윌리엄 C 웨스트멀랜드와 그 휘하 장교들은 [베트남 주둔 미군의] 철수가 더디다고 주장하는 것으로 알려졌다."[46]

그들이 싸우지 않을 것이라면 엄청난 위험을 감수하면서까지 베트남에 부대를 주둔시킬 필요가 없었다. 1971년에 마지막 해병대가 철수했다. 하노이와 워싱턴 사이의 협상이 지루하게 계속됐다. 1972년 3월과 4월에 북베트남이 주력 부대를 동원해 남베트남의 북부를 공격했는데, 그것은 재래식 전쟁이었다. 북베트남은 자신들이 무엇을 할 수 있는지 닉슨에게 과시함으로써 그가 협상에 진지하게 임하도록 압박했다. 베트콩 게릴라들은 이 공세에서 별다른 역할을 수행하지 못했다. 이미 마을에서 세력이 약해질 대로 약해져 있었던 것이다. 미국 정부는 대규모 폭격으로 이에 응수했다. 자신들도 무엇을 할 수 있는지 보여 준 셈이었다. 그러나 그것은 그들이 더는 미군을 동원하지 못할 만큼 약화됐음도 함께 보여 주었다.

1972년 1월 1일 베트남에는 15만 6800명의 미군이 남아 있었다. 6월 30일에는 그 수가 4만 7000명이었다. 그 6개월 동안 미군은 사망 178명, 부상 809명을 기록했고, 남베트남 정부군은 사망 1만 9595명, 부상 5만 325명을 기록했다. 미군은 이제 더는 싸우지 않고 있었다.

닉슨의 손에는 두 장의 카드가 남겨졌다. 그것은 바로 폭격과 중국이었다. 닉슨과 키신저는 1972년에 중국에 가서 그 나라 지도자들과 비공식 협약을 맺었다. 미국은 이제 중국에 대한 자신의 반공주의적 적개심을 풀고 소련에 대항해 중국의 동맹국이 되기로 했다. 그 대가로 중국 정부는 미국의 북베트남 폭격 확대를 묵인하고 미국과 평화협정을 신속히 체결하도록 하노이에 압력을 넣기로 약속했다.

두 번째 카드는 폭격이었다. 육군과 해군이 싸우지 않아도 항공기는 여전히 폭탄을 떨어뜨릴 수 있었다. 그러나 그 폭탄도 사람이 운반했다. 평화 운동이 항공모함들로 퍼져나갔다. 샌디에이고에 기항한 컨스털레이션호는 1971년 10월 베트남 폭격 임무를 띠고 출항할 예정이었다. 샌디에이고에서 펼쳐진 반전 운동으로 컨스털레이션호를 출항시켜야 할지 말지에 관한 투표가 조직됐다. 민간인 4만 7000명이 투표했고, 이 가운데 82퍼센트가 출항에 반대했다. 현역 남녀 군인 6900명이 투표했고, 73퍼센트가 출항에 반대했다. 수병 9명이 교회로 피신해 출항을 거부했다.[47]

코럴씨호도 동시에 출항할 예정이었다. 수병 12명이 연판장을 돌렸다.

코럴씨호의 형제들이 미 하원에 드립니다

우리는 침묵하는 대다수 승무원들이 현재 베트남에서 벌어지고 있는 충돌을 신뢰하지 않는다고 생각합니다. 또한 베트남 전쟁을 끝내기 위해 우리가 할 수 있는 일이 아무것도 없다는 것이 다수의 견해일 것입니다. 그 이유는 우리가 군대에 있고 그래서 베트남 전쟁과 관련해 각자의 의견을 개진할 권리가 없다고 생각하기 때문입니다. 사태가 이렇게 된 데에는 코럴씨호의 승무원 대다수가 군대의 선전에 속아 왔기 때문이라고 우리는 판단하고 있습니다. 미국인으로서 우리는 모두 자신의 견해를 당당하게 밝힐 신성한 의무가 있습니다. 우리 민중이 정부를 이끌어야지, 정부가 우리를 이끌도록 내버려둬서는 안 됩니다. 우리가 생각하기에 이런 행동이야말로 군인으로서 오히려 더 정당한 행위입니다. 현역 군인은 직접 전쟁에 참여하는 당사자이기 때문입니다. 코럴씨호는 11월에 베트남에 도착할 예정입니다. 이 계획이 기정 사실이 되게 할 수는 없습니다. 우리는 다수고 우리가 베트남 전쟁을 신뢰하지 않는다는 견해를 당당하게 외친다면 코럴씨호가 이 전쟁에서 능동적인 역할을 수행하는 것을 막을 수 있습니다. 코럴씨호가 베트남에 가서는 안 된다고 당신이 생각한다면 이 탄원서에 서명함으로써 당신의 견해를 표명해 주십시오.[48]

전체 승무원의 약 4분의 1에 해당하는 1000명 이상이 탄원서에 서명했다. 코럴씨호가 캘리포니아를 출항했을 때 민간인 1500명이 시위를 벌였고 수병 35명이 승선을 거부했다. 코럴씨호가 하와이에 기항했을 때 승무원 수백 명이 제인 폰다[미국의 유명한 영화 배우로 반전 활동을 했다—옮긴이]와 그의 FTA(Fuck the Army) 쇼가 주관하는 반전 행사에 참여했다. 코럴씨호가 다시 하와이를 떠났을 때 수병 53명이 승선을 거부했다. 함상에 남았던 급진파는 이제 배 위에서 <우리는 도처에 있다 We Are Everywhere>는 신문을 발행하기 시작했다.[49]

1972년에 폭격이 강화되면서 작전에 참여한 모든 항공모함에서 불안이 확대됐다. 아메리카호가 노포크를 출항했을 때 전쟁에 반대하는 민간인들이 13척의 카약과 카누에 나누어 타고 그 배의 정면을 가로막으며 진로를 방해했다. 그들을 처리하기 위해 해안경비대가 파견됐다. 수백 명의 수병이 아메리카호의 함상에서 해안경비대에 쓰레기를 투척했다. 오리스카니호가 캘리포니아를 출항했을 때 수병 25명이 탈영했다. 일주일 후 그들 가운데 10명이 공식 성명서를 들고 해군에 복귀했다. 성명서에는 이렇게 적혀 있었다. "동남아시아에서 현재 자행되고 있는 대량 학살극을 끝낼 수 있는 유일한 방법은 우리에게 있다. 정치적 게임에서 사실상 소모품으로 사용되고 있는 우리 사병들이 이 꼭두각시 놀음을 그만두면 된다."[50]

군 보급선 니트로호를 점거한 뉴저지 주의 활동가들은 그 지역의 전쟁에 반대하는 베트남 참전군인회에 소규모 선대를 조직해 달라고 요청했다. 해안경비대가 카약을 공격하자 7명이 니트로호에서 바다로 뛰어들었다. 그들 중 한 명인 윌리엄 멍스는 이렇게 말한다.

전쟁과 베트남에서 자행되는 살육을 반대하는 신념에서 나는 바다로 뛰어들었다. …… 또한 나는 나처럼 생각하지만 군대의 작동 방식 때문에 어떤 말도 내뱉을 수 없는, 억압받고 있는 많은 군인들을 대신해서 뛰어내렸다. …… 나는 베트남에서 왜 싸워야만 하는지 그 이유를 모른다. 나는 이 전쟁을 시작하지 않았다. 나는 베트남 민중에 반대해야 할 어떠한 이유도 없다. 그들이 나나 내 가족에게 해를 입힌 적이 있는가?[51]

한편으로 수병들은 첨단 기술의 함선이, 특히 항공모함이 사보타지에 얼마나 취약한지를 깨닫기 시작했다. 1971년에 해군이 의회에 보고한 바에 따르면, "사보타지 191건[과] 방화 135건을 포함해 …… 위해(危害)와 위해 시도 행위 488건에 대한 조사가 진행됐다." 1972년 7월 항공모함 포스톨호에서 발생한 화재로 700만 달러의 피해가 발생했고 그 배는 무려 두 달 동안이나 항해를 중단해야 했다. 같은 달에 익명의 누군가가 한쪽 엔진과 맞물리는 기어에 12인치짜리 볼트 두 개와 페인트 스크레이퍼를 집어넣었다. 이 사건으로 손상을 입은 레인저호는 석 달 동안 운항을 못 했다.

1972년 10월 항공모함 키티호크가 폭격 임무를 마치고 고국으로 귀항하는 중에 필리핀의 수빅 만에 기항했다.(키티호크에서 발행되던 반전 신문은 <키티 리터 Kitty Litter>였다.) 사보타지로 레인저호와 포스톨호가 항해를 할 수 없게 되자 키티호크에 선수를 돌려 회항해 폭격을 재개하라는 명령이 떨어졌다. 정박중에 흑인 수병들과 백인 수병들이 싸움을 벌였다. 귀대한 후 함상에서는 흑인 수병들만 문책을 받았다. 흑인 수병 100명이 모여 항의 집회를 열었다. 그들을 진압하기 위해 해병대가 투입됐다. 흑인 수병들과 해병대원 사이에서 난투극이 벌어졌다. "주먹과 쇠사슬, 렌치와 파이프가 무기로 동원된" 이 싸움은 밤새도록 계속됐다.

같은 달 컨스털레이션호의 흑백의 수병들이 이 배의 블랙프런트(Black Front)의 요구를 지지하며 연좌농성을 벌인 끝에 수병 130명이 처음으로 육지 근무를 하게 됐다. 그러다가 함상 근무 재개 명령이 떨어지면서 그들은 다시 파업에 돌입했다. 그들 가운데 징계나 처벌을 받은 사람은 단 한 명도 없었고, 모두 계속 육지에서 근무하는 것이 승인됐다.[52]

1972년 내내 일본과 독일, 미국의 미 공군 기지에서 시위가 벌어졌다. 폭격기가 직접 출격하던 타이와 괌에서는 조직 활동이 쉽지 않았다. 그러나 괌에서 한 사람이 의회에 편지를 보냈다. "지상 근무 요원들은 그들의 비행기가 안전한지 또 작전 수행에 적합한지 이제 더는 점검하지 않는다. 조종사들은 헛된 임무를 띠고 출격하기를 원하지 않으며, 그래서 그들은 기회가 생기면 출격하지 않는다." 또 다른 사람은 이렇게 썼다. "나는 외국의 독재자를 위해 일하는 용병으로서 죽고 싶지는 않다."[53]

1973년 5월에 공군은 캄보디아 폭격을 40퍼센트 줄이겠다고 발표해야만 했다. <워싱턴 포스트>는 그 이유를 이렇게 적었다.

공군은 조종사들 사이에서 심화되는 도덕적 위기에 직면하고 있다. 특히 B-52 폭격기의 승무원들이 그렇다. …… 국방부 고위 소식통에 따르면 괌 기지의 사기가 그 어느 때보다 형편없다고 한다. …… 타이 U 타파오 공군 기지의 사기도 날이 갈수록 악화되고 있다.[54]

1972년 12월에 워싱턴은 B-52 폭격기 200대를 동원해 하노이와 하이퐁에 24시간 동안 계속 "크리스마스 폭격"을 퍼부었다. 이미 중국이 미국에게 어떠한 보복 공격도 없으리라는 점을 확인해 주었다. 그러나 12월 18일 타이에서 팬텀 전투기 조종사 드와이트 에번스 대위가 북베트남으로 출격하는 것을 거부했다. 마이클 헥 대위는 12월 26일 B-52 탑승을 거부했다. 그는 전투 비행을 200차례 이상 수행했지만, 그는 "사람이라면 먼저 자기 자신에게 떳떳해야 한다"고 생각했다.

베트남은 자신들이 크리스마스를 전후로 B-52 폭격기 34대를 격추했다고 주장했다. 펜타곤은 공식적으로는 15대만 격추됐다고 말했고, 사석에서는 그이상이 격추됐음을 시인했다. 공군은 그런 손실을 감당할 수가 없었다.[55] 마침내 1973년 1월 워싱턴은 꼬리를 내리고 파리 평화협정에 서명하면서 베트남에서 미군을 완전히 철수시키기로 했다. 미국 정부가 남베트남에서 연립정부를 수립하는 것을 거부했지만 어쨌든 휴전이 이루어질 예정이었다. 남측 정부와 게릴라들은 그들이 현재 장악하고 있는 영역을 유지할 것이었다. 북베트남 군대가 남쪽에 주둔할 것이지만, 북베트남 정부는 뒤로 물러나 남측 정부를 전복하지는 않을 것이었다. 그 대가로 미국은 북베트남에 50억 달러라는 대규모 원조를 제공해야 했다. 미국인 고문과 첩자들 ─ 군인은 아니었다 ─ 은 계속 남베트남에 남아 활동했고, 남측 정부에 대한 미국의 원조도 계속됐다. 미국 정부는 북베트남 폭격을 중단했지만 그들은 계속 남베트남·캄보디아·라오스를 폭격할 수 있었다.

최후의 미군 부대가 1973년에 철수했다. 잠시 동안 평화가 유지됐지만 그 평화가 영원히 계속되리라고 생각한 사람은 거의 없었다. 이 사건은 공산주의자들의 승리이자 미국 정부의 패배라는 점을 모두 분명히 인식하고 있었다. 남베트남 정부가 그 후로도 2년 동안 지속됐다는 사실에 거의 모든 사람이 깜짝 놀랐다. 남베트남 정부가 지속될 수 있었던 이유는, 북베트남 정부가 협정을 준수하면서 민중을 자제시켰기 때문이다. 아마도 북베트남 정부는 미국의 폭격이 두려웠을 것이고 미국의 원조를 기대했을 것이다. 또한 그것은 평화협정이 유지되기를 원하던 동맹국 중국의 압력 때문이기도 했다.

그러나 남베트남 대통령 티에우는 자신이 평화를 유지하며 생존할 수 없다는 것을 잘 알고 있었다. 그는 미국의 압력 때문에 평화협정에 서명하기는 했지만, 다음 날 그는 "공산주의자들이 마을에 들어오면 그 자들의 머리를 날려 버리라"고 발표했다. 그리고 누구라도 "공산당식으로 말하는" 사람이 있으면 "즉시" 살해하라고 말했다.[56]

하노이는 남측의 게릴라들에게 휴전협정을 준수하라고 강요했다. 그러나 게릴라 지도자들은 1954년 제네바 평화협정 이후에도 지엠이 자신들을 학살한 사실을 잊지 않고 있었다. 그들은 자신들의 입장을 고수하고 티에우와 싸웠다.

미국은 주기로 약속한 50억 달러를 북베트남에 지급하지 않겠다고 버텼다. 하노이의 지도자들은 당황한 듯했다.

사이공의 경제는 마비돼 가고 있었다. 미국의 원조가 중단됐고, 군인들과 그들이 뿌리던 달러가 떠나 버렸기 때문이다. 도시에서 실업률이 상승했고, 사람들의 삶은 점점 더 절망적으로 변해 갔다.

하노이는 평화협정을 준수하려고 노력했다. 그러나 미국의 지배 계급은 그저 발을 빼기만을 원했지 협정이 지속되는 것을 애당초 기대하지도 않았다. 만약 그들이 그랬다면 훨씬 더 많은 원조를 제공했을 것이다. 대통령 리처드 닉슨은 티에우와의 관계에 전념하다 점점 더 고립됐다. 의회는 남베트남에 대한 미국의 원조를 전액 삭감해 버리겠다고 위협했다. 닉슨은 워터게이트 추문으로 사임했다. 그것은 부분적으로는 그가 계속 티에우를 원조해서이기도 했다. 새 대통령 제럴드 포드가 그의 자리를 대신했다.

1975년 3월 북베트남군은 후에의 북서부를 향해 소규모 공격을 개시했다. 티에우 대통령은 인원도 적고 허약한 자신의 군대에 후에로 철수하라고 명령했다. 퇴각이 시작되면서 그의 군대는 와해됐다.

그의 군대는 징집병으로 이루어진 군대였다. 남베트남의 성인 남성 17퍼센트가 군인이었다. 그들은 전쟁을 원하지 않았고, 그들 대다수에게는 가족이 있었다. 퇴각이 시작되자 그들은 가족을 돌보기 위해 부대를 이탈했다. 군대가 공산당 편으로 넘어가지는 않았다. 군대는 두려움 속에서 와해됐고 뿔뿔이 흩어졌다. 그러자 갑작스럽게 모든 도로가 난민 행렬로 가득 찼다.

남베트남을 수호하기 위한 최후의 전투 따위는 전혀 없었다. 군인들, 남베트남에 불충했던 사람들은 남측 체제를 보면서 이렇게 말했다. "그들은 우리를 돌봐줄 수 없다. 그들은 도덕적으로 파산했다. 우리는 그들을 위해 죽지 않을 것이다."

후에는 신속하게 함락됐다. 그러자 난민들, 지주들, 군인들과 가족들, 그리고 남측 정부를 지지했던 도시 사람들이 다낭으로 도망쳤다. 미국은 파리 평화협정에 따라 베트남에 상주할 수 있었던 영사관, 국제개발청(AID), CIA 요원 등을 허겁지겁 소개(疏開)하고 있었다. 냐 짱을 탈출하는 마지막 헬리콥터에 탑승한 한 미국인은 친구에게 이렇게 말했다.

조종사가 엔진의 추력을 낮추고 착륙 준비를 하자 팔에 아기를 안은 베트남 노인 한 명이 차단선 한쪽의 사람들 무리에서 뛰쳐나와 절뚝거리며 달려왔다. 그는 기실을 향해 아기를 들어 올리고는 미국인들에게 그 아이를 데려가달라고 간청했다. …… [미국인 한 명이] 열린 승강구로 다가가더니 그 노인의 얼굴을 발뒤꿈치로 찼다. 아기는 바닥에 내동댕이쳐졌다. 그와 함께 헬리콥터는…… 하늘로 치솟았다.[57]

후에가 함락되면서 다낭에 200만 명의 난민이 발생했다. 다낭을 탈출하는 마지막 비행기에는 군인 270명, 여자 2명, 어린이 1명, 그리고 미국인이 몇 명 타고 있었다. 비행기에 탑승한 한 미국인 기자는 이렇게 말했다. "비행기가 이륙하는데도 날개와 착륙 장치에 수십 명이 달라붙었다. 당연하게도 많은 사람이 바퀴 아래 짓이겨졌다. 어떤 사람들은 비행기가 이륙한 뒤에 추락했다. 나중에 이착륙 바퀴의 승강 공간에서만 수십 구의 시체가 으깨진 채 발견됐다. 기실의 중앙 통로는 피투성이였다."[58]

상선과 해군 함정들이 다낭에서 난민들을 소개하려 했다. 한 CIA 요원이 ≪파이어니어 컨텐더≫에 자신이 목격한 것을 이렇게 기고했다.

남베트남 군인 1500명 이상이 주갑판과 함교(艦橋)에 볼품없이 늘어져 있었다. 그들은 서로 싸웠고, 운수 사납게도 그 속에 섞여 있던 민간인을 골라내 폭력을 행사했다. 30야드도 채 안 떨어진 곳에서 ARVN 병사 한 명이 베트남인 여성을 강간하고 있었다. 다른 병사는 그 여성의 남편에게 총부리를 겨누고 있었다.[59]

그 CIA 요원은 탈출 난민들이 그 배에 기어오르는 것을 도와주었다. 다른 작은 배를 탄 사람 가운데 1000명 이상이 바다에 뛰어들어 익사하고 말았다. 더 작은 배에 탄 난민들은 인원이 너무나 많아서 산 사람들이 죽은 사람들 사이에 끼어 똑바로 서 있어야 했다. 미 투이 퐁에서 도망쳐 나온 한 정부군 병사도 그들 속에 있었다. 그는 다른 군인들이 부서지는 파도 속에서 배에 접근하기 위해 총과 수류탄으로 싸우는 것을 목격했다. 바다가 이내 붉게 물들었다.

군인들은 자신과 가족들에게 닥칠 일을 두려워했다. 군인들은 공산당이 자신들에게 잔인하게 보복할 것이라고 생각했다.

공산당은 그렇게 하지 않았다. 1975년 3월 24일 남베트남 군대는 와해됐고 북측의 탱크가 사이공으로 진주해 들어왔다. 게릴라들은 미 투이 퐁의 대로를 공공연하게 행진했다. 그들은 다른 마을 사람들과 잡담을 했고 농담도 주고받았다. 그들은 정부군이 트럭을 타고 1번 고속도로를 따라 패주해 갈 때 손을 흔들어 주었다. 손으로 써서 길에 내건 팻말에는 이렇게 적혀 있었다. "유혈 참사 없이 승리하다." 과거에 베트민이었던 한 늙은 농민은 기뻐하며 이렇게 말했다. "우리는 20년 동안 싸워왔다. 그리고 이제 며칠만 있으면 우리의 투쟁도 끝날 것이다."[60]

세 가지 운동, 즉 미국의 평화 운동, 사병들의 반란, 농민 게릴라가 미국의 지배 계급을 패퇴시켰다. 이 중 가장 중요한 것은 농민 반란이었다. 수십만 명의 공산당원과 게릴라들이 자신의 목숨을 바쳤다. 아울러 수백만 명의 농민이 고향을 떠나기를 거부하거나 떠날 수 없어서 죽임을 당했다. 수많은 사람들이 그들의 죽음을 가슴 아파했다. 베트남 전쟁은 공포·강간·잔혹 행위의 역사다. 그러나 동시에 그것은 상상을 초월하는 끝없는 용기의 역사이기도 하다. 베트남 전쟁은, 베트남의 남녀노소가 자신들이 재배하는 쌀의 공정한 몫, 다시 말해 평등한 세계를 목표로 투쟁에 나설 때 보여 줄 수 있었던 영웅적 투쟁의 역사다.

7장

전후의 베트남과 캄보디아

전후의 베트남과 캄보디아

1975년 봄에 공산당이 남베트남, 캄보디아, 라오스에서 권력을 장악했다. 인도차이나 전체가 마침내 공산화된 것이다. 미국의 베트남 전쟁은 끝났다. 한동안 남베트남이 형식상 독립 국가로 남아 있었지만, 공산당이 지도하고 있었고 하노이의 지도자들이 사실상의 권력자들이었다. 그 해 여름 베트남의 분위기는 조용한 희열 그 자체였다. 인도인 기자 나얀 찬다는, 200년 전 중국의 침략자들을 물리쳤을 때 쓰여진 시를 기쁜 표정으로 낭송하는 한 외교부 관리를 지켜봤다.

바다에는 더는 상어가 없고,
지상에는 더는 야수가 없네,
하늘은 청명하고,
이제 만대의 평화를 건설할 새로운 시대가 도래했네.[1]

사태가 그렇게 전개되지는 않았다. 문제는 쌀이었다. 전쟁 전에 북베트남은 국가자본주의 모델에 따라 발전하고 있었다. 러시아와 중국의 사례를 답습하고 있었던 것이다. 그러나 북베트남은 가난했다. 1954년에 공업 인구는 성인 1000명당 약 4명이었다. 발전은 쌀을 통제하는 데서 시작해야만 했다. 1950년대 후반에 북베트남 정부는 대다수의 농민을 설득해 협동조합으로 조직했다. 그러고서 국가는 세금 명목으로 쌀의 일부를 가져갔다. 또, 정부는 국가 강제 구매 형식을 빌려 아주 낮은 가격에 추가로 쌀을 징발했다. 정확히 얼마나 가져갔는지를 밝혀주는 통계를 찾는 일은 쉽지 않다. 그러나 북베트남의 한 마을을 조사한 연구에 따르면, 베트남 전쟁 기간 동안 수확물의 약 30퍼센트가 국가로 흘러들어갔다. 국가가 수확물의 60퍼센트만 가져가겠다고 농민에게 약속한 1988년의 법률과는 대조적이다. 따라서 우리는 30~60퍼센트의 세금을, 그러나 초기에는 30퍼센트에 가까운 세금을 거두었다고 추론할 수 있다. 사실상 국가가 지주 행세를 했던 셈이다.

도시에서도 북베트남 정부는 노동자들을 쥐어짰다. 현대적 공업에 종사하는 노동자들을 포함해 국가가 고용한 종업원들은 실질 임금이 25퍼센트 하락했다. 동시에 국내 총생산의 25퍼센트가 공업에 투자되고 있었다. 이것은 아주 높은 비율로, 공업 노동자 수가 100명당 3명으로 증가했다. 비유를 해보자면 이렇다. 농민이 밥그릇을 100개 생산하면 25개가 해외에서 기계류를 구입하고 공장을 짓고 기계 장치를 설치하는 데 투입됐고, 3개가 공업 노동자의 몫이었던 셈이다.

농민의 쌀과 노동자의 노동이 공업 경제를 건설하고 있었다. 미국과 벌인 전쟁이 이 과정을 비정상적인 상태로 내몰았다. 북베트남의 공업은 농촌으로 분산됐고, 그 절반이 폭격으로 파괴됐다. 북베트남 경제는 러시아제 무기와 중국산 쌀의 도움을 받아 전쟁 기간을 버텨낼 수 있었다.

미국의 돈이 남베트남을 먹여 살렸다. 그러나 전쟁 때문에 남베트남의 농민 대다수가 농촌을 등지고 떠나 버렸다. 1975년이 되면 남베트남 인구의 74퍼센트가 소읍과 도시, 또는 난민촌에서 살게 된다. 사이공의 인구가 30만 명에서 200만 명으로 늘어났다.(1975년에 도시명이 호찌민 시로 바뀌었지만 대다수 베트남 사람들은 여전히 그 도시를 사이공이라고 부른다.)

1975년에 평화가 도래하면서 새 정부는 남북의 도시들을 먹여 살려야만 했다. 갑작스럽게 해외 원조가 중요한 문제로 떠올랐다. 북베트남 정부는 미국의 대규모 원조를 기대하고 있었다. 2년 전에 워싱턴이 파리 평화협정의 일환으로 전쟁 배상금 50억 달러를 하노이에 주기로 약속했기 때문이다. 그러나 닉슨·포드·카터·레이건·부시·클린턴 등 역대 미국 대통령은 배상금 지급을 거부했다. 하노이는 그 배상금에 기대를 걸고 있었지만 미국의 지배 계급은 과거의 패배를 잊으려 하지 않았다. 그들은 20년 동안 모든 원조와 무역을 차단함으로써 베트남을 응징했다.

미국 정부가 주도했고, 국제통화기금(IMF)과 세계은행이 그 뒤를 따랐다. 그리고 국제통화기금과 세계은행이 주도하면 세계 굴지의 은행들이 그 뒤를 따랐다. 1990년까지는 베트남에 대한 서방이나 일본의 투자가 전혀 이루어지지 못했다. 그 시기 동안 동남아시아는 호황을 누렸는데, 그것은 해외 투자와 수출 상품 생산에 기반한 것이었다. 베트남은 여기서 배제됐다.

중국의 원조도 갑작스럽게 문제가 됐다. 1960년 이후 하노이의 공산당은 소련과 중국의 경쟁 관계에 묶여 있었다.

이 두 열강이 경쟁 관계에 놓이게 된 원인은 복잡하다. 소련의 지배 계급은 중국을 다른 위성 국가들처럼 이용해 먹으려 했다. 게다가 두 나라에서 공업화와 계급 투쟁이 상이한 속도로 전개되고 있었다. 소련은 스탈린 시대의 살인적인 착취를 통해 경제·군사 능력에서 부분적으로나마 서방을 따라잡았다. 1953년부터 소련의 지배자들은 강제노동수용소식의 잔혹한 체제를 완화하려 했다. 좀더 발전한 경제에서는 노예 노동이 아니라 동기 부여가 필요했기 때문이다. 그리하여 이번에는 같은 세대의 또 다른 관료들 대부분이 노동수용소로 쫓겨났다.

소련의 지도자들이 1950년대에 억압 정책을 완화하고 있었던 반면, 중국의 지도자들은 자국 민중을 살인적으로 착취하는 일에 착수했다. 중국에서 1950년대는 '대약진 운동'이라는 강제적 공업화의 시기였다. 대약진 운동 기간에 2000만 명이 기아로 사망했다. 중국에서 억압 조치를 완화하려 했다가는 아래로부터 분노가 봇물처럼 터질 가능성이 있었다. 중국의 지배자들이 러시아의 지도를 따를 수 없었던 것은 이 때문이었다. 더군다나 소련의 지도자들은 미국과의 "평화 공존"을 주창하고 나섰다. 중국의 지도자들은 미국 정부가 자신들을 여전히 불구대천의 적으로 여기고 있다고 생각했다. 그래서 평화 공존은 소련과 미국이 손을 잡고 중국을 겨냥한 것이라고 생각했다.

이런 상황에서 중국과 소련이 세계 공산주의 운동의 지도부 자리를 놓고 경쟁하기 시작했던 것이다. 그리하여 1960년대 중반에는 그들이 국경선에서 전쟁에 돌입할 것처럼 보이기도 했다. 이러한 사정이 베트남 공산당에게는 엄청난 골칫거리였다. 그들에게는 소련과 중국 둘 다의 원조가 필요했다.

전쟁 기간 대부분 동안 그들은 원하는 바를 이루었다. 소련과 중국은 세계 공산주의 국가들과 그 정당들의 지도권을 놓고 경쟁했기 때문에, 자신들이 베트남을 지원하고 있는 것처럼 비쳐야만 했다. 결국 베트남은, 공산당이 미 제국주의와 맞서 투쟁하는, 세계인의 이목이 집중된 장소가 됐다.

그리하여 베트남은 소련과 중국의 분열 속에서 조심스럽게 중립을 지키려고 노력했다. 이 과정에서 그들은 대체로 성공적이었다. 소련과 중국은, 소련제 무기를 베트남으로 실어 나르는 열차를 지연시키거나 약탈하는 문제로 계속 다투었지만 어쨌든 베트남을 원조했다.

1972년에 이런 사태가 바뀌기 시작했다. 중국 지배 계급이 1960년대의 문화혁명이라는 격변을 견뎌내고 이제 더 확고한 통제력을 장악하게 됐다. 그들은 시장 자본주의로 전환하기 시작했고, 그때 마침 리처드 닉슨이 그들에게 접근하며 동맹을 요구했다. 자신이 베트남에서 벗어나는 데 중국이 도움이 될 거라고 판단했던 것이다. 중국의 지배 계급은 소련에 대항하는 미국과의 동맹 가능성을 봤고, 그들은 동맹을 맺었다.

1975년 공산당이 베트남에서 승리하자 중국 지도부는 더는 베트남을 원조하는 것처럼 보일 필요가 없어졌다. 전쟁이 끝나자 이제 베트남은 더는 국제 공산주의 운동에서 중요성을 갖지 못했다. 모스크바도 베이징도 이제 더는 베트남의 후견인처럼 보여야 할 필요가 없게 됐다.

그리하여 중국 정부는 베트남에게 계속 자기 편을 들라고 강요했다. 베트남 정부는 이를 거부했다. 1972년부터 중국은 소련과 연합한 강력한 베트남이 그들의 남쪽 국경을 소란스럽게 만들까 봐 걱정이 됐다. 미국과의 동맹을 강화하고 베트남을 약화시키기 위해 중국은 베트남 공산당에 파리 평화협정을 준수하고 남베트남을 분리 독립 국가로 남겨놓으라고 압박했다. 1975년 사이공이 함락되자 중국은 분노했다. 프랑스 외교관 프랑수아 미소프가 1976년 초에 베이징에서 보고한 바에 따르면, "두 개의 베트남이 존재하든, 세 개의 베트남이 존재하든 그것은 문제가 안 된다고 중국은 말한다. 그들의 요점은 통일 국가가 존재해서는 안 된다는 것이다."[2] 1976년에 공산당이 북베트남과 남베트남을 하나의 국가로 통일하자 중국의 지도자들은 격분했다.

중국은 1976년에 식량 원조를 줄이더니 1978년에는 완전히 끊어 버렸다. 동시에 소련의 원조가 3억 5000만 달러에서 2억 달러로 삭감됐다. 소련의 원조는 대부분이 현물이었는데, 이제 그것은 대부로 바뀌었다.[3]

베트남 정부는 식량 위기에 직면했다. 정부는 도시를 먹여 살려야만 했다. 정부 처지에서 확실한 해결책은 남부 메콩 삼각주의 농민들을 북부의 농민들처럼 협동조합으로 조직하는 것이었다. 메콩 삼각주 지역은 베트남 전체 논의 48퍼센트를 차지했다.[4] 토지는 비옥했고, 메콩 강 유역은 줄곧 베트남의 곡창지대였다. 그러나 한 가지 문제가 있었다.

1975년에 베트콩이 아니라 북베트남의 탱크와 정규군이 사이공을 함락했다. 남부의 저항 투쟁은 구정 공세 이후로 산산조각 났고, 그리하여 이제 권력은 하노이와 당 지도부가 쥐고 있었다. 그러나 남부의 마을들에는 무려 20년 동안 토지를 쟁취하기 위해 투쟁해 온 사람들로 가득했다. 전에는 토지를 분배하지 못했던 지역에서 그들은 1975년에는 토지를 분배할 수 있었다. 한 자료를 보면, 이제 농민의 70퍼센트가 토지의 80퍼센트를 장악했다. 그들은 북부의 세금과 저곡가에 대해 알고 있었다. 그들은 협동조합을 원하지 않았고, 따라서 그렇게 해야만 한다면 싸울 태세였다.

정부의 첫 번째 전술은 쌀 거래의 통제권을 장악하는 것이었다. 사이공의 차이나타운인 쫄론의 중국인 대자본가들을 공격함으로써 이 정책을 단행했다. 이 거상들은 소상인들에게서 쌀을 구매했고, 소상인들은 메콩 삼각주의 농민들한테서 쌀을 샀다. 1978년에 정부는 쫄론의 거상들을 접수해 버렸다. 그러나 그 거상들은 자신들의 거래망들을 서류상으로 이미 친척들과 소상인들에게 양도한 상태였다. 농민들은 낮은 가격에 정부에게 넘기느니 차라리 마을을 방문하는 아무 상인에게나 파는 쪽을 선택했다.

농민들은 공산당의 노력을 외면하며 협동조합 구성을 거부했다. 사이공 인근의 빈 미 마을에서 당 간부들은 주민을 마구잡이로 몰아붙였다. 그들은 어떤 사람 집에는 20차례나 찾아갔다. 한 간부는 하도 찾아갔더니 그 집 개가 자신들을 알아보고서 짖지 않게 됐다고 말했다.[5]

사이공과 후에 주변에서는 약간의 성공을 거두기도 했다. 그러나 당 간부들은 그 작업이 메콩 삼각주에서는 훨씬 더 어렵다는 것을 알게 됐다. 벤 쩨 지방이 좋은 보기일 것이다. 1960년에 벤 쩨 시는 남베트남 정부에 반대하며 비무장 반란을 일으킨 적도 있었다. 1968년 구정 공세 때는 이곳의 베트콩 세력이 아주 강력해서 미군 폭격기가 도시를 초토화하기도 했다. 10년 후인 1979년에 새로 권력을 장악한 공산당 정부가 농민들의 참여를 독려하기 위해 벤 쩨 지방에 근사한 협동조합을 열었다. 농민들은 그것을 불태워 버렸다.[6]

전쟁이 끝나고 9년 후인 1984년에 메콩 삼각주 마을의 25퍼센트만이 협동조합으로 조직된 상태였고, 이 가운데 다수는 서류상으로만 협동조합이었다.[7] 1987년에 정부는 패배를 인정했다. 정부는 메콩 삼각주의 농촌 대부분이 참여했기 때문에 이제 협동조합 건설 정책은 완료됐다고 선언했다. 농민들은 베트남 사람들이 "유령 협동조합"이라고 부르는 것에 참여했던 것이다.[8]

국가는 쌀 거래의 통제권도 장악하지 못했다. 개인 거래상들이 삼각주의 거의 모든 쌀은 물론이고 다른 지역에서 생산되는 쌀의 상당 부분도 계속 사고팔았던 것이다.[9]

메콩 삼각주의 쌀은 베트남 경제에서 주요 잉여생산물이었다. 정부가 쌀 통제권을 장악하는 데 실패함으로써 노동자와 농민을 쥐어짜 국가 산업을 발전시키려던 전략, 다시 말해 국가자본주의 발전 전략이 이제 베트남에서 달성되지 못하게 됐다.

그 실패는 곧 메콩 삼각주 농민들의 승리였다. 그들은 프랑스와 미국, 사이공 정부를 패배시킨 적이 있었다. 그리고 이제 그들은 자신들의 지도자들을 굴복시켰다.

정부의 첫 번째 대응은 북부의 협동조합에서 더 많은 잉여생산물을 쥐어짜내는 것이었다. 그러나 홍강 삼각주는 그 규모가 메콩 삼각주의 절반에도 못 미쳤고, 주민도 더 많았으며, 토지도 비옥하지 않았다. 북부의 농민들은, 자식들이 전쟁터에 나가고 고향 마을이 폭격당하던 전쟁 기간에는 기꺼이 희생할 각오가 돼 있었다. 이윽고 평화가 도래했고, 그들은 더 많이가 아니라 더 적게 납부하게 되기를 기대했다. 그들은 자기 자신이 먹고살 수 있을 만큼만 작물을 심기 시작했다. 더 심어봤자 나머지는 전부 정부에 바쳐야 할 것이기 때문이었다.

농민들은 국가가 쌀을 충분히 확보하도록 허용하지 않았다. 워싱턴이 베트남을 세계 무역에서 배제하기 시작했고 중국은 이제 더는 쌀을 주지 않았다. 하노이의 지도자들은 소련의 원조가 계속되지 않으면 자신들이 생존할 수 없을 것이라고 판단했다. 그들은 원조를 받을 요량으로 1978년 말에 소련과 상호 방위 조약을 맺었다. 그리고 이 때문에 그들은 캄보디아·중국과의 전쟁에 말려들었다.

캄보디아

이제 우리는 캄보디아에서 무슨 일이 벌어졌는지 살펴봐야만 한다. 1975년 이후 베트남의 역사는 캄보디아와 아주 복잡하게 얽혀 있다. 캄보디아의 비극은 미국이 일으킨 베트남 전쟁의 최후 장면이자 최악의 결과였다.

1975~78년에 벌어진 캄보디아의 킬링필드에 관해 글을 쓴 사람은 모두 그 광기에 관해 언급한다. 그러나 인간의 광기에 대해서처럼, 여러분이 그들의 이야기를 주의 깊게 경청한다면 사태를 더 정확하게 이해할 수 있을 것이다. 그것은 국가의 광기와 관련된 것이다. 모든 광기는 다 나름의 논리와 역사를 갖고 있다. 캄보디아 공산주의의 지도자들이 미쳤을 수도 있고 아닐 수도 있다. 그러나 수만 명의 캄보디아인들이 자발적으로 살육 행위에 나섰다. 캄보디아 농민 수백만 명이 초기에는 그들의 테러 행위를 지지했다. 사회 전체가 미쳐 돌아가는 이유를 제대로 이해하려면 먼저 그 논리와 역사를 파악해야만 한다. 광기에는 그 고통의 뿌리가 있기 때문이다.

1970년까지 캄보디아는, 북베트남과 미국 사이에서 줄타기하던 국왕 시아누크가 지배했다. 베트콩은 국경 너머 캄보디아 영토에 기지를 두고 있었다. 캄보디아 공산당은 크메르루주, 곧 붉은 캄보디아인들이라고 불렸다.(크메르는 캄보디아인들이 자기 자신을 부르는 명칭이다.) 그들은 정글에서 살았고 약간 지지를 받는 정도였다. 시아누크가 캄보디아 내의 공산당 근거지를 미군이 폭격할 수 있도록 은밀히 허락했다.

1970년에 론 놀 장군이 쿠데타를 일으켜 왕위를 찬탈했다. 론 놀은 공개적으로 미국과 동맹을 맺었다. 시아누크는 달아나 중국에 머물면서 크메르루주와 제휴했다. 이제 급진파와 전통주의자 두 세력이 농촌에서 론 놀의 정부에 반대하게 됐다. 닉슨이 1970년에 캄보디아에 미군을 파견한 이유 중 하나가 바로 이것이다. 그러나 국내에서 일어난 항의 시위로 닉슨은 군대를 철수할 수밖에 없었다. 미국 정부가 론 놀 정부를 지원하기 위해 취할 수 있는 조치라고는 크메르루주의 지지 세력인 캄보디아의 농촌 마을에 대한 폭격을 강화하는 것뿐이었다.

그리고 1973년 1월에 파리 평화협정이 체결됐다. 이 때문에 남베트남과 캄보디아 두 지역에서 모두 불안한 휴전이 성립됐다. 크메르루주는 휴전협정을 지키기를 거부했다. 이웃 남베트남에서 최후의 미군이 철수하자 그들은 끝장을 볼 때가 왔다고 생각했다. 이제 론 놀은 더 약해졌다. 크메르루주는 농촌에서 훨씬 더 많은 지지를 받고 있었다.

북베트남 공산당은 캄보디아 공산당에게 투쟁을 중단하라고 말했다. 캄보디아의 수도인 프놈펜이 함락되면 파리 평화협정 전체가 위기에 처하게 된다. 크메르루주는 베트남 동지들의 말을 무시했다.

이제 크메르루주를 저지할 수 있는 유일한 세력은 미국의 폭격기뿐이었다. 론 놀에게는 자신을 위해 싸워줄 군대가 없었다. 대부분의 지역에서 그의 정부는 감시자마저 운용할 수 없는 처지였다. 결국 미국이 B-52로 줄기차게 폭격을 해댔다. 지축이 흔들렸고 하늘이 불타올랐다. 6개월 만인 1973년에 미국은 제2차세계대전 중에 일본에 투하된 전체 폭탄 톤수의 1.5배를 사용했다. 캄보디아는 인구 400~500만 명의 작은 나라였다. 폭격으로 농촌 지역 대부분이 파괴됐다. 농민 대다수가 크메르루주를 지지했기 때문이다.

그 6개월 동안 수십만 명이 죽었다. 아마도 전체 인구의 10분의 1, 또는 그 이상일지도 모른다. 그런 규모와 강도의 폭격에 유린당한 나라는 이전에도 없었고 이후에도 없다. B-52의 공습은 가공할 만한 것이었다.[10]

그 재난이 이후에 발생한 사태를 완전히 설명해 주지는 못한다. 그러나 그 재난을 외면하고서는 이후에 발생한 사태 가운데 어느 것 하나도 제대로 이해할 수 없다.

폭격은 성공적이었다. 크메르루주는 진격을 멈추었다. 론 놀과 미국이 지상에서 너무나 취약했기 때문에 폭격이 그토록 맹렬했던 것이다. 폭격은 이후에도 계속됐다. 전처럼 그렇게 맹렬한 것은 아니었지만 베트남 사람들이 경험한 것보다는 여전히 더 큰 규모였다. 여기에 덧붙여, 베트남 농민들에게는 폭격을 나름대로 이해하고 받아들이는 방식이 있었던 반면 — 베트남인들은 수십 년 간의 투쟁 경험이 있었고, 폭격은 이런 투쟁에 대한 억압자들의 대응 방식이라고 이해했다 — 캄보디아인들에게 폭격은 대격변의 무분별한 짓이었다. 자신들의 머리 위에서 현대의 산업 세계가 폭발하고 있었던 셈이다.

1975년 전쟁이 끝날 때까지 그 폭격은 계속됐다. 캄보디아의 농민들은, 론놀 정부와 도시에 사는 그 정부의 중간 계급 지지자들이, 미국이 자신들에게 하는 짓이면 뭐든지 지지할 준비가 돼 있는 자들이라는 점을 뼈저리게 깨달았다. 정말 무엇이든지 말이다.

크메르루주 지도부는 도시와 거기 사는 주민 모두 악의 원흉이라고 판단했다. 그들은 또 자신들이 누구의 도움도 받지 않고 홀로 서야만 한다고 결론을 내렸다. 베트남 공산당이 1954년에 프랑스와 평화조약을 체결했을 때 그들은 독립적인 남베트남을 승인하고 크메르 공산당과 민족주의자들에게 투쟁을 중단하라고 촉구했다. 남베트남의 공산당원들이 1954년에 북쪽으로 가야만 했던 것처럼 캄보디아 공산당의 지도부 대부분도 그렇게 해야 했다. 1961년 캄보디아에서 새로운 지도부가 구성돼 시아누크에 대항하는 게릴라 전쟁이 시작됐다. 그것은 남베트남의 베트콩 반란과 유사한 것이었다. 그때 베트남 공산당은 그들에게 시아누크를 전복하지 말라고 설득했다. 하노이는 시아누크의 중립 정책을 높이 평가하고 있었다. 이제 1973년에 이르자 크메르루주 지도부는 미국의 폭격을, 싸우지 말라는 하노이의 명령에 불복한 데 따른 응징으로 받아들였다.[11]

지도부와 농민은 문제의 원흉이 도시라고 판단했다. 지도부는 베트남의 배신을 경계해야 한다고 생각했다.

그리고 1975년 닉슨 대통령이 워터게이트 추문으로 하야했다. 미 의회는 동남아시아의 전쟁 비용 전액을 삭감할 태세였다. 사이공 정부의 군대가 와해되기 시작했고, 크메르루주는 기회를 포착했다. 그들은 거의 아무런 저항도 받지 않고 프놈펜을 접수했다.

진격하는 크메르루주 전사들은 이제 압도 다수가 농민이었다. 그들 대다수가 폭격 속에서 성장한 젊은이들이었다. 바탐방 시를 장악했을 때 그들은 비행장으로 몰려가 거기 있던 폭격기를 부수어 버렸다.

론 놀의 경찰·군장교·조종사들은 [군대 — 옮긴이] 집결지로 출두하라는 명령을 받았다. 그들은 그렇게 했고 현장에서 살해됐다. 크메르루주 지도부는 도시 주민 전체를 농촌으로 내모는 명령을 발동했다.

농촌 마을로 축출된 주민이 캄보디아인 전체의 30퍼센트에 달했다. 그들은 농촌 마을에서 '새로 온 사람들(new people)'이라고 불렸다. 크메르루주를 지지했던 농민은 '전통적인 사람들(old people)'이었다. 새로 온 사람들은 마을에 정착해 전통적인 사람들의 보호 감독을 받으며 일해야 했다.

전통적인 사람들의 대부분은 이 정책을 지지했다. 껨 홍 하브는 남서부의 콩 피세이로 이주됐다. 그곳에서,

…… 정말로 가난한 사람들은 크메르루주를 좋아했다. 그들은 별로 지적이지 않았고, 그들이 증오했던 교양 있는 부자들과 똑같이 식사하는 것을 즐겼다. 그들은 이 정책을 마음에 들어했고, 정말로 프놈펜 사람들을 증오했다. 우리가 크메르루주와 함께 혁명과 평등을 위해 투쟁하지 않았기 때문이다.[12]

독자들은 이 인용문에서 한 교양 있는 지식인의 농민에 대한 경멸을 읽을 수 있을 것이다. 그러나 껨 홍 하브는 자신을 인터뷰한 역사가에게 그 마을에 크메르루주의 군대가 전혀 없었다는 것도 증언했다. 촌장과 전통적인 사람들이 "바로 크메르루주였던 것이다."

전과 마찬가지로 토박이들[전통적인 사람들]은 열심히 일했다. 우리 새로 온 사람들 앞에서 모범을 보이기 위해서였다. 그들은 바람이 심하게 불거나 비가 와도 쉬지 않았다. 그들은 앙카르[공산당]를 위해 우리보다 더 열심히 일했다. 아직 익숙하지 못한 우리에게는 그 일이 무척 힘들었다. 우리는 화가 났지만 그렇다고 감히 말을 꺼낼 수 있는 처지도 아니었다. …… 그 무식한 사람들 [대부분]

이 전 재산을 포기하고 앙카르를 위해 헌신했다. 그들은 정말로 과거를 잊은 것 같았고, 열정적이었다.[13]

프놈펜에서 미대 학생이었던 스레이 피치 크나이는 남서부의 한 마을로 이주됐다. 그곳 농민들이 그에게 이렇게 말했다. "전에는 당신이 행복하고 잘 살았을 것이다. 이젠 우리 차례다."[14]

폭격자들에 대한 농민의 증오가 새 정부의 배후에 자리하고 있었다. 1975년 전쟁이 끝날 무렵에 크메르루주는 대부분의 마을 사람들을 이미 집단농장으로 조직해 놓은 상태였다. 작업이 소규모 집단으로 편성돼 공동으로 이루어졌고, 풍부한 수확은 분배됐고, 세금도 가벼웠다.

그런 들뜬 상태가 계속되지는 못했다. 크메르루주의 지도자들은 캄보디아의 국가자본주의적 발전을 원했다. 이것은, 그들이 스탈린의 러시아에서, 마오와 중국 공산당에게서, 그리고 베트남에서 배운 정책이었다. 내가 앞서 주장했듯이, 이 국가자본주의적 발전 전략의 핵심은 노동자와 농민을 착취해 단기간에 강력한 경제를 건설하는 것이다. 그러려면 경찰 국가가 필요했다. 독재 체제만이 농민으로 하여금 자신의 수확물을 포기하게 만들고 노동자들의 파업을 분쇄할 수 있다.

그러나 캄보디아는 저개발 국가였다. 소련이나 중국은 말할 것도 없고 베트남과 비교해 보더라도 현대 산업은 형편없는 수준이었다. 국민이 굶주리지는 않았다. 인구 밀도가 낮았고, 호수와 강에는 물고기가 풍부했다. 그러나 공업 발전은 길고도 험한 길이었다. 캄보디아의 인구는 이웃 타이나 베트남보다 훨씬 적었다. 게다가 크메르루주와, 특히 그들의 지도자 폴 포트는 도시를 불신했다. 강제로 추진하는 그 어떤 개발도 농촌에서 농민의 지원을 받아 추진될 것이었다.

폴 포트와 크메르루주 지도부는 최악의 상황에서 국가자본주의를 건설하려 했다. 그것은 농민들에게 강제 노동을 부과하고 거기에서 발생하는 소란을 강력하게 단속해야 한다는 의미였다. 이런 강제적인 경제 발전의 선례를 찾을 수가 있다. 1930년대 스탈린이 소련에서 자행한 테러 통치가 그것이다. 1958년 중국에서 일어난 대약진 운동이 그것이다. 대약진 운동은 농민의 쌀과 노동을 연료로 한 것이었다. 그 운동은 곧바로 기아로 이어졌다. 얼마나 많은 사람이 죽었는지 아는 사람이 없다. 그러나 분명 수백만 명이 죽었을 것이다. 결국 중국 정부는 후퇴했다. 폴 포트와 그가 이끌던 인사들은 가끔 자신들의 계획을 제2의 대약진 운동이라고 불렀다. 그들의 전략은 곧 중국과 비슷한 결과를 초래할 것이었다.

폴 포트와 크메르루주의 지도자들은 산업 세계라는 미래로 도약할 수가 없었다. 미국의 현대적 비행기가 그들에게 한 일을 생각해 볼 때 그들은 더는 그렇게 되기를 원하지도 않았다. 어쨌든 폴 포트는 민족주의자였다. 그의 이상은 위대한 농업 국가였다. 한때 번영을 구가했던 앙코르 와트의 중세 크메르 제국 시대로 돌아가고자 했던 것이다. 농민들은 집단농장에서 변변치 못하지만 동등하게 쌀을 나누면서 살 것이었다. 도시에서 강제로 이주된 다수의 새로 온 사람들은 노동수용소로 보내져, 폴 포트가 과거 크메르 제국의 영광이라고 생각했던 대규모 관개 사업에 투입될 것이었다. 국명도 상징적인 의미에서 크메르의 나라(땅)라는 뜻의 캄푸챠(Kampuchea)로 바꾸었다.

상당량의 쌀을 수도로 유입해야 했다. 프놈펜은 거의 공동화돼 있었다. 민간인이 2만 명이었는데, 이 가운데 다수가 과거에 공장에서 근무하던 노동자들을 대체한 12~14세의 농촌 출신 소녀들이었다. 군인도 2만 명 있었다. 그리고 폴 포트와 당 지도부가 있었다. 프놈펜은 여전히 전국을 포괄하는 도시의 독재 사령부였다. 크메르루주의 평당원들은 농민이었다. 크메르루주 지도부는 도시의 교양 있는 중간 계급과 지배 계급의 이탈자들이었다.

결국 엄청난 양의 쌀이 수도로 유입됐다. 예를 들어, 1977년 중앙 정부 계획안은 남서부에서 산출되는 예상 수확량의 절반 이상을 수도로 보내라고 지시했다. 같은 연도의 그 계획안은 북서부 지역의 예상 수확분을 그 지역 주민에게 전혀 할당하지 않았다. 그들이 뭘 먹고 살아가야 했을지는 불명확하다. 아무런 대책도 없었던 것 같다. 북서부에는 '새로 온 사람들'이 많았고 그래서 남서부보다 더 반항적이었다.

정부가 이런 식으로 모든 쌀을 사실상 매점했을 가능성은 없다. 그러나 초기부터 대부분의 집단농장이 굶주렸다. 마을에서 트럭에 실려나간 쌀은 어디로 갔던 것일까?

일부는 아마도 중국으로 갔을 것이다.(이를 뒷받침하는 결정적인 증거가 있는 것은 아니다.)[15] 중국 정부는 폴 포트의 동맹 세력이었다. 중국이 그에게 총포·비행기·트럭, 기술자와 군사고문단은 물론 외교적 지원을 제공했다. 그 대가로 캄보디아는 이 지역에서 소련과 베트남에 맞서는 중국의 동맹이 됐다.

문제의 쌀이 어디로 갔든 이제 쌀은 없었고, 크메르루주 지도부가 마을에서 계속 쌀을 징발한 사실은 남는다. 참극을 불러일으킨 원인이 바로 이것이었다. 사태의 진행 속도는 지역마다 달랐다. 사태 전개는 지역 지도부의 대응에 따라 상당히 달랐다. 일부는 동정심을 발휘했고 사람들을 보호하려고 애썼다. 어떤 마을과 지역은 이미 1975년부터 굶주렸는가 하면 어떤 마을과 지역은 1978년에야 굶주림이 닥쳤다. 그러나 거의 모든 곳에서 사태가 이런 식으로 전개됐다. 쌀이 모자랐다. 일부 지역에서는 도시에서 강제 이주된 자들인 '새로 온 사람들'이 '전통적인 사람들'과 똑같이 식량을 배급받았고, 또 일부 지역에서는 덜 받고 있었다. 그러나 쌀이 점점 더 줄어들자 전통적인 사람들은 자신들이 더 많이 차지해야겠다는 유혹을 받았다. 3년 뒤에 새로 온 사람들의 거의 절반이 사망했다. 굶어죽은 사람, 질병으로 죽은 사람, 처형된 사람의 수가 대체로 비슷했다. 영양 실조와 과로가 질병의 원인이었다. 아파서 일하지 못하는 사람은 식량을 배급받지 못했기 때문이다.

이것은 사람이 조장한 기아(사실 모든 기아가 그렇지만)였다. 대부분의 지역에서 사망자는 매장됐다. 그러나 그 수가 너무 많을 때는 논이나 강에 그냥 버려졌다. 남서부로 이주됐던 교사인 셍 홀은 1976년 11월과 12월에 마을 주민 1100명 가운데 400명이 기아로 죽었다고 증언했다. "사람들을 묻어줄 땅이 부족했어요. 그래서 시신을 한쪽에 쌓았습니다." 첸 렝이 살았던 북서부의 마을에서는 1977년에 하루 배급량이 쌀밥 반 깡통으로 줄었다. "애들에게도 부족한 양이었습니다. 어떤 때는 사흘 동안 아무것도 못 먹었죠. 사람들은 도마뱀을 잡아먹었습니다. …… 무덤 파는 일꾼조차 일하다가 쓰러져 죽었습니다." 그 마을에서는, 캄보디아 대부분의 마을에서와 마찬가지로 모든 여성의 생리가 중단됐다.[16]

쌀이 부족하면 부족할수록 사람들은 더 고되게 노동할 것을 강요받았다. 그들은 밤까지 일했다. 운 좋은 어떤 마을에서는 정치 교양 때문에 열흘에 하루씩 비번이 찾아오기도 했다. 고기잡이와 가축 사육은 금지됐다. 프놈펜에 살던 중국인 재단사 탐 엉은 캄보디아인 전 남편이 살고 있던 남부 마을로 자녀들을 데려갔다. 그들은 중국인을 수용하기 위해 특별히 새로 조성된 마을로 가게 됐다.

우리는 우리 집 닭이 낳은 알도 먹을 수 없었다. 우리 집 애들이 점심시간에 낚시를 하거나 가축 먹이를 주다가 발각되면 다시 집에 가도 좋다는 허락을 받기 전까지 나무 심기를 해야 했다. 애들이 늦게까지 일하고 집에 돌아오면 이번에는 촌장이 애들이 어디 갔느냐고 불평을 해댔다.[17]

엉은 감자를 심다가 잡힌 한 소년이 "현장에서 살해되는" 것을 목격했다.[18]

이것은 미친 짓이었고 농민들도 그렇게 생각했다. 사람들은 상대방에게 불만을 토로했다. 크메르루주는 이런 불평불만 속에 반란의 가능성이 내재해 있다는 사실을 이해했다.

셍은 '전통적인' 사람이자 크메르루주 지지자로서 남서부 지방의 교사였

다. 그의 마을에서,

> …… 문제는 1975년에 시작됐다. …… 일은 고됐고, 식량은 부족했다. 어떤 곳에
> 서는 식량이 동이 났다. 사람들은 굶주렸고, [못 먹어―옮긴이] 몸이 부었다.
> …… 1976년 초부터 음식이 맛없다고 말하거나 곡식을 훔치면 바로 살해당했
> 다.[19]

　이런 일이 도처에서 일어났다. 더욱더 많은 사람들이 죽거나 살해당했고,
사람들은 더 큰 증오심을 느꼈다. 그들은 크메르루주 간부들의 눈을 보려 하
지 않았다. 그러나 당 간부들은 우울한 표정을 짓고 있는 사람들이 무슨 생각
을 하고 있는지를 여전히 짐작할 수 있었다.
　도시에서 이주된 새로 온 사람들 다수는 '전통적인' 사람들 사이에 친척이
있었다. 새로 온 사람들이 캄보디아 전체 인구의 30퍼센트였다. 그들 다수가
집안의 원래 고향으로 돌아갔다. 정부는 전통적인 사람들이 그들의 '새로 온'
친척 때문에 가슴 아파하리라는 점을 재빨리 간파했다. 그리하여 이 전통적
인 사람들을, 신뢰할 수 있는 전통적인 사람들과 '새로 온 사람들' 가운데 친
척이 있는 전통적인 사람들, 곧 '후보자(candidate)'로 다시 분류했다. 후보자
들이 굶어죽거나 살해당하고, 밉보였거나 뒤에서 말을 늘어놓던 전통적인 사
람들이 살해당하자 정부는 자신의 적이 늘고 있음을 감지했다.
　센 오스만은 따께오 마을에서 1977년 초부터 "내부의 적과 간첩을 소탕하
기 위한 색출 작전"이 펼쳐졌다고 증언했다. "위험한 발언, 파괴분자, 소극적
인 사람 등이 문제가 됐다. …… 그리하여 '우리는 완전히 지쳤어요'와 같이
조금이라도 잘못된 발언을 하면 사람들이 그를 데리고 가서 죽여 버렸다."[20]
　센 오스만은 소수 민족인 참족이었기 때문에 특히 공격받기가 쉬웠다. 폴
포트 정부는 극단적인 민족주의, 곧 인종 차별을 조장하기 시작했다. 소수 민
족은 초기부터 가혹한 대접을 받았다. 크메르루주를 지지했던 소수 민족까지

도 론 놀의 도시민처럼 취급됐다.

그러나 정부는 계속 지지를 잃어갔고 그럴수록 민족적 증오의 대상을 더 열심히 찾았다. 사태가 이렇게 된 데에는 몇 가지 이유가 있었다. 정부도 자신의 적이 있음을 알았지만, 국민이 정부를 증오하고 있다는 사실을 솔직히 받아들일 수가 없었다. 그래서 외국의 적과 반역자를 찾아낸 것이다. 정부는 이미 민족주의적 색채를 띠고 있었다. 게다가 인종적 민족주의는 언제나 순수 혈통에서 벗어나는 대상을 상대로 인종 차별을 조장한다. 정부는 인종 차별을 통해, 정부를 상대로 의견이 엇갈리고 있던 크메르인들을 단결시킬 수 있을지도 모른다고 판단했다.

정권은 초기부터 인종 차별적이었다. 이런 분위기에서 대량 학살이 가능했던 것이다. 정권이 처음부터 대량 학살을 의도했는지 아닌지는 불확실하다. 분명한 것은, 정권이 아래로부터 압력을 받으면서 대규모 인종 학살이 확대되고 강화됐다는 점이다.

예를 들어, 참족은 무슬림이어서 종교를 믿는다는 의심을 받았다. 처음부터 그들은 돼지고기를 거부하면 살해당했다. 어떤 곳에서는 다른 음식이 거의 없는 상황에서도 참족을 시험하기 위해 한 달에 두 번씩 돼지고기가 제공됐다. 돼지고기를 전혀 구할 수 없는 곳에서는 돼지고기를 먹을 것인지 아니면 안 먹고 살해될 것인지를 물었다.

참족인 뗍 이브라힘은 북부로 추방됐다. 1977년에 그가 살던 마을의 참족은 같은 무슬림 국가인 말레이시아가 그들의 몸값으로 휘발유를 보내고 있다는 소식을 들었다. 다른 사람들처럼 뗍 이브라힘도 기쁜 마음으로 달려갔다. 하지만 그는 늦었다. 트럭들에는 벌써 참족이 가득 타고 있었다. 그가 트럭을 쫓아 달려갔지만 잡을 수가 없었다. 트럭을 타고 사라진 사람들에 관해 그는 이렇게 말했다. "…… 우리 가운데 떠난 사람은 아무도 없다. …… 이틀 뒤에 그들은 저 세상으로 갔다. 자녀들은 그들의 스카프와 셔츠를 받았다. …… 그들은 끌려가 [구덩이에] 던져진 채 살해된 것이었다." 나중에 그는 트럭 하차

지점 근처에서 바나나를 수확했다. "그곳 전체가" 시체 썩는 "냄새로 진동했다."[21]

　베트남인 소수 민족도 요주의 집단이었다. 그들은 베트남 국경을 따라 펼쳐진 마을에 살았고, 도시의 이주 노동자들이기도 했다. 크메르루주 지도자들은 하노이가 자신들을 여러 차례 배신했으며 과거에는 베트남이 크메르 제국의 '적'이었다고 생각했다. 그들은 1975년에 베트남인을 전부는 아니고 일부 살해하기 시작했다. 당시에 베트남인 40만 명이 가까스로 베트남으로 탈출했다. 캄보디아(크메르)의 많은 민족 집단이 굶주림과 억압을 피해 그들과 함께 국경을 넘어 도망쳤다. 이때까지만 해도 베트남은 여전히 캄보디아의 동맹국이었다. 베트남 정부는 탈출한 베트남계 캄보디아인을 받아들였다. 그러나 베트남군은 크메르계 민족 집단을 국경 너머 캄보디아로 다시 쫓아보냈다. 그들은 캄보디아 정권의 적으로서 이제 사실상 죽은 것이나 다름없는 처지에 놓이고 말았다.

　크메르루주는 국경 지역을 급습해 베트남인 마을 전체를 파괴했다. 베트남 당국은 자국 기자들이 사망자 사진과 생존자들의 이야기를 신문에 싣지 못하도록 금지했다. 그들은 크메르루주의 동맹 세력이었던 중국 정부를 자극하고 싶지 않았던 것이다.

　베트남과 캄보디아의 긴장이 계속 커졌다. 마을에서 증오심이 커져가자 크메르루주 지도부는 계속 적을 찾아냈다. 1977년 4월 1일 "베트남인은 물론이고, 베트남어를 사용하거나 베트남인 친구가 있는 크메르인을 전부"[22] 체포하라는 명령이 프놈펜에서 하달됐다. 체포된 사람들은 감옥에 끌려가지 않았다. 대량 학살이 시작된 것이다.

　헹 쪼르는 푸르사트의 크메르인이었다. 그곳에서 1977년 3월에 "크메르루주의 간부 한 명이 베트남인의 후손인 자기 아내를 살해했으며, 게다가 아들 5명, 딸 3명, 손자 3명, 장모, 처제의 가족 8명, 처남 가족 7명까지 죽였다."[23] 그 당 간부가 정권의 압박에서 자기 자신을 지키기 위해 그런 짓을 한 것인

지도 모른다. 그에게는 베트남인 친구와 친척이 있었던 것이다.

크메르 크롬도 요주의 집단이었다. 그들은 베트남에 사는 크메르인 소수민족이었다. 그런데 크메르 크롬 일부가 일찍이 캄보디아로 이주해 와 있었다. 그들은 베트남 억양으로 캄보디아어를 구사했다. 폴 포트는 그들이 크메르인의 몸을 가졌지만 정신은 베트남인이라고 주장했다. 그들도 살해당하고 말았다. 크메르루주 군대는 여러 차례 국경을 넘어 베트남을 급습했다. 그들은 크메르 크롬 사람들을 잡아갔는데, 캄보디아가 그들의 진짜 고향이라는 것이 내건 구실이었다. 그럼에도 캄보디아에서는 다시 한 번 그들이 베트남인 적으로 몰려 살해당했다.

그러나 살육이 계속될수록 아래로부터의 증오심도 더 커졌다. 바로 그때 정부가 아이들을 잡아가기 시작했다. 자녀 가운데 3명이나 5명 이상이 특별 아동 수용소로 끌려갔고, 그 부모들은 아이들을 거의 만날 수 없었다. 10명쯤 되는 아이들이 특별 아동 노동수용소로 끌려갔고, 그 부모들은 자식들을 전혀 만날 수 없었다. 이 정책은 1975년에는 몇몇 지역에서만 시도됐지만 1977년과 1978년에는 전국적으로 실시된다. 그 처참한 굶주림과 살육에도 태도를 바꾸지 않던 신뢰할 수 있는 '전통적인' 사람들이 이 정책 때문에 크메르루주에 반기를 들었다.

농민의 자식들을 유괴해 가면서도 폴 포트와 다른 지도부는 친인척을 대거 요직에 앉혔다. 그들의 친인척이야말로 이제 그들이 신뢰할 수 있는 유일한 사람들이었던 것이다.

정부가 가장 두려워했고 그래서 가장 많이 살해한 사람은 크메르루주의 당 간부들이었다. 이 간부들은 혁명가였다. 그들은 평등과 사회 정의를 위해 사심 없이 투쟁에 가담했다. 그들이야말로 총을 들고 조직에게 요구할 수 있는 유일한 세력이었던 것이다.

도처에서 크메르루주의 간부들은 사태의 심각성을 목격하고 자신들에게 내려진 명령에 진저리를 쳤다. 그들 역시 두려움을 느꼈다. 그러나 거의 전적으로 마을에 분산돼 있었기 때문에 모이는 것이 어려웠고 다른 지역의 간부들이 동일한 정서를 갖고 있는지를 알기는 더더욱 힘들었다. 반란을 기도하려면 간부 한 사람이 먼저 많은 사람들에게 이야기해야만 했다. 그러면 그들 중 한 명이 충성심이나 두려움 때문에 대개는 중앙 정부에 밀고했다. 게다가 공산당원들이 당에 반기를 들고 사태의 진실을 전폭적으로 수용하는 것은 쉬운 일이 아니었다.

당 간부들은 상이한 시기에 상이한 속도로 태도를 바꾸었다. 그들이 그렇게 태도를 바꾸었기 때문에 "정치 교양을 빌미로" 한 사람씩 끌려갔던 것이다. 크메르루주 지도부는 자신들이 증오의 대상으로 전락했음을 알았기 때문에 두려움을 느꼈다. 그러나 사회 전체를 짓누르던 전반적인 공포 때문에 지배자들은 정확히 누가 자신들을 미워하는지를 파악할 수 없었다. 그리하여 사태는 반란을 억누르려는 정부와 분기하여 반란을 도모하려던 당 간부들 사이의 충돌로 비화됐다.

이 싸움에서 대개는 정부가 승리를 거두었다. 그러나 그들은 북서부 지역의 당 간부들 거의 전부를 몰살하기 위해 특별히 선발한 간부들을 그곳으로 파견해야만 했다. 동부의 베트남 국경 지역은 더 안전했다. 당 간부 수천 명과 마을 사람들 수만 명이 자신을 지키기 위해 싸웠다. 사태가 이렇게 전개되자 정부는 여전히 충성을 바치던 동부 지역의 당 간부들을 조직적으로 학살해 버렸다.

캄보디아에서는 사람들을 체포하면 감옥으로 보내지 않고 대개 죽여 버렸다. 그러나 크메르루주의 고위 간부들은 예외였다. 정부는 그들이 무슨 짓을 벌이고 있는지를 알아내야만 했다. 다른 많은 정부들처럼 크메르루주 지도자들이 가장 두려워했던 세력도 공산주의자들이었다. 그래서 고위 간부를 체포하면 과거에 여학교로 사용되던 프놈펜의 투올 슬렝 교도소로 이송했다. 재소자들은 고문을 받았고 장문의 자술서를 써야만 했다. 투올 슬렝에 투옥된 2만 명 가운데 7명만이 살아남았다. 정권은 이 재소자들의 친척들이 복수할까 봐 두려웠다. 그래서 다시금 그들의 남편, 아내, 자식들, 그리고 어머니까지도 처형해 버렸다.

1978년 말에 캄보디아는 쓰디쓴 고통으로 가득 차 있었다. 많은 사람들이 반란을 꿈꾸고 있었다. 정권은 안에서부터 붕괴하고 있었다. 정권은 베트남 침략을 확대하고 캄보디아 내의 베트남인을 학살하는 방식으로 이에 대응했다. 베트남인에 대한 폴 포트의 증오심은 아주 진지한 것이었다. 그러나 동시에 이 정책은 붕괴하고 있던 한 나라를 크메르루주 지도 하에 하나로 통합하기 위해 용의주도하게 계산된 것이었다.

이 정책은 성공을 거두지 못했다. 1978년 12월에 베트남군이 캄보디아를 침략했다. 베트남의 지도자들도, 캄보디아의 지도부도 베트남에 대한 캄보디아인들의 거센 저항을 예상했다. 그러나 그런 일은 일어나지 않았다. 프놈펜으로 통하는 고속도로는 거칠 것이 없었고, 일주일도 안 돼 베트남군이 수도에 입성했다. 크메르루주의 군대는 정권을 지키기 위해 싸우지 않았다. 베트남이, 반란을 기도하다 실패해 베트남으로 피신했던 전직 크메르루주 사령관 두 명, 곧 헹 삼린과 훈 센을 수반으로 하는 새 정부를 수립했다. 폴 포트와 그 지도부는 농촌으로 숨어들어가 장기적인 게릴라전에 돌입했다. 일주일 만에 그들은 타이 국경의 한 오지로 쫓겨 갔다. 베트남이 그들에게 마지막 일격을 가하려던 순간 미국이 개입했다.

미국 정부와 언론은 크메르루주의 범죄 사실을 공표했다. 집단 매장지와 해골 더미 사진이 전 세계에 공개됐다. 그것이 공산주의의 사악함을 입증하는 증거로 선전됐다. 한편으로 타이의 군사 독재 정부와 중국 공산당, 그리고 지미 카터[당시 미국 대통령 — 옮긴이]가 합세했다. 크메르루주가 타이에 머물다가 다시 국경을 넘어 캄보디아로 돌아가는 것이 허용됐다. 인도주의적 난민 구호라는 미명 아래 미국과 중국 정부가 크메르루주에 식량과 자금과 무기를 대 주었다. 이런 지원이 없었더라면 크메르루주는 더 일찍 파멸했을 것이다. 이와 함께 미국은 매년 유엔에서 농간을 부려 캄보디아의 유엔 의석

을 계속 폴 포트의 것으로 해 주었다.[24]

미국은 베트남 전쟁에서 승리한 베트남을 응징하기 위해 계속 폴 포트를 지원했다.

대중국 전쟁

미국과 중국 정부가 1979년에 폴 포트의 와해된 세력을 재건하는 동안 중국 군대가 북쪽 국경에서 베트남을 침공했다. 하노이에 본때를 보여 캄보디아에서 철군하도록 만드는 것이 그 의도였다. 베트남은 격렬하게 저항했고 중국군은 물러나야만 했다.

이 전쟁의 희생자는 베트남에 살고 있던 중국계 소수 민족이었다. 한 해 전인 1978년에 이미 '보트 피플'이 베트남을 탈출하기 시작했다. 처음에는 중국인 조상을 둔 남부의 베트남인들이 탈출을 시도했다. 국가가 사이공에 기반을 두고 있던 중국계의 사업을 장악해 버리자 고용주는 물론이고 노동자들마저 일자리를 잃었던 것이다. 그리고 중국이 북부 지역을 침략하자 베트남 정부가 중국계에 대한 선전 공격을 단행했다. 남부의 중국인들이 더 많이 탈출했고, 대부분이 농민과 어부였던 북부의 중국인들도 탈출에 합류했다.

난민의 대다수가 북쪽 국경을 넘어 중국으로 들어갔다. 그러나 남부에서는 많은 사람들이 소형 근해선(近海船)을 타고 도망쳤다. 지방 관리들은 뇌물로 금을 받았고, 관료들 개인은 부자들이 남기고 떠난 집을 차지했다. 다수의 보트 피플이 폭풍 속에서 익사했다. 타이나 말레이시아에 표착한 사람들 다수가 다시 바다로 쫓겨났다. 영국은 홍콩에 도착한 보트 피플을 억류해 캠프에 수용했다. 미국 정부는 처음에 보트 피플을 전혀 받아들이지 않았다. 주로 타이와 인도네시아에서 어부 생활을 하던 해적들이 보트에 승선해 재산을 약탈하고 사람들을 죽였으며 여성을 강간했다.

그런데 1979년과 1980년에 경제 위기가 닥쳤다. 이제 보트 피플의 대다수가 베트남인으로 바뀌었다.

경제 위기는 네 가지 이유로 발생했다. 첫째, 미국과 중국의 원조가 완전히 끊겼다. 둘째, 미국의 보이콧으로 베트남 경제가 고립됐다. 셋째는 캄보디아 전쟁과 150만 명의 상비군을 유지하는 데 드는 비용이었다. 넷째, 농민들이 국가를 위해 더 많은 곡물을 생산하는 것을 거부했다.

북부 지역에서 몰락의 징후가 협동조합들을 차례로 강타하자 지역 당국은 제각기 다양한 해결책들을 내놓았다. 가족 단위에서 더 많은 토지를 경작하게 허락하고, 그들이 재배한 곡식 가운데 더 많은 양을 보유하고 팔 수 있도록 조치하는 식이었다. 1981년에 이런 조치가 국가 차원에서 공식화됐다. 새 법안은 개별 농가가 사실상 토지를 장기 임차할 수 있도록 허용했다. 농민들은, 자신들이 재배한 곡식을 이제 더 많이 소유할 수 있었기 때문에 더 열심히 일했고 그래서 수확량도 늘었다. 우선 당장의 기아에서 벗어났다.

캄보디아 점령

다시 캄보디아로 돌아가 보자. 크메르루주는 미국과 중국의 지원을 받으며 정글에서 서서히 세력을 재건하고 있었다. 국왕 시아누크가 다시 그들과 동맹을 맺었다. 침공 후 베트남 정부가 보인 행태 덕분에 그들은 어부지리까지 얻었다. 베트남은 조심스럽게 환영을 받았다. 누가 오더라도 크메르루주보다는 더 나았던 것이다. 따라서 제3국이 침략했더라도 베트남의 침공처럼 정당화됐을 것이다. 하지만 베트남의 침공은 인도주의적 작전이 아니었다. 베트남의 침공이 인도주의적 작전이었다면 베트남군이 폴 포트 반대파와 좌파에게 권력을 넘겨주었을 것이다. 그러나 베트남군은 그렇게 하지 않았고, 이후 10년 동안 캄보디아에 30만 명의 군대를 주둔시켰다. 캄보디아인들이 정부를 이끌기는 했지만, 베트남이 정책을 만들었다. 프랑스인 인류학자 마리 마르탱에 따르면,

모든 관리에게, 개인이든 부서 전체든 위계제 속에서 관리 · 감독을 수행하는 베트남인 상관이 있었다. 각 부의 장은 캄보디아인이 차지했다. 그러나 크메르인들은 그들을 "베트남인 장관"이라고 불렀다. ……

　　고위직을 차지한 캄보디아인들은 …… 크메르인이 쓴 모든 문서는 회람되기 전에 그 부서의 베트남인 당국자한테서 승인을 얻어야만 한다고 만장일치로 선언했다. 모든 행정적 · 정치적 · 경제적 결정은 적어도 고문관의 승인을 받아야 했으며 대개는 지령을 받았다.[25]

한 캄보디아인 공무원은 그 상황을 이렇게 적고 있다. "부서에서 [베트남인들은] 고문관으로 불린다. 지금은 그들이 행정가로 나서서 모든 결정을 집행하고 있다. 그런 이유로 사람들이 떠나는 것이다. 남은 사람들도 이를 악물고 분을 삭이며 근무하고 있다."[26] 고문관과 군인들은 캄보디아의 쌀을 소비했다. 쌀이 트럭에 실려 북쪽과 동쪽으로 출발해 베트남으로 넘어갔다.

이 점령 때문에 캄보디아는 부패했다. 뭐든지 사고팔 수 있었다. 예를 들어, 공공 병원과 교육은 무료로 제공됐었다. 그러던 것이 1991년에 의대에 진학하려면 금값으로 7500달러의 뇌물을 바쳐야 했다.[27]

이런 상황에서 폴 포트의 크메르루주가 서부 산악 지역에서 가까스로 살아남았다. 미국과 중국의 자금 · 무기 공급, 타이의 피난처 제공이 없었다면 그들은 살아남지 못했을 것이다. 더불어, 보통의 캄보디아인 다수가 새로운 지배자들에게 혐오감을 느끼지 않았더라면 그들은 역시 버티지 못했을 것이다. 그들이 권력을 잡을 수는 없었지만 정부를 괴롭히며 살육전을 수행할 수는 있었다.

침공 후 10년 동안 베트남 군인 약 5만 명이 캄보디아에서 죽었고 20만 명이 부상당했다. 부상자의 다수는 미국이 크메르루주에 제공한 지뢰를 밟고 사지를 잘라내야만 했던 전상자였다. 베트남 전쟁 당시에는 최고위 공산당원 자식들이 남쪽으로 내려가 투쟁을 벌였다. 그러나 캄보디아 점령 작전에서는 가난한 민중, 특히 남부의 농민 자식들이 징집돼 군대가 구성됐다. 가난에 허덕이던 다른 베트남 사람들이 그들과 함께 캄보디아에 갔다. 프놈펜의 성매매 여성 대부분이 베트남 출신이었다.[28]

그것은 또 다른 식민지 상황이었다. 왜? 베트남은 쌀을 가져갔고 소련의 원조를 받았다. 그러나 이것만으로는 10년 넘게 끈 전쟁 비용을 결코 감당할 수 없었다. 더구나 베트남은 현대적 무기를 갖춘 150만 명의 상비군을 유지해야 했는데, 이것이 빈곤한 경제 수준에서 엄청난 부담으로 작용했다. 베트남 군대가 소련의 대리인 자격으로 캄보디아에 주둔했고, 크메르루주 역시 미국과 중국의 대리인 자격이었다는 점에서는 다를 바가 없었다.

한 가지 사실을 통해 이 점을 분명히 확인할 수 있다. 1989년 소련의 독재 체제가 무너지면서 소련이 베트남에 대한 원조를 중단하자 베트남 정부가 신속하게 캄보디아에서 철수했던 것이다.

워싱턴은 갑작스럽게 캄보디아에서 자신이 지원한 크메르루주가 승리할 가능성을 맞이했다. 사태가 그렇게 됐다가는 미국의 처지가 무척이나 난처해질 참이었다. 미군 없는 미국의 후원을 바탕으로 유엔이 개입했다. 유엔의 공식 임무는 폴 포트를 저지하고 캄보디아에서 민주주의를 회복하는 것이었다. 선거를 했고, 국왕 시아누크의 아들이 이끄는 정당이 훈 센이 이끄는 여당을 눌렀다. 그러자 훈 센이 선거를 무효화했고, 유엔은 계속 그를 지원했다. 기회주의자들인 시아누크와 그의 아들은 훈 센과 연립정부를 구성했다. 훈 센은 영어를 배우기 시작했다. 베트남의 부패한 종속국이 유엔의 부패한 종속국으로 바뀌었다는 것이 이 사태의 최종 결과다. 중국과 미국은 이제 크메르루주에 대한 원조를 중단했으며, 크메르루주 세력은 점차 위축됐다.

유엔은 20억 달러를 쓰며 이 공작을 진행했다. 캄보디아에서 근무한 유엔의 민간인 직원들은 추가 근무 수당을 하루에 130달러씩이나 받았다. 그것은 캄보디아인 교사와 공무원에게 지급되던 일당 67센트보다 195배나 많은 돈이었다. 캄보디아인들은 유엔의 합법적 부패가 캄보디아의 불법적 부패를 훨씬 능가한다는 사실을 알았다. 그들은 가능한 것이면 무엇이든지 훔치기 시작했다. 훈 센과 그의 정부가 이 과정을 주도했다. 마르탱은 이렇게 적고 있다. "크메르인들은 간단한 한 마디로 지배자들의 생활방식을 요약한다. 아내 세 명, 빌라 세 채, 자동차 세 대."[29]

1980년대의 베트남

베트남도 곤란을 겪고 있었다. 베트남의 쌀 생산량이 1981년 이후 증가했다. 그러나 그 증가는 일회성 사건일 뿐이었다. 1983년에 이미 농부들은 최대한 열심히 일하고 있었다. 그때 정부가 다시 토지 임차료를 올리고, 농민들에게 지급하던 곡물 가격을 낮추기 시작했다. 농민들은 1970년대와 마찬가지로 저항했다. 농민들은 자기들 먹을 만큼만 재배했던 것이다.[30]

계속되는 경제 위기가 민중의 삶에는 어떤 의미로 다가왔을까? 몇몇 주요 지표가 1954년 이후 한 동안 개선된 것은 분명한 사실이다. 1983년의 유아 사망률은 1960년의 3분의 1 수준이었다. 평균 수명은 42세에서 59세로 늘었다. 그러나 1978년 이후 신생아의 체중이 감소하기 시작했다. 1987년에 보건부는 전체 어린이의 절반이 영양실조 상태라고 추산했다. 성인의 평균 신장이 작아지고 있었고, 도시 노동자의 실질 임금도 하락했다. 국가 공무원들은 항상 아주 낮은 가격에 배급되던 쌀과 기타 기본 식료품에 의지해 생활해 왔다. 그러나 1979년이 되자 한 달치 배급량으로 겨우 며칠밖에 버틸 수가 없었다. 1976년에 도시민은 식료품비로 수입의 70퍼센트를 지출했다. 1980년에는 그 비율이 80퍼센트로 늘었다.[31]

부이 띤은 고위 공산당원이자 논설위원이었고, 대프랑스 전쟁과 대미국 전쟁의 참전군인이었다. 1990년에 그는 63세의 나이로 프랑스에 망명했다. 그는 자기가 살았던 하노이의 상황을 이렇게 적고 있다.

아들 셋과 딸 하나로 자녀 네 명을 둔 마흔 살이 넘은 노동자가 한 명 있다. 그는 국가가 운영하는 공장에서 해고됐다. 그의 아내는 거리 청소부다. 어쨌든 그는 최선을 다해 살아간다. 그는 건설일이나 목수일도 하고, 자전거도 수리하며 재단사 일도 한다. 겨울에는 타이에서 흘러들어 온 서구식 'NATO' 재킷을 모방해 비슷한 옷을 만들기까지 한다. 그는 밤에도 쉬지 않는다. 어린 아들과 함께 노점을 차리고 은행 건물 밖에서 차와 담배를 판다. 그들은 여기서 복권을 산다. ……

한편 여든 살이 넘은 할머니가 아이들에게 재미있는 이야기를 해 주고 있다. 다시 길을 따라 내려가면 대공 전쟁을 책임졌던 퇴역 육군 대령이 [노상에서] 요구르트를 팔고 있다. 1954년 디엔 비엔 푸 전투 당시 프랑스의 전투기들이 하노이 근처 공항에서 이륙하지 못하도록 방해함으로써 명성을 날렸던 하급 장교 한 명은 자전거 타이어를 고치면서 생계를 유지한다. 그의 문제는 사용하는 펌프가 너무 낡아서 자주 수리해 줘야 한다는 점이다. ……

이 사람들은 모든 난관을 극복하고 어떻게든 혼자 힘으로 살아가려고 애쓰고 있다. 그들은 지독한 생활 환경은 말할 것도 없고 단전과 단수 사태에도 아주 익숙하다. 불이 다시 들어오면 그들은 흥겨워한다. 그러나 한번 생각해 보자. 그들이 인간의 운명에 대해서 속으로 정말 무슨 생각을 하고 있을까?[32]

1988년에 공산당원이자 대미국·대중국 전쟁의 참전군인이었던 즈엉 투 흐엉은 그 사회의 지배자들을 공격하는 소설을 한 권 썼다. ≪장님의 낙원≫의 여주인공은 노동자다. 여기서 주인공은 일본인 관광객들의 환한 표정에 대해 생각해 본다.

내 머리 속에서 수백 명의 얼굴이 떠올랐다. 내 친구의 표정, 우리 세대의 사람들, 걱정으로 지친 표정, 충격을 받은 얼굴, 일그러지고 삭막하며 짙게 그을린 미친 사람 같은 얼굴들.

우리의 얼굴은 공포로 언제나 팽팽하게 긴장돼 있었고 퀭한 표정이었다. 돈이 없어 식량을 구할 수 없을지도 모른다는 두려움, 제때에 식량을 보내드리지 못할 것이라는 두려움, 형편없는 보조금을 기다리다가 연로한 부모님이 돌아가셨다는 소식에 느꼈던 소스라침, ……

우리는 대담하게도 계산적인 표정을 하고 있었다. 모든 것을 용의주도하게 계산해야만 했다. 항상.

살아남으려면, 사랑하는 자식들에게 먹을 것을 갖다 주려면, 소작을 하거나 기차에서 청소부로 일하면서 일당이라도 챙기려면 머리를 굴려야 했다. 사람들은 미래의 삶을, 계속 자신들을 기다리고 있는 고통을, 바다 안개처럼 불확실하고 깊이를 알 수 없는 미래를 숙고해야만 했다. ……

[나는] 야수의 눈빛을 하고 약삭빠르게 여기저기를 배회했다. 가게 계산대나 식량 배급을 기다리는 줄에서는 언제라도 싸울 태세를 갖추었다. 동시에 다른 사람들의 똑같은 태도에서 자기 자신의 모습을 발견하고는 부끄러움과 혐오감을 느꼈다. 끝없는 굴욕 속에서 삶이 계속됐다.[33]

농촌에서 쌀이 유입되지 않고 있었다. 1988년에 북부에서 기아의 망령이 떠돌았다. 국가자본주의적 발전 전략이 베트남에서 실효를 거두지 못하고 있었다. 고르바초프 치하의 소련과 덩샤오핑 치하의 중국은 시장을 도입하고 있었다. 1989년에 소련의 원조가 끊겼다. 베트남의 공산당 지배 계급은 무언가 다른 조치를 취해야만 한다는 점을 깨달았다.

무슨 조치를 취했을까? 1988년에 전 세계에서 처방으로 제시된 유일한 아이디어는 시장이었다. 시장이 서구와 일본, 소련과 중국을 이미 휩쓸고 있었다. 베트남에서도 모든 마을과 공장에서 비공식 자유 시장 거래가 이루어지기 시작했다. 시장 거래야말로 기업을 계속 돌아가게 할 수 있는 유일한 방법인 것처럼 보였다. 사회의 저변에서 일종의 은밀한 자유 시장이 형성됐다. 베트남인들은 이 사태를 "담장 부수기"라고 불렀다.[34] 1988년에 최고위 지배자들이 공식으로 '도이 모이(Doi Moi)'를 선언했다. 이 말은 '새로운 변화(New Change)'라는 뜻이다. 그들은 시장이 문제를 해결해 주기를 바랐다.

마을 사람들에게 이 정책의 시행은 토지가 분배된다는 의미였다. 각각의 농가가 가족 수에 따라서 마을 공유지의 일정 부분을 분배받았다. 도시에서 공장은 분할되지 않았다. 대신 해외 투자가 적극 유치됐다. 국가 지배자들은 한두 가지 정책 수단을 동원해 국영 기업을 자신들이 직접 소유하는 사기업으로 전환했다. 정부는 국제통화기금(IMF)과 세계은행을 찾아가 경제 운용 방법을 지도받았다.

새로운 전략은 베트남을 싸구려 제품을 수출하는 저임금 국가로 만드는 것이었다. 다른 동남아시아의 국가들, 특히 타이·인도네시아·말레이시아가 그 모델이었다.[35] 베트남 국민은 동남아시아에서 가장 가난했다. 정부는 자국민을 동남아시아의 다른 어떤 노동력보다 더 적은 임금에, 더 열심히, 더 오랜 시간, 덜 안전한 노동 조건에서 일을 시키겠다고 약속하면서 해외 투자를 유치했다. 그러나 인도네시아의 사례에서 알 수 있듯이, 저임금 착취는 노동자들을 정말 가혹하게 쥐어짠다는 의미였다.

정부는 쌀을 통제하려는 시도를 포기했다. 이제 사적 상인들이 정부의 지원을 받으며 싼 가격에 쌀을 구매해 이 가운데 상당량을 중국에 수출했다. 베트남 사람들은 여전히 하루 평균 겨우 2000칼로리 이상만 섭취하고 있었다. 이런 상황에서 베트남은 세계 제3위의 쌀 수출국으로 부상했다.

농촌에서는 농민들이 이제 토지를 팔 수 있게 됐다.[36] 공식 통계의 추산에 따르면 1990년에 농민의 절반이 빚을 지고 있었다. 빚을 너무 많이 진 사람들은 땅을 팔아야만 했다. 베트남의 경제학자 당 퐁은 1993년에 이렇게 썼다. "남부와 중부 일부 지방에서 토지 집중이 매우 빠른 속도로 일어나고 있다."[37] 마을의 신흥 부자는 대개 과거 협동조합 시절의 행정관들이었다. 토지를 나누어 소유했을 때 그들이 더 많은 몫을 차지했던 것이다. 한 마을 사람의 말마따나, 당국은 이런 부패상을 막을 수가 없었다. 그들이 무엇을 할 수 있었겠는가? "자기 자신을 체포한단 말인가?"[38] 다른 마을 사람들이 무거운 빚에 쪼들리자 그 땅을 살 수 있는 사람은 이 신흥 부자들이었다. 1993년 (사이공 남쪽의 습지인) 리즈 평야의 빈 홍 지역에서 그 지역 부행정관이 "자신의 지역 소관 업무로 분주했을 때 그의 아내는 가족 사업을 챙기느라 바쁜 나날을 보내고 있었다. 그들은 100헥타르에 이르는 토지는 물론이고 트랙터

겸용 탈곡기 한 대, 펌프 한 대, 그 지역 전체를 담당하는 주유소, 그리고 트럭도 한 대 소유하고 있었다."[39]

이 한 가족이 100헥타르를 보유했던 반면, 평균적인 농가는 1헥타르를 경작했다. 이것은 극단적인 사례지만, 비슷한 일들이 전국에서 벌어지고 있었다. 그리고 남부 지방에서 이런 경향이 심했다. 당연한 얘기지만, 그렇게 부유한 가구가 토지를 경작할 수 있는 유일한 방법은 새롭게 형성된 무토지 농민에게 땅을 임대해 주거나 그들을 날품팔이 노동자로 고용하는 것뿐이었다.

유사한 과정이 도시에서도 발생하고 있었다. 각 부처와 군대, 과거 공장의 책임자들이 이제 자신들의 사업을 직접 운영했다. 국영 기업 그리고 국영 기업과 제휴한 사기업들이 복잡하게 뒤얽혔다. 사기업들은 국가 관료들에게 뇌물을 먹이고 뇌물을 받은 그 관료들이 과거에 입법 시행해 온 규제조치들을 빠져나갔다. 돈벌이, 뇌물, 사취 행위의 기회가 엄청나게 늘어났다. 옛 공산당원들이 두 부류로 쪼개졌다. 다수는 보수가 형편없는 하급 관리 또는 직책에서 쫓겨난 실업자로 전락했다. 이제 그들은 뇌물을 조금씩 받거나 자전거 펌프를 가지고 생계를 꾸리기 위해 분투했다. 상부는 과거의 이상(理想)을 배신했고, 이제 가족이라도 먹여 살리려면 그들도 그 이상을 접어야 했다. 그들은 공허해졌고 부패에 물들었으며, 동시에 수치심과 분노를 느꼈다.

소수의 관료들은 국가·사적 자본가들이 뒤엉킨 형태로 신흥 부자가 됐다.(베트남은 국가자본주의적이기보다는 오히려 사적 자본주의에 더 가까워졌다. 1997년을 기준으로 볼 때 사적 자본주의 국가인 말레이시아의 공공 소유 부문 경제 규모가 베트남보다 더 컸던 것이다.) 공산당은 계속 자신들이 민중의 하인이라고 말했다. 이제 그 민중은 자신들의 '하인'에 대해 이런 노래를 불렀다.

하인은 폴개[자동차]를 타는데,
주인의 가족은 역에서 기차를 기다리네.

하인에게는 멋진 집이 있지만,
주인의 가족은 비를 막기 위해 기름종이를 쓴다네.
하인은 밤낮으로 잔치를 벌이는데,
주인의 가족은 매일 푸성귀만 먹네.[40]

전쟁이 끝났을 때 베트남은 가난하기는 했지만 상대적으로 평등한 나라였
다. 부자도 있고 가난한 사람도 있었지만 그 격차가 인도네시아나 미국만큼
현격하지는 않았다. 농촌의 협동조합과 도시의 작업장에서 교육과 의료 혜택
이 무상으로 제공됐다. 1988년 이후부터 사람들은 의료 혜택과 교육에 돈을
지급해야만 했다. 아프거나 병든 아이들이 의사를 덜 자주 찾게 됐고 더 많은
아동이 교육 기회를 박탈당했다. [전에는 — 옮긴이] 모든 사람이 배급제로
조금씩이나마 식량을 얻을 수 있었다. 이제 배급제는 전반적으로 사라졌다.

불평등한 사회는 모든 측면에서 불평등한 법이다. 그런 불평등을 확인할
수 있는 하나의 창을 여성 문제에서 볼 수 있다. 덴마크인 인류학자 티네 감
멜토프트가 1993~94년에 하노이 주변의 홍강 삼각주의 한 마을에서 여성들
의 IUD[피임링. 피임을 목적으로 자궁 내에 장착해 수정란 착상을 막는 피임
기구 — 옮긴이] 사용 실태를 조사했다.[41]

베트남의 인구가 1975~94년에 두 배로 늘어났고, 따라서 정부는 산아 제
한 정책을 펼쳤다. 이 마을의 여성들은 그 캠페인을 지지했다. [전에 — 옮긴
이] 그들은 아이를 출산할 수밖에 없었다. 마을의 협동조합이 와해되면서 남
성들은 마을 밖으로 나가 일거리를 찾아야 했고, 결국 여성들이 농사일을 도
맡아 했다. 그들은 하루 종일 허리를 굽히거나 쪼그리고 앉아 일했다. 여성들
이 열심히 일한 덕분에 가족의 수입이 늘어났다. 그러나 그들의 허리는 고된
일로 아팠고, 머리 속도 걱정으로 복잡했다. 수입이 풍족했던 적은 없었다.
그래서 여성들은 아이들에게 줄 밥을 걱정해야 했다. 근심 걱정과 고통으로
그들은 밤새 잠을 이루지 못했다. 한 여성의 말마따나, "두통을 자주 앓는데,

고민이 많기 때문입니다. 생각을 안 하면 문제도 없겠지요."[42]

또 다른 여성의 말을 들어보자. "일해야죠, 저녁에 지친 몸을 이끌고 집에 오면 아이들은 말썽이죠, 그 놈의 돼지는 밥 달라고 꽥꽥거리죠. 잠자리에 들어도 이미 너무 피곤해서 녹초가 돼 버립니다. 그래도 아이에게 젖을 물려야 해요. 남편은 가만있나요? [섹스를] 요구하거든요."[43]

여성이 남편의 섹스 요구에 응하지 않으면 다툴 수도 있다. 여성이 어쩔 수 없어 응하더라도 화가 나거나 원망을 하게 되는 것은 당연하다. 한 여성은 상황을 이렇게 얘기하고 있다. "섹스를 많이 하는 것을 여성들이 감내할 수 없는 처지입니다. 피곤하기도 하고 삶은 야채처럼 축 처지고 말기 때문이죠."[44]

여성들은 산아 제한 방법을 이용했다. 1980년대 중반까지는 알약과 콘돔, 피임링을 사용할 수 있었다. 베트남 사람들 대부분이 콘돔을 사용했다. 그러나 그때 정부의 보건부는 앞으로는 피임링만을 공급하기로 결정했다. 외화가 부족했고, 피임링이 값이 쌌기 때문이다. 거기다 여성들이 알약 사용을 줄였고 남성들도 콘돔을 싫어했다. 국가가 피임링을 공급하는 간호사들을 통해 피임링을 관리했다.

그리하여 여성들은 피임링을 사용하게 됐다. 미국과 유럽에서 피임링을 사용하는 여성의 상당수가 참을 수 없는 고통을 호소한다. 그 고통을 참아내기도 하지만 대개의 여성은 사용을 중지한다. 피임링으로 생기는 고통은 세 가지 이유, 즉 허리 통증, 빈약한 영양 상태, 빈혈증 때문에 더 커진다. 이곳 베트남 마을에서 여성들은 이 세 가지 원인을 모두 가지고 있었다. 그러나 피임링은 그들의 유일한 선택이었고 그래서 그것을 계속 사용했다.

일부는 괜찮았지만 대다수는 그렇지 못했다. 피임링이 그들의 자궁에 상처를 입혔다. 월경 기간이 길어지면서 그들은 피를 더 많이 흘렸고 더 허약해졌으며 빈혈이 심해졌다. 두통까지 생겨서 그들은 뜬눈으로 밤을 샜다. 몸은 쑤시고, 허리가 아팠으며, 자궁도 욱신거리는 데다, 보채는 아이들과 남편의 성화도 견디기 힘들었다.

그들은 참았다. 달리 선택의 여지가 없었기 때문이다.

이 마을의 여성들은 훨씬 더 큰 사회 체제의 일부였다. 미국과 프랑스에 대항하는 전쟁 기간 동안에는 정부도 여성의 권리를 강조했다. 여성을 동원해 그들이 대의를 위해 열정적으로 싸우도록 하기 위해서였다. 그런데 이제 전체 사회가 점점 더 불평등해지면서 정부도 관심을 덜 가졌다.

다수의 낡은 관습이 여전히 남아 있다. 마을에서 아이를 낳지 못한 여성들은 남편이 두 번째 아내를 얻을까 봐 두려워한다. 성매매도 사라지지 않았다. 사이공에서는 사실상 정부가 관광업의 일환으로 성매매를 장려하고 있었다. 베트남 전쟁 기간에 사이공의 렉스 호텔은 베트남인들 사이에서 미국인들의 환락의 소굴로 유명했다. 1998년에 나는 어느 부자 미국인에게 사이공에서 할 만한 일로 무엇을 추천하겠느냐고 물어봤다. 그는 근년에 베트남을 여러 차례 방문했다. 그는 렉스 호텔에 가서 마사지를 받으라고 말해 주었다.

그러나 여성들은 저항도 했다. 북부의 홍강 유역에는 남편 없는 여성들이 많다. 전쟁 통에 많은 남성이 죽었기 때문이다. 전래의 도덕규범에 따르면 그들은 재혼을 하지도 아이를 갖지도 못한다. 정부의 새로운 산아 제한 정책이 미망인들에게 아이를 갖지 못하도록 강제하고 있다. 그러나 모든 마을에서 많은 미망인들이 어떤 식으로든 아이를 키우고 있다. 그들은 남자들에게 돈을 주고 임신이 될 때까지 여러 차례 자신들과 섹스해 줄 것을 요구한다. 그러고 나서 아이를 갖게 되면 정부 당국에 벌금을 내는 식이다. 그러나 그들은 이런 일에 수치심을 느끼지 않는다. 전쟁을 겪으면서 이미 충분히 고통받았기 때문이다.[45] 더군다나 아주 많은 여성들이 이 일에 동참했기 때문에 이제 그런 일은 폭넓게 용인되고 있다.

저항

베트남에서 불평등이 증대할수록 저항도 늘어났다. 농민들은 프랑스와,

지주와, 미국과 싸웠었다. 그리고 그들은 다시 쌀을 지키기 위해 집단농장과 싸웠다. 이제 그들은 시장과 싸우고 있다.

토지가 1988년에 분할됐다. 처음 2년 동안 20만 명이 정책 수행 방식에 대해 공식으로 불만을 제기했다.[46] 많은 경우에, 특히 남부에서 옛 지주들이 1975년 이전에 자신들이 보유했던 토지를 강제로 되찾으려 했다. 1993년 상반기에 벤 쩨 지방에서만 이와 관련한 분쟁이 976건 보고됐다. 전국적으로 지방 관리들이 속임수나 잔인한 폭력으로 토지를 강탈했다. 지방 관리들이 마을의 토지를 이웃 마을에 넘겨 버렸다고 한 마을 전체가 주장하는 경우도 많았다. 1990년에 전국적으로 6000개의 마을에서 이런 일이 일어났다. 대부분의 경우에 사람들은 뇌물이 오간 것으로 의심했다.

수천 개의 마을에서 농민들이 탄원을 하고, 시위를 벌이고, 행진을 했다. 4년 후인 1992년까지 타이 빈 지방에서 토지와 관련해 50건의 "심각한 충돌"이 발생했다. 베네딕트 커크블리엣은 <농 단 *Nong Dan*>이라는 신문에 실은 기사에서 북부 타인 호아 지방의 한 마을 상황을 이렇게 말한다.

> [마을 사람들은] 한동안 인민공사 관리들의 부패에 치를 떨었다. 상황을 개선하려는 노력은 무위로 돌아갔다. 사실은 사태가 더 악화되고 있었다. 지역의 더 높은 관리들이 부정 행위에 대한 진정을 못 하도록 막았던 것이다. 1989년 초에 마을 사람들은 선거로 생산 단위 두 곳에서 지도자를 뽑았다.[47]

관리들은 그들의 결정을 거부했다. 마을 사람들도 "태도를 바꾸려 하지 않았다."

> 조사관과 공안 관리 11명이 [마을로 들이닥쳐] 선출된 지도자 두 명을 포함해 마을 사람들 대여섯 명을 체포했다. …… 관리들은 갑작스럽게 군중에게 둘러싸였다. 분노한 마을 사람들이 고함을 지르며 아무도 체포하지 못하도록 막고 나선

것이다. 관리들은 거꾸로 자신들이 붙잡혔다는 사실을 깨달았다. 군중은 그들이 순순히 떠나도록 내버려두지 않았다. 지방 당국에서 11명을 구출하기 위해 보안대를 파견하자 마을 사람 '수천 명'이 이를 저지하고 나섰다. 그들은 막대기와 벽돌, 그리고 눈에 띄는 것이면 뭐든지 들었다. 보안대는 압도당했다. 군중이 몇 사람을 무장해제하기까지 했다. 보안대는 마을 사람들에게 다섯 명의 '포로'를 남긴 채 퇴각했다. 그 포로는 보안 경찰 3명과 조사관 2명이었다.[48]

인질을 내주는 대가로 마을 사람들은 당국에 모든 형사 기소를 취하하고, 몇몇 지방 관리를 면직시키며, "철저한 조사를 약속하고", "신뢰받는 사람을 마을 지도자로 선택할 수 있도록 민주적 선거를 조직해 줄" 것을 요구했다.[49] 이것은 극단적인 사례이며 우리는 이 마을에서 그 다음에 일이 어떻게 전개됐는지 모른다. 그러나 시위는 광범한 것이었다. 1988년에는 메콩 삼각주의 한 지역 성도(省都)에서 농민들이 행진을 벌이기도 했다.[50]

도시에서는 노동자들이 파업을 벌였다. 공식 노조가 있지만 그 조직은 노동자를 방어하지 않는다. 사기업의 노동자 12퍼센트만이 노조로 조직돼 있다. 정부는 외국 자본이 소유한 기업에서는 노동조합 활동을 금지하고 있다. 그러나 가브리엘 콜코가 적고 있듯이,

합작회사와 외국인 소유 공장(특히 한국 기업)에서 최악의 노동 착취가 벌어졌다. 구타, 강제적 초과 근무, 위험한 노동 조건, 임금 압류 등 형태도 다양했다. 이들 기업은 베트남 정부가 약속한 상대적 특혜에 많은 기대를 걸었다. 당연한 얘기지만 이들 기업에서 노동자 투쟁이 가장 많이 벌어졌다. ……

파업은 그 규모와 파업 일수가 엄청나게 다양했다. 1989년부터 1996년 3월까지 전국에서 최소 214건의 파업이 벌어졌다고 기록하고 있는 공식 보고서는 너무나 인색한 것이다. 노조 신문은 1994년 10개월 동안에만 32건의 파업이 발생했다고 보고했다. 1995년에는 비공식 파업이 '수십 건' 벌어졌다. 당 역시 1994년 발생 건수의 거의 두 배에 이른다고 공식적으로 인정했다. 그리고 1996년에는

훨씬 더 늘어났다. 이 파업들은 법적으로 공식 노조와는 아무 상관이 없다.[51]

이것은 노동 계급의 규모가 소수라는 점을 고려할 때 매우 높은 파업률이다. 1990년대에 베트남의 노동자들은 영국이나 미국의 노동자들보다 훨씬 더 전투적이었다. 아울러 콜코가 지적하는 것처럼, 이들 파업이 불법이었음에도 베트남 언론이 파업 노동자들을 동정적으로 다루었고 그래서 기소된 사람이 한 명도 없었다. 농민 시위의 지도자들은 체포됐고, 아주 드물게 사형이 언도되기도 했다. 파업 지도자들은 일자리를 잃기도 했지만 정부가 감히 그들을 처벌하지는 못했다.

이것은 베트남의 지배자들이 하노이나 사이공(호찌민 시)에서 대중 파업이 발생하면 자신들이 어떻게 될지를 알았기 때문이다. 베트남의 독립은 1945년 하노이와 사이공의 봉기와 함께 시작됐다. 좀더 최근인 1989년에 중국에서 천안문 사태를 봤다. 주로 노동자로 구성된 도시의 대중 운동이 이란·필리핀·타이·인도네시아에서 독재 정부를 무너뜨렸다. 베트남의 지배 계급은 다른 노동자들이 동조하는 집회를 열까 봐 노동자 투쟁의 지도부를 공격하는 일에 매우 신중했다. 노동자 투쟁이 성도를 향하는 농민들의 대규모 시위와 맞물릴 수가 있었다. 두 개의 거대 도시 가운데 한 곳에서 대중 시위가 발생하면 모든 것이 바뀔 수도 있었다. 총파업으로 정부가 전복될 수도 있었다.

그래서 잠시 동안 파업이 허용됐고 승리를 거두기도 한 것이다. 그러나 장기적으로 볼 때 이런 승리의 경험이 노동자들에게 자신감을 주고, 그 자신감은 아래로부터 반란의 가능성을 더욱더 현실적인 것으로 만들어줄 것이다.

결론

1975년 이후 베트남의 역사는 비극이다. 베트남 민중은 30년 동안 프랑스와 미국에 대항해, 그리고 더 나은 세계를 건설하기 위해 불굴의 용기와 쓰라린 패배 속에서 투쟁했다. 그러나 그들은 새로운 지배 계급의 국민으로 전락하고 말았다. 그 계급은 스스로 세계 시장과 세계 자본주의 체제의 포로이자 대행자로 변신했다. 오늘날의 베트남은 과거 미국이나 프랑스 치하보다 더 나은 세상이다. 그러나 그 베트남이 수많은 민중이 염원하며 목숨 바쳐 투쟁한 그런 종류의 사회는 아니다.

그 비극은, 미 투이 퐁에서 그 다섯 사람이 모임을 결성하고 그 마을의 생활과 조국 개혁의 방향을 토론하기 시작했을 때, 그들이 선택할 수 있는 것은 당대의 사적 자본주의와 국가자본주의적 '공산주의' 둘뿐이었다는 데 있다.

이 책은 또 다른 길이 가능하다는 확신을 갖고 쓴 것이다. 나는 필연적이라고 말하지 않고 가능하다고 말했다. 1장에서 나는 1945년 사이공의 노동 계급 봉기에서 수십 명의 트로츠키주의자들과 함께 투쟁했던 응오 반의 이야기를 소개했다. 그들은 그해 8월에 농민은 토지를 접수하고 노동자는 공장을 장악하라고 호소하는 배너를 들고 위대한 행진을 벌였다. 그들은 러시아의 노동자와 농민이 1917년에 하려고 했던 바를 이룩하고자 했다. 그들 대다수가 살해당했고, 응오 반과 같은 극소수의 생존자들은 망명해야만 했다. 그러나 나는 그들이 투쟁한 목표가 여전히 유효하다고 믿는다. 인류애에 대한 희망과 아래로부터의 민주적인 노동자 권력 말이다.

8장

전후의 미국과 세계

전후의 미국과 세계

이 장은 전쟁이 미국과 미국의 세계 패권에 끼친 영향을 다룬다. 앞부분에서는 미국 정부가 1975년부터 2000년까지 베트남의 기억과 1960년대의 운동을 말소하기 위해 벌인 노력을 살펴본다. 후반부에서는 9·11 이후 미국의 세계 패권이 재등장하는 과정을 다룬다. 부활한 패권은 세계적 규모의 반자본주의 운동에 직면했다. 세계적 규모의 반자본주의 운동이 전쟁에 반대하는 세계적 운동을 탄생시켰다는 것도 매우 중요하다. 현재 베트남과 1960년대의 반향이 도처에 산재해 있다. 이 새롭게 부상한 운동이 과거의 운동과 어떻게 다르며, 또 유사점은 무엇이고, 베트남전 반대 운동의 성공과 실패에서 무엇을 배울 수 있는지를 살펴보는 것으로 책은 마무리될 것이다.

미국의 지배 계급은 베트남 전쟁에서 패배했다. 세 가지 요소가 원인이 되어 이 패배가 더욱 심각한 상황으로 받아들여졌다. 첫째, 미국은 최강대국이었고 베트남은 가난한 농민 국가였다. 둘째, 전 세계가 미국의 패배를 지켜봤다. 셋째, 미국인 스스로 전쟁 반대로 돌아섰고, 미군이 전투 행위를 거부했다. 미국의 지배 계급은 베트남은 물론이고 국내의 전쟁에서도 졌다.

미국의 패권에 반대한 전 세계 사람들이 이 사실에 고무됐다. 동시에 미국의 지지를 기대했던 제3세계 모든 지배 계급의 사기가 꺾였다.

게다가 미국의 반전 운동은 흑인 운동·여성 운동·동성애자 운동과 밀접한 관련을 맺고 있었다. 학생들은 행진했고, 도시들은 불탔고, 동시에 군인들은 폭동을 일으켰다.

그래서 베트남 전쟁 패배 이후 미국의 지배 계급은 자신들의 권력을 재확립할 필요를 느꼈다. 그들은 몇 가지 방법으로 이 일을 추진했다. 우리가 이미 봤듯이, 그들은 베트남 경제를 고립시켜 베트남 사람들에게 가난을 강요했다. 그것은 전쟁에 승리해서 치른 혹독한 대가였다. 그들은 캄보디아에서 폴 포트와 크메르루주를 지원했는데, 왜냐하면 그들이 베트남 공산당의 적이었기 때문이다. 그들은 자국 참전군인들이 겪고 있던 전쟁의 참상을 비난하고 나섰다. 그들은 반전 운동 세력과 참전군인이 반목하도록 역사를 다시 썼다. 그들은 1960년대 사회 운동의 성과를 무위로 돌리려고 애썼다. 노동조합이 약화됐고 흑인들이 투옥됐다. 마지막으로 그들은 미국 국민에게 다시금 워싱턴을 위해 자식들을 지상전에 내보내달라고 설득했다.

이 모든 전략은 한 단어, 곧 반동이란 말로 요약할 수 있다. 이 장은 그 반동이 국내와 해외에서 어떻게 전개됐는지를 보여 주려 한다. 나는 시애틀의 반세계화 운동, 9·11 사태, 테러와의 전쟁, 아프가니스탄, 이라크를 살펴보면서 이 장을 마무리할 것이다.

베트남 증후군

1975년 이후 미국의 지배 계급은 그들이 '베트남 증후군'이라고 부르는 것에 직면했다. 이 말은, 미국의 노동자들에게 또다시 미국의 제국주의를 위해 목숨을 바치라고 강요하는 것이 어렵게 됐음을 뜻한다. 자유주의자들과 언론은 이것을 마치 병이라도 되는 듯이 '증후군', 다시 말해 나쁜 것으로 묘사했다. 또 그들은 문제는 미국인들이 겁쟁이라는 것, 그래서 시체가 돼 미국으로 돌아오는 것을 두려워한다는 점이라고 떠들어댔다. 실제로, 미국인들이 베트남 전쟁에 대해 갖고 있던 이미지는 시체 가방이 아니었다. 공허한 표정으로 멀리 시선을 던지는 병사, 작열하는 네이팜탄 속에서 벌거벗은 소녀가 울며

길을 따라 뛰어오는 모습, 사이공의 경찰서장이 죄수의 머리에 총을 들이대고 쏴 버리는 장면, 라이터로 초가집을 불태워 버리는 해병대원의 이미지들이었던 것이다. 이것들은 미국의 잔혹 행위와 함께 베트남인들이 겪어야만 했던 고통의 이미지들이었다. 미국인들은 다른 전쟁에서 용감하게 싸운 적이 있었다. 정말이지 그들은 겁쟁이가 아니었다. 그들은 자신들과 무관한 명분을 위해 죽으라고 요구하는 사람들을 신뢰하지 않았던 것이다.

1998년쯤 되면 거의 모든 자유주의 성향의 학자들과 논평가들이 베트남 전쟁은 실수였다고 주장한다. 같은 해에 미국인의 63퍼센트가 여전히 베트남 전쟁은 "근본적으로 잘못된 것"이었다고 평가했다.[1] 언론과 정부는 이 사실을 받아들일 수 없었다. 그래서 그들은 증후군과 시체 가방에 대해 떠들어댄 것이다. 1975년부터 미국 정부는 국민들더러 대외 전쟁에 나가 싸우라고 설득하려 했다.

베트남전 이후 추진된 미국의 모든 개입 작전을 이 책에서 검토할 수는 없다. 그 개입 작전들의 옳고 그름을 따져보는 것은 이 책의 범위를 벗어난다. 이 절에서 나는 미국의 지배 계급이 지상군을 투입하고자 했던 5곳 — 앙골라, 이란, 레바논, 걸프전, 코소보 — 의 상황을 살펴볼 것이다.

앙골라

먼저 앙골라를 보자. 앙골라의 민족주의 운동은 1975년에 포르투갈로부터 독립을 쟁취했다. 앙골라는 남아프리카공화국과 긴 국경선을 맞대고 있었다. 남아프리카공화국의 흑인들은 갑작스럽게 백인 지배자들에게 불길한 징조가 닥쳤음을 느낄 수 있었다. 대중 운동이 일어났다. 타운쉽에서 학생들이 동맹 휴업에 돌입했고, 노동자들은 작업장에서 파업을 벌였다. 남아프리카의 인종 차별 정부는 앙골라를 침략함으로써 이에 응수했다. 바로 그때 소련이 교활하게도 쿠바 군대를 보내 앙골라에서 남아프리카공화국과 싸우게 했다.

미 국무장관 헨리 키신저가 이 사태를 냉전중인 미국을 겨냥한 매우 중요한 일격으로 파악한 것은 아주 정확했다. 남아프리카공화국 넬슨 만델라의 아프리카민족회의(ANC)는 당시 미국이 아니라 소련의 자금 지원과 지지를 받고 있었다. 남아프리카공화국은 아프리카 대륙에서 사적 자본주의의 가장 중요한 중심지였다. 그런데 이제 소련은 쿠바 졸개들을 동원해 아프리카에 지상군을 투입할 수 있었지만, 미국은 그럴 수 없었다.

키신저는 1975년에 이렇게 말했다. "미국은 남아프리카공화국에서 공산당 세력의 군사 개입을 더는 용납하지 않을 것이다." 그러나 베트남의 악몽에 사로잡혀 있던 의회는 "323대 99로 앙골라에 대한 비밀 군사 원조를 부결시켰다."[2] 나중에 키신저는 펜타곤에 앙골라에서 쿠바를 저지할 수 있는 계획안을 제출해 달라고 요청했다. 펜타곤은 그 계획안을 작성하는 데 아주 많은 시간이 걸릴 것이라고 답변했다. 키신저는, 앙골라에서 싸우는 문제를 자신이 생각해 보는 것조차 장군들이 막고 있다고 생각했다.[3] 다수의 흑인 병사로 구성된 군대를 사용해 또 다른 베트남에서 백인 인종 차별주의를 수호하는 것에 대해 장군들이 어떻게 생각했을지를 상상해 보는 것은 어려운 일이 아니다.

이란

이렇게 개입할 수 없게 되자 미국의 패권이 약화됐다. 그런데 1979~80년에 이란에서 혁명이 일어났다.[4] 이란은 주요 산유국으로 미국이 지원하는 독재자 샤[국왕을 뜻하는 이란어 —옮긴이]가 다스리고 있었다. 은행과 유전지대에서 수개월 동안 대중 시위와 파업이 일어났고, 마침내 샤가 축출됐다. 두 개의 상이한 정치 조류가 이 대중 운동을 이끌었다. 하나는 좌파였고, 다른하나는 아야톨라[이란 시아파에서 신앙심과 학식이 뛰어난 인물에게 주는 칭호—옮긴이] 호메이니가 이끄는 이슬람주의자들—흔히 '이슬람 근본주의자들'이라고 부르는 — 이었다. 샤가 타도된 후 이슬람주의자와 좌파는 1년이 넘게 혁명의 주도권을 놓고 다투었다. 이슬람주의자들이 승리했다. 승리의 결정적 계기는 이슬람주의 학생들이 미국 대사관을 점거한 사건이었다. 그들이 1년 동안 백인 인질들을 붙잡고 놓아주지 않았다.(그들은 여성들과 아프리카계 미국인들은 석방했다. 그들은 이들이 미국에서 억압받고 있기 때문이라고 밝혔다.)

베트남에서 지지만 않았더라도 미국 정부는 이란 침공으로 대사관 점령에 복수했을 것이다. 1980년에 그들은 감히 그렇게 하지 못했다. 그 결과는 미국의 패권이 공개적으로 대망신을 당한 것이었다. 이런 굴욕, 성공한 혁명, 더 평등한 세상에 대한 호소는 이라크·터키·시리아·바레인·사우디아라비아·레바논·이스라엘과 팔레스타인·이집트·수단·튀니지·알제리·모로코의 강력한 이슬람주의 운동을 고무했다.

이 이슬람주의 운동은 흔히 '이슬람 근본주의'로 불리는데, 그것은 오해다. 왜냐하면 그 용어가 미국의 기독교 근본주의와의 유사성을 암시하기 때문이다. 미국의 기독교 우익이 정치적이라는 점은 분명하지만 그들은 동시에 인종 차별적이고 기성 질서를 지지한다. 중동의 이슬람주의 운동은 인간 관계의 미덕, 부패 척결, 빈민에 대한 정부의 복지 증대, 미 제국주의 반대를 모토로 삼았다. 기독교 우익보다 이슬람주의 운동과 훨씬 더 유사한 조류를 찾는다면, 그것은 바로 종교에 기초한 마틴 루터 킹의 정치나 가톨릭 성직자들의 해방 신학일 것이다. 이슬람주의의 주장들을 이해할 수 있는 한 가지 좋은 방법은 정치적 이슬람의 주요 사상가인 미국인 ≪맬컴 X의 자서전≫을 읽는 것이다.[5]

중동의 이슬람주의 운동은 새로운 그 무엇이었다.[6] 20세기 대부분의 시기 동안 중동 지역에서 구질서에 반대하는 대중 운동은 세속적인 민족주의자·사회주의자·공산당이 이끌었다. 터키의 아타튀르크[케말 파샤 — 옮긴이], 이집트의 나세르, 팔레스타인의 아라파트가 그들이다. 그들을 지지한 사람들 대부분은 이슬람 신자들로서 사회주의와 이슬람 사이에서 어떠한 모순도 발견하지 못했다. 그러나 당시 많은 민족주의·사회주의 지도자들이 대개 공산당의 지지를 등에 업고 권력을 장악했다. 이 새 지도자들은 엄청나게 불평등한 자본주의 사회의 독재자로 변신했는데, 이들은 1975년 이후 베트남 공산당의 지도자들과 아주 유사했다고 할 수 있다. 1980년 무렵 중동의 민중은 깊은 환멸감 속에서 사회적 불평등과 진지하게 맞서 싸울 수 있는 대안을 모색하고 있었다.

이란 혁명이 성공하자 이슬람주의가 그런 대안처럼 보였다. 이슬람주의는 하나의 단일한 운동이 아니었다. 일부는 온건한 의회 개혁파였고, 일부는 급진주의자였으며, 일부는 테러리스트였고, 또 소수는 맬컴 X와 같은 혁명가였다. 이슬람주의 운동 내에는 항상 긴장이 존재했다. 주로 노동자와 농민인 대중을 사로잡은 것은 강력한 반체제 미사여구와 정의 사회에 대한 약속이었다. 그러나 그 지도자들은 훨씬 더 우익적이었다. 그들은 기본적으로 기업과 시장의 논리를 받아들였다. 이란과 아프가니스탄, 수단에서 그랬던 것처럼 그들도 일단 권좌에 오르고 나면 민족주의자들과 마찬가지로 불공평한 사회를 온존시키려 했다.

지도자들과 대중의 이런 갈등이 성 정치학에서 드러나기도 했다. 중동의 많은 교육받은 젊은 여성들이 이제 머리 스카프를 두름으로써 기성 체제에 대한 반감을 표현했다. 그들의 누이와 어머니들은 과거에 베일을 착용하지 않았다. 예를 들어, 이라크는 매우 세속적인 독재자 사담 후세인의 지배를 받았다. 이라크에서 머리 스카프는 여성들이 후세인과 미국 둘 다 반대한다는 것을 표현하는 공공연한 수단이었다.[7]

여성들이 이렇게 했던 것은 남성의 권력을 지지하기 위해서가 아니었다. 정말이지 그들의 반란은 단호한 의지의 표출이었다. 그러나 사태가 그렇게 단순하지만은 않았다. 머리 스카프 착용은 여성이 어쨌든 다른 존재라는 주장이기도 하다. 미국의 거리에서 여성이 상반신을 드러내놓고 활보하는 것이 일종의 금기인 것처럼 말이다. 이슬람주의 운동의 지도자들에게 새로운 복식 규정은 사회 문제에서 훨씬 더 전반적인 보수화 책동과 딱 맞아떨어졌다. 다시 한 번, 독자들이 이 모순을 이해할 수 있는 최선의 방법은 '이슬람 국가'가 주최한 백만 명 워싱턴 행진을 상기해 보는 것이다. 독자 여러분은 거기에서 진정한 반(反) 인종 차별주의와 더 평등한 사회에 대한 대중의 열망을 읽을 수 있을 것이다. 그러나 동시에 남녀의 분리·가족에 대한 보수적 견해·기업적 가치를 수용한 지도부 등도 보일 것이다.

그러나 이란 혁명이 일어난 후 미국 정부와 석유회사들이 직면한 낭패는 이슬람 지도자들의 사회적 보수화가 아니었다. 중동에서 발생한 새로운 운동으로 각국에서 독재자들에 저항하는 수천만 명의 도전이 시작됐던 것이다. 동시에 이 운동은 세계 최대의 석유 자원을 통제하는 독재 정부들을 후원하던 미국의 패권에 대한 도전이기도 했다. 중동 지역과 그 지역의 석유 자원은 일본과 유럽의 산업에 필수적이었을 뿐 아니라 전략적으로도 중요했으며 이윤 추구에서도 반드시 필요했다.

직접적인 군사 개입을 할 수 없었던 미국 정부는 대리자를 내세워 이슬람주의자들을 공격했다. 그들은 이라크의 군사 독재자 사담 후세인을 사주해 이란을 침공하게 했다. 사담 후세인은 명목상으로만 무슬림이었지 결코 이슬람주의자가 아니었다. 그의 정치적 뿌리는 세속적 아랍 민족주의 운동이다. 그는 CIA가 지원한 쿠데타로 권력을 잡았었다. 1970년대 당시에 후세인은 소련과 동맹을 맺고 있었다. 이제 그는 진자 이동을 해 미국의 동맹국이 됐다. 이란-이라크 전쟁은 무려 7년 동안 계속됐으며, 그 전쟁으로 100만 명이 사망했다. 새 이란 정권은 장기간의 참혹한 전쟁으로 고립되고 약화됐다. 사우디아라비아와 쿠웨이트의 독재 정부들은 미국의 똘마니 국가로서 자국에서 이슬람주의자들이 대중적 지지를 얻을까 봐 두려웠고, 그래서 이란과 전쟁을 치르는 이라크에 수십억 달러를 제공했다.

미국의 또 다른 대리인은 이스라엘이었다. 1982년에 이스라엘군이 레바논을 침공했다. 이슬람주의자들과 세속적인 팔레스타인 난민들의 연합이 내전에서 승리를 거두고 있었던 것이다. 그러나 이스라엘은 레바논의 수도 베이루트를 계속 장악할 수 없었다. 미 해병대를 선두로 한 다국적군이 대체 투입됐다. 미 해군 함정이 레바논 마을들에 장거리 폭격을 퍼붓기 시작했다. 그러자 이슬람주의 자살공격 대원 한 명이 폭발물을 실은 트럭을 몰고 미 해병대 기지로 돌진했다. 230명이 죽었고 대부분이 해병대원이었다. 머지않아 해병대는 철수했다.[8]

미국 정부는 이란에서 당한 굴욕적인 패배에 대한 대응으로 국내에서 그 후 20년 동안 지속적으로 무슬림을 배척하는 편견을 조장하는 캠페인을 벌였다. 정치적 이슬람주의자뿐 아니라 모든 무슬림이 성차별주의자·테러리스트·몰지각한 중세적 광신자들로 그려졌다. 기독교도나 유대인들과는 완전히 다른 사람들이라는 것이었다. 공식화된 편견이 아주 오랫동안 강력하게 지속됐고, 그래서 이제 이슬람 근본주의를 다루는 미국의 아무 신문 기사라도 골라서 '무슬림'이라는 단어 자리에 '흑인'이나 '유대인'이란 말을 집어넣어 보면 여러분은 거기서 인종 차별주의를 볼 수 있을 것이다. 이 장기 캠페인의 요점은 중동에서 무슬림을 살해하는 것이 필요하고 또 정당한 일이라며 미국인들을 세뇌하는 것이었다.

1989년부터 소련과 동유럽의 독재 정부들이 무너졌다. 미국과 서방은 냉전에서 승리를 거두었다. 미국 대통령 부시가 '새로운 세계 질서'를 선포했다. 미국의 지배 계급은 자신이 유일한 군사·경제 강국으로서 세계를 지배할 수도 있다는 생각이 들었다. 그리고 걸프 전쟁이 일어났다.

걸프전

1989년에 사담 후세인은 여전히 미국의 동맹자였다. 그가 이란과 치르던 전쟁도 어느덧 7년 동안 계속됐지만, 이란군이 마침내 승리를 눈앞에 두고 있었다. 부시가 미국 함대를 페르시아만으로 급파했다. 그는 미국이 이라크를 지원하고 있음을 분명히 하고자 했다. 미국 해군 함정이 이란의 민간 항공기를 격추해 버렸고, 탑승객과 승무원 전원이 사망했다. 미국은 사과도 안 했고, 함장도 처벌받지 않았다. 미국과의 전쟁 위험을 감수할 수 없었던 이란은 이라크와 평화협정을 맺었다.

그러나 사담 후세인은 여전히 곤란한 처지에 있었다. 그는 전쟁에서 패배했다. 이는 군사 독재자에게 위험한 상황이었다. 더구나 전쟁으로 이라크의 경제가 피폐해져 있었다. 사담 후세인은 이웃한 석유 부국 쿠웨이트의 독재 왕가에 도와달라고 손을 내밀었다. 쿠웨이트 왕가는 사담에게 이란과의 전쟁 비용으로 수십억 달러를 제공하기로 약속했지만 여전히 이행하지 않고 있었다. 쿠웨이트 왕가는 전쟁이 끝난 마당에 돈을 줄 필요가 없다며 버텼다. 한편으로 그들은 산유량을 늘리고 있었는데, 이 때문에 이라크의 석유 가격이 하락했다. 쿠웨이트는 1920년까지 이라크의 영토였는데, 영국이 쿠웨이트를 독립 식민지로 쪼개 버렸다. 사담 후세인은 쿠웨이트를 침략하기로 결심한다. 그는 쿠웨이트를 침략함으로써 경제 문제를 해결하고 승리를 쟁취해 국내 권력을 공고히 할 수 있으리라고 판단했다. 그는 사전에 미국 대사를 만나 의중을 떠봤다. 이 대사의 모호한 태도 때문에 사담 후세인은 미국이 자신의 쿠웨이트 침공을 저지하지 않으리라고 오판했다.

쿠웨이트는 곧 함락됐다. 쿠웨이트인들은 자국 왕가를 구하기 위해 목숨 바쳐 싸울 생각이 없었다. 그러나 후세인의 승리가 이 지역 최대의 산유국이자 미국의 동맹 세력인 사우디아라비아를 위협했다. 사우디아라비아 국민은 사우드 왕가의 독재 정부를 증오했다.[9] 사담은 사우디아라비아를 침략할 생각이 없었다. 그러나 쿠웨이트 왕가가 몰락했는데도 미국이 그들을 방어해 주지 않으면 사우디아라비아의 국민이 변화에 대한 희망을 발견하고 용기를 낼 것이었다. 석유 자원과 독재 정부를 지키기 위해 무언가 조치가 필요했다.

쿠웨이트가 미국 패권의 시험대가 됐다. 미국 대통령 부시는 전쟁에 돌입해야만 했다. 그는 주로 유럽 열강과 중동 지역의 독재 정권 대부분이 참여하는 연합군을 조직하고, 사우디아라비아에 군사 기지를 세웠다. 연합군은 후세인이 철군하겠다는 것도 거부하고 또 다른 출구도 허용하지 않으면서 대규모 폭격을 단행한 후 지상군을 투입했다. 연합군 항공기와 군인의 대부분은 미국이 제공했다.

미국 정부는 전쟁 관련 언론 보도를 철저하게 통제했다. 몇몇 기자에게만 사우디아라비아와 쿠웨이트 입국이 허용됐다. 이들 기자에게는 계속 군 감시원이 붙어 다녔다. 이 감시원들의 임무는 기자들이 사우디인, 쿠웨이트인, 이라크인과 대화하는 것을 막는 데 있지 않았다. 기자들이 미국 병사들·조종사들과 대화하는 것을 차단하는 것이 그들의 임무였다.[10] 미국 군대가 베트남에서 배운 교훈이 바로 이것이었다.

연합군의 폭격으로 10만~20만 명의 이라크 군인이 죽었다. 미국 불도저가 참호 속에서 아직 살아 있는 사람들까지 매장해 버렸다. 이라크인 징집병들은 폭격을 두려워했다. 그들도 대다수의 이라크인처럼 후세인을 증오했다. 그들은 도망치거나 항복했다.

미군은 손실을 거의 입지 않고 쿠웨이트에 입성했다. 인명 손실의 상당수가 아군의 오인 사격 때문이었다. 부시는 라디오 연설을 통해 자신이 드디어 베트남 증후군을 파묻어 버렸다고 선언했다. 사태가 그렇게 단순하지는 않았다. 부시는 이 전쟁이 히틀러만큼이나 사악한 사담 후세인을 전복하기 위한 것이라고 계속 주장했다. 후세인의 군대는 와해되고 있었으며 부대원들은 패주하고 있었다. 북부의 쿠르드족과 이라크 남부 도시에 거주하던 민중이 미군의 도움을 기대하며 후세인에 저항하는 봉기를 일으켰다.

그러나 미군은 이라크 국경 지역에서 전진을 멈추었고, 사담 후세인은 반란을 진압하는 데 성공했다. 그 봉기로 후세인이 전복될 수도 있었는데 말이다. 사태가 이렇게 된 데에는 두 가지 이유가 있었다. 첫째, 남부의 반란을 이슬람주의자들이 이끌었기 때문에, 또 북부에서 쿠르드족이 승리한다면 미국의 동맹국인 터키에서 쿠르드족의 반란이 일어날 수도 있었기 때문이다. 둘째 이유는 미국의 장성들이 이라크를 침공할 준비를 안 했기 때문이다. 합참의장 콜린 파월 장군은 베트남에서 두 차례 순환 근무를 한 적이 있었다. 그는 자신의 군대에 다시는 그런 일이 일어나지 않게 하겠다는 결심이 확고했다.[11] 압력이 절정에 이르자 장성들이 여전히 지상전을 두려워하고 있음이 분명해졌다.

이후 10년 넘게 추진된 미국 주도의 경제 봉쇄로 의약품 공급이 차단됐고, 식량 공급이 격감했으며, 결국 이라크 경제는 산산조각 났다. 유아 사망률이 치솟았다. 하버드 대학교 공공보건 연구소와 유엔의 합동 조사에 따르면, 이라크 어린이 100만 명이 경제 봉쇄의 여파로 죽었다.[12] 그러나 사담은 여전히 권좌를 지켰고, 이라크는 미국 패권의 한계를 밝히 보여 주었다.

코소보

우리가 살펴볼 미국 개입의 마지막 사례는 1999년의 코소보 전쟁이다. 이 책에서는 그 전쟁의 복잡한 배경을 상술하지 않겠다.[13] 중요한 점은 베트남 증후군이 여전히 계속 되고 있었다는 것이다. 1999년 봄에 미국 정부와 나토 동맹국은 세르비아 지도자 슬로보단 밀로셰비치에 반대하는 코소보 저항군의 지지를 받으며 세르비아와 코소보에 폭격을 퍼붓기 시작했다. 나토는 세르비아인들이 폭격으로 와해될 것이라고 예상했다. 세르비아인들은 그렇지 않았다. 폭격은 몇 주 동안 계속됐다. 나토의 작전을 지휘하고 있던 영국인 장성은 지상군이 필요할 것이라고 판단했고, 미 행정부의 대다수도 그의 생각에 동의했다. 그러나 세르비아가 성공적으로 버텨낸다면 미국의 패권이 심각한 타격을 받을 수도 있었다.

펜타곤은 미군을 코소보의 전투 지역으로 보내는 데 몇 달이 걸릴 것이라고 말했다. 이것은 속이 빤히 들여다보이는 거짓말이었다. 국경 넘어 알바니아에 미군 기지가 있었다. 무려 40년 동안 나토군은 단 몇 시간 만에 유럽에서 소련 군대와 싸울 준비를 해 왔었다. 그러나 펜타곤은 자신의 어깨너머로 여전히 베트남을 보고 있었던 것이다.

나토 사령부는 미군이 아파치 헬리콥터를 투입해야 한다고 주장했다. 아파치 헬리콥터는 미국이 보유한 가장 현대적이고 값비싼 장비였다. 아파치 헬리콥터는 저공 비행으로 코소보에 침투해 세르비아군과 가까운 거리에서 교전을 벌일 수 있었다. 미군 장성들은 이 작전을 지상군 투입의 전 단계로 파악했다. 그들은 아파치 헬리콥터를 알바니아의 군 기지로 옮기는 것을 허가했다. 그러면서도 그들은 아파치 헬리콥터를 코소보에서 사용할 수는 없을 것이라고 발표했다. 왜냐하면 구름이 많이 끼는 등 기상 조건이 나쁘고 조종사들의 훈련도 충분하지 않기 때문에 전투 태세를 완비하려면 몇 달이 걸리기 때문이라는 것이었다. 장군들은 또 다른 베트남의 가능성을 완벽하게 차단하기 위해 그들이 가장 아끼는 고가 장비 중 하나를 기꺼이 사용할 준비가 돼 있었다.[14]

이윽고 전쟁 반대 운동이 세르비아에서 성장했다. 여러 도시에서 항의 시위가 벌어졌고, 마침내 세르비아 정부가 굴복했다. 펜타곤이 얻은 교훈은 폭격이 주효했다는 것이었다.

그러나 1975년부터 2000년까지 미국은 이상한 최강대국이었다. 미국은 세계의 주요 경제 강국이었다. 미국의 군비 지출은 후순위 8개 나라의 국방 예산을 전부 합한 것보다도 더 많았다. 미국의 군사 기술은 세계 최첨단이었다. 그러나 미국은 사실상 육군이 없는 열강이었다. 그들이 궁극적으로 육군을 보유해야만 하는 때가 올 것이었다.

그것은 미국의 지배 계급이 풀어야 할 숙제였다.

참전군인

베트남 전쟁의 영향을 무위로 돌리려는 미국 지배 계급의 역습은 단지 해외에 지상군을 투입하려는 노력만이 아니었다. 여기에는 역사를 다시 쓰는 일도 포함된다. 여기서 중요했던 것은 베트남전에 참가했던 미국의 군인들이었다. 그들이 겪은 일들이 그들과 유리된 채 뭔가 다른 것으로 변질됐다. 참전군인들은 위험하고 폭력적인 존재라는 것이 할리우드의 일반적인 묘사 방법이었다.[15] 그 중 가장 유명한 영화들이 <택시 드라이버 *Taxi Driver*>, <람보 : 퍼스트 블러드 *Rambo:First Blood*>, <커밍 홈 *Coming Home*>이다. 그리고 다른 수십 편의 B급 영화들도 마찬가지로 참전군인들을 위험한 존재로 그리고 있다. 그들은, 정신과 의사들이 '외상후 스트레스 증후군'이란 병을 발견하고 그런 사람들의 기억을 '환각 재현'이라고 부르기 훨씬 전부터 영화 화면으로 재현된 과거지사를 떠올리며 정신적으로 고통받고 있었다. 할리우드의 선전 요지는 재향군인 병원 정신과 의사들의 선전 요지와 똑같았다. 사병들의 폭력적 욕구가 베트남 전쟁이 폭력으로 치달은 원인이라는 것이다.

사병들이 명령을 받아 잔혹한 일을 저지르고, 그 대가로 보상을 받았고, 전쟁 전략이 소모전이었으며, 마침내 사병들이 교전 행위를 거부했다는 사실들에도 불구하고, 전쟁의 잔혹성을 사병들 탓으로 돌리며 비난하는 일들이 벌어졌다. 총으로 죽은 사람보다 폭격으로 죽은 사람이 훨씬 더 많았다는 사실에도 불구하고 비난이 계속됐다.

그러나 미국인들이 그 전쟁을 잔인한 전쟁으로 기억하고 있었기 때문에 할리우드는 전쟁의 잔혹성에 대해 누군가를 희생양으로 삼아야만 했다. 20년 뒤에 실시된 여론 조사들을 보더라도 대다수 미국인은 여전히 그 전쟁을 잔인한 전쟁으로 생각하고 있었다.[16] 진실은, 존 케네디 · 로버트 케네디 · 린든 존슨 · 로버트 맥나마라 등의 자유주의자들이 베트남 전쟁의 책임자라는 것이었다. 그러나 대다수 사람들이 전쟁은 잘못이었다고 인식하면서, 사병들이 그에 관한 비난을 뒤집어쓰고 있었다.

동시에 사병들과 반전 운동 세력을 갈라놓기 위해 역사가 날조됐다. 우선 사병들의 전투 거부 행위가 잊혀졌다. 종전 후 10년이 지나자 반전 시위대나

히피들이 귀환하는 참전군인들에게 경멸의 뜻으로 침을 뱉었다는 이야기가 많이 나오기 시작했다. 제리 렘케는 걸프전 기간에 침을 뱉었다는 이 이야기들을 조사했다. 렘케는 베트남전 참전군인으로 전쟁에 반대하는 베트남 참전군인회에서 활동하기도 한 인물이다. 그는 침을 뱉었다는 얘기를 전혀 들어본 적이 없었다. 그는 대부분의 참전군인들이 전쟁에 반대했으며 그들이 귀환했을 때 사람들도 그들을 따뜻하게 맞이해 주었다고 회상했다. 반전 시위대가 특히 더 따뜻하게 맞아 주었다. 렘케는 1960년대와 1970년대에 반전 운동가와 히피들이 참전군인들에게 침을 뱉으며 모욕을 주었다는 기사를 찾아보기로 했다.[17] 그는 그 어떤 신문과 잡지에서도 그런 기사를 발견할 수 없었다. 당시 우익 잡지에서도 그런 기사가 전혀 없음을 확인했다. 그 후로도 몇 년 동안 그런 내용의 기사는 단 한 건도 없었다. 그는 당대의 참전군인들이 같은 연배의 사람들에게서 따뜻한 환영을 받았다고 증언한 조사 결과를 확인했다. 렘케가 찾을 수 있었던, 참전군인들이 침 세례로 봉변을 당했다는 유일한 이야기는 전쟁 지지자들이 반전 시위를 벌이던 참전군인들에게 침을 뱉은 사건을 취재한 보도 사진과 기사뿐이었다.

또 렘케는 귀환 병사들이 영화에서 처음으로 침 세례를 받았다는 것을 발견했다. 그 전에는 침을 뱉으며 모욕하는 행위에 관한 그 어떤 이야기도 존재하지 않았다. 그는 <커밍 홈>이라는 영화가 반전 시위대가 공항에서 귀환 병사들에게 항의하는 장면을 보여 주었다고 지적했다. 실제로는 그런 일은 결코 일어나지 않았다. 오히려 평화 운동 세력은 징집위원회 앞에서, 또 군인들이 떠나는 항구와 공항에서 시위를 벌였다.

언론과 정치인들은 이렇게 전쟁을 군인들 탓으로 돌리며 군인들을 반전 운동 세력과 분리하려 했다. 1980년대에 정치인들, 특히 레이건과 부시가 자기들이야말로 참전군인들의 진정한 친구라고 주장하기 시작했다. 그들은 미국이 참전군인들의 용기와 노고를 제대로 평가해 주지 않는 것이 큰 문제라고 말했다.(자유주의자들이 참전군인들에게 침을 뱉고 모욕했다는 것이다.)

전쟁중에 포로로 붙잡혀 여전히 하노이에 억류돼 있는 미국인들이 "전쟁 포로와 작전중 실종자"라는 구호 속에서 이런 선전 공세의 상징으로 떠올랐다. 그들이 귀환하기 전에는 베트남과 적절한 외교 관계를 복원할 수 없다는 것이었다.

[그러나— 옮긴이] 이러한 포로들은 존재하지 않았다. [대신 — 옮긴이] 펜타곤이 작전중 실종으로 취급해 책임지려고 하지 않는 사람들이 있었다. 베트남 정부가 계속 이 문제를 들고 나오자 미국 정부는 그들을 죽은 것으로 취급했다. 그러나 사망했다는 바로 그 사실 때문에 그 군인들은 우익의 지지를 받는 참전군인 집단이 됐다. 우익들은 전쟁 후유증으로 죽어가고 있던 참전군인들, 곧 에이전트 오렌지의 희생자들을 지지할 수는 없었던 것이다.[18] 랜치핸드 작전에 투입돼 항공기에서 살충제를 살포했던 병사들은 특히 치명적인 타격을 받았다. 다른 사병들도 대거 고엽제에 노출됐다. 제대한 군인들 중 점점 더 많은 수가 몸져누웠고, 활기를 잃어갔으며, 우울증에 걸렸고, 직장을 가지거나 기본적인 일을 할 수도 없었다. 그들은 발진에 시달렸고, 이윽고 암에 걸려 쓰러졌으며, 자녀들도 심각한 장애를 갖고 태어났다.

연방 재향군인 병원은 그들에게 사태의 원인이 심리적인 것이라고 떠벌렸다. 그들은 참전군인들이 '외상후 스트레스'로 고통받고 있을 뿐이라고 주장했다. 그러나 실제로 군인들은 자신들이 죽어가는 것을 느끼면서 고통을 받았다. 그들은 직장을 가질 수 없었고, 자신들에게 무슨 일이 일어나고 있는지 분명하게 해명할 수도 없었다.

그들은 점차 깨달아갔다. 베트남에 파병됐던 상당수의 사람들이 동일한 증상으로 고통받고 있으며 그들이 낳은 수십만 명의 자녀는 심각한 기형을 갖고 있다는 점이 드러나면서 그들이 처한 건강 상태가 분명해졌다(현재 동일한 기형을 가진 후손이 삼대째 태어나고 있다). 그러나 정부와 정치인들은 미국 내 에이전트 오렌지 피해자들에 대한 보상과 치료를 최대한 거부했다. 그들에게 보상해 주고 치료해 주었다가는 자신들이 베트남 전쟁에서 무슨 일을 저질렀는지 인정하는 셈이 될 것이기 때문이다. 또 그것은 종전 무렵 어머니 뱃속에 있던 베트남 어린이들에 대한 보상 문제를 제기하게 만들 것이다. 미국의 TV 방송 화면에 그런 어린이들의 모습이 방영될 것이고, 이제 미국은 또 다른 전쟁을 수행하기가 더욱 어려워질 것이기 때문이다.

그리하여 정치인들은 존재하지 않는 참전군인들을 지지했고, 살아 있는 참전군인들은 비난했으며, 죽어가는 참전군인들은 무시했다. 그들이 그렇게 한 이유는 다시금 전쟁을 벌여야 했기 때문이다.

외상후 스트레스 증후군

대부분의 베트남전 참전군인들도 다른 사람들처럼 자신들의 삶을 꾸리며 근근이 살아갔다. 대다수가 정신병자는 아니었지만, 그래도 일부는 후유증으로 심각한 고통을 받았다. 전쟁에 반대하는 베트남 참전군인회는 정치적 조직화라는 유산을 남겼고, 참전군인들은 뭔가를 해야만 한다고 주장할 수 있었다. 재향군인국(VA)이 이미 모든 참전군인의 의학적 치료를 책임지고 있었다. 1980년대에 재향군인국은, 정신과 의사들이 오늘날 '외상후 스트레스 증후군'이라고 부르는 질병으로 고통받는 사람들에게 도움을 제공하기 시작했다. 인류학자 앨런 영은 1986년부터 1987년까지 1년 동안 재향군인국이 운영하는 한 정신병원에서 의료진과 입원 환자들을 관찰했다.[19]

그 병원에서 일어난 일은 두 가지 이유에서 흥미롭다. 첫째, 연구 결과는 전쟁의 잔혹성을 어떻게 참전군인들 탓으로 돌렸는지를 보여 준다. 그 연구 결과는 동시에 한 병원의 정신과 의사들과 노동 계급 환자들 사이에서 벌어진 소규모의 계급 투쟁을 보여 준다. 미국에서 전개된 반동의 역류는 그저 미디어의 캠페인만이 아니었다. 그것은 사람들의 일상 생활의 소소한 측면에서도 나타나고 수행된 투쟁이었다.

어떤 사람이 그 병원의 경영자이자 원장이었다. 그에게는 외상후 스트레스에 관해 의료진이 따라야 할 치료 모델이 있었다. 그 내용은 다음과 같다.

외상후 스트레스 증후군을 앓는 사람들은 공격성과 성적인 측면 사이에서 분열돼 있다. 과거의 어느 시점에서 그들은 잘못을 하나 저질렀다. 그리고 그들이 그 짓을 한 것은 그 행위를 즐겼기 때문이다. 그들은 그 짓을 즐긴 다음 죄책감에 시달렸다. 그들이 그들의 욕망을 공격성에서 분리한 것은 이 때문이다. 그들을 치료하는 방법은 집단 요법을 통해 그 순간을 끄집어내는 것이다. 그들이 그 순간으로 돌아가 자신들이 사악하게 굴고 싶었다는 점을 인정하면 드디어 죄책감에서 벗어나 온전한 사람으로 거듭날 수 있다.

그들이 한 가지 잘못을 저질렀다고 한 사실에 주목해야 한다. 그들이 참혹한 일들을 당했으며 그들이 목격한 참혹한 일들도 전혀 고려하지 않고 있다. 그 잘못이라는 것은 그들이 저지르고 싶었던 잔혹 행위, 그리고 오직 한 번의 잔혹 행위여야만 했다. 그 한 번의 사건을 기억해 내기 위해 심리 치료에 많은 시간을 할애했다.

앨런 영이 재향군인 병원을 다룬 책인 ≪미망(迷妄)의 하모니≫에서 명확하게 보여 주는 것처럼, 그것은 말도 안 되는 허튼소리였다. 그러나 그 바보 같은 짓들이 일정한 구실을 했다. 이 병원은 전쟁 부상자들을 치료했고, 더구나 정부가 운영하는 병원이었다. 당연히 병원측은, "장교들과 정부에 책임이 있다"거나 "베트남에서 겪은 일들이 귀환 후의 경험과 동일하다"고 말할 수 없었다. 환자들이 이렇게 말하는 것도 허용되지 않았다. 그 병원의 정신병 치료법이 사병들을 비난한 것은 이 때문이다. 사병들은 살인 욕구를 갖고 있었다는 것이다.

사병들은 그들에게 닥쳤던 일을 쏟아내고 싶었다. 영은 집단 치료에서 '헨리'라는 사람이 자신이 분노하는 이유를 설명한 사례를 인용한다.

헨리: 어쩌면 내가 미쳤는지도 모릅니다. 나는 침례교도로 자랐습니다. 수요일과 일요일에는 매주 교회에 나갔죠. 나는 성경학교에도 참여했습니다. 18살 때

나는 베트남에 갔어요. 베트남에 도착한 지 3일 만에 16살 소년을 한 명 죽였습니다. 나는 내 종교에 회의를 품기 시작했지요. 나는 자문하고 있었습니다. 도대체 어떤 신이길래 나를 이렇게 비참한 처지로 내몰아 살인을 저지르게 했을까? 처음에는 슬펐습니다. 그런데 사람들이 내게 말하는 것이었습니다. "잘 했어!" 대위와 특무상사가 그렇게 짧은 시간에 사람을 죽인 것에 대해 내게 건넨 축하의 말이었습니다. 얼마 후에 나는 예정된 수순으로 빠져들고 말았습니다. 사지가 떨어져나가거나 다른 끔찍한 일들을 자주 목격했지만 이제 더는 아무렇지도 않았어요. 나는 그 짓을 즐기기 시작했고 베트남으로 다시 갔습니다. 나는 차라리 보복당하고 싶었습니다. 나는 최대한 많이 죽이고 싶었습니다.[20]

다음은 일주일 전에 실시된 집단 치료 보고서의 일부분이다. 신참 정신과 의사인 루이스가 그 이론을 이렇게 설명한다.

루이스: 갈등 속에서 큰 정신적 충격을 주는 외상성의 사건들을 잊게 됩니다. 여러분은 기억하기를 원하지 않습니다. 여러분이 겪는 갈등은 항상 여러분을 원래의 사건으로 몰고 가지만 여러분은 그것을 정면으로 응시하려 하지 않습니다. 스트레스 반응이 여러분에게서 두 가지로 나타납니다. 첫째, 여러분은 여러분의 갈등을 외면해 버립니다. 둘째, 여러분이 여러분 자신을 응징합니다. …… 전투훈련의 임무 중 하나는 공격성과 관련해 그런 갈등을 제거하는 것입니다. 이를 바탕으로 여러분은 공격적으로 바뀌게 되는 것입니다. ……
마틴[또 다른 환자]: 글쎄요, 베트남에서 우리에게 공격성이 문제가 된 적은 한 번도 없었다고 분명히 말씀드릴 수 있습니다.
루이스: 좋아요, 마틴. 우리에게 예를 하나 들어봐 주시겠어요. 하지만 '우리'라는 말 대신에 '나'라는 말을 사용하세요.

2주 뒤에 정신과 의사 캐럴은 집단 치료 시간에 헨리를 침묵시키고 만다.

캐럴: 헨리, 어제 당신은 전부 검은색 옷, 그러니까 검은색 셔츠와 검은색 바지

를 입고 있었지요. 그런데 폴의 반응이 어땠습니까? 그는 다른 환자들이 검은색 바지를 입은 [베트남] 사람들에게 총을 맞고 쓰러지는 부대원 같다고 말했어요.

헨리: 저, 베트남에서 내게 총을 쏘던 사람들은 검은색 제복을 입고 있지 않았어요. 검은색 옷은 제게 아무 의미도 없습니다. 남을 자극할 의도는 전혀 없었습니다. 치료 시간이 끝나고 내 복장이 스트레스 반응을 일으켰다는 사실을 알고는 바로 내 방으로 가서 옷을 갈아입었죠. 다른 옷으로 갈아입고 점심을 먹으러 나왔습니다.

캐럴: 비록 그게 당신의 의식적 행동이 아니라고 할지라도 머지않아 그 의미가 드러날 거예요. 베트콩이 당신의 적이 아니라는 어제 발언의 의미도 마찬가지입니다.

헨리: 글쎄요, 그건 맞습니다. 베트콩은, 그곳에서 우리가 하던 것과 동일한 방식으로 행동했습니다. 나는 그들에게 어떠한 분노도 느끼지 않았습니다. 나의 분노는 전쟁을 지원한 사람들을 향한 것입니다.

캐럴: "나의 분노가 모든 미국인을 향하고 있다"고 말하는 것과 그게 무엇이 다릅니까?[21]

그를 침묵시키고 그에게 자기 자신을 비난하도록 강요한 정황을 음미해 보라.

이 병원에서는 매일매일 하루 종일 치료 시간마다 계급 투쟁이 계속됐다. 정신과 의사의 통제를 받던 치료사들은 참전군인들에게 전쟁 책임을 뒤집어 씌우려 애썼다. 그리고 참전군인들은 이에 저항했다.

캐럴: 자기 자신에게 말해 보세요. 나는 무려 20년 동안 나와 내 주변 사람들을 책망해 왔다고. 자, 잭, 이제 그 일을 그만둘 수 있겠지요!

잭: 이봐요, 캐럴. 가끔씩 밤마다 나는 괴로움이 전기처럼 내 몸을 타고 흘러내리는 것을 느낍니다. 그런 경험은 베트남에서 시작됐습니다. 그것은 단순한 느낌 정도가 아니었어요. 그 괴로움은 극심한 가슴 통증과 호흡 곤란을 수반했죠.

꼭 심장마비 같습니다. 나는 야전병원으로 이송돼 심전도 검사를 받았습니다. 의사들은 내게 아무 문제가 없다고 부대에 보고했습니다. 그들은 내가 호흡 항진 증세를 보일 뿐이라고 말했습니다. 그들은 내게 그런 기분이 들면 종이 주머니에 대고 숨을 쉬라고 지시하면서 발륨[정신 안정제의 상표명이다─옮긴이]을 조금 주었습니다. 하지만 나는 계속 그 고통에 시달렸지요. 그리고 그 고통은 지금도 여전합니다. ……

캐럴: 이 사례는 우리가 두 가지 동기에 지배받고 있다는 것을 말해 줍니다. 공격성과 섹스죠. 자, ……

잭: 이봐요, 캐럴. 내가 그런 고통을 당할 때, 분명히 말하지만, 나는 섹스 따위를 원하지 않았어요. 그리고 그것이 나의 공격성 때문이라는 것도 믿을 수가 없군요.[22]

의료진에게는 자신들을 향한 환자들의 분노를 빠져나갈 방법이 있었다. 그들은 분노가 방어책이라고 말했다. "분노한 환자는 자신의 행위에 죄책감을 느낄 필요가 없다. 그는 나에게 화가 난 것 같다. 사실, 내가 환자에게 자신의 죄를 드러내도록 압박하기 때문에 그가 내게 화를 내는 것이다."

가끔은 환자들이 의료진이 설정한 '한계'를 시험하기도 했다. 그들은 폭력을 쓰겠다고 위협하기도 했고, 집단 치료 시간에 방에서 오줌을 누기도 했다. 그들은 단체로 검은 색안경을 끼거나 아주 능란하게 치료사들의 견해에 이의를 제기했다. 그들이 이런 한계를 깨면 '특별 심사단'과 면담해야 했다.

이 심사단은 의료진 전원으로 구성됐는데, 환자는 그 자리에서 자신의 내밀한 비밀을 고백해야 했다. 그들은 환자 몰래 그에 관한 모든 것을 토론했다. 가끔은 환자를 강제로 퇴원시키기도 했다. 다른 환자들은 이런 처사를 군대에서처럼 징계로 받아들였다. 의료진은 이에 동의하지 않았다. 그들은 자신들이 한계 범위를 설정하고 있을 뿐이라고 생각했다.

앨런 영이 연구한 병원은 재향군인국이 운영하는 최고의 병원 가운데 하나였다. 그 병원은 프로이트주의로 무장한 진보적 병원이었고, 환자들은 고백할 용기를 낼 수 있었다. 그들 가운데 많은 사람이 이미 다른 병원을 전전한 바 있었다. 이전 병원에서 그들은 약물에 취해 눈알만 희번덕거리거나, 소라진[정신분열증에 진정제로 사용되는 클로르프로마진의 상표명 — 옮긴이]을 과다복용하거나, 몇 주씩 침대에 가죽끈으로 묶여 있거나, 반복해서 전기충격 요법을 받거나, 심지어는 정신이 말짱한 상태에서 전기 충격을 받았다.

그들은, 재향군인국 장애 수당을 제외하고 평균 수입이 1년에 1000달러 미만인 실업자들이었다. 그들은 의료진이 자신들에 우호적인 보고서를 내지 않으면 그 수당을 받지 못할 수도 있었다. 의료진이 '외상후 스트레스 증후군'으로 판정하면 그들은 상여금을 4만~6만 달러까지 받을 수 있었다. 그래서 그들은 고분고분해야 한다는 압력을 많이 받았다. 그러나 사태가 그렇게 좋지는 못했다. 완치되면 일자리도 없는데 연금마저도 못 받게 되기 때문이다.

그런 상황에서 치료 시간에 솔직하게 마음을 터놓는 것은 어려웠다. 그러나 이 사람들은 자주 그러기도 했다. 그들의 노력은 필사적이었다. 그들은 여러 해 동안 고통받았고, 이번이 도움을 받을 수 있는 유일한 기회라고 생각했기 때문이다.

그래서 그들은 며칠이고 몇 주고 참을성 있게 기다리며 결국 각자가 용기를 내서 자신이 무엇을 했고 자신에게 어떤 일이 닥쳤는지를 고백하기에 이르렀다. 각자가 집단 치료 시간에 자신이 저지른 최고의 '악행'을 고백했을 때 사람들은 조용히 앉아서 듣거나, 몸을 앞으로 숙이거나, 계속 그에게 진실을 말하라고 주문했다. 그들은 진실을 말하고 또 듣고 싶었다. 그들은 거짓말은 충분히 듣고 봤다. 그러나 그들은 또 치료사들이 정직하기를, 이 시간을 통해 자신들이 거듭날 수 있기를 희망했다.

사병들은 진실을 말했다. 그 진실이 그들을 치유해 주지는 못했다. 치료사들은, 일단 그 순간으로 돌아가 자신의 책임을 인정하면 죄책감을 털어 버리고 정화될 수 있을 것이라고 말했다. 그러나 사병들은 죄책감을 털어버릴 수가 없었다. 그들은 자신이 부끄러웠다. 자리를 함께한 다른 사병들이 보기에도 부끄러움을 느끼는 것이 올바랐다.

치료사들은 고백하는 병사는 죄책감을 털어버릴 수 있을 것이라고 말했다. 그러나 그들은 그럴 수 없었다. 누군가는 죄값을 치러야 했다. 그리고 그 죄값은 지옥으로 보내진 노동 계급의 청년들이 아니라 그들을 그곳에 보낸 부자와 권력자들에게 물어야만 한다.

그들을 그곳에 보낸 자들에게 정당한 분노를 표출할 수 있었다면 고통받고 있던 참전군인들에게 큰 도움이 됐을 것이다. 강렬한 분노, 그 분노 속에서 용기와 지지와 연대와 경의가 표출됐다면 말이다. 그러나 그들은 침묵을 강요당했다. 그리하여 당시에 미국을 지배했던 자들이 지금도 여전히 상황을 통제하며 또 다른 베트남으로 또 다른 군인들을 파견하려고 하는 것이다.

미국 내 반동

한편으로 지배자들은 1960년대에 미국에서 전개된 운동의 기억과 힘을 분쇄하려 했다. 국내에서 지배 계급에 저항하는 운동을 약화시킬 수만 있다면 해외에서 미국의 개입도 더 쉬워질 것이었다. 그리하여 미국 지배 계급은 국내의 계급 투쟁을 가장 중요한 문제로 인식했다.

1960년대와 1970년대에 반전 운동과 흑인 운동, 여성과 동성애자 운동이 미국을 뒤흔들었다. 미국 사회의 구석구석에서 아래로부터의 반란이 더 강력하게 성장했다. 미국 정부와 고용주들은 1975년부터 이런 상황을 역전시키려고 애썼다. 미국 급진파들의 정치적 혼란이 그들의 이런 노력에 일조했다.

1960년대와 1970년대의 운동은 광범한 것이었다. 운동에 참가한 수백만 명은 대부분이 블루칼라 노동자이거나 하층 화이트칼라 노동자였다. 공민권 운동의 시위대들, 북부 도시들에서 폭동에 가담했던 사람들, 베트남에서 항명한 군인들 대부분이 이들이었다. 반전 운동에 참여한 학생 대다수가 이 집단 출신이었다. 반전 여론은 노동 계급 내에서 가장 강력했다.

그러나 이 운동을 지도한 것은 중간 계급의 전문직 종사자들이었다. 더 중요한 것은 그들이 자신들을 흑인, 여성, 평화를 위해 싸우는 부문 운동 세력으로 여기고 있었다는 점이다. 운동에 참여한 대부분의 사람들이 모든 피억압자들의 단결된 투쟁이라는 가능성을 보지 못했고, 그래서 모든 노동자들을 단결시켜 그들의 작업장 투쟁을 기업에 집중하려고 노력하지도 않았다. 그들이 만났던 극소수의 조직된 혁명가들은 소련과 중국, 또는 쿠바에 기대를 걸고 있었다. 그런데 이들 나라의 노동자들 역시 독재 정부의 지배를 받았고 나날의 삶 속에서 미국 노동자들만큼이나 억압당하고 있었다. 이들 조직된 혁명가들이 독재 체제에 기대를 거는 바람에 그들 자신의 조직도 경직된 내부 구조 속에서 더 많은 민주주의를 원하던 사람들을 쫓아 버렸다.

그리하여 모든 운동 진영에서 가장 급진적인 부분들이 노동 계급 전체를 사고하지 못하고 부문적 투쟁의 더 급진적인 견해에 매몰되고 말았다. 일부 평화 운동가들은 테러리스트가 됐다. 가장 급진적이었던 여성의 다수가 분리주의자로 변신했다. 흑인 급진파의 다수가 분리주의 민족주의자로 변신했다. 이들 운동 세력은 전부 몰락했다. 평화를 염원하던 여성과 흑인, 남녀 동성애자, 민중의 절대 다수는 여전히 기업이 지배하는 체제에서 노동하며 살아가야 했기 때문이다. 1970년대 말이 되자 이런 급진파 분리주의자들 거의 전부가 자신들이 막다른 골목에 이르렀음을 깨달았다. 그들은 자신들이 패배했다고 느꼈지만 그 이유를 설명하지 못했다.

이들 운동이 방향감각을 상실하고 헤맬 때 미국의 기성 체제는 그 운동을 이끌었던 전문직 종사자 계급이 [체제에 — 옮긴이] 편입될 수 있는 공간을 열어주고 있었다. 직장과 교육 기회가 여성과 흑인에게 대폭 개방됐다. 1990년쯤에 흑인 가구의 6분의 1이 연 5만 달러 이상을 벌었다. 이것은 부자는 아니지만 체제에 어느 정도 만족하는 흑인 중간 계급을 탄생시켰다. 그들 다수가 하원 의원, 하급 외교관, 군 장교, 경찰서장, 판사, 기타 체제의 집행관이나 수호자로 진출했다.

여성들 역시 임금이 상승했다. 그러나 이 임금 상승은 대부분이 상위 20퍼센트의 소득자에게 집중됐던 현상이다. 실제로 실질 소득의 대폭 상승을 경험한 집단은 상위 10퍼센트에 불과했다. 이들 여성은 여전히 승진을 막는 온갖 종류의 보이지 않는 장벽에 부딪혔다. 그러나 그들 역시 자신들이 체제의 기득권을 향유하고 있다고 느낄 수 있었고 또 자주 느꼈다.

그리하여 미국의 지배 계급이 1975년 이후 국내에서 반동의 역류를 밀어붙이기 시작하자 급진주의자들은 자신들이 패배했다고 느꼈고, 노동자들이 기대를 걸었고 또 여전히 기대하고 있었던 자유주의 지도자들의 다수도 이제 진정으로 지배 계급과 맞서 싸우는 일을 주저하게 됐다.

미국인들의 삶 구석구석으로 반동의 역풍이 몰아쳤다. 수전 팔루디는 그의 역저 ≪역류≫에서 여성의 권리에 대한 공격을 상세히 적고 있다.[23] 여성의 권리에 관한 핵심적 투쟁은 낙태 문제였다. 레이건과 부시 행정부가 AIDS 관련 대책을 내놓기를 거부하며 그 문제를 동성애자들의 탓으로 돌리면서 동성애자들도 고통받았다.[24] 대학에서도 1960년대의 사상에 대한 공격이 지속적으로 이루어졌다. 그러나 반동의 흐름 속에서 두 가지 주요 공격 수단이 있었는데, 그것은 바로 노동조합에 대한 공격과 흑인의 투옥이었다.[25]

두 가지 중요한 사실이 1975~99년의 미국을 특징짓고 있는데, 이것은 다른 선진 공업국들과는 확연히 대조되는 현상이다. 미국과 동유럽에서는 노동자들의 실질 소득이 감소했다. 다른 선진 공업국들에서는 노동자들의 실질 소득이 상승했다. 1971년에 미국의 재소자는 20만 명이었는데, 2000년에는 200만 명을 넘어섰다. 10배 증가한 셈이다. 아프리카의 르완다를 제외하고 지구상의 다른 어느 국가도 자국민을 그런 비율로 감옥에 처넣지는 않는다. 과거에 미국에서 그런 일은 없었다. 미국의 언론은 임금 감소와 재소자 증가를 자연스런 일인 양 보도했다. 둘 다 미국의 노동 계급을 약화시켰다.

노동조합이 지속적으로 공격받으면서 임금이 하락했다.[26] 이 과정에서 가장 중요한 전투가 1981년 항공 관제사들이 벌인 전국 파업이었다. 항공 관제사들은 연방 정부에 고용된 신분이었고, 레이건은 그들을 전부 해고했다. 그는 파업 배신자를 고용했고 파업 노동자들이 업무에 복귀하는 것을 허락하지 않았다. 항공 산업의 다른 노조 지도자들은 정부의 대규모 벌금 부과에 기겁해 조합원들에게 항공 관제사들의 피켓팅에 동참하지 말라고 지시했다.

노동조합과 현장에서 파업 배신 행위를 막을 만한 급진파들의 네트워크가 전혀 없었기 때문에 항공사 노동자들은 지도자들의 지원이 없는 가운데 무력감을 느끼며 작업에 복귀했다. 이로써 파업이 박살났다. 그 후 다른 산업의 노동자들은 정부와 고용주가 항공 관제사들에게 그렇게 할 수 있다면 누구에겐들 그 짓을 못하겠느냐며 두려워했다.

이와 함께 노동조합 운동이 전통적으로 강세를 보였던 중공업 분야에서 대량 해고와 공장 폐쇄가 단행됐다. 여기서 또다시 노조 지도자들은 조합원들에게 자신들은 자본주의의 시장 원리에 맞서 싸울 수가 없다고 설파했다. 그들이 개악된 노동 조건에서 더 적은 임금에 만족하며 일하는 데 합의하지 않으면 그 일자리가 제3세계의 노동자들에게로 가 버린다는 것이 그 주장의 요지였다. 이전과 마찬가지로, 적은 기업이지 다른 나라의 노동자들이 아니라고 주장할 수 있는 사회주의자들의 네트워크가 노동조합 내에 전혀 없었다.

그 때문에 임금 삭감과 노동 조건 개악을 받아들이는 불리한 노동 계약이 빈발했다. 노조가 싸우지 않았기 때문에 새롭게 떠오른 서비스 산업의 노동자들이 노조에 가입하지 못했다. 그들을 새로 받아들이는 데 필수적인 투쟁을 노조가 지도하지 않았던 것이다. 노동조합주의가 폐지되지는 않았지만 노조원 수가 감소했고 노동조합은 약화됐다.

대부분의 사람들은 여전히 전일제 직업을 갖고 있었다. 그러나 공업 분야에서 직장을 잃은 사람들은 서비스 분야에서 더 낮은 임금을 받으며 일해야만 했다. 늘어나고 있던 소수 인종은 저임금에 건강보험도 없는 시간제 일자리를 두 개 이상 가져야만 했다. 블루칼라 노동자와 단순 반복직 화이트칼라 노동자의 실질 임금이 하락했다. 노동 강도가 세졌고 작업은 더 위험해졌다. 가족의 소득이 그나마 현상 유지를 할 수 있었던 것은 더 많은 여성들이 일터로 나가 이제 남편과 아내가 더 오랜 시간 일했기 때문이었다. 그러나 가족 생활은 점점 더 고달파지고 있었다. 노조가 없거나 있다고 해도 무력했고 그나마 갖고 있던 일자리를 잃어버릴지도 모른다는 협박 때문에 사람들은 직장에서 자신의 권리를 지키는 일을 점점 더 두려워했다.

1997년부터 거의 완전 고용 상태를 이루며 실질 임금이 조금씩 상승하기 시작했다. 그러나 1990년대에 기업이 노동자에게 했던 주요 공격은 건강보험에 대한 것이었다. 1990년대에 일어난 대규모 파업의 대부분이 노동자들이 갖고 있던 얼마 되지도 않는 건강보험을 지키기 위한 것이었다. 많은 노동자들이 사실상 건강보험의 혜택을 전혀 누리지 못했다. 기업들은 종업원들에게 HMO[민간 의료보험인 건강관리기구 ― 옮긴이]가 운영하는 건강보험에 가입하도록 강요했다. HMO가 노동자들이 치료받을 수 있는 질병의 수를 제한했기 때문에 기업들에게는 비용 부담이 더 적었던 것이다.

노동자를 노동자의 지위에 묶어놓고 공격하는 것이 반동의 역류 속에서 하나의 커다란 무기였다. 다른 하나는 감옥이었다. 어떤 주요 사회 정책도 그 결과로 판단해야만 한다. 최고위층 인사들이 그 정책의 동기라고 밝히는 것이 중요한 것이 아니다. 정말 중요한 것은 그 정책이 무엇을 수행하는가이다. 흑인 노동자들이 대거 투옥되면서 그들의 삶이 와해됐고 그들이 갖는 정치 세력으로서의 의미가 사라져 버렸다.

1999년에 전체 재소자의 45퍼센트가 흑인이었고, 대부분 남성이었다. 나머지 20퍼센트는 라티노[미국에 거주하는 라틴아메리카 출신 주민 ― 옮긴이]였다. 여성 재소자의 수도 과거 그 어느 때보다 더 빨리 늘어나고 있었다. 그러나 여성들은 아직은 전체 재소자 가운데 소수에 불과했다. 18~30세의 흑인 남성 가운데 3분의 1 이상이 항상 투옥중이거나 보호 관찰중이거나 재판을 기다리고 있었다. 흑인 노동 계급, 특히 도시 빈민 지구에서는 그 비율이 훨씬 더 높았다. 거의 200만 명에 이르는 재소자들 뒤에는 과거 20년 사이에 투옥된 경험이 있는 수백만 명이 버티고 있었다. 그리고 다시 그들 뒤로는 수천만 명에 이르는 그들의 부모와 아내와 자식들이 있었다. 거의 모든 흑인 노동자에게는 투옥 경험이 있는 친척이 있었다.

감옥은 인간관계를 파괴한다. 사람들은 한편으로는 잔인해지고 다른 한편으로는 나약해진다. 그리하여 그들은 겉으로는 더 확고해 보이지만 내면으로는 더 겁에 질려 있다. 교도소 운영자들은 보통 더 잔인한 형사범들을 시켜 나머지 재소자들을 통제하는 방법을 썼다. 그래서 감옥이 강간 공장으로 변해 버렸다. 외상후 스트레스에 관해 허튼소리를 지껄이던 사회는 외상성 장애를 대량으로 생산하는 공장을 만들어 버렸다. 그러나 강간으로도 그렇게 많은 사람을 통제할 수는 없었다. 그래서 하루에도 23~24시간씩 감금하는 특수 감옥이 몇 년 동안 더 많이 생겨났다.

대량 투옥이 자행되면서 경찰관 수가 늘어났고, 노상의 사소한 충돌에 대해서도 '불관용'이 지배적 양태로 자리잡았으며, 경찰서에서 고문이 늘어났고, 방탄복·자동화기·유탄발사기·헬리콥터로 무장한 준군사 조직인 경찰 SWAT 부대[특수기동대 — 옮긴이]가 꾸려졌다. 1960년대 운동의 압력을 받아 연방 최고법원은 1972년에 사형 집행을 일시 정지시켰다. 그러나 반동의 역류가 득세하면서 연방 최고법원은 1976년에 그 조치를 무위로 돌려 버렸다. 그 후 20년 동안 사형 집행 건수가 꾸준히 증가했다. 1999년 말에 이르면 598명의 미국인이 사형당한다. 같은 해에 서유럽과 중유럽의 모든 국가들이 터키가 사형 제도를 폐지하지 않는다면 유럽연합에 가입할 수 없다고 주장했다. 한 명의 재소자라도 살해하는 국가는 문명국으로 간주할 수 없다는 것이 그 이유였다. 미국의 언론은 미국과 관련해서는 이상한 것이 하나도 없다는 듯이 떠들어댔다.

흑인 노동 계급을 분쇄하고 그들을 악마로 묘사하는 일들이 벌어지고 있었다. 이런 공작으로 백인 노동자들이 특혜를 받은 것도 전혀 없다. 흑인 재소자의 비율이 증가하는 동시에 백인 재소자의 수도 늘어나고 있었다. 라티노와 백인 가정의 수백만 명이 똑같은 고통을 겪었다. 이러한 정책 때문에 미국 국민 전체가 겁에 질려 긴장 속에서 살았다.

그 정책으로 흑백의 노동자들이 분열했다. 백인 노동자들이 더 인종 차별적으로 변했다는 증거는 거의 없다. 그러나 1960~70년대의 운동에서 핵심 세력은 흑인 노동자들이었다. 그 시절에 투쟁하고자 했던 사람이라면 누구나 흑인 운동을 모범으로 삼았다. 백인 노동자들이 흑인 노동자를 생각할 때면, 남부 도시일 경우 교회 밖이나 법원 외곽의 가두에서 성가대를 이끌며 경찰견에 맞서 저항의 의지를 노래로 표현하는 할머니를 연상하거나 북부 도시일 경우 화염병을 손에 들고 폭동에 가담한 흑인을 떠올렸다. 그러던 것이 1999년이 되면 다수의 흑백 노동자들이 도시의 빈민 지구를 생각할 때 떠오르는 이미지는 마약 중독자 아니면 거리의 깡패일 가능성이 높아졌다.

대량 투옥 정책의 결과가 바로 이것이었다. 미국의 지배 계급은 1938~46년의 대중적 노동 운동에 맞서 공산주의자 탄압 정책으로 대응했다. 수백 명이 투옥됐고 2만 명 가까운 사람이 직장을 잃었다. 1980~90년대에 지배 계급은 공민권 운동과 베트남 사태에 대해 흑인 박해 정책으로 대응했다. 그 결과 수백만 명이 감옥에 갇혔다.

흑인 중간 계급의 지도부가 이에 항의하는 운동을 조직하지 않았기 때문에 이런 일이 가능했다. 투옥 정책의 백미는 마약과의 전쟁이었다. 사실상 이것은 마약과의 전쟁이 아니라 마약 사용자에 대한 전쟁이었다. 흑인 중간 계급의 지도자 제시 잭슨도 마약과의 전쟁에서 일정한 구실을 했다. 흑인 시장·경찰서장·대변인도 마찬가지였다. 그들 중 일부는 우리가 우리의 자녀를 투옥해서라도 도시를 정화해야 한다고 주장했다. 다른 사람들은 다행스럽게도 그렇게까지는 말하지 않았지만 이미 체제에 안주한 상태여서 마약과 투옥 전쟁에 반대하는 대중 저항 운동을 조직하지 않았다.

그러나 1999년쯤에 이런 사태가 바뀌고 있었다. 일부 중간 계급 흑인 지도자들이 경찰 폭력에 항의하는 강력한 캠페인을 펼쳤다. 노조 지도자들도 투쟁 방법을 모색하고 있었다. 흑인과 미국 노동자들의 삶은 고되기 이를 데 없었고 계급적 불의에 대한 증오 역시 점증하고 있었기 때문이다. 그 고통이 행동이라는 파열구를 찾아 움직이기 시작했던 것이다.

그 고통은 오랜 시간 쌓여온 것이었다. 사람들과 잠시만 얘기를 나누어봐도 그 사실을 확인할 수 있었다. 시위대의 분위기는 분노와 희망이 뒤섞여 있었다. 이런 사실이 신문에 자주 보도되지는 않았지만 분명히 운동은 계속 자신의 진로를 개척해 가고 있었다.

1992년 로스앤젤레스에서 경찰 폭력에 항의하는 폭동이 일어났다. 로드니 킹이라는 흑인을 구타하는 경관들의 모습이 비디오에 포착됐는데 그들이 무죄 방면됐던 것이다. 그 폭동은 1960년대 흑인 폭동의 규모와 맞먹었다. 그러나 이번에는 폭동이 라티노와 앵글로[라틴아메리카 출신이 아닌 미국의 백인—옮긴이] 백인 지구까지 확대됐다. 여러 도시에서 지지 시위가 벌어졌다. 백인과 흑인이 뒤섞인 시위대는 "정의가 없으면 평화도 없다!"는 구호를 외쳤다. 이것은 진정으로 새로운 분위기였다.

1990년대에 라티노가 미국의 정치에서 점점 더 중요해졌다. 1960년대에 아프리카계 미국인은 전투적 소수를 형성했다. 모든 운동에 라티노가 참가했지만, 정치화 수준이 높은 것은 아니었다. 그 후로 이민이 대폭 늘어났다. 아프리카 출신의 노예를 제외하면 비교적 이른 시기에 이주해 온 사람들은 그들이 떠나온 나라보다 전반적으로 더 자유로운 국가에 도착한 것이었다. 라티노 이민자들은, 그들이 알고 있기로 자신들이 떠나온 조국들의 억압 상황에 부분적이나마 책임이 있는 나라에 도착했다. 그들은 더 정치적이었고, 그래서 미국의 급진적 정서의 양상도 바뀌었다. 2000년에 이르면 미국 전체 인구의 8분의 1이 흑인이고, 또 다른 8분의 1 이상이 라티노였다. 새로운 시대, 곧 '유색 인종'의 시대가 시작됐다고 할 수 있는데, 여기에는 아시아인과 아메리카 원주민도 포함된다. 그들이 현재 전체 인구의 거의 30퍼센트를 차지

하고 있다.[27]

1997년에 UPS[미국의 탁송화물 서비스 회사 — 옮긴이]의 팀스터 노조원들이 전국 파업에 돌입했다. UPS는 시간제·임시직 노동의 선구적 회사로서 이름이 높았다. 파업 노동자들의 핵심 요구는 전일제 노동을 확대하라는 것이었다. 그들은 전국적인 지지를 받았다. 1990년대의 다른 파업들과는 달리 이번에는 UPS도 파업 불참자들을 동원할 수 없었다. 매사추세츠 주 UPS 지사에서 파업 파괴 시도가 있었지만 노동자들은 피켓라인을 형성하고 경찰을 물리쳤다. UPS 노동자들은 승리를 거머쥐었다.

그리고 1999년 뉴욕에서 몇 주 동안 시위가 벌어졌다. 경찰이 비무장의 무고한 아프리카인 이민자 아마두 디알로를 노상에서 쏴 죽였던 것이다. 시위 때마다 수천 명이 참가했다. 한번은 시위대가 브루클린 다리를 봉쇄하기도 했는데, 여기에는 흑인과 백인이 모두 참여했다. 불복종 혐의로 2000명 이상이 체포됐다.

이들 시위는 '불관용' 치안의 사도였던 뉴욕 시장 루돌프 줄리아니를 사실상 반대했다. 뉴욕 시 공무원 노조가 이에 자신감을 얻어 전체 공무원 가족에게 충분한 보수를 지급하라고 요구하는 집회를 열었다. 5만 명이 모였다. 이것 역시 새로운 현상이었다.

그리고 마침내 1999년 12월 시애틀에서 세계무역기구(WTO)에 반대하는 항의 시위가 벌어졌다.

세계화와 시애틀

시애틀은 '세계화'[28]에 반대하는 전 세계적 저항의 출발점이었다. 이 말은 오해의 소지가 있다. 자본주의는 이미 100년이 넘는 세월 동안 통합된 세계 경제였기 때문이다. 사실상 세계화는 이 세계 경제를 구조조정하려는 시도다. 기본적으로는 1980년대 초반부터 미국 정부와 기업들이 자국 노동자들에게 취한 정책을 세계에 강요하려 했다. 우선, 전 세계적으로 기업의 권력이 노동자들을 압도했다. 둘째, 다른 나라 기업에 대한 미국 기업의 권력이 막강해졌다.

세계화는 기회와 문제점 둘 다에 대한 대응이었다. 소련이 붕괴하면서 기회가 찾아왔다. 미국은 갑자기 세계 유일 최강대국이 됐고, 전 세계 좌파들은 기가 꺾였다. 대부분의 좌파들이 소련을 모종의 사회주의 사회라고 생각했다. 흠이 있고 잘못도 많았으며 그다지 민주적이지도 않지만, 어쨌든 세계 자본주의에 대한 유일한 대안이라고 봤던 것이다. 이런 정서가 마르크스주의자와 공산당 세력한테만 한정됐던 것이 아님이 곧 드러났다. 영국 노동당, 유럽의 사회당들, 미국 강단 좌파의 다수가 그렇게 생각했다. 이제 많은 사람들이 시장의 지배를 대체할 수 있는 대안은 전혀 없다고 믿게 됐다. 전 세계의 사회당·공산당·노동당이 우경화했다. 이제 시장이라는 관념이 모든 사람의 머리를 지배했다.

세계화 전략은 문제점에 대한 해결책이기도 했다.[29] 공업화한 세계에서 이윤율이 1960년대 이후 장기간에 걸쳐 계속 하락했다. 경제학자들은 이 하락 폭을 두고 치열하게 논쟁했다. 그 수치는 나라마다 다르고 사용하는 회계 방식에 따라서도 차이가 난다. 그러나 어떤 자료값을 사용해도 미국·캐나다·서유럽·동유럽·일본에서 이윤율에 문제가 발생했다는 것만은 확실하게 알 수 있다. 이것은 이 모든 나라들의 기업과 정부, 지배 계급이 이윤을 다시 끌어올리기 위한 방법을 찾아나서야 함을 의미했다. 세계화는 이 과업을 달성하기 위한 전략이다.

세계화는 노동 대중에게 돌아가는 정부 지출과 임금을 삭감함으로써 이윤을 증대하려고 시도했다. 그리하여 전 세계 모든 나라에서 사회보장 혜택이 축소됐다. 임금, 보건, 교육, 실업수당, 복지, 공공주택, 대중교통, 식량 보조금이 공격당했다. 기업과 은행에 대한 규제가 풀리면서, 작업장에서 건강과 안전 수칙들이 폐기되거나 집행되지 않았다. 거의 모든 나라에서 부자들과 기업들에 부과되는 세금이 줄어들었다. 공공 자산과 서비스 시설이 사유화됐다. 이를 바탕으로 기업들은 더 많은 이윤을 뽑아낼 수 있었다. 이 모든 사태를 지칭하는 전문 용어가 바로 '신자유주의 경제학'이다.

세계화는 미국의 기업들이 다른 나라의 기업과 정부를 지배하려는 시도이기도 하다. 이것을 '자유 무역'이라고 부른다. 사실상 자유 무역은 외국 시장이 미국 기업들에 문호를 개방한다는 의미다. 미국 기업들은 제3세계 국가들이 특허 사용료를 내지 않고 독자적으로 값싼 의약품을 생산하도록 내버려두지 않았다. 제3세계 정부들은 해외 투자를 방해하는 법률을 폐지했다. 그들은 미국 제품에 부과하던 관세를 없앴고, 미국산 제품이 지키지 못하는 보건 안전 규정도 폐기했다. 공공 서비스가 사유화될 때마다 그들은 미국 기업들이 그 자리를 꿰차고 들어올 수 있도록 보장해 주었다.

한 가지 사실만으로도 '자유' 무역이 얼마나 자유롭지 못한지 알 수 있다. 북미자유무역협정(NAFTA)의 협정서는 300쪽이 넘는 긴 분량을 자랑한다. 그러나 진짜 자유무역협정에 관한 내용은 1쪽 정도이고, 나머지 300쪽은 미국의 산업을 어떻게 보호할지에 대한 내용으로 채워져 있다. 전 세계의 빈국들은 서방의 공산품에 문호를 개방해야 했다. 물론 그렇다고 그들이 자국 농산물을 팔 수 있는 것도 아니었다.

미국 정부가 이 세계적 과정을 주도했다. 그들의 무기는 앨런 그린스펀이 호령하는 미 연방준비제도이사회, 국제통화기금(IMF), 세계은행, 세계무역기구(WTO), 북미자유무역협정(NAFTA)이었다. 그리고 이 기구들의 지도자격 대변인이 바로 빌 클린턴이었다.

세계의 다른 정부들과 지배 계급들은 세계화 흐름에 이중적으로 대응했다. 그들은 시장의 지배력과 자국 노동자에 대한 우위를 반겼다. 그러나 자신들에 대한 미국 패권의 우위는 달가워하지 않았다. 그리하여 끊임없이 긴장과 갈등이 지속됐다. 그러나 세계화와 신자유주의 경제 정책은 한 묶음으로 제시됐다. 그들이 긴축 재정과 사유화를 원하고 시장의 영광을 바란다면 미국을 따라야만 했다.

1999년 12월 시애틀에서 열린 세계무역기구 회의는 미국과 자본가들의 세계 경제 지배에서 획기적인 이정표가 될 것이었다. [그러나─옮긴이] 미국과 캐나다 각지에서 모여든 시위대가 다양한 의제를 들고 나왔다. 노조 지도자들은 미국의 일자리 감소에 항의했다. 어떤 사람들은 세계 시장이 제3세계에 가져온 파국적 결과에 항의했다. 혹사 공장에 항의하는 사람이 있는가 하면, 바다거북을 보호해야 한다고 주장하는 사람도 있었다. 그들 가운데 일부는 WTO의 개혁을 원했고, 또 일부는 WTO의 완전 폐지를 주장했다. 노조 지도자들은 미국을 화두로 얘기했고, 젊은 급진파들은 자본주의에 대해 토론했다.

노조 지도자들은 노조원들에게 환경·정치 운동가들과는 별도로 행진하라고 지시했다. 팀스터의 현장조합원들은 이를 거부했다. 그들은 경찰 저지선을 뚫고 나아가 바다거북을 보호하자고 주장하는 청년들과 합세했다. 노조원들과 좌파가 합세해 WTO 총회의 개막식 행사를 저지했다. 경찰은 최루액과 고무 총탄을 발사하며 그들을 맹렬히 공격했다. 일부 시위대는 다국적기업의 점포 창문을 박살내면서 이에 응수했다. 거만한 여피(yuppie)들의 상징이었던 5달러짜리 커피 판매점 스타벅스가 그 표적이 됐다. 스타벅스 매장의 창문이 공격당하는 장면이 텔레비전으로 처음 방영되자 미국 전역의 거실에서 환호성이 터져나왔다.

폭동이 이어졌다. 클린턴 대통령은 시위대에 나름의 이유가 있을 것이라고 표명하면서 이 사태에 대처해야만 했다. 전국의 보통 사람들이 그들을 지지하고 있다는 점이 명백했기 때문이다. WTO 회의에 참석한 다른 크고 작은 자본주의 열강의 대표들은 클린턴이 자국민 하나도 제대로 통제할 능력이 없다는 점을 깨달았다. 그렇다면 그가 우리에게 지시하는 바를 우리가 왜 고분고분 따라야만 하는가? 총회는 아무것도 결정하지 못하고 다음 회의의 의제도 상정하지 못한 채 폐막했다.

이 사건은 시위대가 거둔 아주 공개적인 승리였다. 시위대는 다양한 주장을 제기하면서 모였다. 그러나 그들을 단결시킨 것은 자본주의에 대한 증오라는 점이 곧 명백해졌다. 그들은 기자들에게 계속 그렇게 말했다. '반자본주의'라는 용어가 갑작스럽게 주류 언론에서 부상했다. 미국노동총연맹(AFL)은 전국적인 반자본주의 시위에 참여한 적이 없는 단체다. 이제 갑자기 그 단체가 그 시위에 참여하고 있었다.

미국 정치의 분위기가 일변했다. 60년 만에 처음으로 미국에서 대중적 반자본주의 운동이 등장한 것이다. 그 운동은 전 세계에 반향을 불러일으켰다. 1989년에 사이공에서 대학생들은 집회와 토론회를 통해 그들이 배우는 학과 내용과 학업 조건에 항의했다. 그들은 이런 형태의 항의 행동을 토론회(성토대회)라고 불렀다. 미시간 주의 앤아버[1960년대에 미국에서는 베트남 전쟁에 관한 '토론회' 물결이 대학 내에서 일었다. 그 첫 번째 토론회가 미시간 주의 앤아버 대학에서 있었고, 이것은 그 후 전국에서 열릴 수백 개 토론회의 전형이 됐다—옮긴이]가 사이공에서 부활한 셈이었다. 1999년에 베트남은 시애틀에 있었다. 경찰이 시위대를 공격했을 때 베트남에 대한 기억이 되살아났다. 그들은 외쳤다. "세계인이 지켜보고 있다." 그들은 1968년 시카고에서도 그렇게 외쳤다. 시위대가 제3세계의 가혹한 노동 조건에 항의하는 운동을 전개할 때 베트남의 현실은 그곳에 있었다. 1990년대 내내 사이공의 노동자들도 혹사 공장에 저항하며 파업을 벌여왔던 것이다. 시애틀의 미국 노동자들도 저임금과 무노조 정책을 추구하는 기업들에 맞서 싸우고 있었다. 시애틀과 사이공에서 타도해야 할 적은 세계 시장이었다. 한 익명의 시위대원이 기자에게 얘기한 것처럼, "우리 부모들에게는 베트남이 있었다. 이 사건은 우리 세대의 베트남이다." ≪뉴스위크≫는 이렇게 적었다.

젊은이 두 명이 마주보고 서서 날카롭게 외쳐댔다. 두 사람 모두 시애틀 중심가인 6번가에 퍼져 있던 최루가스로 눈물범벅이었다. 한 명이 나이키 매장의 창문을 박살내려고 하자 다른 사람이 말렸다. 손에 돌을 쥔 사람은 "당신은 우리 부모 세대가 어떻게 베트남 전쟁을 중단시킬 수 있었다고 생각합니까?" 하고 소리쳤다.[30]

1960년대에 사태가 그렇게 단순하지는 않았다. 그리고 사태가 단순하지 않다는 점은 우리 시대에도 마찬가지다. 노조원 수만 명이 행진하는 것과 투석전을 벌이는 소수의 시위대는 완전히 다르다고 말할 수 있을 것이다. 분명 맞는 말일 수 있다. 그러나 만약 당신이 베트남에서 나이키사가 운영하는 어느 혹사 공장에서 일하는 노동자라면 당신은 손에 돌을 쥔 그 사람이 당신의 형제임을 깨닫게 될 것이다.

반세계화 운동은 시애틀에서 시작되지 않았다. 멕시코 남부의 사파티스타 농민군이 1994년에 NAFTA에 저항하는 투쟁을 개시했고, 프랑스의 공공부문 노동자들이 1995년에 신자유주의 정책에 반대하는 총파업을 벌이기도 했다. 여러 곳에서, 특히 빈국들에서 유사한 투쟁들이 일어났다. 그러나 인도에서 노동자 3000만 명이 신자유주의에 이의를 제기하며 하루 총파업을 벌였을 때는 인도 외부의 어느 누구도 이 사실에 주목하지 않았다. 클린턴의 면전에서, 세계 체제의 심장부에서 시애틀 전투가 벌어졌고, 그때서야 모든 사람이 주목했다.

그 후로 세계의 정상들이 모이는 회담장 밖에서 일련의 시위들이 계속 일어났다. 그 목록을 살펴보자. 스웨덴, 한국, 캐나다, 미국, 파푸아뉴기니, 타이, 호주, 이탈리아, 프랑스, 스위스, 오스트리아, 체코슬로바키아, 독일, 벨기에, 기타 등등. 이 가운데 최대 규모로서 단연 돋보였던 사건은 2001년 7월 이탈리아 제노바에서 조지 부시와 다른 G8 지도자들이 만난 정상회담에 항의하는 시위였다.[31] 30만 명이 시위를 벌였고, 경찰은 그들을 공격했다. 경찰 폭력에 항의하며 또 다른 수십만 명이 이탈리아 전역에서 시위를 벌였다. 정부는 굴욕적으로 후퇴하지 않을 수 없었다.

각국의 여론조사 결과들은 시위대가 자신들이 제기하는 거의 모든 쟁점에서 압도적인 지지를 받고 있음을 보여 주었다. 세계화와 미국의 기업 권력이 마침내 진정하고도 심각한 도전에 직면한 것처럼 보였다. 보통 사람들의 생각을 장악하고 있던 시장 이데올로기가 점점 힘을 잃어갔다. 처음에는 스스로 '반세계화' 운동이라고 불렸던 운동이 이제 대부분의 국가에서 '반자본주의' 운동이라고 불렸다. 이 운동의 주요 구호는 "다른 세계가 가능하다"였다.

그리고 테러와의 전쟁이 시작됐다.

테러의 원인

2001년 9월 11일 19명의 이슬람주의 자살폭탄 공격대원이 미국 여객기 네 대를 공중 납치해, 두 대는 뉴욕 세계무역센터 쌍둥이 빌딩에, 한 대는 펜타곤에 충돌시키는 사건이 발생했다. 나머지 한 대는 펜실베이니아 들판에 추락했다. 거의 3000명이 죽었다. 미국은 물론 전 세계에서 애도의 물결이 일었다. 많은 사람들이 난생 처음으로, 그것도 텔레비전 생중계로 과거에 베트남과 이라크를 휩쓴 폭격이 어떤 것인지를 목격했다. 미국인들은 그들이 이해할 수 있는 언어로 말하는 자신들과 똑같은 보통 사람들, 생존자들의 증언을 듣고 봤다. 베트남과 이라크 폭격이 부당했던 것처럼 이 사건도 부당했다. 그 사건은 다음과 같은 똑같은 논리를 따랐다. 어떤 정부의 정책이 마음에 들지 않으면 그 나라에 사는 민중을 응징한다.

항공기 납치범 19명 가운데 16명이 사우디아라비아 출신이었다. 그들은 가난하지도 않았고, 미국의 부를 시기하지도 않았다. 사실 그들 다수가 독일에 체류하던 대학원생이었다. 그들이 그토록 절망적인 수단에 의존할 수밖에 없었던 이유는 그들의 조국이 처한 정치 상황 때문이었다. 사우디아라비아는 미국의 동맹국으로 50년 동안 미국의 지원을 받았다. 사우디아라비아는 지구상에서 가장 잔혹하고 반동적인 독재 국가 중 하나다.

그들은 미국이 이라크와 팔레스타인의 적이라고도 생각했다. 지난 10년 동안 미국이 주도한 경제제재로 이라크 어린이 약 100만 명이 죽었다. 이것은 중동인이라면 누구나 다 알고 있는 사실이었다. 어느 기자가 클린턴의 국무장관 매들린 올브라이트에게 그 아이들의 죽음에 관해 질문하자 그는 그것이 치를 만한 가치가 있는 희생이라고 말했다.[32]

팔레스타인 역시 중요했다. 그 이유를 올바르게 이해하려면, 1948년에 아랍인 대다수가 신생 이스라엘에서 쫓겨났다는 사실을 아는 것이 중요하다. 시온주의 민병대가 아랍인 수천 명을 살해했다. 데이르 야신이라는 마을에서 그들은 남자와 여자, 아이를 전부 죽였다. 팔레스타인에 살던 아랍인들 대다수가 겁에 질려 이웃 나라들로 피신했다.[33] 50년이 지났는데도 그들 다수는 여전히 주변 나라들의 난민촌에서 살고 있었다. 그러나 다수는 예루살렘과 요르단 강 서안, 가자 지구에서 살았다. 이곳들은 1967년과 1973년 전쟁으로 이스라엘이 정복한 지역이다.

1948년에 팔레스타인인들을 쫓아낸 테러는 아랍 세계에 널리 알려져 있다. 서방 세계에서는 최근까지 그 사실이 거의 언급되지 않았다. 1948년에는 실제로 벌어지고 있는 일에 대해 단 한마디도 없었다. 그것은 인종 청소가 아니라는 것이었다. 시온주의 민병대는 아랍인들을 점멸시킬 생각은 없었으며 다만 떠나도록 설득했다는 것이다. 그러나 1990년대에 유고슬라비아에서 문제가 발생하자 우리는 이제 그 사태를 가리키는 명칭을 갖게 됐다. 인종 청소가 그것이다. 더 최근 사례를 통해 서구인들은 1948년 이후 팔레스타인인들이 감내해야만 했던 공포와 슬픔과 상처를 더 잘 이해할 수 있을 것이다.

1980년대에 새롭게 정복된 팔레스타인 난민들은 요르단 강 서안과 가자에서 '인티파다(봉기)'를 시작했고, 그것은 무려 7년을 끌었다. 인티파다에 가담한 활동가 대부분은 학생이었고, 이스라엘 군인들을 향해 던지는 돌이 그들의 무기였다. 이스라엘 군인들은 실탄을 쏘며 응수했다. 이 봉기의 성과로 이스라엘과 팔레스타인해방기구(PLO) 지도부 사이에 협정이 맺어졌다. 요르단 강 서안과 가자 지구에 팔레스타인인들의 독립 국가가 수립될 것처럼 보였다.

그러나 그런 일은 일어나지 않았다. 분노한 팔레스타인인들은 2000년에 제2차 인티파다를 시작했다. 다시 한 번 젊은이들의 투석전과 이스라엘 병사들의 사격이 반복됐다. 그러나 이번에는 팔레스타인인들도 자식들이 죽어나가는 것을 더는 참지 못했다. 그들은 도움과 중재를 요구하는 간절한 호소를 미국과 유럽이 외면하는 것에 절망했다. 일부는 자살폭탄 공격에 나섰다. 자살폭탄 공격이 시도될 때마다 이스라엘의 보복 조치가 뒤따랐고, 더 많은 사람이 살해됐다. 2000년에 사망한 팔레스타인인이 이스라엘인보다 약 세 배 더 많았다.

미국은 이스라엘의 주요 지원국이었다. 여러 해 동안 이스라엘은 미국 해외 원조의 1등 수혜자였다. 2000년에 1인당 국민소득 1만 9000달러의 이스라엘은 미국 해외 원조 총액의 25퍼센트를 받았다. 이런 지원이 없다면 이스라엘 경제는 붕괴할 것이다. 아랍 세계 전역의 다른 사람들처럼, 항공기 납치범들도 팔레스타인인들에게 벌어지고 있던 일들에 미국이 책임이 있다고 생각했다.

그러나 항공기 납치범들은 베트콩과는 달랐다. 베트콩은 마을과 도시에서 아래로부터 대중 운동을 조직했다. 그들은 정부 관료들을 소수 살해했고, 농민들은 자유롭게 조직할 수 있는 여지가 있었다. 이와는 대조되게 항공기 납치범들은 엘리트였다. 그들은 대중의 군대가 아니라 소수 순교자들의 테러 행위에 의지했다. 실제로 그들은 사회 정의를 위해 싸우지도 않았다. 그들은 반제국주의자였지만 사회주의자는 아니었다. 그들은 모두 교양 있는 중간 계급의 일원이었다. 그들은 이집트의 농민들에게 토지를 장악하라거나 사우디아라비아의 노동자들에게 파업을 벌이라고 선동하지 않았다. 베트남 전쟁은 토지 전쟁이었다. 항공기 납치범들은 동일한 힘을 조직할 능력도, 의지도 없었다. 그들이 절망한 것도 다 그 때문이다.

이와 대조되게 베트남의 공산주의자들은 전쟁 기간 내내 그들이 미국 내의 테러를 결코 원하지 않는다는 점을 미국인 지지자들에게 명확하게 밝혔다. 테러가 발생하면 그들만 약화될 뿐이었다. 그들은 평화를 염원하는 보통 미국 사람들의 지지를 원했고 기대했다. 그리고 마침내 그들은 결실을 얻었다.

그러나 9월 11일에 항공기 납치범들이 한 행위는 대통령 조지 부시의 미국 내 지위와 미국의 세계 패권만을 강화했다. 부시가 전쟁을 선언하고 전쟁을 벌이기가 아주 쉬워졌다. 쌍둥이 빌딩이 무너지면서 그는 전쟁에 뛰어들었다.

9·11은 미국의 중동 패권에 대한 심각한 도전이었다. 미국은 그 지역의 모든 주요 독재 정권을 후원하고 있었다. 이라크를 제외하고 말이다. 그러나 이 국가들에서 미국의 패권은 동의가 아니라 주로 두려움에 의존하고 있었다. 펜타곤이 불타오르는 것을 지켜보면서 그런 두려움이 약화됐다. 미국 군대가 자국 영토의 사령부 건물조차 방어하지 못하는데 민중이 그들을 왜 두려워하겠는가?

그런 두려움을 되살리기 위해 폭격과 전쟁을 어딘가에서 수행해야만 했다. 부시 정부는 아프가니스탄 전쟁을 언급하기 시작했다. 그러나 이것은 그들의 패권에 도전한 행위를 단순히 응징하는 조치가 아니었다. 부시 도당은 아프가니스탄 전쟁을 통해 일련의 기회를 붙잡았다. 첫째, 그것은 베트남 증후군을 최종으로 역전할 기회였다. 대다수 미국인이 9·11 사태에 몸서리를 쳤고, 이제 그들이 대규모 전투를 수행하는 미 지상군에 동의하는 것도 당연했다. 그들은 일부 군인이 사망할 수 있다는 점도 받아들였다.

둘째, 아프가니스탄 전쟁을 성공리에 완수하면 중앙아시아 주변 국가들에서 세력 균형을 주도할 수 있을 것이었다. 이들 국가, 곧 카자흐스탄·키르기스스탄·타지키스탄·우즈베키스탄·투르크메니스탄·아제르바이잔은 석유와 천연가스가 풍부했다. 1989년까지 이들 국가는 소련의 일부였다. 이제 그들은 독립 국가였고, 유전과 천연가스는 퍼가기만을 기다리고 있었다.

셋째, 더 광범한 테러와의 전쟁의 일부로서 추진된 아프가니스탄 전쟁은 부시의 권력을 강화하고, 더 일반적으로 미국의 기업 권력을 튼튼하게 뒷받침해 줄 것이었다. 미국 정부는 경기 침체에 직면하고 있었다. 많은 지배자들이 국내에서 경제로 발목이 잡히면 쟁점을 전쟁으로 돌리려는 유혹을 받아왔다. 그 과정에서 전 세계적으로 성장하던 반자본주의 운동이 약화될 것이고, 결정적으로 미국에서도 그렇게 될 공산이 컸다.

마지막으로, 미국의 지배 계급은 1991년 걸프전을 통해 세계 최강대국으로 부상했다. 걸프전 당시의 압도적인 군사력이 이후 10년 동안 계속된 경제적 지배의 초석을 놓았다. 미국은 여전히 지배적인 군사 강국이었지만, 유럽 연합도 만만치 않은 경제 규모를 자랑했다. 미국과 서유럽은 소원해지고 있었다. 아프가니스탄의 새로운 전쟁과 이후 계속될 '테러와의 전쟁'을 통해 미국의 패권을 재확립해 해야만 했다.

그러나 워싱턴은 중동 지역을 살펴본 후 자신들이 매우 조심해야 한다는 사실을 깨달았다. 부시 정부의 주요 인사 다수가 석유 산업 출신이었다. 부시 자신이 그렇고, 그의 아버지, 부통령 딕 체니, 국방장관 도널드 럼스펠드가 그랬다. 전직 석유회사의 중역으로 국가안보보좌관에 임명된 콘돌리자 라이스의 이름을 딴 유조선이 있을 정도였다. 이 자들은 중동을 잘 알았다. 그들이 끊임없이 두려워했던 것은 '아랍의 거리'라고 부르는 것이었다. 중동 지역 독재 정권들의 철권 통치는 그들이 한편으로는 매우 취약한 체제임을 역설적으로 보여 주었다. 대규모 시위가 자국 정부를 향하게 되면 그 정부는 순식간에 몰락할 수도 있었다. 예를 들어 30만 명의 시위대가 카이로의 미국 대사관으로 행진하게 되면 이집트 군부는 선택에 직면할 것이다. 그들이 발포하지 않으면 군중은 대사관에 도달할 것이고 정부도 여지없이 붕괴할 것이다. 그 지역의 주요 정권이 하나라도 붕괴하면 다른 정부들의 운명도 뒤를 따를 것이고, 결국 미국은 석유 통제권을 잃고 말 것이다.

독재 정권들의 철권 통치 때문에 미국 정부는 물론이고 그 국가들의 급진주의자들도 대중 정서의 힘을 판단하고 평가하기가 어려워졌다는 점도 지적해야 한다. 어느 누구도 당면하는 그 순간까지는 사태가 급진화하리라는 점을 예측할 수 없었다. 바로 거기에 위험성이 존재했고, 미국 정부는 끊임없이 이 점을 걱정해야 했다.

그러나 9·11 사태 이후 미국 정부는 자신의 패권을 복위시켜야 했다. 그들은 어딘가를 폭격해야만 했다. 그 후 몇 달 동안 미국 정부가 민중 반란을 자극하지 않으면서 그 지역 정권을 짓밟으려 했기 때문에 그들의 정책은 계속 동요했다.

부시 정부가 2001년 9월 중동 지역을 둘러봤을 때 이라크는 매력적인 표적이었다. 그러나 이라크 공격은 상당한 저항을 감수해야 하는 위험한 전쟁으로 비화될 소지가 있었다. 중동 지역의 다른 국가들에서 대규모 시위라도 발생한다면 정말로 큰일이었다. 19명의 항공기 납치범 가운데 16명의 모국인 사우디아라비아도 마찬가지였다. 사우디 정부가 협조한다고 해도 개입은 봉기로 이어질 가능성이 높았다. 그러나 아프가니스탄의 탈레반에게는 우호 세력이 거의 없었다. 그들이 표방한 골수 우익 이슬람주의는 중동 지역에서도 폭넓게 멸시당했다. 아프가니스탄은 이미 22년 동안 침략과 내전을 겪은 나라였다. 초토화된 아프가니스탄은 저항할 능력이 없는 상태였다. 아프가니스탄이 '테러와의 전쟁'의 1차 표적이 됐다.

아프가니스탄

이제 아프가니스탄에서 무슨 일이 벌어지고 있었는지를 설명하는 것이 필요하다. 여기서 내가 제시하는 설명은 간행된 자료들, 1970년대에 2년 동안 수행한 현장 조사, 그리고 그 후 다수의 아프가니스탄인과 나눈 대화를 바탕으로 하고 있다.[34]

1978년에 아프가니스탄에서 군 장교들이 주도한 쿠데타로 공산당이 권력을 잡았다. 농촌 지역에서 율법학자와 이슬람주의자들이 이끄는 봉기가 전국으로 확대됐다. 반란이 국경을 넘어 무슬림들이 많이 사는 [소련의―옮긴이] 남부 지방으로 확산되는 것을 경계한 소련 정부가 1989년에 탱크를 카불에 투입했다. 당시까지 공산당을 지지했던 도시 거주 아프가니스탄인들의 다수가 이제 지지 세력을 바꾸었다. 반란은 7년 동안 계속됐다. 아프가니스탄이 소련의 베트남이라는 사실을 모두 알아차렸다. 다시 무장 헬리콥터, 폭격기, 네이팜탄이 게릴라 전쟁에 투입됐다. 전체 인구 약 2000만 명 가운데 약 50만~100만 명이 죽었다. 또 다른 100만 명이 불구가 됐고, 난민 700만 명이 농촌을 탈출해 아프가니스탄의 도시와 파키스탄·이란의 난민촌으로 흡수됐다.

게릴라들은 무기를 든 아프가니스탄의 농민이었는데, 그들은 이슬람의 기치 아래서 싸웠다. 과거 아프가니스탄인들이 영국의 식민 세력들에 대항해 치렀던 세 번의 전쟁, 곧 1838년·1878년·1919년 전쟁에서 이슬람의 기치 아래서 투쟁했고 모두 승리했다는 점을 감안할 때 이것은 이해할 수 있는 일이었다.

이 반란의 지도부는 국경 넘어 파키스탄에 있었다. 이 지도자들은 우익 이슬람주의자들로, 7개의 세력으로 분열돼 있었고, 파키스탄·사우디아라비아·미국 정부한테서 돈과 무기를 지원받았다. CIA는 사우디아라비아 정보기관과 협력해 아프가니스탄 저항 세력과 함께 투쟁할 해외 지원자를 조직하도록 했다. 사우디아라비아의 정보기관은 그 일에 적임이라고 판단되는 한 젊은이를 찾아냈다. 그가 바로 오사마 빈 라덴이다. 빈 라덴의 지원 부대는 알카에다라고 불렸다.

3년이 채 안 돼 대다수의 아프가니스탄인들은, 파키스탄의 페샤와르에 본부를 두고 미국의 지원을 받던 세력들에 깊은 환멸을 느꼈다. 그들은 말로는 이슬람을 떠들었지만 캠프의 난민들에게 제공할 식량과 무기를 구입할 자금 대부분을 횡령했다.

1988년에 소련 군대가 철수했다. 패배한 것이다. 다음 해에 소련에서도 공산당 독재가 붕괴했다. CIA는 아프가니스탄의 이슬람주의자들에 대한 지원을 중단했다. 아프가니스탄의 이슬람주의자들은 소련의 패권을 약화시키려는 미국의 목표에 이바지했고, 이제 미국은 권력을 장악한 이슬람주의 정부와 동일시되기를 원하지 않았다.

1988년부터 계속, 특히 1992년 이후로 아프가니스탄에서는 상이한 이슬람주의 세력들 사이에서 내전이 격화됐다. 대부분의 아프가니스탄인들은 큰 충격을 받았고 분노했다. 그들은 평화와 정의를 위해 싸워 왔다. 그러나 그들에게는 끝없는 전쟁과 부패만이 남았다. 40년 동안 아프가니스탄의 정치는 공산당과 이슬람주의자들로 양분돼 있었다. 대다수 아프가니스탄인들은 그 둘 다에 대한 신뢰를 상실했고, 이제 정치는 인종 집단에 따라 양극화됐다. 남부의 푸슈툰족과 중부와 북부의 터키어·페르시아어 사용자 집단이 이를 대표했다.

1989년에 오사마 빈 라덴은, 미국의 재정 지원이 끊긴 데다가 이슬람주의자들의 내부 투쟁에도 환멸을 느껴 아프가니스탄을 떠나 고국인 사우디아라비아로 돌아갔다. 사우디아라비아에 도착한 그는 처음에 미국의 이라크 전쟁을 지지했다. 그는 사우디의 애국자였다. 그런데 이라크 폭격이 소련의 아프가니스탄 폭격과 너무나도 유사하다는 것을 깨달았다. 그때 사우디 정부가 자국 영토에 미군의 영구 주둔 기지를 허용했다. 사우디 정부의 정당성은 그들이 이슬람에서 가장 신성하다고 여겨지는 도시들, 곧 메카와 메디나를 수호한다는 사실에 달려 있었다. 빈 라덴은 기독교도인 미군이 주둔하는 것을 이 수호권에 대한 모욕이라고 봤다. 그는 사우디아라비아의 지하 반정부 운동 세력의 일원으로 변신했고, 곧 수단으로 망명해야만 했다.

1995년에 미국 정부는 다시 아프가니스탄에 개입한다. 그것은 중앙아시아의 신흥 독립 국가들 때문이었다. 이들 국가의 석유·천연가스를 통제하는 데서 관건은 파이프라인이었다. 기존의 석유 파이프라인은 러시아를 관통했고, 러시아 정부와 석유회사들은 이 석유를 시장 가격보다 훨씬 더 싼 가격에 구매할 수 있었다. 파이프라인을 바다까지 연결하는 가장 쉽고도 짧은 루트는 이란을 경유하는 것이었지만 이란은 여전히 미국의 적이었다. 미국 정부와 미국계 석유회사 유노캘은 아프가니스탄을 경유해 파키스탄 해안에 이르는 대체 파이프라인을 원했다.

파키스탄의 군 정보기관이 미국과 사우디의 자금을 지원받아 탈레반이라는 새로운 세력을 조직했다. 탈레반 전사의 다수는 파키스탄의 난민촌에 설치됐던 종교학교[마드라사 — 옮긴이] 출신 젊은이들이었다. 그들의 압도 다수는 푸슈툰계였다. 그들은 평화와 부패 척결을 약속하며, 파키스탄에서 [아프가니스탄으로 — 옮긴이] 진격했다. 대부분의 아프가니스탄인은 탈레반에 대해 유보적인 태도를 취했다. 그러나 무려 17년 동안이나 전쟁을 치른 터라 좋은 전쟁보다 차라리 나쁜 평화가 더 낫다고 생각했다. 그들은, 미국이 지원하면 탈레반이 평화를 정착시킬 수 있을지도 모른다고 말했다.

1년이 채 안 돼 탈레반은 아프가니스탄의 대부분을 장악했다. 물론 전부는 아니었다. 북부동맹이라는 연합 세력이 북부에서 저항을 이끌었다. 미국 정부와 유노캘은 탈레반이 파이프라인을 안전하게 지켜줄 수 없으리라고 판단했다. 미국은 지원을 중단했다.

그때 빈 라덴이 아프가니스탄으로 돌아왔다. 그와 알카에다 세력이 케냐와 탄자니아의 미국 대사관 밖에서 폭탄을 터뜨려 약 300명을 살해한 직후였다. 수단은 이제 더는 그에게 안전한 피신처가 못 됐다. 탈레반은 그에게 피난처를 제공해 주지 않을 수 없었다. 빈 라덴이 대소련 전쟁 기간에 그들을 지원해 주었기 때문이다. 미국 정부는 이 조치 때문에도 탈레반을 적대하게 됐다.

그리고 9·11 사태가 터졌다. 미국 정부는 즉시 빈 라덴이 공격 행위의 주모자라고 주장했다. 항공기 납치 조직자가 모하메드 아타라는 것이 증거라고 제시됐다. 그런데 빈 라덴이 그들을 공개적으로 지지하고 나섰다.

탈레반은 이제 미국의 침공에 겁을 집어먹었다. 파키스탄 정부가 빈 라덴을 넘겨주자며 중재에 나섰다. 그러나 결론에 이르기도 전에 미국이 탈레반 정부를 제거하기 위해 아프가니스탄을 폭격하기 시작했다. 그들은 특수부대를 일부 파견했지만 아직 이렇다 할 지상군은 보내지 않았다. 그들은 여전히 베트남 증후군이 두려웠다. 그리고 아프가니스탄 내부적으로는 소련 침공에 대한 기억이 여전히 생생했다. 미국의 탱크와 군인들로 그 기억이 되살아날 것이고, 현지에서 미국에 대한 지지가 사라지는 것도 당연했다.

비록 소수의 침략군일지라도 이웃 파키스탄을 경유해야 했다. 파키스탄은 미국과 동맹한 군사 독재 체제였다. 폭격이 시작되자 파키스탄에서 성난 군중의 대규모 시위가 폭발했다. 전면전이 벌어지면 파키스탄 정부가 몰락할 수도 있었다. 1971년에도 파키스탄에서는 대중 봉기로 군사 정권이 물러났다.

그리하여 미국 정부는 폭격과 함께 아프가니스탄 북부의 야당 군벌인 북부동맹을 지원하는 전술을 결합했다. 북부동맹은 겨우 수천 명 규모였고, 전투를 수행하는 것도 주저했다. 다른 아프가니스탄 사람들처럼 그들도 전쟁이라면 신물이 나 있었다. 북부동맹은 이란·우즈베키스탄·러시아한테서도 재정·무기 지원을 받고 있었다. 북부동맹이 승리한다고 해도 그것이 반드시 미국의 승리로 이어지란 보장이 없었다.

폭격으로 약 3000명의 민간인이 사망했고, 침공으로 야기된 파괴와 탈출, 기아 때문에 더 많은 사람들이 죽었다. 그리고 탈레반 군인 수천 명이 죽었을 것이다. 그러나 아프가니스탄 전쟁은 교착 상태에 빠졌다. 부시는 압력을 받았다. 파키스탄·영국·중동 각지에서 시위가 벌어졌다. 결코 바뀔 것 같지 않던 미국 내의 전쟁 지지 여론이 돌아서고 있었다. 결국 타협책이 제시됐다. 이 타협책은 공개되지 않았다. 하지만 내게 정보를 제공해 준 아프가니스탄 인들은 그 윤곽을 명확히 알고 있었다.[35]

첫째, 탈레반 세력이 안전을 보장받으며 카불에서 퇴각하는 것을 보장받았다. 그들 대다수와 지도부는 아프가니스탄 남부의 고향 마을로 돌아갔다. 그리고 그곳에서 푸슈툰 지역 대부분에 대한 통제권을 계속 유지하고 있다. 최고 지도부의 일부가 국경을 따라 펼쳐진 파키스탄의 푸슈툰 지역으로 피신했고, 빈 라덴도 도주했다.

탈레반 세력이 떠나자 카불이 북부동맹 손에 떨어졌다. 미군도 세력을 확장하기 시작했다. 미군을 뒤따라 영국과 터키, 다른 유엔군이 도착했다. 미국이 하미드 카르자이를 새 대통령에 앉혔다. 그는 카불에서 북부동맹과 권력을 나눠가졌다. 카르자이는 미국에 살던 푸슈툰계 아프가니스탄인이다. 아프가니스탄의 모든 정파는 카르자이가 오랫동안 CIA 요원으로 활동해 온 자라고 믿었다.

농촌 지역은 여전히 토호 세력의 통제를 받았다. 고위급 탈레반 세력, 소련에 저항했던 반란자들, 과거 공산당 세력이 그들이었다. 2002년 여름에 카불에서 부통령이 관저에서 나오다가 총에 맞아 죽었다. 이슬람주의자들의 소행 아니면 헤로인 밀거래에 관여하던 경쟁자들이 한 일이었다. 카르자이의 아프가니스탄 경호원을 대신해 미군이 투입됐다. 그가 믿고 의지할 수 있는 아프가니스탄인이 하나도 남지 않았던 것이다. 가을쯤 되자 거의 매일 미군에 대한 공격이 발생했다. 폭동진압 경찰이 학생 시위대에 발포했다. 카르자이 정부에 대한 실망감이 급속히 확산됐다. 유럽과 미국에서 돌아와 카르자이 정부에서 고위직을 차지한 망명 아프가니스탄인들 사이에서도 불만이 들끓었다.

전쟁을 개시할 때 미국 정부는 자신들이 아프가니스탄에 주둔할 의사가 없다고 말했다. 2002년 11월쯤 되면 그들이 떠날 경우 카르자이는 곧 죽은 목숨일 것이라는 것이 명백해졌다. 같은 달에 그들은 정책을 바꿨다. 그들은 당분간 아프가니스탄에 군대를 주둔시키기로 결정하고 지역 군벌들을 분쇄하는 노력에 착수했다.

나라 안에서 점령은 아주 제한된 성공을 거두었다. 점령이 국제적으로는 어떤 모양새로 비쳤을까? 대외적으로 볼 때는 미국이 탈레반 정부를 분쇄한 것이었다. 갑작스럽게 투르크메니스탄을 제외하고 중앙아시아의 모든 나라에서 미국의 군사 기지가 등장했다. 이를 바탕으로 그들은 중앙아시아 석유에 대한 통제권을 확보할 수 있게 됐다. 미국이 이 전쟁을 통해 더 군사화된 세계에서 더 강력한 패권 국가로 등장하게 됐다는 사실이 그 이상으로 중요했다.

그러나 문제가 있었다. 오사마 빈 라덴과 탈레반 지도자 물라 오마르가 도망쳐 버렸는데, 이 때문에 일부 미국인들은 전쟁의 목표가 무엇이었냐고 물었다. 미국이 아프가니스탄에서 철수하거나 쫓겨나게 되면 더 많은 문제가 제기될 수 있었다. 그래서 그들은 당분간 아프가니스탄에 머물러야만 했다. 그리고 그렇게 많은 사람이 죽지는 않았다. 2만 명 이하로 추산된다. 중동에서 미국의 패권은 얕잡아 볼 수 없을 만큼 강력했지만 [투쟁의 의지를 앗아갈 만큼 — 옮긴이] 겁나는 것은 아니었다.

이런 문제들에 봉착한 부시 정부는 자신들의 패권을 확고하게 해 줄 더 화끈한 길을 찾아야 했다. 부시는 2002년 1월 의회에 보낸 연두교서에서 이미 '테러와의 전쟁'의 다음 표적을 지목했다. 이라크가 다음 희생양이었다.

이라크와 팔레스타인

부시는 아프가니스탄 전쟁을 지지한 많은 국가에게 이라크의 혐의를 제기하기 시작했다. 이라크 정권이 혐오의 대상이기는 했지만 이라크가 테러 지원국은 아니었다. 아프가니스탄 공격은, 여성에 대한 탈레반의 반동적 정책과 이슬람 '근본주의' 때문에 부분적으로 정당화됐다.[36] 이라크는 세속적 국가였고, 여성의 지위도 상대적으로 높았다. 9·11 이후 무언가 조치를 취해야 한다고 생각했던 미국과 해외의 시민 대다수가 이제, 부시가 테러와의 전쟁을 통해 아버지의 숙적 사담 후세인을 제거하려 한다고 의심하기 시작했다.

그러나 미국 기업들과 부시 정부는 탐스러운 전리품을 봤다. 이라크는 세계 제2의 원유 생산국이었다. 미국이 이라크에서 승리하면 미국의 석유회사들이 이라크의 석유 자산을 지배할 수 있게 될 것이었다. 더구나 미국은 아프가니스탄 전쟁을 통해 상당히 강화된 패권을 과시하고 있었다. 이제 이라크만 굴복시킬 수 있다면 전대미문의 세계 패권국을 꿈꿀 수도 있는 상황이었다. 미국 정부는 도박판에서 승운을 타고 있었고, 그 유혹은 엄청났다.

당연히 위험성 또한 만만치 않았다. 첫 번째 문제는 팔레스타인이었다. 팔레스타인인들의 봉기가 여전히 계속되고 있었다. 어린이들까지 나서서 돌멩이를 던졌고, 자살폭탄 공격자들이 이스라엘인을 살상했으며, 이스라엘 군대는 더 많은 팔레스타인인을 살해했다. 팔레스타인인을 지지하는 동정 여론은 오래 전부터 아랍 세계에서 강력했다. 2002년 봄에 이스라엘 탱크가 무력으로 요르단 강 서안의 도시들을 점령했다. 24시간 통행금지가 실시됐고 부상자를 후송하는 구급차의 운행마저 금지됐다. 시체가 거리에 방치된 채 썩어가는 장면을 촬영한 화면이 아랍 세계 전역에 방송됐다. 거의 모든 아랍 국가에서 대규모 시위가 벌어졌다.[37]

이집트에서는 카이로 대학교 학생들이 교내를 벗어나 가두로 진출했다. 연도의 노동자들이 급속하게 합류했다. 군중은 처음에 이스라엘에 반대하는 구호를 외쳤다. 한 시간도 채 안 돼 그들은 경찰과 싸우면서 이집트 정부에도 항의하고 있었다. 그들의 주요 구호는 "우리는 밑바닥까지 추락했다"였다. 며칠 만에 수십만 명이 시위에 동참했고, 대통령 무바라크는 아내를 보내 시위대를 이끌도록 했으며, 이집트 정부가 팔레스타인에 연대한다는 것을 보여주려 했다. 무바라크는 그 주에 여러 차례 부시와 통화했다. 그는 오랫동안 미국의 졸개였다. 이제 그는 전화로 부시에게 무언가 조치를 취해야만 한다고 죽는 소리를 해댔다.

모로코에서도 100만 명이 거리로 나섰다. 아랍 세계 전역에서 다른 수많은 행진이 벌어졌다. 레바논에서는 우익 기독교 민병대 팔랑헤부터 이슬람주의자, 팔레스타인인들에 이르기까지 20년 내전에 가담했던 모든 정파가 단결해 이스라엘의 야만적 공격에 항의했다. 레바논 경찰은 대표를 보내 행진을 막지 않겠다고 밝혔다. 그들마저 팔레스타인인들을 편들었던 것이다. 사안이 무엇이든 시위라면 일체 허용하지 않을 정도로 지독한 통제 국가인 사우디아라비아에서도 12시간 만에 2만 명이 모여 미군 기지 주변에서 시위를 벌였다.

이라크 침공이 연기돼야만 했다. 시위 때문에 워싱턴은 이라크 전술을 놓고 옥신각신했다. 펜타곤이 이라크 전쟁을 경계하기 시작했다. 줄곧 군인이었던 국무장관 콜린 파월이 이런 주저하는 태도의 대표 주자였다. 전쟁을 벌이려면 사전에 바그다드를 몇 주 동안 집중 폭격하고 50만 명의 지상군을 투입해야 한다고 장성들이 요구했다. 국방장관 도널드 럼스펠드가 대표했던 행정부 내 우파는 집중 폭격을 생략하고 더 적은 규모의 군대를 투입해 신속하게 공격하자고 주장했다. 그들은, 인구 400만의 도시를 계속 폭격했다가는 아랍은 물론이고 전 세계에서 대중 시위가 촉발돼 몇 주 동안 계속 확대되는 최악의 상황을 염려했다. 군인들을 신속하게 투입해 사담을 살해하고 도시를 장악해 이런 일을 미연에 방지해야 한다는 것이 그들의 복안이었다. 장성들이 보기에 이 계획의 부정적인 면은 더 많은 미군 병사들이 죽을 수도 있다는 점이었다. 그들은 여전히 베트남의 악몽에 사로잡혀 있었다. 또한 그들은 이라크 전쟁에 대한 국내의 지지가 광범하면서도 취약하다고 생각했다. 사상자가 늘어나고, 가옥 한 채를 사이에 두고 치열하게 전개되는 도시 전투 상황을 접하게 되면 당연하게도 미국인들은 전쟁 반대로 돌아설 것이었다.

반자본주의

미국 정부와 기업들은, 특히 라틴 아메리카와 유럽에서 활발하게 전개되는 반자본주의 운동의 부활 때문에도 곤란함을 느끼고 있었다. 2002년에 좌파 포퓰리스트 후보들이 브라질과 에콰도르의 선거에서 승리를 거두었다. 베네수엘라에서는 좌파 대통령 우고 차베스를 실각시키려던, 미국의 지원을 받은 쿠데타가 민중 봉기로 좌절됐다. 2001년 12월에는 아르헨티나인 200만 명이 부에노스아이레스의 거리에서 경제 실패와 IMF가 지원하는 정부의 경제 정책에 밤새도록 항의했다. 시위대는 연달아 집권한 세 정부를 몰아냈다.

유럽에서 반자본주의 운동은 9·11 이후 주춤했다. 그러나 곧바로 대다수 활동가들이 아프가니스탄 전쟁에 항의하는 캠페인에 힘을 쏟았다. 12월에 13만 명이 브뤼셀에서 열린 유럽연합 정상회담장 밖에서 행진했다. 참가자 대다수가 벨기에의 노동조합원이었다. 2002년 3월 에스파냐의 바르셀로나에서 50만 명이 행진했다. 그들의 슬로건은 "자본과 전쟁의 유럽에 반대한다"였다. 참가자의 대다수가 현지인이었다. 바르셀로나는 인구가 겨우 300만 명에 불과한 도시다.

반자본주의 운동이 계속 확산됐고, 유럽 각지의 주요 노조들이 여기에 가담했다. 봄과 여름에 에스파냐·이탈리아·그리스에서 사유화·연금 삭감·정부의 신자유주의 경제 정책에 항의하는 하루 총파업이 각각 벌어졌다. 로마에서는 총파업을 지지하며 300만 명이 행진했다. 이번에는 바르셀로나에서 70만 명이 행진했고, 마드리드에서는 100만 명이 행진했다. 에스파냐 전체 고용 인구의 85퍼센트가 파업에 참여했다. 이틀 후에는 반자본주의 활동가 12만 명이 에스파냐 남부의 세비야에서 열린 유럽연합 정상회담장 밖에서 시위를 벌였다. 이 시위는 에스파냐 노동조합들이 주도했다. 나는 거기 있었다. 이틀 전에는 세비야에서 벌어진 총파업을 지지하며 벌어진 노동조합 시위에도 참가했다. 두 시위는 규모도 같았고 내건 구호도 동일했다. 두 시위는 똑같이 보였고, 똑같이 들렸으며, 똑같이 느껴졌다. 반자본주의 운동과 노동조합이 하나가 돼 가고 있었다.

유럽의 반자본주의 운동은 반전 운동으로도 바뀌고 있었다. 9월에 40만 명이 런던의 반전 행진에 참여했다. 영국 역사상 최대 규모의 시위였다. 독일에서는 중도좌파 정부가 선거전에서 열세를 면하지 못하고 있었다. 총리 게

르하르트 슈뢰더는 이라크 전쟁에 강력하게 반기를 들고서야 승리를 거둘 수 있었다. 터키에서는 온건파 이슬람주의 정당이 압승을 거두었다. 11월에 유럽의 반자본주의 운동 세력은 이탈리아의 피렌체에서 유럽사회포럼을 개최했다. 6만 명이 참가했다. 이탈리아의 주요 노조와 유럽 각지의 공식 노조연맹들이 포럼을 지원했다. 포럼 3일째 100만 명이 피렌체에 모여 반전 시위를 벌였다. 세계 각지에서 온 시위대들이 대형 반전 배너를 들고 행진을 이끌었다. 자동차 노조가 그들을 뒤따랐다. 포럼은 자신감에 차 있었으며, 2003년 2월 15일에 유럽의 모든 수도에서 동시다발로 이라크 전쟁에 반대하는 대규모 시위를 벌이자고 호소했다.

유럽 모든 국가의 여론이 전쟁에 반대했다. 대중의 반전 여론과 미국과의 동맹 사이에 포박당해 있던 유럽의 정부들은 갈팡질팡했다. 그들은 미국이 주도한 대이라크 유엔 결의안에 동의하기도 했고, 새로운 유엔 결의 없이 전쟁을 해서는 안 된다고도 주장했다.

미국의 평화 운동 세력에게는 사태가 더 어려웠다. 9 · 11을 경험한 뒤라 그리 놀라운 일은 아니었다. 쌍둥이 빌딩이 무너지고 나서 사흘 뒤 뉴욕의 반세계화 운동가들은 그라운드제로[쌍둥이 빌딩이 있던 자리 ―옮긴이] 근처에서 약 1500명이 참여하는 평화 기도회를 조직할 수 있었다. 거의 200개 대학 캠퍼스와 200개 이상의 도시에서 소규모 평화 시위가 다시 열렸다. 2002년 1월에 2만 명이 맨해튼에서 열린 세계경제포럼 회의에 항의했다. 그러나 이들 시위대는 자신들이 극소수라는 것을 잘 알고 있었다.

4월에는 같은 날 워싱턴에서 각각 약 5만 명이 참여하는 시위가 두 개 열렸다. 주로 백인들이 참여한 한 집회는 IMF 회의에 반대하는 것이었고, 주로 아랍계 미국인이 참여한 다른 하나는 팔레스타인 지지 시위였다. 이 시위들의 주최자들이 두 시위를 결합시켰고, 그래서 10만 명의 강력한 시위대가 행진을 벌일 수 있었다. 그들은 여전히 소수였지만, 그래도 의미 있는 소수였다.

10월에는 15만 명이 워싱턴에서 평화 행진을 했다. 같은 날 샌프란시스코에서는 8만 명이 행진했다. 그것은 1967년 초의 평화 시위 규모였다.

오늘날의 평화 운동

나는 이 글을 2002년 12월에 쓰고 있다. 부시 정부가 이라크 전쟁에 돌입할 가능성이 아주 높아 보인다. 위험이 큰 만큼 승리하면 전리품도 두둑할 것이다. 더구나 그들은 사담을 제거하기 위해 온갖 공작을 다 벌인 상태이고, 따라서 이제 와서 물러난다면 그들의 지위와 세계 패권도 심각한 타격을 입을 것이다.

미국 정부가 이라크에서 어떤 형태로 전쟁을 치를지라도 군사적으로는 승리할 것이다. 현 시점에서 이라크 군대가 얼마나 신속하게 와해될지는 불분명하다. 유럽에서는 대규모 시위와 시민 불복종 운동이 전개될 것이다. 이들 운동이 유럽의 정부들이 미국의 개입에 대한 지지를 철회하도록 강제할 만큼 대규모로 발전할 수 있을지 없을지는 아무도 모른다. 또, 중동 지역의 시위나 봉기가 그 지역 정부들을 단 하나라도 실각시킬지를 예견하기도 무척 힘들다.

그러나 부시가 신속하게 승리를 거두고 주요 동맹국 정부들을 하나도 잃지 않는다면, 테러와의 전쟁은 계속될 것이고 따라서 평화 운동도 마찬가지다. 워싱턴은 이란의 정권 교체가 다음 수순이라고 분명히 밝힌 바 있다. 그리고 이란에서 실패한다고 해도 전쟁은 계속될 것이다. 미국 정부의 세계 지배 야욕 때문에 지구상의 어느 곳에서 민중 운동이나 봉기가 일어난다고 해도 그것은 곧바로 미국 패권에 대한 도전이 돼 버린다. 만약 그들이 이라크의 경험에서 전쟁이 유효하고 쓸 만하다고 결론을 내리면 그들은 다른 곳에서 다시 전쟁을 수행할 것이다.

그리고 이라크 정복과 이라크 지배는 완전히 별개라고 할 수 있다. 워싱턴은 그들이 이라크에서 선거를 치를 생각이 없다는 점을 분명히 했다. 대신 그들은, 아마도 토미 프랭크스 장군을 유력한 식민지 총독으로 내세우고자 할 것이다. 점령이 장기화하면 테러나 시민들의 대중 시위가 발생할 것이다. 아마 둘 다일 것이다. 그런 일은 이미 아프가니스탄에서 시작됐다.

테러와의 전쟁은 세계를 상대로 한 전쟁이 돼 가고 있다. 서두에서 밝힌 것처럼 내가 이 책을 쓴 이유는 베트남 전쟁 반대 운동에 대해 내가 느끼는 모순된 감정 때문이다. 나는 우리의 존재와 우리가 한 일에 자부심을 느낀다. 그러나 우리는 한편으로 많은 실수를 저질렀다. 새로운 세대의 활동가들이 우리의 잘못에서 배우고 더 잘 할 수 있도록 하기 위해서 이 책을 썼다고 해도 좋다. 그렇다면 과연 그 과거는 어떤 교훈을 주고 있는가?

첫째, 우리는 역사가 단순하게 되풀이되지만은 않는다는 점을 깨달아야 한다. 세계적 차원에서 그리고 몇 가지 측면에서, 반자본주의 운동과 평화 운동은 1960년대보다 더 강력하다. 1960년의 간이식당 연좌농성에서 1968년의 위대한 사태로 발전하는 데에는 8년이 걸렸다. 새로운 운동은 이제 겨우 세 살이다. 1960년대의 운동은 세계 체제의 주변부, 곧 미국 남부에서 시작됐다. 새로운 운동은 시애틀에서, 세계무역기구 회담장 밖에서, 세계 체제의 심장부에서 탄생했다. 1960년대의 운동은 인종 차별에 대한 저항과 함께 시작됐고 베트남전 반대로 이어졌다. 새로운 운동은 자본주의 체제 그 자체에 반대하며 시작됐다.

1960년대 미국의 운동 세력이 보였던 최대 약점 중 하나는 그들이 단결을 회피하며 스스로 분열해 있었다는 점이다. 흑인과 여성, 게이와 레즈비언, 원주민 등 그 목록은 끝이 없다. 새로운 운동의 강점 중 하나는 상이한 사회 운동 세력과 노동조합이 시위와 캠페인을 통해 단결하고 있다는 점이다. 유럽과 라틴아메리카에서 이 점을 잘 확인할 수 있다. 새로운 운동은 모든 문제가 동일한 체제에서 파생한다는 점을, 따라서 다양한 방식으로 공통의 적에 맞서 단결해야만 한다는 사실을 잘 알고 있다.

둘째, 미국 정부와 기업들은 과거보다 현재 훨씬 더 위험한 상태에 놓여 있다. 미국 정부의 베트남전 개입은 반란의 전염병이 세계의 다른 지역으로 확산되는 것을 차단하기 위한 조치였고, 사실상 워싱턴이 가장 염려했던 것이 이것이다. 베트남은 쌀 생산국이었지 산유국이 아니었다. 지금 아랍 지역과 중앙아시아의 석유 자원은 세계 경제 체제의 중심부에 핵심적으로 중요하다. 중동과 중앙아시아에서 미국의 헤게모니가 결정타를 맞고 패배한다면 그 여파는 1975년의 사이공 함락보다 훨씬 더 치명적일 것이다. 따라서 미국 정부가 동맹군이 더 적은 상황일지라도 더 치열하게 싸우는 것은 당연하며, 결국 과거보다 더 큰 모험과 위험에 직면하리라는 점도 분명하다. 그리하여 그들 권력의 위험 부담도 더 크다. 그리고 미국이 중동에서 패배하면 이미 부활한 세계 나머지 지역의 반자본주의 운동이 더 강화될 것이다.

도박판이 더 커졌고, 대부분의 사람들이 어떻게든 이라크가 더 중요하다는 것을 알고 있으며, 반전 운동의 규모가 1960년대보다 현재 전 세계적으로 훨씬 더 크다.

그러나 세 번째 차이는 사담 후세인과 탈레반이 호찌민과 베트콩이 아니라는 점이다. 베트남의 농민은 평등과 토지를 쟁취하기 위해 싸웠던 대중적 사회 운동 세력으로서 깊은 연원을 갖고 있었다. 이라크와 아프가니스탄의 정권들은 그런 대중적 지지를 전혀 받지 못하고 있으며, 따라서 수백만 명이 대의명분을 위해 죽으려고 하지도 않을 것이다. 미국과 그 종속국들은 현재까지는 겨우 팔레스타인에서만 진정한 민족 운동의 도전을 받았다. 여러 국가에서 대중 운동이 건설되면 이런 사태가 바뀔 것이고, 미국의 패권도 그들 가운데 하나와 대결하지 않을 수 없을 것이다.

마지막 차이는, 1960년대의 운동이 전후 25년 동안 경제 호황을 구가했던 세계에서 성장했다는 점이다. 그것은 선진국은 말할 것도 없고 제3세계의 대다수 국가에서조차도 사실이었다. 1960년대의 운동은 희망의 운동이었고, 더 많은 것을 그리고 더 좋은 것을 원하던 민중의 운동이었다. 반면 오늘날의 운동은 한 세대에 걸쳐 경제 위기와 패배를 겪고 나서 성장하는 중이다. 경제 위기가 전 세계 보통 사람들에게 가한 쓰디쓴 고통이 세계적 반자본주의 운동의 기원이다. 경기 후퇴와 실업이 자동으로 반란을 불러일으키지는 않는다. 대다수 노동자들은 경제 위기에 두 가지 반응을 보인다. 하나는 분노이고, 다른 하나는 일자리를 잃지 않을까 하는 두려움이다. 이 두 가지 태도는 상이한 방식으로 드러난다. 관건은 노동자들의 머리 속에 들어 있는 생각이다. 1970년대에 경기 후퇴는 전 세계 대부분의 지역에서 공포와 묵종을 낳았다. 오늘날에는 반자본주의 운동의 사상이 유효할 수 있다.

간단히 말하면, 지금은 상황이 많이 다르다. 물론 공통점도 많다. 나는 미국에서 1960년대 운동의 일부였다. 그리고 지금은 유럽 운동의 일부로 참여하고 있다. 예기치 못한 봉기 속에서 희망·환상·웃음·혼란·활기·기쁨이 분출됐고, 나는 즐거운 마음으로 내 젊은 시절을 되돌아본다.

과거는 말할 것도 없고 오늘날에도 미국의 운동은 전 세계적으로 매우 중요한 의미가 있다. 미국이 세계 체제의 심장부이기 때문이다. 이 세계의 지배자들은 미국의 사태에 특히 영향을 많이 받는다. 시애틀이 그랬던 것처럼 미국에서 어떤 운동이라도 일어나면 전 세계 민중이 영감을 받는다. 베트남 전쟁은 미국의 대학 캠퍼스에서 비롯한 항의 시위와 미국 군대 내의 반란으로 종식됐다. 그런 역사가 자동으로 반복되지는 않을 것이다. 이번에는 중동이나 유럽에서 반란이 일어나고 그것이 결정적인 역할을 할 수도 있다. 각국의 운동은 35년 전보다 훨씬 더 많은 영향을 서로 미치고 있다. 런던에서 40만 명이 전쟁에 반대하며 시위를 벌인 사건은 중동 모든 나라의 텔레비전에 방송됐고 신문 1면을 장식했다. 워싱턴의 시위는 유럽인과 아랍인에게 희망을 줄 수 있다는 점에서 훨씬 더 중요하다. 따라서 현재 미국에서 진행되고 있는 운동이 내포하는 교훈은 미국에서만이 아니라 전 세계적으로도 중요하다.

그 첫째 교훈은 사람들이 변한다는 점이다. 반전 운동은 소수에서 출발한다. 그 소수가 시위와 논쟁을 벌이고, 사람들이 대안을 경청할 만큼 충분히 성장하면 그 대안이 자리를 잡게 된다. 사람들은 바보가 아니다. 그들은 전쟁 경험에서 배운다.

둘째 교훈은, 많은 사람들이 태도를 바꾸면 그들이 전쟁을 저지할 수 있다는 점이다. 그 희망은 다른 무엇보다도 미군 사병들의 사례에서 확인할 수 있다.

셋째 교훈은 정치 사상이 중요하다는 점이다. 새롭게 등장한 반자본주의·평화 운동의 사상은 시애틀과 함께 출발했다. 이 사상들은 대개 1960년대 미국에서 전개된 운동의 사상과 동일하다. 특히 미국의 운동에서, 그리고 어느 정도는 유럽의 운동에서도 이 말은 진실이다. 이런 사태는 놀라운 일이 아니다. 시애틀 시위대의 상당수가 1960년대에 항의 운동을 벌였던 부모의 자녀들이었다. 부모 세대가 남겨놓은 유산을 이어받는 것은 어쩌면 자연스런 일이었다. 이 모든 사상이 새로운 것이라는 관념은 1960년대 미국의 운동에서도 지배적이었다.

잡다한 사상 중에서 보통의 미국 노동 대중을 업신여기는 관념이 운동의 결정적 취약점을 드러낸다. 5장에서 나는 소방관의 아내로 베트남에서 자식을 잃은 어머니의 증언을 소개한 바 있다. 그는 자신이 전쟁에 반대한다고 말했지만, 반전 운동 내에서 자신과 같은 민중의 목소리를 들을 수 없다고 푸념했다. 그가 알고 있었던 것처럼 그와 같은 민중은 그 운동에서 진지한 고려의 대상이 아니었다. 이런 태도는 미국에서 새롭게 부상한 운동에서도 여전히 강력하게 자리잡고 있다. 이런 태도는, 시위대들은 불가피하게 소수일 뿐더러 교양 있는 시민이 노동 계급 대중보다 더 급진적이라는 정서와 맞물려 있다. 이런 태도는, 미국인의 3분의 2는 만족하고 있다고 믿는 운동 세력과도 맥이 닿아 있다. 그래서 피억압자들에게 손을 내밀 때 노동조합보다는 제3의 계급, 절망에 빠진 사람들, 최하층의 부류, '지역 공동체' 따위에 접근한다. 미국의 백인 노동자들은 반동적이라는 관념이 여전히 광범하게 유포돼 있다. 유색인들은 저항할 수 있고, 멕시코나 브라질의 민중도 그럴 능력이 있다고 모두 생각한다. 그러나 미국은 특별한 경우로서 극도로 반동적인 곳이라는 것이 그들의 관념이다. 이런 관념을 정당화하기 위해 급진주의자들이 자주 동원하는 구절이 바로 자신들이 "야수의 심장부에서" 운동을 하고 있다는 주장이다.

많은 예외가 있지만 아프리카계 미국인과 라티노가 다수의 백인들보다 전반적으로 더 급진적이라는 것은 물론 사실이다. 그러나 베트남 전쟁을 중단시킨 것은 백인, 흑인, 라티노 사병들의 단결이었다. 미국에서 뭔가 의미 있는 사회 변화를 성취하려는 운동 세력이라면 반드시 백인·흑인·라티노 노동 대중을 함께 끌어들여야만 한다. 그리고 그런 과업은 100퍼센트 현실성이 있다. 미국이 사회 구성원의 3분의 2가 만족하는 그런 국가가 결코 아니기 때문이다. 미국은, 10퍼센트는 아주 안락한 삶을 누리는 반면 나머지 90퍼센트는 불안과 걱정에 시달리며 고되고 팍팍한 삶을 살아가는 그런 사회다.

그런 태도가 실제에서 무슨 의미인지를 확실히 해야 한다. 그것은 반세계화 운동을 노동조합으로 가져가 전쟁에 항의하고 국내에서는 파업에 돌입하는 운동을 건설하는 것을 의미한다. 유럽에서는 이미 그런 일이 벌어지고 있다. 워싱턴의 활동가들에게 그것은, 시위를 벌이기 전에 도시에 거주하는 아프리카계 미국인 가정 전체에 전단을 돌리고 이를 바탕으로 게토에서부터 행진을 시작하는 것을 의미한다. 이것은 사리에 맞다. 여러분이 세계은행과 IMF에 항의할 때 여러분은 아프리카와 미국의 흑인 사회를 피폐화시킨 정책들에 항의하는 것이다. 미국이 세계 어느 곳에서든 새롭게 전쟁을 획책한다면 그 전장에서 죽는 것 역시 미국 노동 대중의 자녀들이다.

그러나 노동 대중에게 손을 내밀 자신이 없는 운동 세력은 흑인 노동 대중의 집 문을 두드릴 용기도 발휘하지 못할 것이다.

새로운 미국의 운동에 관여하고 있는 많은 사람들은 여전히 반세계화 운동은 노동조합과는 구별되는 어떤 것이라고 생각한다. 시애틀과 퀘벡 시위에서 확인된 것처럼, 북아메리카의 노동조합들이 시위대의 절반 이상을 차지했음에도 여전히 이런 관념이 횡행하고 있다. 우리 자신을 계몽된 소수로 이해하는 관점은 고립과 정치적 무능을 자초하는 지름길이다.

그런 견해의 조직적 결과도 생각해 보자. 만약 여러분이 운동 세력을 소수의 좌파 엘리트로 상정한다면 여러분은 그런 소수를 드러내는 조직 방법과 양식을 추구하게 될 것이다. 그렇지 않고 여러분이 이 세상을 민주적으로 바꾸기 위해 다수가 함께해야 한다는 점을 줄곧 명심한다면 여러분은 계속 여러분의 권리를 지키고 더 많은 대중을 얻을 수 있는 방법을 끊임없이 자문하게 될 것이다.

마지막으로 1960년대와 다른 중요한 차이점이 하나 더 있다. 그 시절에 대중 운동에 가담했던 수많은 미국인은 결국 혁명이 유일한 해결책이라고 느꼈다. 그러나 당시 널리 퍼진 급진적 사상은 스탈린주의였는데, 그것은 자국의 노동 대중을 잔인하게 탄압한 정권의 지배 이데올로기였다. 대부분의 급진주의자들은 스탈린주의를 거부했다. 그들은 생활양식과 분리주의 정치의 포로가 됐거나, 더 급진적이려고 했지만 그럴 수 없는 자신을 발견했다. 스탈린주의 정당에 가입한 수만 명은, 자신들이 평범한 노동자들과 관계를 맺을 수 없을 정도로 타락한 내부 체계에 짓눌린 조직에 포박당해 있음을 알았다. 분리주의와 기권, 냉담함이 겹치면서 어떤 급진적 경향도 노동 대중 속에서 살아남지 못했다.

오늘날 스탈린주의 전통은 힘을 잃었다. 동유럽의 독재 정권들은 무너졌다. 현재 널리 퍼진 급진적 사상은 반자본주의 사상이다. 또 다른 세계가 어떤 사회여야 하는지와 관련해 전 세계 운동 세력 사이에 격렬한 논쟁이 벌어지고 있다. 그러나 운동에 가담하고 있는 거의 모든 사람은, 우리가 원하는 세계에서는 민주주의가 핵심이라는 사실에 동의한다. 그리고 행진에서 가장 자주 들을 수 있는 구호는, 가장 열정적으로 외쳐지는 구호는 이것이다. "다른 세계는 가능하다."

346

<h2 align="center">● 후주 ●</h2>

들어가는 말

1   이 구절은 애피(Appy)에게서 가져왔다. 1993.

1장 베트남 전사

1   Trullinger, 1980.

2   Trullinger, 1980, p.11.

3   Trullinger, 1980, p. 36.

4   Trullinger, 1980, p. 36.

5   Kolko, 1985, p. 15.

6   Trullinger, 1980, pp. 24~25.

7   Trullinger, 1980, pp. 24~25.

8   Trullinger, 1980, pp. 24~25.

9   Lacoutre, 1968. 호찌민의 생애를 탐구하려면, Marr의 3장, 1995와 Duiker, 2000도 보라.

10   여기서 채택한 관점의 배경을 확인하려면, Cliff, 1974와 Cliff, 1987을 보라. Lewin, 1968; Rees, 1997; Deutscher, 1959; Ciliga, 1979도 이 시대를 이해하는 데 매우 유용하다.

11   훌륭한 책 두 권을 참조할 수 있다. Harman, 1982; Isaacs, 1961.

12   여기서는 복잡한 이야기를 단순화해 기술했다. 자세한 내막을 알려면, Isaacs, 1961을 보라.

13   Trullinger, 1980, p. 29.

14   Young, 1991.

15   Trullinger, 1980, p. 42.

16   Trullinger, 1980, p. 43.

17   Marr, 1995, pp. 208~209. 기근 사태를 종합적으로 파악하려면, Marr, 1995, pp. 96~107과 pp. 207~210을 보라.

18   Marr, 1995, pp. 392~401.

19   Young, 1991, p. 11.

20   Halberstam, 1983, p. 104.

21   Ngo Van, 1990, p. 23.

22 Ngo Van, 1995; *Revolutionary History* 3:2(1990)에 실린 다양한 필자들의 논설. pp. 8~43.

23 Trullinger, 1980, pp. 45~46.

24 Young, 1991, p. 29.

25 Luong and Nguyen, 1988, p. 157.

26 Luong and Nguyen, 1988, pp.63~64.

27 예를 들어, Bui Tin, 1995를 보라. Duong Thy Huong, 1993에도 많은 인용구가 있다. 중립 적 입장을 확인하려면, Luong and Nguyen, 1988, pp. 186~200을 보라. 더 호의적인 글을 보려면, Moise, 1983이 있다.

28 Eisenhower, 1963, p. 372.

29 Thayer, 1989, pp. 2~3; Young, 1991, pp. 38~39.

30 Trullinger, 1980, p. 75.

31 Race, 1972, p. 35.

32 Race, 1972, p. 34.

33 남베트남의 자본주의를 확인하려면, Kolko, 1985, pp. 208~230을 보라.

34 Young, 1991, p.56.

35 당에서 벌어진 열띤 논쟁을 가장 자세하게 알려주는 자료는 Thayer, 1989이다. Kahin, 1986 도 매우 좋다.

36 Race, 1972, pp. 99~100.

37 Race, 1972, p. 110.

38 Race, 1972, pp. 112~116.

39 Kolko, 1985, p. 104.

40 Chanoff, 1986. Bergerud, 1991, p. 18에서 재인용.

41 Race, 1972, pp. 129~130.

2장 미국이 개입한 이유

1 이 질문의 답은 복잡하다. 그러나 미국 대외 정책의 이해관계라고 하는 더 큰 그림을 언급 하고 있는 셈이다. German, 1999를 보라.

2 Halberstam, 1983, pp. 10~13. 미국 지배 계급에 관해 더 자세한 것을 확인하려면, Domhoff, 1967; Aldrich, 1988; Munkirs, 1985를 보라.

3 1945년 이후 미국의 대외 정책을 탐구하는 데 가장 좋은 출발점은 Kolko and Kolko, 1972; Ambrose, 1993이다.

4 후술하는 반공주의에 관한 설명은 특별히 Schrecker, 1988; Caute, 1978 ; Navasky, 1980에 많이 의존하고 있다. 반공주의의 원인을 살펴보려면 다음 세 권의 책이 유용하다. Lipsitz, 1981; Fones-Wolf, 1994; Harris, 1993.

5 Fine, 1969; Preis, 1964, pp. 3~85; Dubofsky and Van Tine, 1977, pp. 181~279.

6 Preis, 1964, pp. 257~286.

7 Lipsitz, 1981, p. 129.

8 Lipsitz, 1981, p. 126.

9 Powers, 1987.

10 Schrecker, 1988, p. 285.

11 Navasky, 1980이 이 과정을 상세하게 서술하고 있다.

12 할리우드 사태를 보려면, Ceplair, 1980; Schwarz, 1982를 보라.

13 Schrecker, 1988, pp. 267~268.

14 Schrecker, 1988, p. 276.

15 Schrecker, 1988, p. 144.

16 Schrecker, 1988, p. 363에서는 1만~1만 2000명이 일자리를 잃었을 것으로 추산한다. 그러나 더 많은 사람들이 조용히 사라지면서 통계에서 빠졌을 것이다.

17 Zhai, 2000, pp. 133~139.

18 Kahin, 1986, p. 131. 크뉴트 로크네는 노틀담의 유명한 축구 코치였다.

19 케네디의 공모 사실을 남김없이 검토하려면, Chomsky, 1993을 보라.

20 Kahin, 1986, p. 296. 쿠데타를 다루는 이 논의는 Kahin, 1986, pp. 121~235에 의존하고 있다. 물론 나는 중립적 해결책이 성공할 가능성에 동의하지 않는다.

21 McCoy, 1991, pp. 193~261.

22 Kahin, 1986, p. 226. 강조는 그의 것이다.

23 존슨의 역할을 확인하려면, Kahin, 1986, pp. 347~402를 보라.

24 McNamara, 1995, p. 31.

25 McNamara, 1995, p. 32.

26 Pratt, 1984, p. 194.

27 Robinson, 1995, pp. 235~272.

28 Kolko, 1988, p. 181.

29 Kolko, 1988, p. 181.

30 Kolko, 1988, p. 181; Robinson, 1995, pp. 273~303.

31 Brackman, 1969, p. 192.

32 Brackman, 1969, p. 197.

3장 전쟁의 양상

1 Gibson, 1986, p. 319.

2 Pratt, 1984, p. 243.

3   Appy, 1993, pp. 164~167.

4   Caldwell, 1971, pp. 123~124.

5   Young, 1991, pp. 129~130.

6   Young, 1991, p. 191.

7   Gibson, 1986, pp. 374~375.

8   Pratt, 1984, p. 227.

9   Burchett, 1966, p. 19. Gibson, 1986, p. 376에서 재인용.

10 Broughton, 1969, p. 113. Gibson, 1986, p. 377에서 재인용.

11 Clodfelter, 1995, p. 228.

12 Young, 1991, p. 130.

13 Gellhorn, "Suffer the Little Children", *Ladies' Home Journal*, January 1967, p. 109. Wells, 1994, p. 84에서 재인용.

14 Tuso, 1990, pp. 186~187.

15 Tuso, 1990, p. 182.

16 Appy, 1993, pp. 17~38. 이 절과 다음 절은 애피의 뛰어난 저작에서 많은 도움을 받았다.

17 Coles, 1971, p. 131.

18 Appy, 1993, pp. 25~26.

19 Bergerud, 1991, p. 128.

20 Appy, 1993, p. 124.

21 Appy, 1993, pp. 16~17.

22 Baker, 1981, pp. 77~78.

23 Baker, 1981, pp. 77~78.

24 Bergerud, 1991, p. 133.

25 Bergerud, 1991, p. 133.

26 Halberstam, 1983, p. 268.

27 Halberstam, 1983, pp. 305~306.

28 Appy, 1993, p. 156.

29 이 구절과 다음 인용문은 전부 Pratt, 1984, pp. 651~656에 다시 수록된 Michael Clodfelter의 수고에서 가져온 것이다. 상황을 더 자세히 알려면 뛰어난 저작 Clodfelter, 1988을 보라.

30 Clodfelter, in Pratt, 1984, pp. 651~656.

31 Clodfelter, in Pratt, 1984, pp. 651~656.

32 Clodfelter, in Pratt, 1984, pp. 651~656.

33 Clodfelter, in Pratt, 1984, pp. 651~656.

34 Caputo, 1977, pp. xvii~xviii

35 Appy, 1993, p. 156.

36 Bergerud, 1991, pp. 200~201.

37 Bergerud, 1991, p. 229.

38 P. Marin, "Coming to Terms with Vietnam", *Harpers*, 1980. Appy, 1993, p. 296에서 재인용.

39 전쟁에 반대하는 베트남 참전군인회, *The Winter Soldier Investigation: An Inquiry into American War Crimes*(Boston, 1972). Appy, 1993, p. 294에서 재인용.

40 *Winter Soldier Investigation*, Appy, 1993, pp. 294~295에서 재인용.

41 Trullinger, 1980, p. 117.

42 Appy, 1993, p. 295.

4장 게릴라

1   터널 생활에 관한 다음의 서술은 Mangold and Pennycate, 1985에 근거하고 있다. Bergerud, 1991; Bergerud, 1993; Schell, 1967; Chong, 1999도 보라.

2   Mangold and Pennycate, 1985, p. 74.

3   Mangold and Pennycate, 1985, pp. 81~82.

4   Mangold and Pennycate, 1985, p. 83.

5   Mangold and Pennycate, 1985, p. 83.

6   Mangold and Pennycate, 1985, p. 89.

7   Mangold and Pennycate, 1985, p. 90.

8   Mangold and Pennycate, 1985, pp. 96~97.

9   Mangold and Pennycate, 1985, pp. 96~97.

10 Mangold and Pennycate, 1985, p. 153.

11 Mangold and Pennycate, 1985, p. 169. Schell, 1967; Bergerud, 1991도 보라.

12 Halberstam, 1983, p.786.

13 Shea, *Vietnam Simply*, Pratt, 1984, pp. 273~274에서 재인용.

14 Truong Nhu Tang, 1985, p.236.

15 남베트남에서 노동조합이 결성됐고 파업이 벌어졌다는 것은 확실하다. 물론 그 대부분은 공산당이 지도하지 않은 것이었다. 산업 투쟁에 관한 설명을 읽으려면, Wesseling, 2000, pp. 56~61을 보라.

16 Young, 1991, p. 223.

17 Bergerud, 1991, p. 218.

18 Truong Nhu Tang, 1985, pp. 168~170.

19 Truong Nhu Tang, 1985, pp. 168~170.

20 Chapelier, "Plain of Jars: Social Changes Under Five Years of Pathet Lao Administration",

Asia Quarterly, 1971, pp. 18~19, 36. Branfman, 1972, p. 19에서 재인용.

21 Branfman, 1972, p. 97.

22 Branfman, 1972, p. 116.

23 Bao Ninh, 1993. 나는 이 책의 다른 부분에서도 예증의 방법으로 소설을 인용한다. 저자 자신의 경험에 기초했다고 판단될 때에만 이런 방법을 사용했다. 베트남에서 싸운 많은 사람들이 자신의 경험을 소설로 남기는 방법을 선택했다. 부분적으로 이것은 그들이 진실을 드러낼 수 있는 가장 좋은 방법이었기 때문이다. 특히 소설은 북베트남 사회와 북베트남 군대를 알 수 있는 좋은 자료다. 소설을 자료에서 배제하는 것에 대한 계급적 편견을 확인하려면 Gibson, 1986, pp. 476~481에서 전개된 뛰어난 논의를 보라.

24 Bao Ninh, 1998, pp. 2~4.

25 피닉스 작전을 소개한 책은 Valentine, 1982이다.

26 Snepp, 1977, pp. 42~43.

27 Snepp, 1977, p. 316.

28 Turner with Phan Thanh Hao, 1998, pp. 98~99.

29 Duong Thu Huong, 1995, pp. 2~3.

30 Bilton and Sim, 1992, p. 82.

31 Bilton and Sim, 1992, pp. 130~131.

32 Bilton and Sim, 1992, pp. 131~132.

33 Young, 1991, p. 189.

5장 저항 운동

1 Wells, 1994, p. 23. 이 장의 서술은 Wells, 1994와 Halstead, 1978에서 많은 도움을 받았다.

2 Wells, 1994, p. 24.

3 Wells, 1994, pp. 36~37.

4 DeBeneditti and Chatfield, 1990, p. 158.

5 전반적인 내용을 확인하려면, Marqusee, 1999를 보라.

6 Moser, 1996, p. 41.

7 Halstead, 1978, p. 265; Wells, p. 129.

8 Westheider, 1997, pp. 12~13.

9 Wells, 1994, pp. 107~111, 411.

10 Young, 1991, p. 203.

11 Wells, 1994, p. 112.

12 Marqusee, 1994, pp. 164~165.

13 Loewen, 1996, p. 133.

14   Wells, 1994, p. 133.

15   Wells, 1994, p. 191.

16   Wells, 1994, pp. 107, 197.

17   Wells, 1994, pp. 107, 373.

18   Halberstam, 1983, p. 779.

19   Wells, 1994, p. 112.

20   Young, 1991, p. 229.

21   Kolko, 1985, p. 319.

22   Wells, 1994, p. 319.

23   Wells, 1994, pp. 250~251.

24   Farber, 1988, p.201.

25   1968년의 세계 정세를 자세히 탐구하려면, Harman, 1998; Ali and Watkins, 1998을 보라.
      당시의 시카고 상황을 보려면, Farber, 1988을 보라.

26   Young, 1991, p. 237.

27   Wells, 1994, p. 395.

28   Karnow, 1984, p. 609.

29   Wells, 1994, p. 422.

30   Heinemann, 1993, pp. 248~249.

31   Heinemann, 1993, pp. 248~249.

32   Halstead, 1978, p. 539.

33   이 수치는 Heinemann, 1993, p. 249에서 인용한 것이다.

34   Henry Kissinger, *The White House Years*, Wells, 1994, p. 430에서 재인용.

35   Wells, 1994, p. 180.

36   Spofford, 1988을 보라.

37   Coles, 1971, pp. 133~134.

6장 사병들의 반란

1   Kovic, 1976, p. 20.

2   Kovic, 1976, p. 111.

3   Kovic, 1976, pp.191~194.

4   전쟁에 반대하는 베트남 참전군인회를 살펴보려면, Stacewicz, 1997; Kovic, 1976; Moser, 1996; Nicosia, 2001을 보라.

5   위의 인용문은 전부 Moser, 1996, pp. 113~114에서 따온 것이다.

6   Moser, 1996, p. 117.

7   Cortright, 1975, p. 55.

8   Cortright, 1975, p. 60.

9   Cortright, 1975, p. 26.

10 Cortright, 1975, p. 26.

11 Cortright, 1975, p. 65.

12 Cortright, 1975, p. 66.

13 Cortright, 1975, p. 5.

14 Moser, 1996, p. 79에서 인용.

15 Cortright, 1975, pp. 10~15.

16 Cortright, 1975, pp. 10~15, 24~25.

17 Cortright, 1975, p. 34.

18 Terry, "Bringing the War Back Home", *Black Scholar*, November 1970, Westheider, 1997, p. 76에서 재인용.

19 Westheider, 1997, p. 98.

20 Westheider, 1997, p. 88.

21 Westheider, 1997, p. 78.

22 Cortright, 1975, p. 95.

23 Cortright, 1975, p. 97.

24 Cortright, 1975, pp. 56~57.

25 O'Brien, 1973.

26 O'Brien, 1973. pp. 120~122.

27 O'Brien, 1973. pp. 79~80.

28 O'Brien, 1973. p. 173.

29 Moser, 1996, p. 49.

30 O'Brien, 1973, pp. 113~114.

31 Trujillo, 1990, p. 35.

32 Cortright, 1975, p. 44.

33 Cortright, 1975, p. 45.

34 Moser, 1996, pp. 50~51.

35 Moser, 1996, p. 51.

36 Jury, 1986, p. 40.

37 Moser, 1996, p. 49.

38 Moser, 1996, p. 50.

39 Moser, 1996, p. 49.

40   Moser, 1996, p. 50.

41   Cortright, 1975, pp. 108~110, 295.

42   Cortright, 1975, p. 39.

43   Cortright, 1975, pp. 36~37.

44   Moser, 1996, p. 64.

45   Geier, 1999, p. 38.

46   Cortright, 1975, p. 48.

47   Cortright, 1975, pp. 11~12.

48   Halstead, 1978, p. 641.

49   Cortright, 1975, pp. 111~112.

50   Cortright, 1975, p. 115.

51   Cortright, 1975, p. 118.

52   Cortright, 1975, p. 122.

53   Cortright, 1975, p. 136.

54   Cortright, 1975, p. 137.

55   Young, 1991, pp. 178~179.

56   Young, 1991, p. 280.

57   Snepp, 1977, p. 271.

58   Snepp, 1977, p. 257.

59   Snepp, 1977, p. 249.

60   Trullinger, 1980, pp. 200~201.

7장 전후의 베트남과 캄보디아

1   Chanda, 1986, p. 24.

2   Chanda, 1986, p. 133.

3   Porter, 1993, p. 137.

4   Ngo Vinh Long, 1988. 메콩 삼각주 협동조합에 관한 다음의 설명은 Ngo, 1988에서 많은 도
    움을 받았다.

5   Porter, 1993, pp. 170~171.

6   Porter, 1993, p. 161.

7   Ngo Vinh Long, 1988, p. 165.

8   Fforde and de Vylder, 1996, p. 183에서는 그것을 더 외교적으로 표현했다. 협동조합은 "취
    약했고, 비공식적이었으며" 따라서 통계 수치도 "주의해서" 봐야 한다.

9   1980년대 국가 전체의 공식 통계를 보면, 기본 식료품 거래에서 국가가 차지한 비율이 14~

21퍼센트 사이를 오락가락했다. Fforde and de Vylder, 1996, p. 94를 보라. 이 수치로 볼 때, 국가가 메콩 삼각주 쌀 거래의 겨우 10퍼센트 미만만 통제하고 있었음을 알 수 있다. 물론 베트남의 공식 통계는 몇 가지 이유로 조심스럽게 접근해야 한다. 당국이 통계를 조작하기도 하기 때문이다. 근년에는 부패와 지역적 거래 때문에 당국도 정확히 통계를 낼 수 없는 지경에 이르렀다. 더구나 국가 통계를 내는 통계국조차 단 한 번도 존재해 본 적이 없는 국가 통제 경제를 상정하고 있다. 통계와 관련해 제기되는 몇 가지 난점들을 보려면, Kimura, 1989, 특히 1장과 2장을 보라.

10 폭격의 진상을 보려면, Shawcross, 1979를 보라.

11 캄보디아 공산주의의 역사를 다룬 최고의 책은 Kiernan, 1985이다.

12 Kiernan, 1996, pp. 172~173. 캄보디아를 기술하고 있는 이 절은 Kiernan의 책에 크게 의지하고 있다. 내가 보기에 Kiernan의 책이야말로 사태의 진상을 알려주는 유일한 저술이다. 나는 몇몇 군데에서 Kiernan의 주장을 더 밀고 나아갔다. 나는 베트남 정부의 동기와 관련한 Kiernan의 견해에는 동의하지 않는다. 그러나 그것이 그의 입론에서 중심 요소는 아니다.

13 Kiernan, 1996, pp. 172~173.

14 Kiernan, 1996, pp. 175.

15 Kiernan, 1996, pp. 235~236을 보라.

16 Kiernan, 1996, pp. 235와 239.

17 Kiernan, 1996, pp. 183~184.

18 Kiernan, 1996, pp. 183~184.

19 Kiernan, 1996, p. 203.

20 Kiernan, 1996, p. 274.

21 Kiernan, 1996, p. 274.

22 Chanda, 1986, pp. 86~87.

23 Kiernan, 1996, p. 297.

24 이 치사한 이야기의 전모는 Shawcross, 1984에 가장 잘 소개돼 있다.

25 Martin, 1994, p. 297.

26 Shawcross, 1984, p. 418.

27 Martin, 1994; Kamm, 1998.

28 Bui Tin, 1995, p. 124; Martin, 1994, p. 271.

29 Martin, 1994, p. 273.

30 Le Cao Dan, 1995, pp. 114~119.

31 Fforde and de Vylder, 1996, pp. 55, 80, 233~234; Porter, 1993, pp. 55~57.

32 Bui Tin, 1995, p. xvi

33 Duong Thu Huong, 1993, p. 239.

34 이것이 Fforde and de Vylder, 1996의 전체 주제다.

35 이 전략을 긍정적으로 평가하는 저작은 Hiebert, 1996이다. 사태의 진상을 가장 훌륭하게
    설명하면서 부정적인 견해를 제시한 책으로 Kolko, 1997이 있다.

36 이론상으로는 국가가 여전히 모든 토지를 소유했다. 그러나 실제로는 국가가 토지를 결코
    회수해 가지 않을 것이며 따라서 사실상 매매할 수 있다는 점을 모두 잘 알았다. [그래서 —
    옮긴이] 그들은 그렇게 했다.

37 Dang Phong, 1995, p. 167.

38 Kerkvliet, 1995.

39 Dang Phong, 1995, p. 167.

40 Bui Tin, 1995, p. 109.

41 Gammeltoft, 1999. 여성의 삶에 대한 그의 서술은 베트남인 사회학자 Pham Van Bich, 1999
    에서 다시 확인할 수 있다.

42 Gammeltoft, 1999, p. 146.

43 Gammeltoft, 1999, p. 163.

44 Gammeltoft, 1999, p. 165.

45 Pham Van Bich, 1999, p. 190.

46 Kerkvliet, 1995, p. 74.

47 Kerkvliet, 1995, pp. 78~79.

48 Kerkvliet, 1995, pp. 78~79.

49 Kerkvliet, 1995, pp. 78~79.

50 Porter, 1993, p. 162.

51 Kolko, 1997, p. 117.

8장 전후의 미국과 세계

1 Chomsky, 1999, pp. 119~120과 각주 3번, p. 180.

2 Ambrose, 1993, pp. 276~277.

3 Kissinger, 1999, pp. 803~808, 829~832.

4 이란 혁명을 간략하게 잘 소개하고 있는 책은 Marshall, 1988이다. Bayat, 1987도 매우 유용
    하다.

5 Malcolm X, with Haley, 1992.

6 이슬람주의 정치학의 내용을 고찰하려면, Ali, 2002; Lindisfarne, 2001; Neale, 2001; Harman,
    2001; Alexander, 2001을 보라.

7 이슬람주의와 성(gender) 문제를 다룬 최고의 논설은 Lindisfarne, 2002이다.

8   레바논 내전, 미국과 이스라엘의 개입을 검토하려면, Fisk, 1990을 보라. 해병대원들의 당시
     정서를 확인하려면 Petit, 1986을 보라.

9   사우디아라비아의 정치 현황, 그리고 사우드 왕가와 미국의 오랜 밀월 관계를 살펴보려면,
     명저 Aburish, 1995를 보라. 그의 1997년 저작은 아랍 지역 전체의 상황을 이해하는 데 유
     용하다.

10   MacArthur, 1991을 보라.

11   이것은 파월의 회고록에서 반복해서 등장하는 주제다. Powell, 1995를 보라. Woodward,
     1991; Halberstam, 2002도 보라.

12   Simons, 1998; Arnove, 2000.

13   자세한 정보를 얻으려면, Chomsky, 1999; Glenny, 1996; German, 1999를 보라. *International
     Socialist Review* 7과 8, 1999에 실린 논설들도 보라.

14   아파치 헬기 이야기를 검토하려면, Priest, 1999를 보라.

15   영화와 침 뱉기 야유에 관한 다음의 진술은 Lembcke, 1998을 바탕으로 하고 있다. Appy,
     1993, pp. 310~314에서도 영화에 관한 훌륭한 토론을 접할 수 있다.

16   Chomsky, 1999, p. 180.

17   Lembcke, 1998.

18   에이전트 오렌지와 미국 정부의 정책을 살펴보려면, Wilcox, 1983과 Nicosia, 2001을 보라.

19   Young, 1995.

20   Young, 1995, p. 247.

21   Young, 1995, p. 251.

22   Young, 1995, p. 245.

23   Faludi, 1991.

24   비할 데 없이 훌륭한 Shilts, 1988을 보라.

25   투옥에 관한 이하의 진술은 Taylor, 1999; Tonry, 1995; Parenti, 1999에 의존하고 있다. 임
     금, 소득, 노동조합에 관한 논의는 Smith, 1992와 Mishel, Bernstein and Schmitt, 1999를 바
     탕으로 하고 있다. 미국에서 저임금 노동으로 살아가는 것이 어떤 모습인지 알고 싶다면,
     Ehrenreich, 2001을 보라.

26   Moody, 1988.

27   Davis, 2001.

28   이 장에서 언급되는 반세계화 운동에 관한 설명은 주로 운동에 참여한 내 경험에 기초하고
     있다. Neale, 2002; Neale, 2003; Charlton, 2000; Bircham and Charlton, 2001도 보라. 비디
     오도 있는데, 시애틀과 관련해서는 *This Is What Democracy Looks Like*, 제노바와 관련해
     서는 *Genova Libera*를 보라.

29   세계화의 경제학을 탐구하려면, Harman, 2001; Brenner, 2002; Neale, 2002; Bello, 1974;

Bond, 2002를 보라.

30 *Newsweek*, 13 December 1999, p. 32.

31 Neale, 2002를 보라.

32 이라크 문제를 검토하려면, Simons, 1998; Arnove, 2000; Aburish, 2002를 보라.

33 Rose, 2002를 보라.

34 아프가니스탄 문제를 고찰하려면, 특히 Rashid, 2000; Maley, 1998; Griffin, 2001; Mousavi, 1995; Ali, 2002; Lindisfarne, 2002; Neale, 1981; Neale, 1988; Neale, 2001; Neale, 2003을 보라.

35 이하의 논의의 일부는 지난 몇 달 동안 아프가니스탄인들과 나눈 대화를 바탕으로, 다른 일부는 언론 보도를 바탕으로 썼다.

36 부시 행정부가 침공을 정당화하기 위해 페미니즘을 동원하는 과정을 보려면, Lindisfarne, 2002를 보라.

37 이하의 설명은 Alexander, 2002와 중동 지역에서 활동하는 급진주의자들과의 대화에서 가져왔다.

베트남 전쟁을 다룬 좋은 책은 아주 많다. 아래 작성한 도서 목록은 관련 주제에 관한 탐구를 시작하는 데 유용하다고 판단한 책 일부를 소개한 것이다. 더 자세한 인용은 참고 문헌 목록을 보라.

일반서 : 다양한 관점에서 제출된 재미있고도 감동적인 동시대의 문서 모음집으로 는, John Pratt, *Vietnam Voices : Perspectives on the War Years 1941~1982* ; Marilyn Young, *The Vietnam Wars: 1945~1990*.

국가자본주의 : Tony Cliff, *State Capitalism in Russia*[국역 : ≪소련 국가자본주의≫ (책갈피)] ; Tony Cliff, *Revolution Besieged : Lenin, 1917~1923* ; Chris Harman, *Class Struggles in Eastern Europe, 1945~1983*[국역 : ≪동유럽에서의 계급 투쟁≫ (갈무리)] ; Charlie Hore, *The Road to Tiananmen Square*[국역 : ≪천안문으로 가 는 길≫(책갈피)].

미 라이 : Michael Bilton and Kevin Sim, *Four Hours in My Lai : A War Crime and Its Aftermath*.

미국의 반전 운동 : Tom Wells, *The War Within : America's Battle Over Vietnam* (정책 결정자들에 관해서도 훌륭한 분석을 제공하고 있다) ; Fred Halstead, *Out Now! A Participant's Account of the American Movement Against the Vietnam War*.

미국의 참전군인 : Jerry Lembcke, *The Spitting Image : Myth, Memory and the Legacy of Vietnam* ; Allan Young, *The Harmony of Illusions : Inventing Post-Traumatic Stress Disorder*의 제2부.

반세계화 운동 : Jonathan Neale, *"You Are G8, We Are 6 Billion" : The True*

Story Behind the Genoa Protests; Andrew Hsiao and Rachel Newman, *Anti-Capitalism: A Field Guide to the Global Justice Movement*.

베트남 공산주의 : Gabriel Kolko, *Anatomy of a War: Vietnam, the United States and the Modern Historical Experience*(이 책은 전쟁 일반에 관한 아주 훌륭한 역사서이기도 하다); David Marr, *Vietnam 1945: The Quest for Power*; James Trullinger, *Village at War: An Account of Revolution in Vietnam*(미 투이 퐁 마을을 분석하고 있다).

베트남의 참전군인 : Bao Ninh, *The Sorrow of War*(훌륭한 소설이다)[국역 : ≪전쟁의 슬픔≫(예담)].

베트콩 게릴라 : Tom Mangold and John Pennycate, *The Tunnels of Cu Chi*.

북베트남군 : Duong Thu Huong, *Novel Without a Name*.

사병들 : Christian Appy, *Working Class War: American Combat Soldiers and Vietnam*; 이 외에도 다수의 훌륭한 회고록 가운데, Michael Clodfelter, *Mad Minutes and Vietnam Months: A Soldier's Memoir*.

사병들의 반란 : Joel Geier, "Vietnam: the Soldiers' Rebellion," *International Socialist Review 9*, 1999; Richard Cortright, *Soldiers in Revolt: The American Military Today*; Richard Moser, *The New Winter Soldiers: GI and Veteran Dissent During the Vietnam War*.

아프가니스탄 : Ahmed Rashid, *Taliban: Militant Islam, Oil, and Fundamentalism in Central Asia*; Jonathan Neale, "The Long Torment of Afghanistan," in *International Socialism*, 2001.

워싱턴의 정책 결정자들 : David Halberstam, *The Best and the Brightest*.

이라크와 사우디아라비아 : Anthony Arnove, *Iraq Under Siege: The Deadly Impact of Sanctions and War*[국역 : ≪미국의 이라크 전쟁≫(북막스)], Said Aburish, *The Rise, Corruption and Coming Fall of the House of Saud*.

전쟁에 반대하는 베트남 참전군인회 : Ron Kovic, *Born on the Fourth of July* ; Richard Stacewicz, *Winter Soldiers : An Oral History of the Vietnam Veterans Against the War.*

중국 혁명 : 1920년대의 역사 상황을 보려면 Harold Isaacs, *The Tragedy of the Chinese Revolution* ; 1940년대를 개관하려면 Jack Belden, *China Shakes the World*를 참조하라.

중국과 베트남 : Quiang Zhai, *China and the Vietnam Wars, 1950~1975* ; Nayan Chanda, *Brother Enemy: The War After the War.*

캄보디아 : William Shawcross, *Sideshow : Nixon, Kissinger and the Destruction of Cambodia* ; Ben Kiernan, *How Pol Pot Came to Power: A History of Communism in Kampuchea, 1930~1975.*

타이 : Daniel Fineman, *A Special Relationship: The United States and the Military Government in Thailand, 1947~1958* ; Ji Ungpakorn, *The Struggle for Democracy and Social Justice in Thailand.*

폭격전 : James Gibson, *The Perfect War : Technowar in Vietnam.*

1917년 러시아 혁명 : Leon Trotsky, *History of the Russian Revolution.*[국역 : ≪러시아 혁명사≫(풀무질)]

1975년 이후의 베트남 : 먼저 Gabriel Kolko의 *Vietnam: Anatomy of a Peace*로 시작하라. 다음으로 Duong Thu Huong의 소설 *Paradise of the Blind*를 보라. 두 권의 인류학 저서, Tine Gammeltoft, *Women's Bodies, Women's Worries : Health and Family Planning in a Vietnamese Rural Community*와 John Kleinen, *Facing the Future, Reviving the Past : A Study of Social Change in a Northern Vietnamese Village*도 유용하다.

● 참고 문헌 ●

Aburish, Said. *The Rise, Corruption and Coming Fall of the House of Saud.* New York, 1995.

—. *A Brutal Friendship: The West and the Arab Elite.* New York, 1997.

—. *Arafat: From Defender to Dictator.* London, 1999.

—. *Saddam Hussein.* London, 2002.

Aldrich, Nelson Jr. *Old Money: The Mythology of America's Upper Class.* New York, 1988.

Alexander, Anne. "Powerless in Gaza: The Palestinian Authority and the Myth of the 'Peace Process'." *International Socialism*, 89, 2000.

—. "The Crisis in the Middle East." *International Socialism*, 93, 2001.

Ali, Tariq. *The Clash of Fundamentalisms: Crusades, Jihads and Modernity.* New York, 2002.

Ali, Tariq, and Susan Watkins. *1968: Marching in the Streets.* New York, 1998.

Ambrose, Stephen. *Rise to Globalism: American Foreign Policy Since 1938.* New York, 1993.

Appy, Christian. *Working Class War: American Combat Soldiers and Vietnam.* Chapel Hill, N.C., 1993.

Arnove, Anthony, editor. *Iraq Under Siege: The Deadly Impact of Sanctions and War.* London, 2000.

Baker, Mark. *Nam: The Vietnam War in the Words of the Men and Women Who Fought There,* New York, 1982.

Bao Ninh. *The Sorrow of War.* London, 1993 ; first published in Vietnamese 1991.

Bayat, Assef. *Workers and Revolution in Iran: A Third World Experience of Workers' Control.* London, 1987.

Belden, Jack. *China Shakes the World.* London, 1973.

Bello, Walden. *Dark Victory: The United States and Global Poverty.* London, 1994.

Bergerud, Eric. *The Dynamics of Defeat: The Vietnam War in Hau Nghia Province.* Boulder, Colo., 1991.

—. *Red Thunder, Tropic Lightning: The World of a Combat Division in Vietnam,* Boulder, Colo., 1993.

Bilton. Michael and Kevin Sim. *Four Hours in My Lai: A War Crime and Its Aftermath.* London, 1992.

Bircham, Emma, and John Charlton. *Anti-capitalism.* London, 2001.

Bond, Patrick. *Against Global Apartheid: South Africa Meets the World Bank, IMF and International Finance.* Lansdowne, South Africa, 2000.

Brackman, Arnold. *The Communist Collapse in Indonesia.* New York, 1969.

Branfman, Fred. *Voices from the Plain of Jars: Life Under an Air War.* New York, 1972.

Brenner, Robert. *Turbulence in the World Economy.* London, 2002.

Bui Tin. *Following Ho Chi Minh: The memoirs of a North Vietnamese Colonel.* Translated and adapted by Judy Stowe and Do van. London, 1995 ; first published in Vietnamese 1991.

Caldwell, Malcolm. "Report from North Vietnam." In Ken Coates, Peter Limqueco, and Peter Weiss, editors, *Prevent the Crime of Silence: Reports from the International War Crimes Tribunal Founded by Bertrand Russell.* London, 1971.

Caputo, Philip. *A Rumor of war.* New York, 1997.

Caute, David. *The Great Fear: The Anti-Communist Purge Under Truman and Eisenhower.* New York, 1978.

Ceplair, Larry, and Steven Englund. *The Inquisition in Hollywood: Politics in the Film Community, 1930~1960.* Garden City, N.Y., 1980.

Chanda, Nayan. *Brother Enemy: The War After the War.* New York, 1986.

Charlton, John. "Talking Seattle." *International Socialism* 86, 2000.

Chomsky, Noam. *Rethinking Camelot: JFK, the Vietnam War and US Political Culture,* Boston, 1993.

—. *The New Millitary Humanism: Lessons from Kosovo.* London, 1999.

Chong, Denise. *The Girl in the Picture: The Remarkable Story of Vietnam's Most Famous Casualty.* London, 2000.

Ciliga, Ante. *The Russian Enigma.* London, 1979; first published in French 1938.

Cliff, Tony, *State Capitalism in Russia.* London, 1974 ; first published 1948.

—. *Revolution Besieged: Lenin, 1917~1923.* London, 1987.

Clodfelter, Michael. *Mad Minutes and Vietnam Months: A Soldier's Memoir.* Jefferson, N.C., 1988.

—. *Vietnam in Military Statistics: A History of the Indochina Wars, 1772~1991.* Jefferson, N.C., 1995.

Coles, Robert. *The Middle Americans: Proud and Uncertain,* Boston, 1971.

Cortright, David. *Soldiers in Revolt: The American Military Today.* Garden City. N.Y., 1975.

—. "GI Resistance During the Vietnam War." In Melvin Small and William Hoover, *Give Peace a Chance: Exploring the Vietnam Antiwar Movement*. Syracuse, N.Y., 1992.

Dang Pong. "Aspects of Agricultural Economy and Rural Life in 1993." In Benedict Kerkvliet and Doug Porter, editors, *Vietnam's Rural Transformation*, Boulder, Colo., 1995.

Davis, Mike. *Magical Urbanism: Latinos Reinvent the US Big City*. New York, 2001.

DeBeneditti, Charles, and Charles Chatfield. *An American Ordeal: The Antiwar Movement of the Vietnam Era*. Syracuse, N.Y., 1990.

Deutscher, Isaac. *The Prophet Unarmed: Trotsky, 1921~1929*. New York, 1959.

Domhoff, G. William. *Who Rules America?* Englewood Cliffs, N.J., 1967.

Dubofsky, Melvyn, and Warren Van Tine. *John L Lewis: A Biography*. New York, 1977.

Duiker, William. *Ho Chi Mihn: A Life*. New York, 2000.

Duong Thu Huong. *Paradise of the Blind*. London, 1993; first published in Vietnamese 1998.

—. *Novel Without a Name*. New York, 1995 ; first published in Vietnamese 1990.

Ehrenreich, Barbara. *Nickel and Dimed*. New York, 2000.

Eisenhower, Dwight. *The White House Years: Mandate for Change, 1953~1956*. New York, 1963.

Faludi, Susan. *Backlash: The Undeclared War Against Women*. London, 1992.

Farber, David. *Chicago '68*. Chicao, 1988.

Fforde, Adam. *The Agrarian Question in North Vietnam, 1974~1979: A Study of Cooperator Resistance to State Policy*. Armonk, N.Y., 1989.

Fforde, Adam, and Stefan de Vylder. *From Plan to Market: The Economic Transition in Vietnam*. Boulder, Colo., 1996.

Fine, Sidney. *Sit-Down: The General Motors Strike of 1936~1937*. Ann Arbo, Mich., 1969.

Fineman, Daniel. *A Special Relationship: The United States and military Government in Thailand, 1947~1958*. Honolulu, Hawaii, 1997.

Fisk, Robert. *Pity the Nation: Lebanon at War*. London, 1990.

Fones-Wolf, Elizabeth. *Selling Free Enterprise: The Business Assault on Labor and Liberalism, 1945~60*. Urbana, Ill., 1994.

Gammeltoft, Tine. *Women's Bodies, Women's Worries: Health and Family Planning in a Vietnamese Rural Community*. Richmond, UK, 1999.

Geier, Joel. "Vietnam: the Soldiers' Rebellion." *International Socialist Review* 9, 1999.

—. "Nader 2000: Challenging the Parties of Corporate America." *International Socialist Review* 13, 2000.

German, Lindsey, editor. *The Balkans: Nationalism and Imperalism.* London, 1999.

Gibson, James. *The Perfect War: Technowar in Vietnam.* Boston, 1986.

Glenny, Misha. *The Fall of Yugoslavia: The Third Balkan War.* London, 1996.

Griffin, Michael. *Reaping the Whirlwind: The Taliban Movement in Afghanistan.* London, 2001.

Griffiths, Philip Jones. *Vietnam Inc.* London, 1972.

Halberstam, David. *The Best and the Brightest.* London, 1983 ; first published 1972.

—. *Ho Chi Mihn.* New York, 1983.

—. *War in a Time of Peace: Bush, Clinton and the Cenerals.* London, 2002.

Halstead, Fred. *Out Now! A Participant's Account of the American Movement Against the Vietnam War.* New York, 1978.

Harman, Chris. *The Lost Revolution: Germany 1918 to 1923.* London, 1982.

—. *Class Struggles in Eastern Europe, 1945~1983.* London, 1988.

—. *Explaining the Crisis: A Marxist Reappraisal.* London, 1999.

—. *The Prophet and the Proletariat.* London, 2001.

Harris, Howell. *The Right to Manage: Industrial Relations Policies of American Business in the 1940s.* Madison, Wisc., 1993.

Harris, Nigel. *The Mandate of Heaven: Marx and Mao in Modern China.* London, 1978.

Havens, Thomas. *Fire Across the Sea: The Vietnam War and Japan, 1965~1975.* Princeton, N.J., 1987.

Heineman, Kenneth. *Campus Wars: The Peace Movement at American State Universities in the Vietnam Era.* New York, 1993.

Hersh, Seymour. *The Price of Power: Kissinger in the Nixon White House.* New York, 1983.

Hiebert, Murray. *Chasing the Tigers: A Portrait of the New Vietnam.* New York, 1996.

Hore, Charlie. *The Road to Tiananmen Square,* London, 1991,

Hsiao, Andrew, and Rachel Newman, editors. *Anti-Capitalism: A Field Guide to the Global Justice Movement.* New York, 2003.

Isaacs, Harold. *The Tragedy of the Chinese Revolution.* Stanford, Calif., 1961 ; first published 1938.

Jury, Mark. *The Vietnam Photo Book.* New York, 1986 ; first published 1971.

Kahin, George. *Intervention: How America Became Involved in Vietnam.* New York, 1986.

Kamm, Henry. *Cambodia: Report from a Stricken Land.* New York, 1998.

Karnow, Stanley. *Vietnam: A History.* New York, 1984.

Kerkvliet, Benedict. "Rural Society and State Relations." In Benedict Kerkvliet and Doug Porter, editors, *Vietnam's Rural Transformation.* Boulder, Colo., 1995.

Kiernan, Ben. *How Pol Pot Came to Power: A History of Communism in Kampuchea, 1930~1975.* London, 1985.

—. *The Pol Pot Regime: Race, Power and Genocide in Cambodia under the Khmer Rouge, 1975~79.* New Haven, Conn., 1996.

Kimura, Tetsusaburo. *The Vietnamese Economy 1975~86: Reforms and International Relations.* Tokyo, 1989.

Kissinger, Henry. *Years of Renewal.* New York, 1999.

Kleinen, John. *Facing the Future, Reviving the Past: A Study of Social Change in a Northern Vietnamese Village.* Singapore, 1999.

Kolko, Gabriel. *Anatomy of a War: Vietnam, the United States and the Modern Historical Experience.* New York, 1985.

—. *Confronting the Third World: United States Foreign Policy 1945~1980.* New York, 1988.

—. *Vietnam: Anatomy of a Peace.* New York, 1997.

Kolko, Joyce, and Gabriel Kolko. *The Limits of Power: The World and Unites States Foreign Policy.* New York, 1972.

Kovic, Ron. *Born on the Fourth of July.* New York, 1976.

Lacoutre, Jean. *Ho Chi Mihn: A Political Biography.* New York, 1968.

Lawrence, John. *The Cat from Hue: A Vietnam War Story.* New York, 2002.

Le Cao Dan. "Agricultural Reforms in Vietnam in the 1980s." in Irene Norlund, Carolyn Gates, and Vu Cao Dam, editors, *Vietnam in a Changing World.* Richmond, UK, 1995.

Lembcke, Jerry. *The Spitting Image: Myth, Memory and the Legacy of Vietnam.* New York, 1998.

Lewin, Moshe. *Lenin's Last Struggle.* New York, 1968.

—. *Russian Peasants and Soviet Power: A Study of Collectivization.* Evanston, I11., 1968.

Lindisfarne, Nancy. "Starting from Below: Fieldwork, Gender and Imperialism Now." *Critique of Anthropology,* December 2002.

Lipsitz, George. *Class and Culture in Cold War America: "A Rainbow at Midnight."* South Hadley, Mass., 1981.

Loewen, James. *Lies My Teacher Told Me: Everything Your American History Textbook Got Wrong.* New York, 1996.

Luong, Hy Van, and Nguyen Dac Bang. *Revolution in the Village: Tradition and Transformation in North Vietnam, 1925~1988.* Honolulu, Hawaii, 1988.

MacArthur, John. *Second Front: Censorship and Propaganda in the Gulf War.* New York, 1991.

Malcolm X, with Alex Haley. *The Autobiography of Malcolm X.* New York, 1992.

Maley, William, editor. *Fundamentalism Reborn? Afghanistan and the Taliban.* London, 1998.

Mangold, Tom, and John Pennycate. *The Tunnels of Cu Chi.* New York, 1985.

Marqusee, Mike. *Redemption Song: Muhammad Ali and the Spirit of the Sixties.* New York, 1999.

Marr, David. *Vietnam 1945: The Quest for Power.* Berkeley, Calif., 1995.

Marshall, Phil. *Revolution and Counter-Revolution in Iran.* London, 1988

—. *Intifada: Zionism, Imperialism and the Palestinian Resistance.* London, 1989.

Martin, Marie. *Cambodia: A Shattered Society.* Berkeley, Calif., 1994.

McCoy, Alfred. *The Politics of Heroin: CIA Complicity in the Global Drug Trade.* New York, 1991.

McNamara, Robert, with VanDeMark, Brian. *In Retrospect: The Tragedy and Lessons of Vietnam.* New York, 1995.

Mishel, Lawrence, Jared Bernstein, and John Schmitt. *The State of Working America 1998~99.*(Ithaca, N.Y., 1999).

Moise, Edwin. *Land Reform in China and North Vietnam: Consolidating the Revolution at Village Level.* Chapel Hill, N.C., 1983.

Moody, Kim. *An Injury to All: The Decline of American Unionism.* London, 1988.

Moser, Richard. *The New Winter Soldiers: GI and Veteran Dissent During the Vietnam War.* New Brunswick, N.J., 1996.

Munkirs, John. *The Transformation of American Capitalism: From Competitive Market Structures to Centralized Private Sector Planning.* Armonk, N.Y., 1985.

Murphy, John. *Harvest of Fear: A History of Australia's Vietnam War.* St. Leonards, Australia, 1993.

Navasky, Victor. *Naming Names.* New York, 1980.

Nazpary, Joma. *Post-Soviet Chaos: Violence and Dispossession in Kazakhstan.* London, 2002.

Neale, Jonathan. "The Afghan Tragedy." *International Socialism*, 12, 1981.

—. "Afghanistan: The Horse Changes Riders." *Capital & Class*, 35, 1988.

—. "The Long Torment of Afghanistan." *International Socialism*, 93, 2001.

—. *"You Are G8, We Are 6 Billion": The True Story Behind the Genoa Protests.* London, 2002.

—. "Afghanistan," In John Rees and Farah Reza, editors, *The Anti-War Movement.*

London, 2002.

—. "The Anti-capitalist Movement in Europe." In Peter Dwyer and David Seddon, editors, *The Anti-capitalist Movement*. London, 2003.

Ngo Van Xuyet. "On Vietnam." *Revolutionary History*, 3:2, 1990.

—. *Revolutionaries They Could Not Break: The Fight for the Fourth International in Indochina 1930~1945*. London, 1995.

Ngo Vinh Long. "Some Aspects of Cooperativization in the Mekong Delta." In David Marr and Christine White, editors, *Postwar Vietnam: Dilemmas in Socialist Development*. Ithaca, N.Y., 1988

Nicosia, Gerald. *Home to War: A History of the Vietnam Veterans' Movement*. New York, 2001.

O'Brien, Tim. *If I Die in a Combat Zone, Box Me Up and Take Me Home*. New York, 1973.

Parenti, *Christian Lockdown America: Police and Prisons in the Age of Crisis*. New York. 1999.

Petit, Michael. *Peacekeepers at War: A Marine's Account of the Beirut Catastrophe*. Boston. 1986.

Pham Van Bich. *The Vietnamese Family in Change: The Case of the Red River Delta*. Richmond, UK, 1999.

Porter, Gareth. *Vietnam: The Politics of Bureaucratic Socialism*. Ithaca, N.Y., 1993.

Powell, Colin, with Joseph Persico. *My American Journey*. New York, 1995.

Powers, Richard. *Secrecy and Power: The Life of J. Edgar Hoover*. London, 1987.

Pratt, John. *Vietnam Voice: Perspectives on the War Years 1914~1982*. New York, 1984.

Preis, Art. *Labor's Giant Step: Twenty Years of the CIO*. New York, 1964.

Preist, D. "How Fear of Losses Kept Super-Copters from Kosovo Action," *International Herald Tribune*, 30 December 1999.

Race, Jeffrey. *War Comes to Long An: Revolutionary Conflict in a Vietnamese Province*. Berkeley, Calif., 1972.

Rashid, Ahmed. *Taliban: Militant Islam, Oil and Fundamentalism in Central Asia*. New Haven, Conn., 2000.

Rees, John. "The New Imperialism." In Alex Callinicos et al., *Marxism and the New Imperialism*. London, 1994.

—. "In Defence of October." In John Rees et al., *In Defence of October: A Debate on the Russian Revolution*. London, 1997.

—. "Imperialism, Globalisation, the State and War." *International Socialism*, 93, 2001.

Robinson, Geoffrey. *The Dark Side of Politics: Political Violence in Bali*. Ithaca, N.Y., 1995.

Rose, John. *Israel: The Hijack State*. London, 2001

Schell, Jonathan. *The Village of Ben Suc*. New York, 1967. Reprinted in Jonathan Schell, *The Real War: The Classic Reporting on the Vietnam War*. New York, 1987.

—. *The Military Half: An Account of the Destruction of Quang Nga and Quang Tin*. New York, 1968. Reprinted in Jonathan Schell, *The Real War: The Classic Reporting on the Vietnam War*. New York, 1987.

Schrecker, Ellen. *Many Are the Crimes: McCarthyism in America*. Boston, 1988.

Schwartz, Nancy. *The Hollywood Writers Wars*. New York, 1982.

Shawcross, William. *Sideshow: Kissinger Nixon and the Destruction of Cambodia*. New York, 1979.

—. *The Quality of Mercy: Cambodia, Holocaust and the Modern Conscience*. New York, 1984.

Shilts, Randy. *And the Band Played On: Politics, Plagues and the AIDS Epidemic*. New York, 1988.

Simons, Geoffrey. *The Scourging of Iraq: Sanctions, Law and natural Justice*. New York, 1998.

Smith, Sharon. "Twilight of the American Dream." *International Socialism* 54, 1992.

Snepp, Frank. *Decent Interval: An Insider's Account of Saigon's Indecent End Told by the CIA's Chief Strategy Analyst in Vietnam*. New York, 1977.

Spofford, Tim. *Lynch Street: The May 1970 Slayings at Jackson State College*. Kent, Ohio, 1988.

Stacewicz, Richard. *Winter Soldiers: An Oral History of the Vietnam Veterans Against the War*. New York, 1997.

Taylor, K. "Racism and the Criminal Injustice System." *International Socialist Review* 8, 1999.

Thayer, Carlyle. *War by Other Means: National Liberation and Revolution in Vietnam*. Sydney, 1989.

Tonry, Michael. *Malign Neglect: Race, Crime and Punishment in America*. New York, 1995.

Trotsky, Leon. Translated by Max Eastman. *History of the Russian Revolution*. London, 1977.

Trullinger, James. *Village at War: An Account of Revolution in Vietnam*. New York, 1980.

Truong Nhu Tang, with D. Chanoff and Can Toai Doan. *A Vietcong Memoir*. San Diego, 1985. British edition, *Journal of a Vietcong*. London, 1986.

Tuso, Joseph. *Singing the Vietnam Blues: Songs of the Air Force in Southeast Asia.* College Station, Texas, 1990.

Ungpakorn, Ji. *The Struggle for Democracy and Social Justice in Thailand.* Bangkok, 1997.

Valentine, Douglas. *The Phoenix Program.* New York, 1982.

Wells, Tom. *The War Within: America's Battle over Vietnam.* Berkeley, Calif., 1994.

Wesseling, Louis. *Fuelling the War: Revealing an Oil Company's Role in Vietnam.* New York, 2000.

Westheider, James. *Fighting on Two Fronts: African Americans and the Vietnam War.* New York, 1997.

Wilcox, Fred. *Waiting for an Army to Die: The Tragedy of Agent Orange.* New York, 1983.

Woodward, Bob. *The Commanders.* New York, 1991.

Young, Allan. *The Harmony of Illusions: Inventing Post-Traumatic Stress Disorder.* Princeton, N.J., 1995.

Young, Marilyn. *The Vietnam Wars: 1945~1990.* New York, 1991.

Zhai, Quiang. *China and the Vietnam Wars, 1950~1975.* Chapel Hill, N. C. 2000.

● 찾아보기 ●